# 全能型供电所
## 员工培训模块化教材

## 电价电费及用电信息采集

国网福建省电力有限公司　编

中国电力出版社
CHINA ELECTRIC POWER PRESS

图书在版编目（CIP）数据

电价电费及用电信息采集 / 国网福建省电力有限公司编. —北京：中国电力出版社，2023.11
全能型供电所员工培训模块化教材
ISBN 978-7-5198-8360-7

I.①电… Ⅱ.①国… Ⅲ.①用电管理－费用－中国－职工培训－教材②用电管理－管理信息系统－职工培训－教材　Ⅳ.① F426.61②TM92-39

中国国家版本馆 CIP 数据核字（2023）第 233294 号

出版发行：中国电力出版社
地　　址：北京市东城区北京站西街 19 号（邮政编码 100005）
网　　址：http://www.cepp.sgcc.com.cn
责任编辑：薛　红　贾丹丹
责任校对：黄　蓓　常燕昆
装帧设计：郝晓燕
责任印制：石　雷

印　　刷：三河市万龙印装有限公司
版　　次：2023 年 11 月第一版
印　　次：2023 年 11 月北京第一次印刷
开　　本：787 毫米 ×1092 毫米　16 开本
印　　张：19.25
字　　数：378 千字
定　　价：96.00 元

　　党中央、国务院高度重视技能人才队伍建设工作，习近平总书记指出："工业强国都是技师技工的大国，我们要有很强的技术工人队伍。"新时代要求大力弘扬劳模精神、劳动精神、工匠精神，抓基层、打基础、强基本，培养更多高水平技能人才，带动形成一支规模宏大、结构合理、技能精湛、素质优良的技能人才队伍，为大力实施人才强国和创新驱动发展战略，提供坚实的技能人才保障。

　　本书围绕全能型供电所所涉及的电价电费和用电信息采集业务进行展开，整体框架以"活页"的形式展现，主要由电价电费、用电信息采集系统两大部分组成。电价电费部分包括居民及农业生产用电价格、工商业用电价格、电费收缴及账务处理三个模块。通过详细的知识点和计算案例分析介绍，便于供电所员工掌握基本概念、电费计算的方法等，规范、高效开展营销现场作业工作。通过详细的基础知识、管理要求、服务技巧讲解，利于供电所员工熟悉掌握电费账务相关知识，提升服务水平。用电信息采集系统部分共分为十个模块与一个附录，对用电信息采集系统发展历史、总体架构、通信技术、系统的主要业务应用、网络与信息安全等技术层面进行了系统的论述，拓展补充了一些大数据应用、新型电力系统建设和家庭智慧用能管理的业务知识，并结合生产现场对采集运维消缺进行了详实的介绍，进一步加深采集人员对采集相关工作的理解和认识。

　　本书倡导"一专多能"复合型高技能人才的培养，结合工作实际案例教学，让学员真正从理论走向实践，掌握相应技能，达到在系统学习后可以直接进行供电所基础作业的水平。适用对象为供电所人员和或将从事供电所工作的人员。

由于编写时间仓促和编写者水平有限，书中难免存在不足之处，各单位如在执行中有修改意见和建议，请及时反馈编写组，编写组将适时进行修订。

编　者

2023 年 11 月

# 前言

# 第一部分

## 电 价 电 费

# 模块一　居民及农业生产用电价格

### 【模块描述】

本模块主要包括居民及农业生产用电价格适用范围、电费计算 2 个工作任务。

核心知识点包括熟悉居民及农业生产用电价格适用范围、电费计算等。

关键技能项包括熟悉居民及农业生产用户电费计算。

### 【模块目标】

通过本模块学习，应达到以下目标。

**（一）知识目标**

（1）掌握居民及农业生产用电价格政策。

（2）熟悉工商业用电价格组成。

**（二）技能目标**

居民及农业生产用户电费计算。

视频：销售电价分类简介

视频：销售电价沿革历程简介

**（三）素质目标**

熟悉电力市场化改革下，居民及农业生产用电价格政策、电费计算等。

## 任务一　居民生活用电价格

### 【任务目标】

（1）掌握居民生活电价相关政策及对应分类。

（2）掌握居民生活电费计算。

### 【任务描述】

本任务主要掌握居民生活用电价格分类及电价电费组成，能够正确计算居民用户电费。

### 【知识准备】

居民生活用电是指城乡居民家庭住宅，以及机关、部队、学校、企事业单位集体宿舍的生活用电。居民生活用电价格分为阶梯电价和合表电价。居民阶梯电价执行范围为全省供电区域内实行"一户一表"的城乡居民用户。

#### 一、居民生活阶梯电价

#### （一）居民生活用电阶梯分档电量标准

根据《福建省物价局关于调整居民生活用电阶梯分档电量有关问题的通知》规定，从

2016 年 11 月 1 日起，居民生活用电阶梯分档电量执行以下新标准：

（1）第一档电量为 230（含）kWh 以内，执行电价为 0.4983 元 /kWh。

（2）第二档电量为 231～420（含）kWh 以内，执行电价为 0.5483 元 /kWh。

（3）第三档电量为 420kWh 及以上，执行电价为 0.7983 元 /kWh。

**（二）福建居民峰谷时段的划分及电价标准**

峰时段：8:00—22:00。

谷时段：22:00—次日 8:00。

居民用户的高峰时段电价在各档电价的基础上每千瓦时加价 3 分钱，低谷时段电价在各档电价的基础上每千瓦时降低 0.20 元。

**（三）申请实行居民峰谷分时电价条件**

"一户一表"居民用户可自愿申请执行峰谷分时电价，申请执行峰谷分时电价生效满一年后方可申请退出。

居民合表用户或执行居民电价的非居民用户不能申请峰谷分时电价。

视频：居民电
费计算

**（四）"一户一表"居民用户的定义**

"一户一表"居民用户，是指独立装表计量，供电企业直接抄表、直接收费、直接服务到户的居民用户。居民用户原则上以住宅为单位，一个房产证明对应的住宅为一"户"。没有房产证明的，以供电企业为居民用户安装的电能表为单位。房产证明主要指房屋产权证，没有房屋产权证的，需要提供农村宅基地证明、商品房购房合同或城镇拆迁补偿协议书等有效证明材料。

属于仅有一个房产证明且户籍人口在 6 人及以上的家庭，或者仅有一个房产证明的居民合建住房、自建房分家的情形，可以申请办理用电分户。供电单位现场核实居住情况，确认住宅内部电路已具备物理上隔离和加装电能表条件的，给予分户分表，分别执行居民阶梯电价，其中户籍人口在 6 人及以上的家庭只能分立两个用电户；不具备加装电能表条件的，可以选择执行"合表用户"电价。

1. 居民电价计费规则

（1）调价前后电量电费的计算。用户调价前后的用电量，原则上按照对应抄表周期内日平均用电量乘以应执行调整后电价的天数确定。对于执行居民电价的非居民用户和用电量较大的居民用户，各单位可根据实际情况在调价日进行一次抄表。调价日前后的分档电量不足一个月的按一个月计算，超过一个月不足两个月的按两个月计算。调价日前后的电费分别按调价日前后的用电量和对应的电价标准计算。

（2）阶梯电量分档执行范围的计算。抄表周期为一个月的，按月分档电量标准计算当期

3

分档电量;抄表周期为两个月的,按月分档电量标准乘以 2 计算当期分档电量。居民用户因新装、销户、过户等业务原因,其实际用电天数不足一个月的,按一个月的分档电量标准计算当期分档电量;超过一个月不足两个月的,按两个月的分档电量标准计算当期分档电量。

2. 居民执行阶梯和峰谷电价的电费计算规则

按照"先阶梯、后分时"的原则计算电费,即先按各档电价标准计算各档电量的电费,然后按峰电价增量计算峰电量增加的电费,按谷电价减量计算谷电量减少的电费,三者之和即为客户的总电费。阶梯电量及电价执行标准见表 1-1-1。

表 1-1-1 阶梯电量及电价执行标准

| 电量分档 | 项目 | 阶梯电量指标标准 | | |
|---|---|---|---|---|
| | 第一档电量 | 230kWh 及以下 | | |
| | 第二档电量 | 231～420kWh | | |
| | 第三档电量 | 420kWh 以上 | | |
| 电价分档 | 项目 | 各档电价标准 | | |
| | | 非分时 | 峰 | 谷 |
| | 第一档电价 | 0.4983 元 /kWh | 各档每度增加 0.03 元 | 各档每度减少 0.2 元 |
| | 第二档电价 | 0.5483 元 /kWh | | |
| | 第三档电价 | 0.7983 元 /kWh | | |

(1)居民阶梯电价用户正常月份计算。根据《国家发展改革委印发关于居民生活用电试行阶梯电价的指导意见的通知》(发改价格〔2011〕2617 号)和《福建省物价局关于调整居民生活用电阶梯分档电量有关问题的通知》(闽价商〔2016〕298 号),我省居民电价阶梯电量水平及价格 2016 年 11 月 1 日调整后福建省居民生活用电价格见表 1-1-2。

表 1-1-2 福建省居民生活用电价格 单位:元 /kWh

| 居民生活用电 | | | 电价 |
|---|---|---|---|
| "一户一表"用户 | 第 1 档 | 月用电量 230 kWh 以下 | 0.4983 |
| | 第 2 档 | 月用电量 231～420 kWh | 0.5483 |
| | 第 3 档 | 月用电量 420 kWh 以上 | 0.7983 |
| 合表用户 | | | 0.533 |

例:某非分时普通一户一表居民用户,倍率为 1。抄表周期为每月,抄表例日为 1 日。按阶梯分档标准执行。2023 年 3 月和 4 月抄表示数见表 1-1-3,计算该户 2023 年 3 月份应

交电费。

表 1-1-3　　　　　　　　　　　**2023 年 3 月和 4 月抄表示数**

| 抄表日期 | 3 月 1 日 | 4 月 1 日 |
|---|---|---|
| 有功总示数（kWh） | 1457 | 2037 |

解：电量计算：

总电量 = 2037-1457 = 580（kWh）

第一档电量 = 230kWh

第二档电量 = 190kWh

第三档电量 = 580-230-190 = 160（kWh）

电费计算：

第一档电费 = 230×0.4983 = 114.61（元）

第二档电费 = 190×0.5483 = 104.18（元）

第三档电费 = 160×0.7983 = 127.73（元）

答：该户 2023 年 3 月应交电费为 346.52 元。

（2）居民峰谷分时电价用户正常月份计算。居民生活用电峰谷时段：高峰时段：8:00—22:00；低谷时段：22:00—次日 8:00。

实行居民阶梯电价的"一户一表"用户可以自愿申请执行居民峰谷分时电价。高峰时段每度加价 0.03 元，低谷时段每度降低 0.2 元。

例：某分时普通一户一表居民用户，倍率为 1。抄表周期为每月，抄表例日为 1 日。按居民生活用电峰谷标准执行。2023 年 2 月和 3 月抄表示数见表 1-1-4，计算该户 2023 年 2 月份应交电费。

表 1-1-4　　　　　　　　　　　**2023 年 2 月和 3 月抄表示数**

| 抄表日期 | 2 月 1 日 | 3 月 1 日 |
|---|---|---|
| 有功总示数（kWh） | 1100 | 1880 |
| 有功峰示数（kWh） | 650 | 1000 |
| 有功谷示数（kWh） | 450 | 880 |

解：电量计算：

2 月份总电量 = 1880-1100 = 780（kWh）

峰电量 = 1000-650 = 350（kWh）

谷电量 = 880-450 = 430（kWh）

第一档电量 = 230kWh

第二档电量 = 190kWh

第三档电量 = 780-230-190 = 360（kWh）

电费计算：

第一档电费 = 230×0.4983 = 114.61（元）

第二档电费 = 190×0.5483 = 104.18（元）

第三档电费 = 360×0.7983 = 287.39（元）

峰增加电费 = 350×0.03 = 10.5（元）

谷减少电费 = 430×（-0.2）= -86（元）

合计电费 = 114.61+104.18+287.39+10.5-86 = 430.68（元）

答：该户 2023 年 2 月应交电费 430.68 元。

## 二、居民合表

（1）城乡居民住宅小区公用附属设施用电是指城乡居民家庭住宅小区内的公共场所照明、电梯、电子防盗门、电子门铃、消防、绿地、门卫、车库等非经营性用电。

（2）学校教学和学生生活用电是指学校的教室、图书馆、实验室、体育用房、校系行政用房等教学设施，以及学生食堂、澡堂、宿舍等学生生活设施用电。

执行居民用电价格的学校，是指经国家有关部门批准，由政府及其有关部门、社会组织和公民个人举办的公办、民办学校，包括：

1）普通高等学校（包括大学、独立设置的学院和高等专科学校）。

2）普通高中、成人高中和中等职业学校（包括普通中专、成人中专、职业高中、技工学校）。

3）普通初中、职业初中、成人初中。

4）普通小学、成人小学。

5）幼儿园（托儿所）。

6）特殊教育学校（对残障儿童、少年实施义务教育的机构）。

不含各类经营性培训机构，如驾校、烹饪、美容美发、语言、电脑培训等。

（3）社会福利场所生活用电是指经县级及以上人民政府民政部门批准，由国家、社会组织和公民个人举办的，为老年人、残疾人、孤儿、弃婴提供养护、康复、托管等服务场所的生活用电。

（4）宗教场所生活用电指经县级及以上人民政府宗教事务部门登记的寺院、宫观、清真寺、教堂等宗教活动场所常住人员和外来暂住人员的生活用电。

（5）城乡社区居民委员会服务设施用电是指城乡居民社区居民委员会工作场所及非经营公益服务设施的用电。

（6）家政企业用电是指对家政企业在社区设置服务网点，其租赁场所不受用房性质限制。

（7）托育机构用电是指在国家托育机构备案信息系统中注册申请并备案通过的托育机构，可凭各区卫健部门提供的有效备案回执，申请执行居民生活类用电价格。

**案例 1**：某居民合表用户，表计综合倍率为 1，3 月 1 日抄表示数为 5100 kWh，4 月 1 日抄表示数为 5500 kWh，计算该户 2023 年 3 月份应交电费。

解：电量计算：

3 月份电量 = 5500−5100 = 400（kWh）

电费计算：

3 月份电费 = 400×0.533=213.2（元）

**答**：该户 2023 年 3 月份应交电费为 213.2 元。

**案例 2**：某养老院为低压供电，倍率为 1，3 月 1 日抄表示数为 1200 kWh，4 月 1 日抄表示数为 1651 kWh，求该养老院 3 月电费。

解：养老机构电价应为居民合表电价。

电量：1651−1200 = 451（kWh）

电费：451×0.533 = 240.38（元）

**答**：该养老院 3 月电费为 240.38 元。

## 任务二 农业生产用电价格

**【任务目标】**

（1）掌握农业生产电价相关政策及对应分类。

（2）掌握农业生产用户电费计算。

**【任务描述】**

本任务主要掌握农业生产用电价格分类及电价电费组成，能够正确计算农业生产用户电费。

**【知识准备】**

### 一、农业生产用电价格适用范围

农业生产用电是指农业、林木培育和种植、畜牧业、渔业生产用电，农业排灌用电，以及农业服务业中的农产品初加工用电。

农业生产电价下设农业排灌电价，它的价格是农业生产电价一半还不到，主要是用于种植粮食作物的灌溉用电。

农业用电是指各种农作物的种植活动用电，包括谷物、豆类、薯类、棉花、油料、糖料、麻类、烟草、蔬菜、食用菌、园艺作物、水果、坚果、含油果、饮料和香料作物、中药材及其他农作物种植用电。

林木培育和种植用电是指林木育种和育苗、造林和更新、森林经营和管护等活动用电。其中，森林经营和管护用电是指在林木生长的不同时期进行的促进林木生长发育的活动用电。

畜牧业用电是指为了获得各种畜禽产品而从事的动物饲养活动用电，不包括专门供体育活动和休闲等活动相关的禽畜饲养用电。

渔业用电是指在内陆水域对各种水生动物进行养殖、捕捞，以及在海水中对各种水生动植物进行养殖、捕捞活动用电，不包括专门供体育活动和休闲钓鱼等活动用电以及水产品的加工用电。

农业灌溉用电是指为农业生产服务的灌溉及排涝用电。

农产品初加工用电是指对各种农产品（包括天然橡胶、纺织纤维原料）进行脱水、凝固、去籽、净化、分类、晒干、剥皮、初烤、沤软或大批包装以提供初级市场的用电。

### 二、功率因数考核

受电变压器容量 100kVA 及以上的农业生产用电应执行功率因数考核标准，其中农业排灌用电功率因数考准为 0.80，其余农业生产用电功率因数考核标准为 0.85。

### 三、峰谷分时

用电容量 100kVA 及以上的农业生产用电（不含农业排灌用电）应执行峰谷分时电价。其中，农业排灌用电不执行峰谷分时电价。

农业生产用电（不含农业排灌用电）的峰谷时段与居民、工商业用电有所不同。农业生产用电（不含农业排灌用电）的峰时段为 8:30—11:30，14:30—17:30，19:00—21:00；平时段为 7:00—8:30，11:30—14:30，17:30—19:00，21:00—23:00；谷时段为 23:00—次日 7:00。农业用电及农业排灌用电销售电价如图 1-1-1 所示。

**农业用电销售电价表**
**（省网区域）**

单位：元/kWh

| 电压等级 | 平段电度电价 →0% | 峰段电度电价 ↑50% | 谷段电度电价 ↓50% |
|---|---|---|---|
| 不满1kV | 0.5750 | 0.858166 | 0.291834 |
| 1~10kV | 0.5550 | 0.828166 | 0.281834 |
| 35kV | 0.5350 | 0.798166 | 0.271834 |
| 110kV | 0.5150 | 0.768166 | 0.261834 |
| 220kV及以上 | 0.4950 | 0.738166 | 0.251834 |

注：上表所列价格含重大水利工程建设基金0.196875分钱，大中型水库移民后期扶持资金0.62分钱，小型水库移民扶助基金0.05分钱。

**农业生产排灌用电销售电价表**
**（省网区域）**

单位：元/kWh

| 电压等级 | 电度电价 |
|---|---|
| 不满1kV | 0.2477 |
| 1~10kV | 0.2277 |
| 35kV | 0.2077 |
| 110kV | 0.1877 |
| 220kV及以上 | 0.1677 |

*参考文件：《福建省发展和改革委员会关于落实第三监管周期输配电价有关事项的通知》（闽发改运行〔2023〕193号）
*执行日期：2023年6月1日起

图 1-1-1　农业用电及农业排灌用电销售电价

下列举例来区分农业生产电价和农业灌溉电价，其中农业生产用电（不含农业排灌用电）的政府性基金及其附加为 0.00866875 元 /kWh。

**案例 1**：A 农业用户申请水稻灌溉用电，容量为 12kVA，2023 年 3 月份电量为 1000kWh，请按现行电价政策计算该客户 2023 年 3 月份电费。

解：水稻灌溉用电应执行 0.4kV 农业排灌电价，为 0.2477 元 /kWh，则 3 月份电费 = 1000kWh × 0.2477 元 /kWh=247.7 元。

**案例 2**：B 农业用户 10kV 供电，申请种植蔬菜灌溉用电，变压器容量为 100kVA，执行（省网）电价。2023 年 5 月份结算电量（含变压器损耗）为 8448kWh，其中峰时段电量为 4313kWh，谷时段电量为 862kWh，电量 $Q_1$ 为 1910kvarh，电量 $Q_4$ 为 1009kvarh。请按现行电价政策计算该客户 2023 年 5 月份电费。（平时段目录电价为 0.54633125 元 /kWh，代征电价为 0.00866875 元 /kWh）

解：根据内容可知种植蔬菜灌溉用电应执行 10kV 农业生产电价。

平时段电度电价为 0.54633125+0.00866875=0.555（元 /kWh）

峰时段电度电价为 0.54633125 × 1.5+0.00866875=0.828165625（元 /kWh）

谷时段电度电价为 0.54633125 × 0.5+0.00866875=0.281834375（元 /kWh）

电量计算：

平时段电量为 8448−4313−862=3273（kWh）

无功总电量 =$Q_1$+$Q_4$=1910+1009=2919（kvarh）

电费计算：

峰时段：4313×0.828165625=3571.88（元）

平时段：3273×0.555=1816.52（元）

谷时段：862×0.281834375=242.94（元）

合计：3571.88+1816.52+242.94=5631.34（元）

代征电费 =8448×0.00866875=73.23（元）

无功总÷有功总 =2919÷8448=0.345525568，该户功率因数考核标准为 0.85，查表得本月实际功率因数 0.95，考核系数为 −0.011，参与力率调整电费 =5631.34−73.23=5558.11（元）。

该户 5 月力率电费：5558.11×（−0.011）=−61.14（元）。

合计电费 =5631.34—61.14=5570.2（元）

**答**：该户 5 月电费为 5570.2 元。

> **小贴士**：对于一个农业用户既要种植水稻，又要种植蔬菜，若现场符合条件的，应分开装表计量，不具备装表条件的，可按实际用电容量进行定比或定量计算，定比定量计价方式须每年核定一次。

视频：非市场化电费计算

# 模块二  工商业用电价格

**【模块描述】**

本模块主要包括工商业用电价格组成及电费计算工作任务。

核心知识点包括熟悉工商业用电价格组成及电费计算等。

关键技能项包括熟悉工商业电费计算。

**【模块目标】**

通过本模块学习，应达到以下目标。

**（一）知识目标**

（1）掌握工商业用电价格政策。

（2）熟悉工商业用电价格组成。

**（二）技能目标**

工商业用户电费计算。

**（三）素质目标**

熟悉电力市场化改革下工商业用电价格政策、分类及组成，基本电费、峰谷电费、功率因数调整电费的计算等。

## 任务  工商业价格

**【任务目标】**

（1）掌握工商业电价相关政策及对应分类。

（2）掌握工商业电价组成及工商业用户电费计算。

**【任务描述】**

本任务主要掌握工商业用电价格分类及电价电费组成，能够正确计算工商业用户电费。

### 一、定义及适用范围

（1）定义。工商业用电是指除居民生活及农业生产用电以外的用电。

（2）适用范围。

大工业用电是指受电变压器（含不通过受电变压器的高压电动机）容量在 315kVA 及以上的下列用电：①以电为原动力，或以电冶炼、烘焙、熔焊、电解、电化、电热的工业生产用电；②铁路（包括地下铁路、城铁）、航运、电车及石油（天然气、热力）加压站生产用

11

电；③自来水、工业实验、电子计算中心、垃圾处理、污水处理生产用电。

中小化肥生产用电是指年生产能力为 30 万 t 以下（不含 30 万 t）的单系列合成氨、磷肥、复合肥料生产企业中化肥生产用电。其中复合肥料是指含有氮磷钾两种以上（含两种）元素的矿物质，经过化学方法加工制成的肥料。

农副产品加工用电是指直接以农、林、牧、渔产品为原料进行的谷物磨制、饲料加工、植物油和制糖加工、屠宰及肉类加工、水产品加工用电，以及蔬菜、水果、坚果等食品的加工用电。

### 二、工商业用户用电价格组成

工商业用户用电价格由上网电价、上网环节线损费用、输配电价、系统运行费用、政府性基金及附加组成。

1. 上网电价

2021 年 10 月起，全体工商业用户可选择直接参与市场交易或由电网企业代理购电两种方式，对直接参与市场交易的工商业用户"上网电价"即为"市场交易电价"，按月由交易中心提供，电网企业代理购电用户即为"代理购电电价"，按月由财务部提供。

不同时段工商业用户上网电价不同。目前工商业分时电价依据《福建省发展和改革委员会 国家能源局福建监管办公室关于印发 2023 年福建省电力中长期市场交易方案的通知》（闽发改电力〔2022〕682 号）执行时段及价格系数。4 个时段划分标准为：段 1 时段 11:00—12:00、17:00—18:00；段 2 时段为 10:00—11:00、15:00—17:00、18:00—20:00、21:00—22:00；段 3 时段为 8:00—10:00，12:00—15:00、20:00—21:00、22:00—24:00；段 4 时段为 00:00—8:00。4 个时段的价格系数比为 1.8：1.6：1：0.4，即电力用户的上网电价为段 3 购电价格，段 1 购电价格为上网电价上浮 80%，段 2 购电价格为上网电价上浮 60%，段 4 购电价格为上网电价下浮 60%，暂不具备 4 个时段及以上计量采集条件的电力用户各时段购电价格均为段 3 购电价格。

公式：工商业用户分时段上网电价 ＝ 上网电价 × 价格系数。

2. 上网环节线损费用

上网环节线损费用按实际购电上网电价和综合线损率计算（2023～2026 年福建省为 3.6%）。电力市场暂不支持用户直接采购线损电量的地方，继续由电网企业代理采购线损电量，代理采购损益按月向全体工商业用户分摊或分享。

3. 输配电价

输配电价是指电网经营企业提供接入系统、联网、电能输送和销售服务的价格总称。输配电价按照"准许成本 ＋ 合理收益"的原则，根据各电压等级用户真实需承担的电网投资、运维成本等核定。

输配电价由电量电价、容（需）量电价组成。收费类别分为单一制、两部制两种，其中用电容量在 100kVA 及以下的，执行单一制电价；100～315kVA 之间的，可选择执行单一制或两部制电价；315kVA 及以上的，执行两部制电价，2023 年 6 月 1 日前执行单一制电价的存量用户可选择执行单一制电价或两部制电价。一般两部制电价的电量电价较单一制低，且电压等级越高，输配电价越低。

4. 系统运行费

系统运行费是指为整个电力系统服务、应由全体用户承担的费用，主要包括辅助服务费用、抽水蓄能容量电费等。价格每月在代理购电价格公示表中公示。

5. 政府性基金及附加

工商业用电的政府性基金及附加包含重大水利工程建设基金每千瓦时 0.196875 分钱，大中型水库移民后期扶持资金每千瓦时 0.62 分钱，可再生能源电价附加每千瓦时 1.9 分钱，小型水库移民扶助基金每千瓦时 0.05 分钱。

### 三、工商业用户电费组成

工商业用户电费由代理购电（市场化交易）电费、上网环节线损费用、系统运行费、输配电费、功率因数调整电费、政府性基金及附加组成。

1. 代理购电（市场化交易）电费

公式：工商业用户某月代理购电（市场化交易）电费 =∑ 工商业各时段电量 × 上网电价 × 各时段价格系数。

2. 上网环节线损费用

公式：工商业用户某月上网环节线损费用 = 用户某月上网电价 ×［综合线损率 /（1-综合线损率）］× 该户某月工商业结算电量。

3. 系统运行费

公式：工商业用户某月系统运行费 = 系统运行费折价 × 该户某月工商业结算电量。系统运行费用按其明细项分项计算。

4. 输配电费

（1）输配电量电费，其公式：工商业用户某月输配电量电费 = 用户输配电量电价 × 该户某月工商业结算电量。

（2）基本电费。

1）基本电价执行标准。基本电价按变压器容量或按最大需量计费，由用户选择。容

（需）量电价按电压等级分别核定，需量电价等于 1.6 倍容量电价。

2）需量电价机制与负荷率挂钩。选择执行需量电价计费方式的两部制用户，每月每千伏安用电量达到 260 kWh 及以上的，当月需量电价按本通知核定标准 90% 执行。不足整月的，按日均千伏安用电量 ×30 天折算。

公式：月每千伏安用电量 =（用户总电量 − 执行居民、农业电价以及不执行需量电价的独立受电点电量）/（用户合同容量 − 执行居民、农业电价以及不执行需量电价的独立受电点"受电点容量"），月每千伏安用电量舍尾取整。

3）基本电价计费方式。两部制电力用户可自愿选择按变压器容量或合同最大需量缴纳电费，也可选择按实际最大需量缴纳电费，即基本电费计费方式包括变压器容量、合同约定最大需量、实际最大需量三种。

a. 按容量计算基本电费。根据用电客户受电变压器容量和不通过该变压器的高压电动机容量总和，按批准的容量基本电价计收基本电费。用电客户运行容量不变，则该值相对固定。基本电费对应容量的扣减应按整台整组进行扣减。

公式：基本电费 = 运行容量 × 容量基本电价。

b. 按合同约定最大需量计算基本电费。电力用户选择按合同最大需量方式计收基本电费的，应与电网企业签订合同。合同最大需量核定值变更周期为按月变更，电力用户可提前 5 个工作日向电网企业申请变更下一个月（抄表周期）的合同最大需量核定值。电力用户实际最大需量超过合同确定值 105% 时，超过 105% 部分的基本电费加一倍收取；未超过合同确定值 105% 的，按合同确定值收取；申请最大需量核定值低于变压器容量和高压电动机容量总和的 40% 时，按容量总和的 40% 核定合同最大需量。按合同约定最大需量计收基本电费规则如图 1-2-1 所示。

"举个例子"

**合同约定最大需量**

例：某客户合同容量为1000kVA，申请合同约定最大需量的核定值为500kW，核定值的105%为525kW。

| 当月抄见最大需量值 | 实际需量值与合同约定值比较 | 规则 | 需量值 |
|---|---|---|---|
| 320kW | ＜约定值40% | ＜约定值105%，按合同约定值收取 | 500kW |
| 505kW | ＜约定值105% | | |
| 525kW | ＝约定值105% | | |
| 530kW | ＞约定值105% | ＞约定值105%，按"合同约定值+超出105%部分加1倍"收取 | 500+(530-500×1.05)×2=510kW |
| 560kW | ＞约定值105% | | 500+(560-500×1.05)×2=570kW |

图 1-2-1　按合同约定最大需量计收基本电费规则

（3）按实际最大需量计算基本电费。按用电客户每月抄见的实际最大需量值计算基本电费，不受变压器容量 40% 的限制。

公式：基本电费 = 实际抄见最大需量值 × 需量基本电价。

基本电价计费方式变更周期：基本电价计费方式变更周期为按季变更，电力用户可提前 15 个工作日向电网企业申请变更下一季度的基本电价计费方式。此处，"下一季度"按下三个月执行。其中：选择按合同约定最大需量计算的，用户可提前 5 个工作日申请变更下一个月（抄表周期）的合同约定最大需量的核定值。

|  |  |  |  |
| --- | --- | --- | --- |
| 参考资料：用户基本电费例题 | 视频：按容量计收基本电费两部制计算 | 视频：按最大需量计收基本电费两部制计算 | 参考资料：分电压等级核定容（需）量电价 |

5. 功率因数调整电费

（1）功率因数定义。有功功率与视在功率的比值，叫作功率因数。功率因数可以衡量电力被有效利用的程度，当功率因数值越大，代表其电力利用率越高。

（2）功率因数计算公式。根据《供电营业规则》第四十一条规定：无功电力应就地平衡。用户应在提高用电自然功率因数的基础上，按有关标准设计和安装无功补偿设备，并做到随其负荷和电压变动及时投入或切除，防止无功电力倒送。凡装有无功补偿设备且有可能向电网倒送无功电量的用户，供电企业应在计费计量点加装带有防倒装置的反向无功电能表，按倒送的无功电量与实际无功电量两者的绝对值之和，计算月平均功率因数。

公式：功率因数 $= \dfrac{\text{有功电量}}{\sqrt{\text{有功电量}^2 + \text{无功电量}^2}}$。

其中：有功电量 = 总抄见有功电量 + 总分摊有功损耗，无功电量 = 正向无功 + | 反向无功 | + 总分摊无功损耗。

（3）功率因数考核标准。根据《水利电力部、国家物价局文件关于颁发〈功率因数调整电费办法〉的通知》[（83）水电财字第 215 号]：

1）功率因数标准为 0.9，适用于 160kVA 以上的高压供电工业用户（包括社队工业用户）、装有带负荷调整电压装置的高压供电电力用户和 3200kVA 及以上的高压供电电力排灌站。

2）功率因数标准为 0.85，适用于 100kVA（kW）及以上的其他工业用户（包括社队工业用户）、100kVA（kW）及以上的非工业用户和 100kVA（kW）及以上的电力排灌站。

3）功率因数标准为 0.8，适用于 100kVA（kW）及以上的农业用户和趸售用户，但大工业用户未划由电业直接管理的趸售用户，功率因数标准应为 0.85。

（4）功率因数调整系数。将计算出的用户实际功率因数与其执行的功率因数标准，查"力率及电费增减查对表"得出调整系数。

（5）功率因数调整电费。功率因数调整电费是按用户实际功率因数及该用户所执行的功率因数标准对用户承担的电费按功率因数调整电费表系数进行相应调整的电费。当用户的实际功率因数低于国家规定的标准时，供电企业向用户增收一定的电费；反之，当用户的实际功率因数高于国家规定的标准时，供电企业减收用户一定的电费。

公式：功率因数调整电费＝［代理购电（市场化交易）电费＋输配电费＋基本电费＋上网环节线损费用＋系统运行费用］×功率因数调整系数，其中力率及电费增减查对表（福建）见表1-2-1。

表1-2-1　　　　　　　　　力率及电费增减查对表（福建）

| 无功电度／有功电度（tan$\phi$） | 月平均力率（cos$\phi$） | 电费（±%） | | | 无功电度／有功电度（tan$\phi$） | 月平均力率（cos$\phi$） | 电费（±%） | | |
| | | 力率标准 | | | | | 力率标准 | | |
| | | 0.90 | 0.85 | 0.80 | | | 0.90 | 0.85 | 0.80 |
| 0.0000—0.1003 | 1.00 | | | | 0.7370—0.7630 | 0.80 | 5.0 | 2.5 | 0.0 |
| 0.1004—0.1751 | 0.99 | | | | 0.7631—0.7891 | 0.79 | 5.5 | 3.0 | 0.5 |
| 0.1752—0.2279 | 0.98 | | | | 0.7892—0.8154 | 0.78 | 6.0 | 3.5 | 1.0 |
| 0.2280—0.2717 | 0.97 | −0.75 | −1.10 | | 0.8155—0.8418 | 0.77 | 6.5 | 4.0 | 1.5 |
| 0.2718—0.3105 | 0.96 | | | −1.30 | 0.8419—0.8685 | 0.76 | 7.0 | 4.5 | 2.0 |
| 0.3106—0.3461 | 0.95 | | | | 0.8686—0.8953 | 0.75 | 7.5 | 5.0 | 2.5 |
| 0.3462—0.3793 | 0.94 | −0.60 | | | 1.7092—1.7553 | 0.5 | 45 | 35 | 25 |
| 0.3794—0.4107 | 0.93 | −0.45 | −0.95 | | 1.7554—1.8031 | 0.49 | 47 | 37 | 27 |
| 0.4108—0.4409 | 0.92 | −0.30 | −0.80 | | 1.8032—1.8526 | 0.48 | 49 | 39 | 29 |
| 0.4410—0.4700 | 0.91 | −0.15 | −0.65 | −1.15 | 1.8527—1.9038 | 0.47 | 51 | 41 | 31 |
| 0.4701—0.4983 | 0.90 | 0.00 | −0.50 | −1.0 | 1.9039—1.9571 | 0.46 | 53 | 43 | 33 |
| 0.4984—0.5260 | 0.89 | 0.5 | −0.40 | −0.9 | 1.9572—2.0124 | 0.45 | 55 | 45 | 35 |
| 0.5261—0.5532 | 0.88 | 1.0 | −0.30 | −0.8 | 2.0125—2.0699 | 0.44 | 57 | 47 | 37 |
| 0.5533—0.5800 | 0.87 | 1.5 | −0.20 | −0.7 | 2.0700—2.1298 | 0.43 | 59 | 49 | 39 |
| 0.5801—0.6065 | 0.86 | 2.0 | −0.10 | −0.6 | 2.1299—2.1923 | 0.42 | 61 | 51 | 41 |
| 0.6066—0.6328 | 0.85 | 2.5 | 0.00 | −0.5 | 2.1924—2.2575 | 0.41 | 63 | 53 | 43 |
| 0.6329—0.6589 | 0.84 | 3.0 | 0.5 | −0.4 | 2.2576—2.3257 | 0.4 | 65 | 55 | 45 |
| 0.6590—0.6850 | 0.83 | 3.5 | 1.0 | −0.3 | 2.3258—2.3971 | 0.39 | 67 | 57 | 47 |
| 0.6851—0.7109 | 0.82 | 4.0 | 1.5 | −0.2 | 2.3972—2.4720 | 0.38 | 69 | 59 | 49 |
| 0.7110—0.7369 | 0.81 | 4.5 | 2.0 | −0.1 | 2.4721—2.5507 | 0.37 | 71 | 61 | 51 |

| 无功电度/有功电度（tanφ） | 月平均力率（cosφ） | 电费（±%） | | | 无功电度/有功电度（tanφ） | 月平均力率（cosφ） | 电费（±%） | | |
| | | 力率标准 | | | | | 力率标准 | | |
| | | 0.90 | 0.85 | 0.80 | | | 0.90 | 0.85 | 0.80 |
| 2.5508—2.6334 | 0.36 | 73 | 63 | 53 | 3.1225—3.2389 | 0.30 | 85 | 75 | 65 |
| 2.6335—2.7205 | 0.35 | 75 | 65 | 55 | 3.2390—3.3632 | 0.29 | 87 | 77 | 67 |
| 2.7206—2.8125 | 0.34 | 77 | 67 | 57 | 3.3633—3.4961 | 0.28 | 89 | 79 | 69 |
| 1.8126—2.9098 | 0.33 | 79 | 69 | 59 | 3.4962—3.6386 | 0.27 | 91 | 81 | 71 |
| 2.9099—3.0129 | 0.32 | 81 | 71 | 61 | 3.6387—3.7919 | 0.26 | 93 | 83 | 73 |
| 3.0130—3.1224 | 0.31 | 83 | 73 | 63 | 3.7920—3.9572 | 0.25 | 95 | 85 | 75 |

6. 政府性基金及附加

公式：政府性基金及附加费用 = 政府性基金及附加单价 × 该户某月工商业结算电量。

参考资料：电
费核算样题 1

参考资料：电
费核算样题 2

参考资料：电
费核算样题 3

# 模块三 电费收缴及账务处理

## 【模块描述】

本模块主要包括电费交纳方式、收费账务处理、票据管理、电费回收指标管控4个工作任务。

核心知识点包括熟悉电费交纳方式、电费回收管控要求等。

关键技能项包括熟悉电费回收管理措施、技术措施执行要求。

## 【模块目标】

通过本模块学习，应达到以下目标。

### （一）知识目标

（1）了解电费回收率指标。

（2）熟悉电费回收管控的方式。

（3）在用的交费方式。

（4）票据管理要求。

### （二）技能目标

（1）电费回收指标计算。

（2）提升高低压电费回收率主要方式。

（3）各类型用户电费违约金计算。

（4）电费交纳方式应用。

（5）票据管理。

视频：电费账
务管理

### （三）素质目标

熟悉电力市场化改革下的电费回收管理要求，落实高压电费回收关口前移的管理措施、技术措施，释放低压用户抄催人力资源方式及措施，高压用户分次结算三种类型差异性，确保电费回收的合规性，保证供用电双方权利。

## 任务一 电费交纳方式

### 【任务目标】

（1）掌握现行常用的电费交纳方式、特点。

（2）熟悉电力网点线下、线上渠道、官方授权银行、第三方支付渠道等。

**【任务描述】**

（1）掌握客户交纳电费的多种方式。

（2）熟悉并掌握针对不同客户群体推荐不同交费方式的原则。

**【知识准备】**

### 一、电费交费方式简介

随着信息化水平提升，电费交纳渠道迭代升级，全省电费交纳渠道有 30 种以上，主要分为电力网点（线下）渠道、电力网点（线上）渠道、官方授权渠道、第三方支付、特殊交费方式等 5 大类。

1. 电力网点（线下）渠道

供电营业厅电力网点（线下）渠道包括现金、POS 机，供电公司自助终端。

（1）现金、POS 机：用电客户在供电公司营业柜台，通过现金支付、柜台 POS 机刷银联卡等方式完成电费的收缴，并由供电公司出具收费凭证的一种缴费方式。

（2）供电公司自助终端：用电客户在供电公司营业窗口所设的自助缴费终端机上通过现金支付、刷银联卡等方式缴费的方式。

2. 电力网点（线上）渠道

（1）网上国网 App：用电客户通过网上国网手机 App 的缴费模块进行线上缴费的方式。

（2）微信公众号：关注"国网福建电力"微信公众号，在交费模块进行电费缴纳的缴费方式。

（3）电 e 宝：通过电 E 宝缴费功能或企业网银进行电费缴交的方式。

（4）国网福建省电力公司支付宝生活号。

（5）95598 网站。

3. 官方授权银行

（1）银行网点代收缴费：金融代收机构通过与管理单位的收费系统联网，客户通过银行网银或 App 界面输入户号交电费，电费实时到账。

（2）银行代扣：电力机构与银行签订协议，客户与银行进行扣款账户与户号绑定，电力机构每天将此缴费方式用户的欠费信息按照双方约定的格式生成文本发送至银行，银行将用电账户上的钱划拨至电力账户上的一种收费方式。对于公客户，还须提交"对公电子代扣业务申请表"至电力公司。除了厦门公司的金融机构一卡通代扣客户，客户代扣扣款成功后，可实现电费实时到账，其余的金融机构代扣客户代扣扣款成功后，一般在 3～14h 完成电费销账，建议客户收到扣费信息当日 18 点后查询电费到账情况。

（3）银行小额支付：通俗地讲就是跨行托收，即供电单位的开户银行（收款银行）与用电户的开户银行（付款银行）不属一家银行，供电单位把欠费信息发送至收款银行，收款银行通过人民银行的小额支持系统，从用电户的开户银行（付款银行）划扣金额的一种缴费方式，目前仅厦门地区有此业务。

（4）对公转账，即能源卡转账交易。能源卡是省级电费账户的子账户，通过对能源卡与用电户号之间建立"一户一卡"对应关系，并将能源卡号发放至客户。转账客户首次获取能源卡时，需填写"能源卡业务申请表"。客户交电费时，通过网银、银行柜台等渠道将电费转账至其专属能源卡账户，实现转账资金30min内销账至客户用电户号。（如遇系统故障等原因，预计3个工作日内可到账）

4. 第三方支付

主要指支付宝生活缴费、微信生活缴费、光大银行云缴费接入的缴费渠道（美团、苏宁等）交费。

5. 特殊的交费方式

譬如银行承兑汇票、充值卡、空中充、走收等。随着社会的不断发展，电费的交费方式也不断迭代更新，上述交费方式已逐步取缔。

## 二、电费交费方式推荐原则

1. 对公客户的交费方式推荐原则

结合电费催收的便捷性、风险可控性等，按以下原则的先后顺序推荐。

（1）银行渠道的对公代扣。对于该种模式，只要客户账户有钱，就可以在电费发行后次日收回电费，电费回收的时效性较高。

（2）电e宝的电费网银、e企交等对公交费功能。该种模式有利于做大电力自有渠道，电费回收资金的安全性最高。

（3）银行渠道的企业网银交费功能。该种模式有利于客户自主通过开户银行的网银交费功能进行便捷缴费。

（4）能源卡转账。该种模式需要为客户申请开通能源卡、登记客户付款账户信息，且容易发生客户转账信息错误引发电费错交或转账交易失败等，客观增加电费催收相关人员的工作核对信息量。

2. 个人客户的交费方式推荐原则

结合电费催收的便捷性、风险可控性等，按以下原则的先后顺序推荐。

（1）预收代扣模式。仅支付宝、网上国网、电e宝等3渠道（网上国网优先推荐）具备预收代扣业务办理功能，预收代扣模式符合当前智能交费业务推广，满足电费回收及时性及风险管控要求，降低抄催人员的工作量。

（2）电力网点交费渠道。电力网点交费渠道中，网上国网优先推荐，微信公众号、电 e 宝、95598 网站等次之。但对客户至营业厅进行现金交费或 POS 机刷卡交费的，应主动引导至其他渠道交费。

（3）银行及第三方支付的代收功能。其主要是指微信、支付宝、各银行渠道的客户主动输入户号进行缴费的代收功能，全省各渠道欠费展示均为智能交费实时欠费展示，有助于培养客户边用电边交费的习惯。

（4）银行及第三方支付的账单代扣模式。对于尚未实现预收代扣模式的渠道（目前是指除了支付宝、网上国网、电 e 宝等 3 渠道外的其他渠道），建议不推荐客户办理代扣，引导客户通过已实现预收代扣功能的渠道办理预收代扣。

# 任务二　电费账务处理

## 【任务目标】

（1）掌握电费收费账务处理总体情况。

（2）掌握各类收费解款及对账。

（3）掌握期末关账内容。

## 【任务描述】

### 一、电费收费及对账处理流程

电费收费及对账处理主要包括收费、解款、资金进账、资金到账确认等环节，收费账务处理的流程是资金风险闭环管控的过程，具体如下：

（1）收费。用户根据应收电费金额通过各类交费渠道交费，包括电力柜台、各类代收渠道、主动转账等。

（2）解款。收费员每日收费完毕进行收费整理，核对实收金额，核对无误后进行收费汇总，也就是解款。解款后生成解款记录，解款记录涵盖收费人员、缴费渠道、收费时间、收费金额、供电单位等信息。

（3）资金进账。通过各种形式收取的电费资金汇入省级电费账户（目前市县公司无电费账户），具体包括营业员现金收费、银行或第三方代收电费、主动转账资金等。

（4）资金到账确认。账务人员根据银行的进账流水信息和解款记录进行勾对，金额一致的标识成对账状态。财务通过财务管控系统将省级电费账户的资金进账流水（包括营业员资金、银行及第三方代收资金、客户转账资金）推送至营销系统，营销系统或省营销服务中心账务人员根据进账单信息中的金额、备注字段等信息与解款记录中的金额、缴费渠道、收费时间等信息进行到账确认。

## 二、收费、解款及对账流程

### （一）银行及第三方机构收费及对账过程

1. 收费分类

收费包含电费代收和电费代扣两类。

（1）电费代收流程。客户通过银行及第三方渠道交纳电费时，在输入交费金额完成支付后，渠道方将交费数据传输至营销业务应用系统，由营销业务应用系统做实时收费处理（即一次销根，客户支付资金后当日内）；客户交纳的电费资金由交费渠道实时划转至第三方支付平台内部设定的银行账户。每笔收费，均按照既定的会计分录实时生成记账凭证。

（2）电费代扣流程。客户电费发行后，营销向渠道方发起代扣指令，渠道方根据客户指令从客户指定的扣费账户扣款，完成扣款后发送至营销，营销根据扣费结果进行收费处理（一次销根，客户支付资金后当日内）；客户扣费资金由缴费渠道实时划转至渠道方内部设定的银行账户。每笔收费，均按照既定的会计分录实时生成记账凭证。

2. 解款

银行及第三方支付渠道由营销系统根据银行收费文件进行收费日对账，收费对账过程中可能出现补收费、收费冲正等情况，收费对账结束后自动按费用类型、业务类型、渠道类型、核算单位（即利润中心）等生成解款记录。

3. 资金到账确认

渠道方将电费资金于收费后的第二天或第二个工作日归集至省级电费账户，省级账户收到电费资金后，一般于第二天通过财务管控传输至营销系统；营销系统或省营销服务中心账务人员对解款记录信息进行到账确认（二次销根）；每笔到账确认记录，均按照既定的会计分录实时生成记账凭证。

### （二）客户主动转账资金收费及对账过程

1. 收费

省级账户收到客户转账的电费资金后，立即通过银企直连通道推送至营销系统。营销系统根据客户的转账信息进行收费处理（一次销根），一般于当日完成。每笔收费，均按照既定的会计分录实时生成记账凭证。

2. 解款

到账单、进账单、能源卡收费等客户主动转账收费，由营销系统在每一次收费结束后自动生成解款记录。

3. 对账

省级账户收到电费资金后，一般于收费后的第二天通过财务管控传输至营销系统，营销系统或省营销服务中心账务人员对主动转账的收费信息进行到账确认（二次销根）。每笔到账确认记录，均按照既定的会计分录实时生成记账凭证。

### （三）营业员收费及对账过程

1. 收费

营业员当日收取的电费资金（一次销根）于当日下班前解交银行。营业员无法当日解交银行的，暂放保险柜，于次日解交银行。一般情况下，营业员收取的电费资金当日存入省级账户。每笔收费，均按照既定的会计分录实时生成记账凭证。

2. 解款

电力柜台现金收费在日中根据实际情况可以进行一次至两次的解款，并生成相应解款记录。

3. 对账

省级账户收到电费资金后，一般于第二天通过财务管控传输至营销系统。营销系统或省营销服务中心账务人员对进账资金及现金收费记录进行到账确认（二次销根）。每笔到账确认记录，均按照既定的会计分录实时生成记账凭证。

### 三、营销账务工作管理要求

1. 电费柜台收费规范要求

电费收取应做到日清日结，收费人员应每日核对现金交款单、银行进账单、"现金盘点表"与当日营销系统收费记录是否一致，所有纸质单据必须留档备查。

每日必须进行现金盘点，做到日清日结，按日编制"现金盘点表"。每日收取的现金应规范填写解款单并备注解款编号于当日解交银行，由专人负责每日解款工作并落实保安措施，确保解款安全。当日解款后收取的现金按财务制度存入专用保险箱，并据实填写"现金盘点表"，于下一工作日解交银行。对于偏远地区、现金收费缴存银行困难的营业厅，收费金额累计未超过3000元每周不得少于一次解交银行。

收取现金时，应当面点清并验明真伪。

客户实交电费金额大于客户应交电费金额时，征得电力客户同意后可做预收电费处理。

供电营业厅（所）负责人每月应对窗口现金监盘一次，并在盘点表上签字备查。

严格区分电费资金和个人钱款，严禁截留、挪用、侵吞、非法划转、混用电费资金，严禁工作人员利用信用卡等还款周期滞留电费资金或套取现金。收费网点应安装监控和报警系统，将收费作业全过程纳入监控范围。

营业厅自助终端缴费管理，应等同现金收费管理，做到日清日结。

采用自助终端收费方式时，应每日对自动交费终端收取的现金进行日终解款。客户在自助终端交费成功后应向其提供收费凭证。

2. 电费资金到账确认规范要求

严格执行资金收支两条线管理制度。电费资金实行专户管理，不得存入其他非电费账户；退款及代收电费手续费支付应从各单位的非电费账户支出。加强电费账户的日常管理，确保营销业务系统中电费账户信息准确。

加强电费账务对账管理。省资金集约中心通过系统每日将银行流水传递到营销系统，省营销服务中心按日开展电费对账、到账确认工作，管控电费到账数据真实性。对无人认领的资金进账数据，由省营销服务中心下发，各市县公司负责协助核实款项来源。经核实仍无人认领的款项资金，省营销服务中心应按月登记造册并与省资金集约中心开展明细账款核对。每月1日省市县各级营财双方开展上月账务月结工作，包括营财数据、明细账及科目等核对，核对无误后逐级完成月末关账，并进行纸质确认留档备查。

## 四、期末关账

### （一）基本概念

1. 会计期间

会计期间又称会计分期，指将企业经营活动划分为若干个区间，分期进行会计核算和编制会计报表，以反映企业某一期间的经营活动成果的一种考核周期定义。供电企业通常以自然月为单位定义会计期间。

2. 关账

确认一个会计期间结束，完成对该会计期间的会计核算工作的会计行为称为关账。

3. 关账模式

企业的经营行为是连续不间断的，而关账一般要求终止指定会计期间的所有经营行为，在保障指定会计期间无数据变更的情况下，关账通常有期末关账和业务模式更改关账两种模式。

采用期末关账模式时，确认关账后的新经营活动自动计入下一会计期间，不影响当期数据，本会计期间的数据不能更改，以防止数据检查过程中，新产生的业务数据避开检查，或未统计到正确的会计期间。

采用业务更改模式关账时，确认关账后，经营活动终止，待本会计期间的会计事务全部处理完毕后，才能重新开启业务。为提高客户服务质量，一般情况下供电企业关账不中断业务进行，采取期末关账模式。采取业务更改模式关账时，应事先通知相关部门、人员，必要时需向社会公告，解释服务中断原因。同时，业务模式更改关账还应避开敏感时间点，尽量减少对客户服务、业务的影响。

### （二）营销账务核对与关账

#### 1. 营销账务核对

按日核对财务管控系统传递的进账资金数据与营销实收电费数据的一致性，对于资金已到账仍未完成销账或对账的，省营销服务中心应及时下派异常资金至市县公司核查，核查完成后具备条件的应完成销账或到账确认；对于已销账而资金未到账的，按未到账进行跟踪处理，省营销服务中心账务人员协同市县公司共同查明原因，及时追回电费资金，如银行代收类资金则协调银行及时划款、营业员现金收费资金则要求营业员及时存入省级电费账户。

#### 2. 月末关账

次月1日开展实收关账工作，营财双方对上月营销业务处理数据与账务数据进行核对，核对无误后关闭上月账期，系统将自动开启新账期（期间，营销各项业务照常进行）。营销电费实收关账，按照县公司、地市公司、省公司关账的先后顺序完成关账。

（1）当月应收关账次日，各市县公司营销部完成低保五保凭证发行、农维费凭证发行、科目余额表应收数据与销售报表数据核对等前期准备工作，确保应收发行报表数据与营销记账的一致性。

（2）月末最后一天，省资金集约中心开展关账准备，发现银行到账资金中含有利息、房租等其他非营销收入的，立即通知省营销服务中心进行业务处理。

（3）次月1日，省营销服务中心接收财务管控系统传递的进账数据，经自动对账确认后，对无法自动对账的不明款项进行分析及派发处理，市县公司配合做好异常资金立即核实确认，共同完成不明款项的到账确认工作。

（4）省营销服务中心与资金集约中心营财数据核对一致后，由市县公司开展营财实收数据核对，一致后进行实收关账。省市县关账后，营财双方应对营财数据核对表签字盖章确认。

（5）市县公司在关账后，对账务结束时间点进行账龄统计，一般按部门、欠费额的正负、欠费时间等进行分类对客户欠费进行统计，其时间间隔分为1个月、半年、1年、2年、3年、4年、5年及以上。账龄统计结果和账龄明细，需要保存以备查询和分析。账龄分析结果报送财务作为计提坏账准备的主要依据。

### 五、电费账务处理

日常业务处理中，电费账务处理业务主要为预收互转、违约金暂缓、退费、集团户管理等业务。

1. 预收互转

预收电费互转是指供电企业根据客户业务需求，实现不同用户间的电费资金转入转出。非关联户电费预收互转需执行分级审批制度，要杜绝利用预收电费违规进行非关联户冲抵等操作。互转流程审批权限应根据金额大小实现逐级审批。

因客户原因申请的预收互转，一般应由转出户提交书面申请、有效身份证明等材料。若非转出户提出申请的，应征得转出户的书面同意，转出户为单位客户应在书面同意加盖转出户单位公章，转出户为个人客户还须提供转出户有效身份证明等材料。

因供电企业工作差错原因的预收互转，应由工作人员主动提供书面申请、差错考核单等佐证材料并经审批同意。

2. 违约金暂缓

对于已经产生违约金的欠费，但因某种原因需对违约金进行减免或暂缓，以达到违约金免收的效果。

严格按供用电合同的约定执行电费违约金制度，不得对电费违约金进行随意减免、退改，不得用电费违约金冲抵电费实收。

由非客户原因引起的电费违约金，可经审批同意后实施电费违约金免收。

由客户原因引起的电费违约金，原则上不得减免退改。因关停、破产及倒闭等特殊原因造成无法完全履行缴费义务的，或需要进行拍卖、转让或重组后继续履行缴费义务但无力全额支付违约金的企业用户，经审批同意后可实施电费违约金退改。

电费违约金的减免退改应具备相关的佐证材料并执行严格的分级审批手续。累计金额在1万元以下的，由地市公司自行规定审批流程。累计金额1万元至5万元的，经当地经贸委等政府主管部门批示后，市公司由营销分管领导、县公司由行政一把手审批；累计金额在5万元及以上的，经当地政府分管及以上领导或政府部门批示后，由市公司行政一把手审批并报备省公司营销部；省公司营销部进行风险评估，视情况采取必要的管控。

3. 退费

退费指的是根据客户业务需求，对现有营销系统内的余额退费至电力用户银行卡。为保证电费资金安全，从客户反映或供电企业自主发现之日至完成退款，退费流程时限应严格处理，并根据退款金额逐级审批。退款金额在5万元及以上须经单位分管领导审批。

因客户自身原因申请退还多收款项的，应由户主提交书面申请、有效身份证明等材料。若非户主提出退款申请的，须征得户主的书面同意。受理人员接收客户资料时应审查资料的完备性、准确性，且应与客户核实开户户名、银行账号、开户银行等转入银行信息。

4. 集团户管理

集团户分为集团类集团户及关联类集团户，其中集团类集团户要求子户与主户户名一致。集团户的设立、子户的并入及解除应以客户书面申请为依据，子户并入须征得其主户的书面确认，不得擅自变更。

# 任务三 电费票据管理

**【任务目标】**

（1）掌握增值税专用发票、增值税普通发票管理总体情况。

（2）掌握电费票据错误处理办法、管理要求。

**【任务描述】**

（1）掌握发票发放业务流程操作。

（2）掌握票据申领管理（票据入库）业务流程操作。

（3）营业厅票据服务业务流程操作。

（4）票据分割关系维护业务流程操作。

## 一、总体情况

电费票据包括增值税专用发票、增值税普通发票，主要的要求如下：

（1）电费发票要严格管理。增值税专用发票、增值税普通发票申领主要向当地税务部门申报。电费发票的领取、核对、作废及保管应建立完备的台账登记和交接手续。未经税务机关批准，不得超越范围使用电费发票。严禁转借、转让或重复出具电费发票，确需代开发票的应征得税务部门同意并签订《委托代征协议书》。发票管理和使用人员变更时，应办理发票交接登记手续。

（2）建立电费发票管理台账。每月编制电费发票使用报表，内容包括电费发票入库数和起讫号码、领取数和起讫号码、已用数和起讫号码、作废数和发票号码、红冲数和发票号码、未用数和起讫号码。

（3）当日电费发票相关信息，包括但不限于购销方开票信息、开票人、金额、税额和商品名称等，应定时传递至发票池系统。

（4）增值税专用发票、增值税普通发票加盖"发票专用章"后有效。不得使用白条、收据或其他替代发票向客户开具电费发票。

（5）销售对象为非个人的，可根据实际经营情况及电力客户需求开具增值税专用发票或增值税普通发票；销售对象为个人的，不得开具增值税专用发票，可开具增值税普通发票。

收取的农村电网维护费不得开具增值税专用发票，可开具增值税普通发票。

（6）增值税专用发票、增值税普通发票应通过营销业务应用系统或税控管理专用系统开具，并在系统中如实登记开票时间、开票人、发票类型和发票编号等信息。严禁手工填写开具电费发票。必须保证开具发票的真实性、完整性、合法性，填票内容与实际经营业务情况保持一致。

（7）建立电费票据核对机制，严格杜绝重复开票。各开票网点应按日核查税控管理专用系统与营销业务应用系统的电费发票开具张数及金额，确保双边系统一致。

（8）对于省级集团用户，如省内多个地区多个用电地点、多个用电户号、同一用户名的大型企业客户，可由省级按月汇总该客户下所有用电点电费金额，统一与该客户结算，并按规定向其开具增值税发票。

（9）电力客户首次申请开具电费增值税专用发票时，需提供加盖单位公章的购买方名称、纳税人识别号、地址电话、银行开户名称、开户银行及账号信息，属于转售电用户的还应提供房屋租赁协议、电费分割单、款项支付凭证等资料。从申请当月起，供电公司给予开具电费增值税发票，以前月份已开具的电费发票不予调换。

（10）增值税电子普通发票可通过线上自助交费渠道下载打印，也可持有效收款凭证、有效身份证明到供电公司营业网点打印。鼓励用户通过线上自助渠道开具电子发票。

（11）对作废发票，须各联齐全，每联均应加盖"作废"印章，并与发票存根一起保存完好，不得丢失或私自销毁。按照财务制度相关规定，保存期满报经税务机关查验后进行销毁。

## 二、电费票据差错处理

电费票据发生差错时，应按照税法有关规定进行更正。

（1）增值税专用发票。当月票据差错，必须收回原发票的发票联及抵扣联并连同记账联一并标注作废，同时开具正确的票据。往月票据差错，能收回发票联及抵扣联的，由供电公司在税务系统中上传"红字发票信息表"后开具相同内容的红字发票，并重开正确发票；仅能收回发票联的，由供电公司收到客户提供的"红字发票信息表"后开具相同红字发票，并重开正确发票；收回的票据联次应连同记账联、"红字发票信息表"一并粘贴在红字存根联后面以备核查。

（2）增值税普通发票发生差错。

1）增值税纸质普通发票。当月票据差错，必须收回原发票的发票联连同记账联一并标注作废，同时开具正确的票据。往月票据差错，必须收回发票联后开具相同内容的红字发票，并重开正确发票，收回的票据联次应连同记账联一并粘贴在红字存根联后面以备核查。

2）增值税电子普通发票。发生差错时，开具相同内容的红字电子普通发票，并重开正确发票。

（3）发票使用部门应设专人妥善保管空白发票、电费专用印章和发票登记簿，一旦发现发票、印章丢失，应于发现当日立即向上级报告。电费专用印章应严格在规定的范围使用，印章领用、停用以及管理人员变更时，应办理交接登记手续。

（4）开具发票的单位应当按照税务机关的规定存放和保管发票，不得擅自损毁。已经开具的发票存根联和发票登记簿，应当保存10年。保存期满，报经税务机关查验后销毁。

**【任务实施】**

**一、发票发放**

发票发放是指将增值税专用发票、收据等票据向下一级发放的业务。业务负责人将已入库的发票、收据等票据，根据营业厅各班组使用数量分给指定的班组负责人或者班员。发票发放流程如图1-3-1所示。

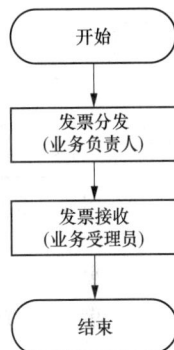

图1-3-1　发票发放流程

**二、票据申领管理（票据入库）**

发票申领管理（票据入库）是指电费电价专责使用个人电脑，将领用的增值税专用发票、增值税电子普通发票、增值税电子专用发票、收据进行核对并登记入库的工作。发票申领管理流程如图1-3-2所示。

**三、营业厅票据服务**

营业厅票据服务是指业务受理员使用个人电脑，依据政策法规，受理用户的增值税专用发票、增值税电子普通发票、

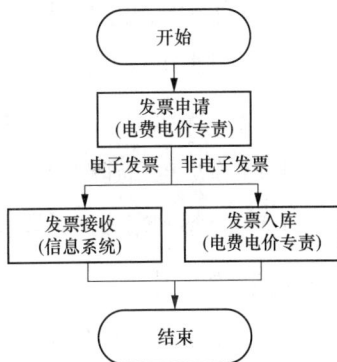

图1-3-2　发票申领管理流程

增值税电子专用发票、账单、收据开具申请，核对用户身份验证资料，并进行票据打印并登记；或受理用户的作废冲红、换票申请，验证票据有效性，并进行作废或换票的工作。

增值税专用发票开具、冲红、作废完成后，须与税控系统信息同步。税控系统指的是各省（市）公司部署的网络版税务开票系统。此系统需各省（市）公司与当地税务机关沟通部署。采用单机版税控盘的无法实现同步。

注意事项如下：

（1）当月增值税专用发票不能冲红，只能作废；跨月增值税专用发票只能冲红，不能作废。

（2）增值税电子普通发票不能作废，只能冲红；增值税电子专用发票不能作废，只能冲红。

（3）根据业务规定可配置是否将红包、充值卡、退电费抵扣电费部分设置为不开票。

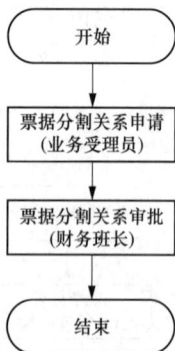

（4）根据业务规定可配置违约金是否单独出票。

### 四、票据分割关系维护

票据分割关系维护是指依据政策文件，对符合条件的用户提供的一项发票分割服务，管理被分割户用户与分割用户之间关系的业务。票据分割关系维护如图1-3-3所示。

### 五、票据分割金额维护

票据分割金额维护实现主户发票金额拆分给子户，并分开开票的业务。

图1-3-3 票据分割关系维护

## 任务四 电费回收指标及管控

【任务目标】

（1）了解现代电费结算体系下结算方式。

（2）掌握电费回收率指标算法。

（3）了解电费回收管控方式及提升措施。

（4）掌握电费违约金计收、减免相关规定。

（5）熟悉利用法律手段及时回收电费方式。

【任务描述】

（1）了解现有电费结算方式，包括后付费、预付费等；电费回收率指标包括当年电费回收率、陈欠电费回收率等。

（2）了解减少电费回收风险的管控措施，掌握电费违约金计算，通过法律措施及时回收电费的做法。

视频：电费回收管理

### 一、电费结算方式

电力企业从销售电能到收回电费的全过程，最终表现在资金流动上，就是流动资金周转到最后阶段收回货币资金的过程。回收的电费既反映电力企业所生产的电力商品价值及电力企业经营成果的货币表现，也是电力企业的一项重要经济指标。电力企业如不能及时、足额地回收电费，将导致电力企业流动资金周转缓慢或停滞，使电力企业生产受阻而影响安全发、供电的正常进行。

（1）先用电、后付费，又称后付费用电，即先供电，再按月度进行电费结算方式。供电企业有面临企业因资金链断裂、破产导致无法电费回收风险。

（2）先付费、后用电，又称购电制、卡表用电、智能交费用电、预付费结算模式。辽宁、江苏主要采用该结算方式，北京已对居民用户采用了"预购电"的方式。

## 二、电费回收依据及指标统计

### 1. 应收电费

2021年10月15日，电力市场交易改革后，国家对所有工商业取消目录电价，购电价格由电力市场交易价格决定，每月波动。应收电费包括每月月结电费、分次抄表发行电费、退补发行电费，电费按照国家有关规定电价、政府性基金组成。

### 2. 相关指标统计

当年电费回收率 = 统计月（累计应收电费 − 欠费 / 累计应收电费）×100%。

陈欠电费回收率 = 统计月（当年已回收上年及以前年度欠费金额 / 当年应回收上年及以前年度欠费金额）×100%

## 三、提升电费回收率的措施

### 1. 高压用户

分次抄表：当月多次按照实际抄表数据发行电费，次月1日抄表计算全月电量电费并减去前几次已经结算的电量电费，再发行剩余部分应收电费。

分次划拨：供电企业依据供用电双方签订的电费结算协议，按约定日期和划拨比例生成分次划拨电费，用户依据协议按约定时间交纳分次划拨电费。供电企业将收取的分次划拨电费做预收处理，次月1日正常抄表、核算、发行电费后，供电企业自动将预收电费冲抵用户应收电费。分次划拨电费只是一种账务处理，不影响用户的抄表核算工作。实行分次划拨电费的用户仍然按照正常工作要求抄表核算并产生当月应收电费，然后再进行预收结转应收电费的账务处理。

智能交费：智能交费业务是一种利用现有智能电能表进行先付费的电费结算模式，即客户在用电前需要存入相应的购电费，供电单位进行每日结算，按月清算。当客户余额不足时，可启动客户的停电申请。

### 2. 低压用户

主要针对"先用电、后付费"单位，可结合营销宣传策划活动，引导用户主动预存电费，提高电费回收率，减少抄催服务行为，提升服务品质。

### 3. 相关法律依据

《供电营业规则》中规定：对月用电量较大的客户，供电企业可按客户月电费确定每月分若干次收费，并于抄表后结清当月电费。收费次数由供电企业与客户协商确定，一般每月不少于三次。

《民法典》第六百五十四条、《供电营业规则》第八十六条、国家经济贸易委员会《关于安装负控计量装置供用电有关问题的复函》《福建省电力设施建设保护和供用电秩序维护条例》等相关政策规定，可采取"用电人先付费、供电人后供电"的方式；对月用电量较大的用户，供电企业可按用户月电费确定每月按若干次收费。

### 四、电费违约金规定

（1）《供电营业规则》第九十八条　客户在供电企业规定的期限内未交清电费时，应承担电费滞纳的违约责任。电费违约金从逾期之日起计算至交纳日止。每日电费违约金按下列规定计算：

居民客户每日按欠费总额的千分之一计算。

其他客户：

当年欠费部分，每日按欠费总额的千分之二计算。

跨年度欠费部分，每日按欠费总额的千分之三计算。

视频：量费
退补

（2）《民法典》第六百五十四条规定，用电人应当按照国家有关规定和当事人的约定及时交付电费。用电人逾期不交付电费的，应当按照约定支付违约金。经催告用电人在合理期限内仍不交付电费和违约金的，供电人可以按照国家规定的程序中止供电。

（3）《电力供应与使用条例》第三十九条规定，违反本条例第二十七条规定，逾期未交付电费的，供电企业可以从逾期之日起，每日按照电费总额的千分之一至千分之三加收违约金，具体比例由供用电双方在供用电合同中约定；自逾期之日起计算超过30日，经催交仍未交付电费的，供电企业可以按照国家规定的程序停止供电。

（4）交费期限。福建省已于2020年10月全面实行自然月抄表结算电费，对电费交纳期限进行统一规定，月结电费：居民客户每月25日前为交费期限，非居民每月15日为交费期限；分次抄表：抄表后5天内为交费期限。交费期限内遇节假日顺延。

### 五、电费催收管理

#### 1. 电费催收方式

目前电费催收方式常见的有短信催费、智能语音催费、电话催费、上门催费、欠费停电催费等5种。

（1）短信催费。短信催费包括人工发送催费短信、系统催费短信。人工发送催费短信是指由催费人员手动发送催费短信的功能。短信催费的内容与客户结算模式（后付费、智能交费）有关。后付费的催费短信，短信内容中不包含日结算电费信息。智能交费的催费短信，主要是指发送的账单短信、预警短信、催费短信等内容中均含有日结算电费信息等，短信发送机制按照智能交费用电的模式开展。

（2）智能语音催费。智能语音催费是基于人工智能技术的催收模式，通过语音交互，利用大数据分析、自然语言处理、机器学习等技术，实现高效、精准催费。智能语音催费在泉州、厦门做试点推广，预计2023年底可全面推广上线。

（3）人工电话催费。当客户未及时缴纳电费的时候，需要由抄催人员进行人工电话催费。人工电话催费，受制于个人的业务水平、话术脚本及随机应变能力，也比较容易受情绪波动影响，会造成客户服务感知不一样。

（4）上门催费。当客户未及时缴纳电费，短信、语音及电话催费等方式无果的，或现场有特殊情况的，如家中老人不会线上缴费等，考虑上门催费。现场催费，应合理使用电费催交通知书（专人审核、专档管理），电费催交通知书内容应包括催交电费年月、欠费金额及违约金、交费时限、交费方式及地点等。

（5）欠费停电催费。当客户长期未缴纳电费，超过缴费期限且经催收仍未缴纳电费的，可进行欠费停电催收。

2. 相关规定

催费管理的规定，即根据《国家电网有限公司 电费抄核收管理办法》[国网（营销3）273-2019]的第五十六条规定：电费催交通知书、停电通知书应由专人审核、专档管理。电费催交通知书内容应包括催交电费年月、欠费金额及违约金、交费时限、交费方式及地点等。停电通知书内容应包括催交电费日期、欠费金额及违约金、停电原因、停电时间等。鼓励采用电话、短信、微信等电子化催交方式，现场发放停电通知书应通过现场作业终端等设备拍照上传，做好取证留存工作。

欠费停电管理的规定：根据《国家电网有限公司 电费抄核收管理办法》[国网（营销3）273-2019]的第五十六条规定：对未签订智能交费协议的电力客户，停电通知书须按规定履行审批程序，在停电前三至七天内送达电力客户，可采取电力客户签收或公证等多种有效方式送达，并在电力客户用电现场显著位置张贴，拍照留存上传至营销业务应用系统。对于重要电力客户的停电，应将停电通知书报送同级电力管理部门，在停电前通过录音电话等方式再通知电力客户，方可在通知规定时间实施停电。

智能交费电力客户根据协议约定，当可用余额低于预警值时，应通知电力客户及时交费；当可用余额小于停电阈值，采取停电措施。

停电操作前，应再次核对电力客户当前是否欠费以及停电通知送达情况，确认无误后执行停电操作。欠费停电操作不得擅自扩大范围或更改时间。

参考资料：最新电费业务管理办法

## 六、电费合规管控

### （一）法律诉讼

1. 电费本金及违约金

电费本金的数额由供电企业营销部门按照国家和地方电价政策及用户欠费的具体情况确定。供电企业起诉用电人要求支付拖欠的电费时，应一并将电费违约金作为诉讼请求之一，依据《民法典》第六百五十四条规定、《电力供应与使用条例》第三十九条、《供电营业规则》第九十八条规定。

2. 证据材料

供用电合同纠纷的举证规则为"谁主张，谁举证"，供电企业起诉用电人支付电费案件时，应提交对应证据。

### （二）利用征信手段促进电费回收

随着社会信用信息数据库的推广，以及《征信业管理条例》等法律法规的颁布实施，电费等公用事业缴费情况已逐步纳入社会信用体系。如福建省已与"中国人民银行征信中心福建分中心"以及"信用福建"网站建立高压用户用电信用信息共享机制。

福建省高压客户的违约行为将纳入征信系统并通过"福建省征信业务网上服务大厅"及"信用福建"网站对外公开，届时可能对公司（企业）的信用评价和银行贷款造成影响。在启动报送流程前，对所有高压用户进行以下电话、短信、公告、挂号信函、现场送达等方式告知，并应在供用电合同中增加告知条款："甲方如发生欠费逾期7日未交付的，乙方有权将甲方的欠费信息报送人行征信业务系统"。

🖨️ 【任务实施】

1. 居民电费违约金计算

某居民电费欠费500元，2023年3月26日开始逾期，客户于当月29日结清该笔电费，请计算该客户应交的电费违约金。

解：居民客户费截止日为25日，那么客户29日交费时已违约4天，则应交违约金 = $500 \times 1‰ \times 4 = 2$（元）。

2. 低压非居民电费违约金计算

某低压非居民电费欠费1000元，2023年3月16日开始逾期，客户于当月20日结清该笔电费，请计算该客户应交的电费违约金。

解：低压非居民交费时已违约5天，则应交违约金 = $1000 \times 2‰ \times 5 = 10$（元）。

3. 高压非居民电费违约金计算

某高压非居民欠费100000元，2023年3月16日开始逾期，客户于当月30日结清该笔电费，请计算该客户应交的电费违约金。

解：高压非居民客户交费时已违约 15 天，则应交违约金 = 100000×2‰×15 = 3000（元）。

4. 非居民跨年度电费违约金计算

某非居民欠费 10000 元，2022 年 12 月 16 日开始逾期，客户于次年 1 月 5 日结清该笔电费，请计算该客户应交的电费违约金。

解：客户交费时已违约 21 天，其中当年度 16 天，跨年度 5 天，则应交违约金 = 10000×2‰×16+10000×3‰×5 = 320+150 = 470（元）。

# 第二部分

## 用电信息采集系统

# 模块一　概　　述

【模块描述】

本模块主要讲解用电信息采集系统建设背景与发展历史、采集系统的功能定位以及采集系统的总体架构。

【模块目标】

通过本模块学习，应达到以下目标。

**（一）知识目标**

（1）熟悉了解用电信息采集系统建设背景与发展历史。

（2）掌握用电信息采集系统的功能定位。

（3）理解用电信息采集系统架构。

**（二）技能目标**

（1）可以简述采集系统的发展历程。

（2）掌握用电信息采集系统架构。

**（三）素质目标**

掌握采集系统的架构组成、特点等知识。

## 任务一　用电信息采集系统建设背景与发展历史

【任务目标】

了解用电信息采集系统建设背景、发展历程，理解用电信息采集系统建设的必要性。

【任务描述】

本任务主要描述用电信息采集系统建设背景、发展历程。

视频：用电信息采集系统简介

【知识准备】

**一、背景**

用电信息采集系统是对用电信息进行采集、处理和实时监控的系统，实现用电信息的自动采集、计量异常监测、电能质量监测、用电分析和管理、相关信息发布、分布式能源监控、智能用电设备的信息交互等功能。早期，用电信息采集系统又叫电力负荷管理系统、电能信息采集系统、远程集中抄表系统等。

电力负荷管理或控制的主要目标是改善电力系统负荷曲线形状，使电力负荷较为均衡地使用，达到供需平衡，以提高电力系统的经济性、安全性和投资效益。随着工业以及其他行业的生产发展，国内经历了从电力的生产与行业需求出现供给矛盾，开展进行电力负荷控制功能研究、应用，到电网不断建设，解决了电力市场的供求矛盾，对控制负荷的需求减弱了，但是从服务的角度，对负荷的综合管理功能有了更高的要求。

同时，随着无线通信技术、传感器技术、量测技术等快速发展，在 2009 年国家电网公司制定了 Q/GDW 1373—2013《电力用户用电信息采集系统功能规范》等一系列标准，完善计量技术管理体系，推动各省公司按照统一标设建设部署用电信息采集系统，整合负控系统和低压集抄系统全部功能，实现用户用电数据远程自动采集、计量装置在线监测、运行维护在线管理、用户负荷远程控制等功能。随着"全覆盖、全采集、全费控"工作推进，各专业对采集数据的需求不断增大，陆续对采集系统进行改造升级，有效支撑了台区线损、停电精准分析、配网运行监测等非计量功能应用，并于 2016 年基本实现了国家电网公司制定的"全覆盖、全采集、全费控"的总体目标。

国家电网公司经营区域覆盖我国 26 个省（自治区、直辖市），供电范围占国土面积的 88%，供电人口超过 11 亿，依靠用电信息采集系统来实现对用户的电量计量、结算等基础服务，同时拓展支撑保供电、新型电力系统建设等应用。

**二、发展历程**

国外负荷控制系统研究发展较早，在 1913 年研究使用了音频脉冲控制装置控制路灯的方案；而后从 20 世纪 50 年代到 20 世纪 80 年代，经历了从音频负荷控制系统、无线电负荷控制、配电线载波负荷控制、工频电压波形畸变负荷控制、无线电与电力线音频、基于公共移动网新型数据传输组网技术等多种技术发展，来逐步实现对电力负荷的控制。到 20 世纪 90 年代初期，世界上已有几十个国家使用了各种电力负荷控制系统，先后安装的各类终端设备已达几千万台，可控负荷占全世界发电总装机容量的 30% 以上。

我国电力负荷控制技术经历了向国外技术学习、到自主研发应用的发展过程。20 世纪 30 年代我国部分地区出现电力供应紧张，政府采取行政措施，从计划用电的需求出发，均衡用电，发展到峰谷分时电价。从 20 世纪 80 年代初，开始研究国外的负荷控制装置和技术，并逐步推广电力定量器和定时开关等分散型电力负荷控制设备。在国家相关部门的推动下，制定了电力负荷监控系统的国家标准和行业标准，从 1990 年开始，进入全面推广应用电力负荷控制系统阶段。

20 世纪 90 年代中期以后，随着电网建设的发展和电网结构的完善，电力负荷控制系统从单一的负荷控制功能，朝着电力负荷和电量综合管理系统的用电质量监测、远方抄表、购电控制、电能损耗管理等综合应用功能演进，来适应于市场经济的发展。

芯片、存储、无线通信、信息等技术的发展为新型的负荷管理系统提供了技术基础。2008 年，公司提出"进一步推进营销工作中的计量、抄表和收费标准化建设工作"的要求。2009 年 9 月，国家电网公司发布了《电力用户用电信息采集系统功能规范》等系列标准。该系列标准提升了用电信息采集系统管理的规范化、标准化水平，实现了系统和采集终端的互联、互通，保障用电信息采集系统的可靠运行。2009 年国家电网公司制定了实现电力用户采集系统建设"全覆盖、全采集、全费控"的总体目标。经过 10 余年的发展，目前公司已全面实现"全覆盖、全采集、全费控"的目标，为电力营销、调度、配网、运检、安监、稽查等业务应用提供数据支撑。

现阶段，国家电网公司正在推进新一代用电信息采集系统（采集 2.0）的部署工作。采集 1.0 采用基于单一传统 Oracle 数据库的单体架构，随着采集数据范围与频度不断扩大，各模块间耦合度过强、横向扩展能力不足、纵向增容投资成本太高等问题不断显现，已无法满足不断增长的新兴业务发展需求。为此，国家电网公司营销部组建 27 个省公司及采集 1.0 所有建设厂商深度参与的联合研发团队，充分分析采集 1.0 适应新形势存在的问题，以问题为导向，充分借鉴各省公司前期分布式改造成果，自 2021 年开始研发基于分布式架构的新一代用电信息采集系统（采集 2.0），重点采用大数据存储、批流计算、微应用微服务等新兴技术，构建混合式存储与计算平台，打造以微服务为核心的新型业务应用，以提升系统扩展能力与整体性能水平。

## 任务二　用电信息采集系统功能定位

### 【任务目标】

理解、掌握用电信息采集系统的定义、功能定位。

### 【任务描述】

本任务主要描述用电信息采集系统的功能。

### 【知识准备】

用电信息采集系统不是单一的信息化系统，属于物联网范畴，是一个计量、控制、感知的系统，融合先进传感量测、信息通信、分析决策、自动控制、云计算等多种技术的自动化系统。按照国家电网公司营销部对用电信息采集系统的定位，其是"感知数据总入口、控制指令总出口"。

（1）首先，是计量计算系统，属法制化、市场化交易范畴，要求数据准确、完整、可溯源。智能电能表是国家强制检定器具，采集系统是受法制化管理的计量计算系统，为满足《计量法》及有关计量技术法规的要求，采集系统采用全环节质量检测、身份认证、通道加密、核心数据加密、数据完整性校验、数据一致性比对等技术手段，保证电能计量数据的准确、可靠、完整、可溯源。采集系统的数据不仅是电力用户电费发行依据，更是电力市场化交易中各类市场主体电费清分、结算唯一计量来源，数据具备法律效力。

（2）其次，是控制系统，属电力监控范畴，实现有序用电、需求响应、分布式接入等控制，以及参数配置、停复电控制，要求数据安全、反应快速（快捷）。采集系统可以根据不同时段压降指标，对有序用电用户负荷压降情况进行量化分析和监测，当电网安全受到威胁时，远程切断用户负荷保证有序用电执行效果，实现"限电不拉路"。同时，采集系统通过高频采集，已实现低压分布式光伏电量、负荷监测、过电压、过负荷等运行异常在线监测。为解决光伏倒送问题，采集系统拓展终端、电能表、表后开关、逆变器等感知控制能力，已实现部分光伏用户的"刚性控制"与"柔性控制"，未来将通过采集系统实现更多分布式光伏用户的可测可控。

（3）最后，是感知系统，属于物联网范畴，实现信息的广泛采集，包括全国网5亿余只智能电能表、4千余万采集终端等数据，构建了广泛覆盖的电力物联网，实现了配网侧、客户侧各类电力信息的实时感知。对于配网抢修方面，采集系统可实现停电故障研判，故障精确定位至台区、计量箱、用户。电网监测方面，采集系统动态、实时监测低压台区负荷、供电可靠性、线路三相不平衡。在救灾应急方面，采集系统依托终端、电能表停电主动上报功能实现停电范围由面到点精准定位，支撑受灾重点区域与停电用户的快速掌握，是抗灾抢险的千里眼。

## 任务三　用电信息采集系统总体架构

### 【任务目标】

（1）了解用电信息采集系统的基础层级。

（2）掌握用电信息采集系统的物理架构。

### 【任务描述】

本任务主要描述用电信息采集系统的概述和总体架构。

### 【知识准备】

#### 一、概述

电力用户用电信息采集系统是对电力用户的用电信息进行采集、处理和实时监控的系统，实现用电信息的自动采集、计量异常和电能质量监测、用电分析和管理，具备相关信息发布、分布式能源的监控、智能用电设备的信息交互等功能。近年来，用电信息采集系统发展速度不断加快，其覆盖范围不断扩展，系统的功能定位也不断变化。

## 二、用电信息采集系统的物理架构

用电信息采集系统由系统主站、通信信道、采集终端以及智能电能表和其他计量传感设备（如智能开关、光伏逆变器、充电桩等）组成，构成"主站－远程通信信道－终端－本地通信信道－计量采集对象"的架构。其中系统主站部分单独组网，与其他应用系统以及公网信道采用防火墙进行安全隔离，保证系统的信息安全。采集系统物理架构如图 2-1-1 所示。

（1）主站主要由系统服务器（包括数据库服务器、磁盘阵列、应用服务器）、前置采集服务器（包括前置服务器、工作站、北斗 /GPS 时钟、防火墙设备）以及相关的网络设备组成。主站部署模式分为集中式部署和分布式部署，可以根据应用规模和各省的具体情况选择集中式或者分布式的部署模式。福建省采用的是集中式部署模式。

（2）通信信道包括远程通信信道和本地通信信道。远程通信信道是指系统主站与采集终端之间的通信信道，主要包括无线公网信道、光纤信道、230MHz 无线电力专用信道、中压载波信道等。本地通信信道是指采集终端到采集对象的通信信道，主要包括 HPLC、窄带载波、RS-485 和微功率无线等。

（3）采集终端主要包括专用变压器终端、集中器、采集器。根据专用变压器用户、发电厂、变电站、公用变压器、低压用户、光伏发电用户等不同对象用电信息采集要求，现场安装不同的采集设备。

（4）用电信息采集系统的采集对象包括电能表、智能开关、配电站房温 / 湿度传感器、开关柜电压和电流变送器、无功补偿装置、局部放电监测装置、直流充放电装置、门禁和烟感监控装置、风机等设备。

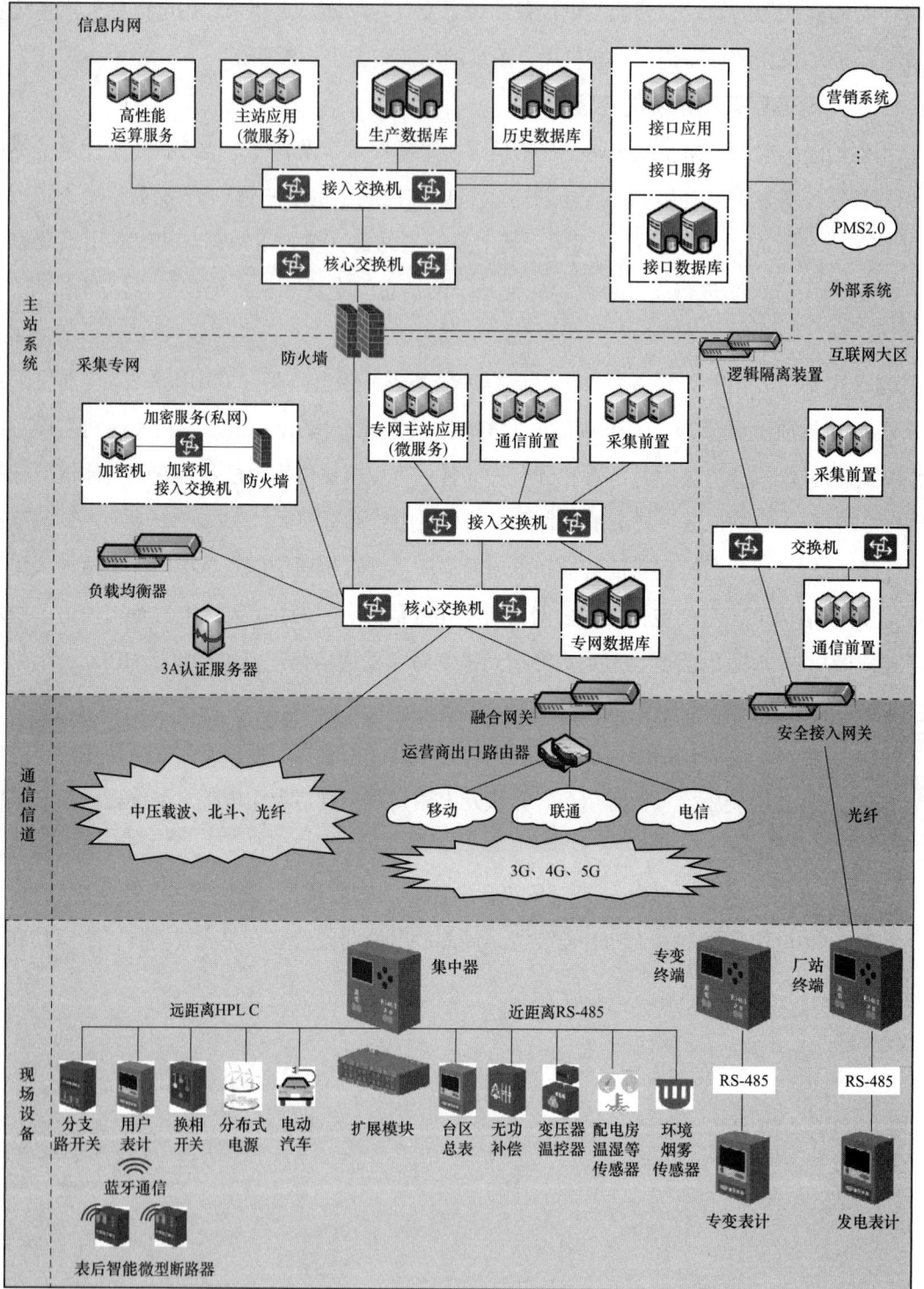

图 2-1-1 采集系统物理架构

# 模块二　用电信息采集系统主站

**【模块描述】**

本模块主要介绍采集系统主站架构设计及其运行技术指标。

**【模块目标】**

通过本模块学习，应达到以下目标。

**（一）知识目标**

了解采集系统主站主要组成部分及相关的技术指标。

**（二）技能目标**

能独立负责采集系统主站建设，并对采集系统相关的建设技术方案提出意见或建议。

**（三）素质目标**

理解采集系统主站基本原理后，按照国家电网公司相关的采集系统建设方案开展采集系统建设管控工作。

## 任务一　系统主站架构设计

**【任务目标】**

了解采集系统主站架构设计。

**【任务描述】**

本任务主要介绍采集系统主站主要组成部分，分为通信管理、数据存储、计算分析、主站应用、交互共享 5 个部分。

**【知识准备】**

采集系统立足"感知数据总入口、控制指令总出口"的基本定位，遵循"架构普适前瞻、技术稳定先进、功能独立扩展、界面量身定制"的设计原则，建设成性能卓越、功能丰富、安全稳定的客户侧能源互联网基础系统，支持各种用能设备全接入、全采集、全控制，助力能源转型与数字化建设，推动电力行业发展。

采集系统共分为通信管理、数据存储、计算分析、主站应用、交互共享 5 大模块。用采系统主站总体架构如图 2-2-1 所示。

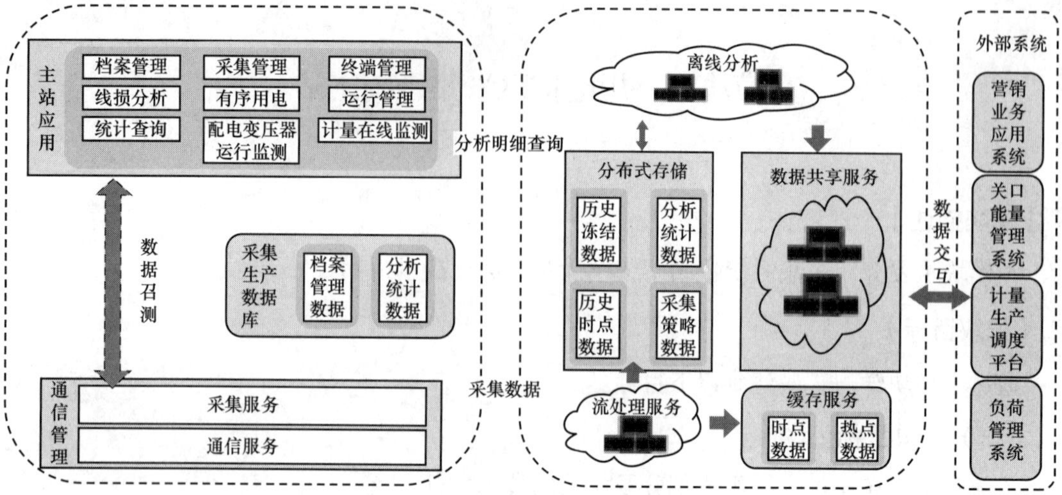

图 2-2-1 用采系统主站总体架构

## 一、通信管理

通信管理是用采系统的关键部分，主要承担与终端通信、数据采集解析入库等功能，具备与主站应用进行业务交互能力，分为通信前置、采集前置、桥接前置、入库前置、调度前置等服务。

1. 通信前置

通信前置实现终端接入、维持终端连接、终端在线状态、终端报文收发等通信交互功能。通信前置使用 Netty 组件接入现场终端，终端报文校验正常发送至采集前置处理。主用采集前置机集群的终端通过运营商的通信卡使用 VPN 专网接入通信前置，终端接入使用 AAA 安全认证平台实现通信卡入网认证；厂站终端前置机集群是通过运营商公网通信卡接入通信前置。

2. 采集前置

采集前置实现规约解析、请求/响应对应、任务执行优先级、终端加密流程等功能。采集前置接收通信前置的终端上行报文，调用协议库完成规约解析，将解析结果推送桥接前置；接收桥接前置数据，完成报文组帧，发送终端下行报文至通信前置。采集前置支持根据终端规模，进行线性扩展，满足终端数据采集需求。

3. 桥接前置

桥接前置实现采集主站与前置机服务的交互接口。接收采集主站消息总线数据交互请求，通过消息总线响应终端返回的数据；采集终端的量测数据推送消息总线 DataHub，由数据计算服务实现数据存储入库；厂站终端前置机服务由于互联网大区与信息内网使用信息安全隔离网关只能传输 ODBC 协议，采集数据通过数据库进行交互，再使用国网云平台数据传输服务 DTS 将数据库的厂站终端数据同步到国网云平台消息总线 DataHub。

4. 入库前置

入库前置实现报文、量测数据、状态数据等数据的批量入库。

5. 调度前置

调度前置实现采集前置机服务集群节点注册、节点状态、集群管理等功能。采集前置机服务通过 Zookeeper 组件集群节点管理。

## 二、数据存储

采集系统基于分布式列数据库（HBase）、离线数据仓库（Hive）和关系型数据库（Oracle）等存储技术，采用混合数据存储架构，充分满足用采数据存储多样性及统一数据访问的要求，同时满足海量数据高并发存取、复杂关联关系查询、数据计算分析、数据管理等多维度应用需求。通过数据生命周期管理和灵活的存储策略实现数据存储分离，提高系统数据应用效率。

其中，Oracle 主要存储采集基础档案、冻结类量测数据、统计分析结果等数据，数据实时更新。HBASE 数据库主要存储曲线数据、分钟数据、事件数据、报文数据等。Hive 数据库作为采集系统的数据仓库，承担历史全部数据的存储，系统记录了采集系统从上线到当前的各个阶段的信息。

## 三、计算分析

数据计算分析主要实现核心业务驱动的数据处理与分析，提供批量计算、实时计算等能力，实现海量数据实时计算、批量快速处理，满足不同业务场景对计算频率的需求。批量计算主要使用分布式并行技术，实时计算主要使用流计算技术。

1. 分布式大数据离线计算平台

主要采用分布式并行计算技术，实现日、分钟、小时等不同频度的数据计算，为采集成功率计算、台区线损分析、电网运行监测、有序用电等高级应用的顺利开展提供支撑。

2. 分布式实时计算平台

主要采用流计算技术，实现实时业务分析，满足采集数据清洗、采集数据核查、停电实时分析等应用需求。

3. 计算任务运维工作平台

依托分布式大数据离线计算平台和分布式实时计算平台，基于 HUE、Oozie 等技术，实现计算任务构建、运维，满足多维度计算任务的整体监控、调度、执行需求。

## 四、主站应用

主要承担人机交互、业务功能应用及数据统计查询等功能。充分借鉴经典分层结构，基于微服务技术架构，容器化部署方式，合理规划应用架构，构建易交互、易维护的前端应用体系，主要包含4个业务应用域，分别为基础采集域、基本应用域、拓展应用域、系统支撑域。

**1. 基础采集域**

基础采集域主要包含档案管理、设备装接、任务管理、参数管理、数据采集等业务应用。

**2. 基本应用域**

基本应用域主要包含采集质量管理、终端在线监测、设备升级管理、采集建设管理、采集异常监测、用电异常管理、台区线损监测、时钟管理、控制管理等业务应用。

**3. 拓展应用域**

扩展应用域主要包含配电变压器监测、多表合一监测、分布式电源监测、重点用户监测、电压质量分析、电力市场监测、台区用能优化、台区拓扑监测、停电分析、低压调度自动化、全感知精品台区管理、非介入式负荷辨识等业务应用。

**4. 系统支撑域**

系统支撑域主要包含对象导航、综合查询、系统管理、报表管理、交流社区、模型管理、标签库管理、知识库管理、通信协议管理、系统运行监测、脱敏管理、日志管理、消息通知等支撑应用。

## 五、交互共享

实现用采系统与外部系统进行数据与服务共享。作为采集系统内各业务应用与外部系统信息交换的桥梁，负责将外部系统之间进行的营销档案、控制指令、抄表数据、负荷数据等交互场景接入采集系统，提供接入协议转换，进行安全控制。管控平台位于采集系统的能力开放层，该模块主要用于实现采集系统内部各能力模块和外部系统之间数据的透明交换。

对于采集系统内部，业务服务网关采用Restful、kafka等基座规定的标准接口协议与各内部业务模块交互数据。

对于营销系统、总部侧采集系统、95598等外部系统，业务服务网关以标准协议和业务接口、安全策略和管控功能，在向外部提供标准采集业务能力的同时，规范外部系统的行为，保障了采集系统的安全。用采系统与外部系统接口见表2-2-1。

表2-2-1　　　　　　　　　　　用采系统与外部系统接口

| 序号 | 目标系统 | 接口分类 | 接口名称 | 接口说明 |
|------|---------|---------|---------|---------|
| 1 | 营销系统 | 远程费控管理 | 低压用户远程费控工单申请 | 提供低压用户远程费控调试工单申请接口 |
| 2 |  |  | 低压用户远程费控执行结果通知 | 提供低压用户远程费控调试执行结果通知接口 |

续表

| 序号 | 目标系统 | 接口分类 | 接口名称 | 接口说明 |
|---|---|---|---|---|
| 3 | 营销系统 | 远程费控管理 | 高压用户远程费控工单申请 | 提供高压用户远程费控调试工单申请接口 |
| 4 | | | 高压用户远程费控执行结果通知 | 提供高压用户远程费控执行结果通知接口 |
| 5 | | 终端工单调试 | 业扩调试工单申请 | 提供基于营销计划的终端工单申请接口 |
| 6 | | | 多表集抄终端调试工单申请 | 提供多表集抄终端调试工单申请接口 |
| 7 | | 异常消缺工单 | 异常推送 | 提供处理意见为进行现场检查的异常归集处理后推送营销接口 |
| 8 | | | 异常消缺校验 | 提供接收现场移动作业终端发起的异常消缺校验接口 |
| 9 | | | 异常归档 | 提供营销发起的异常归档接口 |
| 10 | | 公共事业抄表管理 | 公共事业抄表通知 | 提供公共事业抄表通知接口 |
| 11 | | | 公共事业抄表结果反馈 | 提供公共事业抄表处理结果信息反馈接口 |
| 12 | | | 分布式电源数据推送 | 提供分布式电源电量、负荷类数据推送接口 |
| 13 | 网上国网 | 网上国网数据推送 | 低压日用能信息 | 推送低压日用能信息到网上国网 KAFKA |
| 14 | | | 高压日用能信息 | 推送高压日用能信息到网上国网 KAFKA |
| 15 | | | 高压日负荷 | 推送高压日负荷到网上国网 KAFKA |
| 16 | | | 高压负荷趋势 | 推送高压负荷趋势到网上国网 KAFKA |
| 17 | 95598 系统 | 95598 系统接口管理 | 登入认证 | 为 95598 系统调用用电信息采集系统接口服务前需进行账户登录认证 |
| 18 | | | 静态数据查询 | 为 95598 系统提供电能表示数数据，电能表掉电记录，终端掉电记录，高压用户电压、电流曲线等不同的查询功能 |
| 19 | | | 电能表继电器状态透抄 | 为 95598 系统提供电能表继电器状态的接口服务 |
| 20 | 一体化电量与线损管理系统 | 业务数据管理 | 业务数据推送 | 提供日冻结电能示值、测量点信息、日/月线损相关信息等数据推送接口 |
| 21 | 供电服务指挥平台 | 业务数据管理 | 业务数据推送 | 提供停电监测、公专用变压器实时负载分析、配电网监控等数据推送接口 |
| 22 | 供电电压自动采集系统 | 电压监测数据 | 监测点注册 | 通过该接口向供电电压自动采集系统进行监测点注册 |
| 23 | | | 监测点注销 | 通知供电电压采集系统监测点已停止使用 |
| 24 | | | 日电压统计数据上传 | 提供监测点日统计数据 |
| 25 | | | 月电压统计数据上传 | 提供监测点月统计数据 |
| 26 | | | 电压曲线数据上传 | 提供监测点曲线数据 |

| 序号 | 目标系统 | 接口分类 | 接口名称 | 接口说明 |
|---|---|---|---|---|
| 27 | 供电电压自动采集系统 | 电压监测数据 | 数据缺失通知 | 通知用采系统补传缺失数据监测点信息 |
| 28 | 省级计量中心生产调度平台 | 业务数据管理 | 计量装置异常分析结果同步 | 定时同步上一天计量装置异常结果 |
| 29 | | | HPLC 芯片 ID 增量同步 | 定时同步 MDS 系统 HPLC 芯片 ID 到采集系统 |
| 30 | | | 采集 HPLC 芯片 ID 增量同步 | 定时同步采集系统 HPLC 芯片 ID 到 MDS 系统 |
| 31 | | | 测量点日冻结电能示值查询 | 查询指定数据日期实体 ID 的日冻结电能示值 |
| 32 | | | 电能表 / 终端事件查询 | 查询指定数据日期的事件和异常数据 |
| 33 | | | 设备计量点关系表 | 定时推送采集系统设备计量点关系到 MDS |
| 34 | | | 终端事件分类表 | 事件 / 异常基础档案表 |
| 35 | | | 整体运行信息 | 现场采集设备、计量设备的运行情况信息 |
| 36 | | | 终端运行日统计表 | 记录终端的运行信息 |
| 37 | | | 终端在线清单表 | 记录终端的当前在线状态 |
| 38 | | | 事件及异常信息表 | |
| 39 | | | 大一报表 - 用户电能信息采集情况统计表（十八） | 供电单位、用户分类进行数据汇总 |
| 40 | | | 大一报表 - 用电信息采集系统建设情况统计表（三十二） | 供电单位、电能表分类进行数据汇总 |
| 41 | 光伏云平台 | 业务数据管理 | 业务数据推送 | 提供发电用户底码、电流电压曲线数据按 $T-1$ 方式推送接口 |
| 42 | PMS 系统 | 业务数据管理 | 业务数据推送 | 提供低压电压信息、用户信息、专公变负荷类曲线数据（含功率、电压、电流）等数据推送接口 |
| 43 | 快响平台 | 业务数据管理 | 业务数据推送 | 提供停电信息台区低压电压信息超负荷、负荷平衡的台区信息等数据推送接口 |
| 44 | | 公共交互接口 | 电能表信息召测 | 快响平台根据需求调用数据实时查询服务，从采集平台获取实时数据，并返回电能表开关状态 |
| 45 | | | 电流召测服务 | 快响平台请求时，发送要召测的采集点及电能表标识电能采集系统召测完数据（三相电流）后，回送数据给快响平台 |
| 46 | | | 电压召测服务 | 请求时，发送要召测的采集点及电能表标识电能采集系统召测完数据（三相电压）后，回送数据给快响平台 |

| 序号 | 目标系统 | 接口分类 | 接口名称 | 接口说明 |
|------|----------|----------|----------|----------|
| 47 | 快响平台 | 预警管理 | 重要高危用户和重点保障用户预警 | 重要高危用户和重点保障用户预警，当采集系统获取到重要高危用户或者是重点保障用户停电时，通过接口实时传递给快响平台 |
| 48 | 电能质量在线监测系统 | 业务数据管理 | 业务数据推送 | 提供用户终端停电研判、公专用变压器停电事件、最大三相电流、最大三相电压等数据推送接口 |
| 49 | 电能服务管理平台 | 重点用户注册 | 重点用户注册 | 包含有序用电重点用户信息、需求响应用户信息、用能用户信息 |
| 50 | | 业务数据管理 | 业务数据推送 | 提供用能用户负荷曲线、冻结电能示值数据、用电量曲线、有序用电执行结果 |
| 51 | 数据中台 | 业务数据管理 | 全业务数据推送 | 提供全业务数据推送接口 |
| 52 | 电力交易平台 | 业务数据管理 | 业务数据推送 | 提供日冻结电能示值、正/反向有功示值曲线等数据推送接口 |
| 53 | 典型环境试验监测平台 | 业务数据管理 | 业务数据推送 | 提供档案、用电客户信息、设备（电能表、集抄、负控、下行通信模块等）、测量点、电能示值、电压、功率曲线、事件等数据推送接口 |
| 54 | 供电所企业门户平台 | 业务数据管理 | 业务数据推送 | 提供终端在线率、日线损异常台区、低电压台区、超载等数据推送接口 |
| 55 | 运营监控中心数据 | 业务数据管理 | 业务数据推送 | 提供超载配电变压器数、重载配电变压器数、低电压台区、超载配电变压器占比、重载配电变压器占比、低电压台区占比、各单位采集成功率、专用变压器用户档案、负荷数据等数据推送接口 |
| 56 | DMS 系统 | 业务数据管理 | 业务数据推送 | 提供电压、电流、停电事件等实时数据推送接口 |

# 任务二 采集系统技术指标

**【任务目标】**

了解采集系统主站技术指标。

**【任务描述】**

本任务主要从通信管理、数据存储、计算统计等方面介绍采集系统技术指标。

**【知识准备】**

用采系统的采集对象覆盖终端、智能表、智能开关、传感器等各类低压设备，通信管理需具备弹性拓展能力，能够根据现场接入终端与电能表数进行弹性拓展，满足海量设备的数据采集，实现分钟级别的全量数据采集。具体指标参考国家电网公司《新一代用电信息采集系统设计纲要》和《用电信息采集系统主站建设技术及应用》设计，见表2-2-2。

表 2-2-2　　　　　　　　　　　　　采集系统技术指标及要求

| 系统层级 | 指标项 | 指标要求 |
|---|---|---|
| 通信管理 | 信道、设备正常情况下，与终端交互单条报文响应时间 | ≤3s |
| | 是否具备命令优先级动态调控能力 | 具备 |
| | 终端上行报文解析平均速率 | ≥8 万条 /s |
| 数据存储 | 存储节点扩展是否需要停机（缓存数据库除外） | 否 |
| | 数据存储的唯一性 | 100% |
| | 数据入关系型数据库平均速率 | ≥5 万条 /s |
| | 数据入大数据库峰值速率 | ≥60 万条 /s |
| 计算统计 | 全量电能表日抄见电量计算耗时 | ≤5min |
| | 日线损率计算耗时 | ≤5min |
| | 计量在线监测统计计算耗时 | 第一档：≤15min |
| | 离线、实时计算任务的在线监控能力 | 具备 |
| 页面性能 | 支持并发应用用户规模 | ≥3000 |
| | 应用升级业务中断时长 | 0s |
| | 一般界面调出响应时间 | ≤1s |
| | 常规数据查询响应时间（如查询指定用户的基本档案及某天采集数据明细） | ≤3s |
| | 模糊数据查询响应时间（如模糊查询某户、某台区的基本档案及采集数据明细） | ≤4s |
| | 复杂数据查询响应时间（如查询线损高于 10% 且重载台区明细及相关线损、采集成功率等信息） | ≤5s |
| | 应用部署弹性拓展 | 支持 |
| 系统整体要求 | 系统全年宕机累计时长 | ≤1h |
| | 系统宕机恢复时长 | ≤3h |
| | 系统全年宕机次数 | ≤3 次 |
| | 系统故障间隔时长 | ≥150d |
| | 故障节点恢复时长 | ≤2h |
| | 具备系统灾备能力 | 具备 |

## 一、通信管理

信道、设备正常情况下，与终端交互单条报文响应时间：信道和终端均通信正常的情况下，从采集前置接受任务到终端响应报文处理完成的耗时（不含本地通信时间）。

终端上行报文解析平均速率：采集前置集群每秒处理的终端上行报文数量。

是否具备命令优先级动态调控能力：采集前置集群是否具备根据命令优先级进行动态调控能力。

## 二、数据存储

存储节点扩展是否需要停机（缓存数据库除外）：具备分布式能力的数据存储，在节点扩展时是否需要停机。

各类存储间数据同步周期：系统内各类关系型数据库、分布式大数据存储集群、缓存数据库等不同存储间同步数据的周期。

不同数据存储间数据一致率：系统内各类关系型数据库、分布式大数据存储集群、缓存数据库等不同存储间数据的一致率。

数据入关系型数据库平均速率：通信管理层采集数据写入关系型数据库（如 Oracle、MySQL、MPP 等）每分钟的平均速率。

数据入大数据库峰值速率：通信管理层采集数据写入分布式大数据存储集群（如 Base、Kudu 等）可达到的最大速率。

## 三、计算统计

全量用户日电量计算耗时：计算全量用户日电量数据所需的时长。

日线损率计算耗时：计算日线损数据所需的时长。

离线、实时计算任务的在线监控能力：对离线、实时计算任务进行持续监控的能力，监控内容包括任务健康状态、资源消耗、所处执行阶段等。

计量在线监测统计计算耗时：计算计量在线监测统计数据所需的时长。

## 四、页面性能

支持并发应用用户规模：业务应用系统支持可同时访问的用户规模。

应用升级业务中断时长：部分应用升级，其他应用被中断使用的持续时间。

一般界面调出响应时间：一般功能（如数据召测、参数下发、数据查询、指标查询等）从单击至页面完全展示的间隔时间。

常规数据查询响应时间：对于"指定条件"的查询任务（如查询指定台区、终端下采集数据等），用户单击查询按钮至展示搜索结果的间隔时间。

模糊数据查询响应时间：对于"模糊条件"的查询任务（如查询用户编号 350 打头的用户采集数据等），用户单击查询按钮至展示搜索结果的间隔时间。

复杂数据查询响应时间：对于"多维度关联条件"的查询任务（如查询指定供电单位下采集成功率大于 99% 的高损且发生过载的台区等），用户单击查询按钮至展示搜索结果的间隔时间。

应用部署弹性拓展：对应用部署集群进行动态在线增减容的能力。

## 五、系统整体要求

系统全年宕机累计时长：采集系统主站全年发生长时间（如 1min 以上）无响应的累积时长。

系统宕机恢复时长：采集系统主站从发生宕机到恢复正常的间隔时间。

系统全年宕机次数：采集系统主站全年发生宕机的累积次数。

系统故障间隔时长：采集系统主站两次发生故障的间隔时间。

故障节点恢复时长：节点从发生故障到恢复正常的间隔时间。

系统监控能力：对采集系统主站运行状况和系统性能的监控能力，监控指标一般包括是否发生异常、页面浏览量、系统吞吐量、CPU 资源占用率、内存占用、磁盘、带宽、并发用户规模等。

系统灾备能力：采集系统主站的灾备包括数据级灾备和应用级灾备。数据级灾备是在灾难发生后，可以确保数据不受到损坏，主要关心的是系统数据；应用级灾备是建立在数据级灾备的基础上，对应用系统进行复制，即在备端重新构建一个和源端相同的系统，当源端业务不可达时，可实现业务接管，保障业务连续性。

# 模块三　用电信息采集系统通信

**【模块描述】**

　　本模块主要描述用电信息采集系统的通信信道定义、用途；详细介绍远程信道、本地信道的主要通信技术以及优缺点比较；介绍通信协议的基本概念、常见的通信协议结构。

视频：用电信息采集系统通信技术

**【模块目标】**

　　通过本模块学习，应达到以下目标。

**（一）知识目标**

（1）掌握通信信道概念。

（2）掌握不同远程通信方式的特点。

（3）掌握不同本地通信方式的特点。

（4）理解通信协议的基本概念。

（5）掌握常见通信协议的结构。

**（二）技能目标**

（1）针对不同现场条件，能够选择合适的通信方式。

（2）掌握不同通信方式的优缺点。

**（三）素质目标**

　　掌握用电信息采集系统核心的通信技术、通信协议知识。

# 任务一　简　　介

**【任务目标】**

　　理解通信信道基本概念。

**【任务描述】**

　　本任务主要描述通信信道的基础概念。

**【知识准备】**

　　通信信道是连接采集主站与采集设备、采集设备与量测设备之间的纽带，是指于承载主站、采集设备（终端等）、电能表以及其他相关量测传感设备之间传输数据信息的物理通路，它由通信介质和有关通信设备组成。通常将主站与采集设备之间的通信信道称为远程通信信道；将采集设备与电能表，以及其他相关量测设备之间的通信信道称为本地通信信道。

远程通信信道主要有公网的 2G/3G/4G/5G、光纤专网、中压电力线载波、专网 230MHz 和 1.8GHz 无专网、北斗通信等，本地通信信道主要有低压窄带电力线载波、HPLC、RS-485、微功率无线、蓝牙通信、M-BUS 通信等。

## 一、信道基本概念

在许多情况下，我们要使用"信道（channel）"这一名词。信道和电路并不等同。信道一般都是用来表示向某一个方向传送信息的媒体。因此，一条通信电路往往包含一条发送信道和一条接收信道。

从通信的双方信息交互的方式来看，可以有以下 3 种基本方式：

（1）单向通信又称为单工通信，即只能有一个方向的通信而没有反方向的交互。无线电广播或有线电广播以及电视广播就属于这种类型。

（2）双向交替通信又称为半双工通信，即通信的双方都可以发送信息，但不能双方同时发送（当然也就不能同时接收）。这种通信方式是一方发送另一方接收，过一段时间后再反过来。

（3）双向同时通信，又称为全双工通信，即通信的双方可以同时发送和接收信息。单向通信只需要一条信道，而双向交替通信或双向同时通信则都需要两条信道（每个方向各一条）。显然，双向同时通信的传输效率最高。

## 二、信道容量

通信领域的学者一直在努力寻找提高数据传输速率的途径。这个问题很复杂，因为任何实际的信道都不是理想的，在传输信号时会产生各种失真。我们知道，数字通信的优点就是：在接收端只要能从失真的波形识别出原来的信号，那么这种失真对通信质量就没有影响。例如，图 2-3-1（a）表示信号通过实际的信道后虽然有失真，但在接收端还可识别原来的码元。但图 2-3-1（b）就不同了，这时失真已很严重时，在接收端无法识别码元是 1 还是 0。码元传输的速率越高，或信号传输的距离越远，或噪声干扰越大，或传输媒体质量越差，在接收端的波形的失真就越严重。

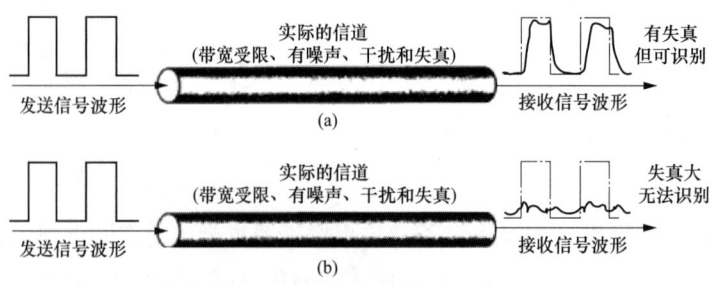

图 2-3-1　数字信号实际通过的信道
（a）有失真但可以识别；（b）失真大无法识别

噪声存在于所有的电子设备和通信信道中。由于噪声是随机产生的，它的瞬时值有时会很大。因此噪声会使接收端对码元的判决产生错误（1 判决为 0 或 0 判决为 1）噪声的影响是相对的。如果信号相对较强，那么噪声的影响就相对较小。因此，信噪比就很重要。所谓信噪比就是信号的平均功率和噪声的平均功率之比，常记为 $S/N$，并用分贝（dB）作为度量单位。

在 1948 年，信息论的创始人香农推导出了著名的香农公式。香农公式指出，信道的极限信息传输速率 $C$ 为

$$C = W \log^2 (1 + S/N)$$

香农公式表明，信道的带宽或信道中的信噪比越大，信息的极限传输速率就越高。香农公式指出了信息传输速率的上限。香农公式的意义在于：只要信息传输速率低于信道的极限信息传输速率，就一定可以找到某种办法来实现无差错的传输。

# 任务二 远程通信信道

【任务目标】

（1）掌握远程通信信道的含义。

（2）常见的远程通信方式及基本特性。

【任务描述】

本任务主要描述常用的远程通信技术以及优缺点。

【知识准备】

## 一、无线公网

无线公用通信网（简称无线公网）是指由通信运营商建设和运行维护，主要为公众用户提供移动话音和数据服务的无线通信网络。在电力系统，无线公网通信是指电能计量装置或终端通过无线通信模块接入到无线公网，再经由专用光纤网络接入到主站采集系统的应用。电力公司无须自己建设无线网络，使用通信运营商建设额公用无线网络，只需要购买通信运营商的通信卡，并开通数据业务，即可实现数据传输，简单方便。目前无线公网已升级至第五代移动通信技术（5G）。

基于无线公网的无线数据传输系统具有应用范围广、建设投资小、网络组建灵活、方便、地域范围和网络密度的适应性好、传输速率高等特点。适用于各种地域范围广、分散度高、位置不确定、又要求建设和使用成本都十分低廉的数据采集应用场合，只要在应用环境中有无线公网的信号覆盖，就不受地理环境、气候、时间的限制。

## 二、光纤专网

光纤专网是指依据电力用户用电信息采集系统建设总体规划而建设的以光纤为信道介质的一种电力公司内部通信网络。由于配电网结构的特殊性，配网光纤网络有别于通常的光纤通信，需要多分支的无源光纤通信网络，因此在电力用户用电信息采集系统的光纤专网建设中选用了 xPON 技术，近阶段以 EPON 技术为主。EPON 在物理层采用了 PON（无源光网络）技术，光线路终端（OLT）与光网络单元（ONU）之间仅有光纤、光分路器等光无源器件，无须租用机房、无须配备电源、无须有源设备维护人员，因此可有效节省建设和运营维护成本，尤其适应于配网线路配网结构。

目前 35kV 及以上变电站已形成骨干光纤网，具备了向下延伸的网络基础。配电线路的光纤专网建设只需在配电线路敷设光缆，将低压侧全部业务流进行汇集，在上述变电站节点与骨干光纤网对接，形成全覆盖的光纤专网。光纤专网组网方案如图。考虑到建设成本和投入产出比，目前光纤专网适宜的敷设范围为市区和城镇。

## 三、北斗通信

北斗卫星系统是由中国自主研发的卫星系统，具有在国内全境信号全覆盖、全天稳定工作不受时空约束的特点，且具备双向短报文传输功能，可与电网通信结合，提供有效可靠的电网通信通道，实现电力系统对运行状态进行感知监测，并通过北斗卫星通信技术将数据远程传输到主站，解决无信号区域的数据传输问题，缩短停电状况处理时间，减少停电损失，提高作业自动化、信息化水平。同时，北斗卫星通信安全性等级高，可以有效提高电力系统应用的整体安全性。针对上述情况，融合基于北斗卫星系统的通信机制，可实现配电网无信号盲区的数据采集，提高电力通信系统的整体自动化水平，解决目前偏远地区专用变压器终端等设备的在线率低及数据采集传输问题。

## 四、中压电力线载波

中压电力线载波通信技术是指在 10kV 或 35kV 中压电力线路上，将经过调制的高频载波信号耦合到中高压电力线网络中的办法将信号传输到远程终端，实现方法有通过 FSK、PSK、OFDM 等多种调制方式。

电力线载波通道建设投资相对较低，载波通信建设只需结合加工设备的投入而无须考虑线路投资。但该技术也存在几方面的缺点：传输频带受限，传输容量相对较小；在高压电力线路上，游离放电电晕、绝缘子污闪放电、开关操作等产生的噪声比较大，尤其是突发噪声具有较高的电平；线路阻抗变化大，对载波信道衰减将产生严重的影响。线路衰减大且具有时变性。

该中通信方式可以作为其他通信网络的一个补充方案，在其他通信信道无法到达、暂时没有到达或是铺设成本太高时，可以使用中压载波通信。

### 五、专网 230MHz

早期 230MHz 电力专网，是指利用国家分配给电力行业使用的 230MHz 频段，采用 TD-LTE 技术，通过载波聚合和频谱感知等手段，研发的 230MHz 离散多载波电力无线通信系统。电力行业专用频率离散地分布在民用短波频段上，分布区间为 8.125MHz，每个离散的频点带宽为 25kHz，共有 40 个子带。最低频点的子带为 223.525MHz，最高频点的子带为 231.65MHz，可使用的频段为 1MHz 离散的频点，系统覆盖相对较广、容量大、安全性高、管理方便。

LTE-230MHz 系统具有覆盖广、容量大、频谱效率高、频谱适应性强、安全性高、可靠性好、部署扩展平滑等特点。与高频段相比，其信号传播距离远，绕射能力强；更加高效的终端发射机技术和高灵敏度的接收机技术，大大提升了系统的覆盖能力，可实现大范围高质量的无线覆盖。但是存在需要公司打造一支具备自主运维能力的队伍，来实现对专网基站的设备运维，建设、运维成本高。

### 六、1.8GHz 无线专网

1.8GHz 频段是我国用于各行业专网组建的频段，目前由运营商、政府、机场、港口、交通运输等多个行业共同使用，在多行业共存时存在较大的干扰。同时跟其他制式如 GSM1.8GHz、FDD 系统存在邻频干扰，在使用时带外干扰较大且干扰源分布广泛。

1.8GHz 属于高频段，可以提供更高的带宽，更好地承载宽带数据电力业务，但存在传播损耗较大，覆盖能力弱，信号穿透性差，信号较弱，受天气、地形等因素影响大等缺点，且部分地市相应频点资源已被其他行业占用，对电力无线专网的建设造成一定阻碍。远程通信方式比较见表 2-3-1。

表 2-3-1　　　　　　　　　远程通信方式比较

| 项目 | 通信方式 | | | | | |
|---|---|---|---|---|---|---|
| | 2G/3G/4G/5G 公网 | 光纤专网 | 北斗通信 | 中压电力线载波 | 电力专网 230MHz | 1.8GHz 电力专网 |
| 建设成本 | 无线信道不需要建设成本，终端成本不高，总体建设成本较低 | 虽然网络设备成本不高，但存在光纤铺设的成本，总体成本较高 | 终端成本高，但北斗信号覆盖面广 | 没有信道建设成本，系统建设也不存在昂贵的基站建设问题。总体成本很低 | 需要自行建设基站，成本高 | 需要自行建设基站，成本高 |
| 运行维护 | 维护工作量小，但是有较高的运行费用 | 维护工作量较大，运行费用较高 | 有一定运维费用 | 维护工作量较小，运维费用较少 | 维护工作量较大，运行费用较高 | 维护工作量较大，运行费用较高 |
| 通信实时性 | 较高 | 高 | 低 | 低 | 低 | 高 |

| 项目 | 通信方式 | | | | | |
|---|---|---|---|---|---|---|
| | 2G/3G/4G/5G 公网 | 光纤专网 | 北斗通信 | 中压电力线载波 | 电力专网 230MHz | 1.8GHz 电力专网 |
| 传输速率 | 高 4G：5Mbit/s～ 10Mbit/s | 高 | 低 | 较低 | 较低 几十 kbit/s | 高 |
| 影响因素 | 信号覆盖率高，受运营商制约 | 受制于配网光纤敷设的覆盖面 | 信号覆盖率高，无影响 | 容易受到配电网运行的影响 | 信号覆盖率较高，受地形影响非常严重，信道容量较小 | 信号覆盖率不高，目前只有个别省份建设了 1.8GHz 无线专网 |
| 选型建议 | 适用低压公用变压器台区和低压专用变压器台区，且无线公网信号覆盖的地区 | 对已经铺设了配网自动化的地方可采用该通信方式 | 在偏远山区没有无线信号的地区，可以采用 | 仅作为系统补充 | 适用于对通信安全要求较高的专用变压器台区 | 适用于对通信安全要求较高的专用变压器台区，且 1.8GHz 无线专网覆盖的地区 |

# 任务三　本地通信信道

## 【任务目标】

（1）掌握本地通信信道的含义。

（2）常见的本地通信方式及基本特性。

## 【任务描述】

本任务主要描述常见本地通信方式以及主要特点。

## 【知识准备】

### 一、低压电力线窄带载波

电力线载波通信（PLC）是指利用电力线作为通信介质进行数据传输的一种通信技术。因为电力线是最普及、覆盖范围最为广阔的一种物理媒体，利用电力线传输数据信息，具有极大的便捷性，无须重新布线，即可将所有与电力线相连接的电器组成一个通信网络，进行信息交互和通信。

低压电力线窄带载波通信主要是指使用 3～500kHz 频率范围进行通信，由于带宽相对较窄，只能提供较低传输速率的通信服务，且抗干扰能力较弱。

### 二、低压高速电力线载波（HPLC）

HPLC 技术是一种高速电力线通信技术，工作频率范围 0.7～3MHz，具有相对较宽的带宽，能够提供数百 kbit/s 至几 Mbit/s 的数据传输速率，且电力线在高频段的噪声相对较弱，相对于窄带电力线通信，通信可靠性和稳定性显著提升。

基于 HPLC 技术，可实现高频数据采集、停电主动上报、时钟精准管理、相位拓扑识别、台区自动识别、ID 统一标识管理、档案自动同步、通信性能监测和网络优化等功能。

### 三、RS-485 通信

RS-485 总线是国际上通用的总线标准，是一种成熟的半双工通信方式。由于其具备远距离、多节点以及传输线成本低的特性，成为工业应用中数据传输的首选标准。在本地通信信道中，采用 RS-485 总线是一种简单有效的方案。基于 RS-485 的本地数据传输系统主要由专用变压器终端或集中抄表终端（含集中器和采集器）、表计等组成，利用 RS-485 进行抄表需在采集设备与电能表间布线。RS-485 在用电信息采集系统中已经有多年的应用，已经非常成熟，适用于箱柜内采集设备和电能表的连接，不足之处在于应用于低压集中抄表时，会带来施工量大、维护不便等问题。

### 四、微功率无线

微功率无线通信是采用频率调制方式把信息加载在高频电磁波上，利用空间传播来进行数据通信的方法。每个电能表（或采集器）均带有短距离无线通信模块，集中器与各电能表（或采集器）通过无线通信技术传输数据。微功率无线通信无须布线，安装成本低，信道质量不受电网质量的影响。但传输距离受到障碍物及频段范围内其他无线设备的影响很大，且无线数据收发是敞开式的，在射频范围内其他设备都可以收到，需要通过多种方式实现安全数据传输。微功率无线适用于电能表安装相对比较分散、无障碍的场合，可作为电网质量恶劣无法为载波提供良好信道情况下的补充。

### 五、蓝牙通信

蓝牙无线技术是使用范围最广泛的全球短距离无线标准之一，全新的蓝牙版本涵盖了三种蓝牙技术，即传统蓝牙、高速蓝牙和低功耗蓝牙技术，将三种规范合而为一。它继承了蓝牙技术在无线连接上的固有优势，同时增加了高速蓝牙和低功耗蓝牙的特点。传统蓝牙传输距离为 2~10m，而蓝牙 5.0 的有效传输距离可达到 60~300m，传输距离提升了十倍，极大开拓了蓝牙技术的应用前景，同时为了保证数据传输的安全性，使用 AES-128CCM 加密算法进行数据包加密和认证；传输速度理论上可达到 2Mbit/s 以上；支持 mesh 组网功能，能够实现设备多对多的连接。

目前蓝牙技术多用于电能表的抄表系统的设计中，而关于蓝牙通信技术在电能表本地通信中的应用尚处于探索阶段。

### 六、M-BUS 通信

仪表总线（Meter-Bus，M-Bus）远程抄表系统，是一种欧洲总线标准，是一种专门为消耗测量仪器和计数器传送信息的数据总线设计的，专门为远程抄表系统设计的数据传输总线协议，广泛应用于各种消耗量仪表，如电能表、热表、水表和气表等的计量。

M-Bus 采用半双工、异步串行通信方式数据速率为 300～9600bit/s。M-Bus 通常采用总线型拓扑结构，由一个主站、若干个从站和两根连接电缆组成。它的最大传输距离为 1000m，且 M-Bus 可为现场设备供电无须再布设电源线，总线供电能力为 5A，节点功率小于 0.65mA，因此在建筑物和工业能源消耗数据采集方面有广泛的应用。

M-Bus 具有结构简单、造价低廉、可靠性高的特点，可以在几公里的线路上连接几百个设备，可大大简化住宅小区办公场所等能耗智能化管理系统的布线和连接。

## 七、双模通信（HPLC+HRF）

电力线载波技术具有无须单独架设通信线路的特点，得益于独特的电网线路优势，高速电力线载波通信技术是国家电网的优势通信方式。部分场景也会出现通信瓶颈和盲点：如在配电侧，每条配电出线上跨接多个断路器开关和分支线路，母线分流效应和配电保护装置对中载波信号衰减严重；又如在电力线负载和噪声干扰呈现明显时变性的台区，可能存在某些时间段个别节点无法维持正常通信连接的现象。采用将高速载波（HPLC）和高速无线（HRF）融合的双模通信机制，扬长避短，克服单模技术存在的通信瓶颈。

HPLC+HRF 高速稳定通信，HRF 采用与 HPLC 速率匹配的 OFDM 调制方式，通信方式采用载波无线双信道的通信方式，整个网络采用一张网的形式，无线载波可互相中继，使网络系统通信性能最优。HRF 与 HPLC 信道具备同时接收、同时发送功能，充分保障双模通信功能发挥。本地通信方式比较见表 2-3-2。

表 2-3-2　　　　　　　　　　　　　本地通信方式比较

| 通信方式 | 窄带载波 | 高速载波（HPLC） | HPLC+HRF | RS-485 | 微功率无线 | 蓝牙 | M-BUS |
|---|---|---|---|---|---|---|---|
| 施工方式 | 无需布线 | 无需布线 | 无需布线 | 需要从采集终端敷设缆线到电能表，难度大，成本高 | 无需布线，需要选择安装位置，调试复杂 | 无需布线 | 需要布线 |
| 可靠性 | 较高 | 较高 | 较高 | 高 | 较差 | 高 | 高 |
| 维护管理 | 方便 | 方便 | 方便 | 线易损坏，故障难查；换表工作量大 | 维护量较大 | 方便 | 方便 |
| 通信速率 | 低，一般为50bit/s～34kbit/s | 100kbit/s～16Mbit/s | 100kbit/s～16Mbit/s | 最高为10Mbit/s | 最高为256kbit/s | 最高可达24Mbit/s | 低，一般为300～9600bit/s |

| 通信方式 | 窄带载波 | 高速载波（HPLC） | HPLC+HRF | RS-485 | 微功率无线 | 蓝牙 | M-BUS |
|---|---|---|---|---|---|---|---|
| 传输距离 | 理论数百米至2km；但实际传输距离受电网结构、负载、干扰等影响 | 存在高频信号衰减较快的问题，在长距离通信中需要中继组网解决 | 存在高频信号衰减较快的问题，在长距离通信中需要中继组网解决 | 最远1200m，可加中继提高传输距离 | Zigbee可视通信距离70m，信号易受障碍物阻挡，可自动中继组网 | 蓝牙5.0理论上可达300m，但目前实际应用中为8～30m | 理论最大1000m |
| 技术成熟度 | 早期集抄主流技术；现已逐步退出 | 新技术，全面覆盖应用 | 新技术，正在推广 | 成熟、简单；已大量应用 | Zigbee技术为新技术，在集抄中仅试点应用；可能是今后的热点 | 新技术，尚在探索中 | 成熟 |
| 影响因素 | 受负载特性影响大，需要组网优化 | 高频信号衰减较快，在长距离通信中需要中继组网 | 高频信号衰减较快，在长距离通信中需要中继组网 | 缆线易受损，易遭受破坏 | 受电磁干扰、地型和天气影响大，易受遮挡影响 | 受周围环境干扰、距离影响 | 受周围环境干扰、距离影响 |
| 使用建议 | 农村公用变压器台区供电区域、别墅区、城市公寓小区 | 各类台区均可使用 | 各类台区均可使用 | 城市新建公寓小区 | 已建城市公寓小区，也可与RS-485或低压载波组合使用 | 城市公寓小区 | 主要用于水、热、气表等领域 |

# 任务四　通　信　协　议

📖 【任务目标】

（1）理解通信协议的定义和作用。

（2）掌握常见的通信协议结构。

📖 【任务描述】

本任务主要描述通信协议的定义和作用、常见的通信协议结构。

📖 【知识准备】

## 一、简介

为进行网络中的数据交换而建立的规则、标准或约定称为通信规约（协议），是通信双方必须共同遵守的约定，通信网中各部分之间通信过程中所必须遵守的规则的集合，也称为通信控制规程或传输控制规程。

61

通俗地讲，就是在通信设备双方互相按照约定的"语言"进行沟通来交换数据。通过通信信道和设备与连起来的不同地理位置的数据通信系统，要使其能协同工作实现信息交换和资源共享它们之间必须具有共同的语言。交流什么、怎样交流及何时交流，都必须遵循某种互相都能接受的规则，这个规则就是通信协议。

通信规约的内容主要分为信息传送的具体步骤和信息传送格式两部分，其中信息传送格式包括收发方式、传送速率、帧结构、帧同步字、位同步方式、抗干扰措施等。

### 二、协议发展历史

在 20 世纪 80 年代初，中国经济在改革开放热潮的推动下快速发展，随之而来的是电力供应不足的矛盾凸显。为解决供需紧张问题，在政府主导下，开始研究国外电力负荷控制技术，引进了少量的带有通信功能的国外负荷控制设备，可实现单向或双向通信，其通信协议为国外制造厂商所提供。

随着研究的推进和技术的进步，于 1994 年 5 月 1 日颁布实施了 DL/T 535—1993《电力负荷控制系统数据传输规约》，当时称其为"部颁规约"，是我国最早的智能量测通信协议。

随着电子技术发展，20 世纪 90 年代开始出现多功能电能表，逐步取代原先机械表，为规范多功能电能表与终端进行数据交换的物理连接和通信协议，原电力工业部于 1998 年 2 月 10 日发布了 DL/T 645—1997《多功能电能表通信规约》，简称"97 版 645 协议"，该协议的发布对用电管理部门实施远程抄表、提高用电管理水平起到了推动作用。经过十年来的发展，电能表数据内容越来越丰富，97 版 645 协议已经无法满足计量检定要求和电力业务需求。因此，由中国电力企业联合会提出，中国电力科学研究院起草，经过第一次修订后形成了 DL/T 645—2007《多功能电能表通信协议》，于 2007 年 12 月 3 日发布，2008 年 6 月 1 日起实施，简称"07 版 645 协议"。

2004 年，国家电网公司在部颁规约的基础上，制定了企业标准 Q/GDW 130—2005《电力负荷管理系统数据传输规约》，简称"04 规约"，于 2005 年 12 月 15 日发布实施。04 规约的发布实施，为国家电网公司电力负荷管理系统的大规模建设、运行和应用奠定了基础。

为了提高用电信息采集系统建设的标准化水平，适应电力设备大规模接入的发展形势，于 2009 年国家电网公司制定了用电信息采集系统系列标准，包括功能规范、技术规范、型式规范、检验规范、通信规范、设计导则等标准。其中，Q/GDW 376.1—2009《电力用户用电信息采集系统通信协议 第 1 部分：主站与采集终端通信协议》于 2009 年 12 月 7 日发布并实施，简称"376.1 协议"。376.1 协议的发布，在代替 04 规约的同时，彻底改变了低压集中抄表没有统一的主站 / 终端协议的历史。2013 年，国家电网公司对 09 版用电信息采集系统系列标准进行了较大规模的修订，同时也对 07 版 645 协议进行了多次增补备案，与 1376.1

协议、1376.2 协议、1376.3 协议共同构成了 2013 版协议（简称 "13 版协议"）体系，此刻用电信息采集系统得到了空前发展，国家电网公司在全力朝着 "全覆盖、全采集、全费控"的目标迈进。

随着智能电能表计量和非计量数据的深化应用，传统的 645 协议和 1376.1 协议因其扩展性和灵活性不足，难以支撑新业务、跨专业的需求，国家电网公司组织编制了新一代通信协议，于 2017 年 11 月发布了 DL/T 698.45—2017《电能信息采集与管理系统 第 4-5 部分：通信协议—面向对象的数据交换协议》，简称 "698 协议" 或 "面向对象协议"，实现了主站、终端、电能表的协议统一。

智能量测体系是传统电网向智能电网和能源互联网转变的基础，随着业务和技术的发展，需要接入采集系统的设备数量、设备类型也将呈指数级增长，这也必然要求通信协议的标准化水平、协议的扩展性水平等要高，是科学合理推动用电信息采集系统健康发展的要求。

### 三、常见协议简介

#### （一）2002 年 DL/T 645 多功能电能表通信协议

本协议为主－从结构的半双工通信方式。手持单元或其他数据终端为主站，费率装置为从站。每个费率装置均有各自的地址编码。通信链路的建立与解除均由主站发出的信息帧来控制。每帧由帧起始符，从站地址域、控制码、数据长度、数据域、帧信息、纵向校验码及帧结束符等 7 个域组成。每部分由若干字节组成。

1. 字节格式

每字节含 8 位二进制码，传输时加上一个起始位（0）、一个偶校验位和一个停止位（1），共 11 位。其传输序列为：D0 是字节的最低有效位，D7 是字节的最高有效位。先传低位，后传高位。字节格式结构如图 2-3-2 所示。

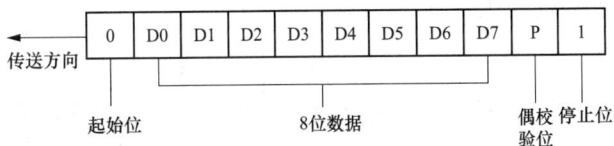

图 2-3-2　字节格式结构

2. 帧格式

帧是传送信息的基本单元，分为帧起始符、地址域、控制码、数据域长度、数据域、校验码、结束符等部分。645 协议帧格式如图 2-3-3 所示。

| 说明 | 代码 |
|------|------|
| 帧起始符 | 68H |
| 地址域 | A0 |
| | A1 |
| | A2 |
| | A3 |
| | A4 |
| | A5 |
| 帧起始符 | 68H |
| 控制码 | C |
| 数据域长度 | L |
| 数据域 | DATA |
| 校验码 | CS |
| 结束符 | 16H |

图 2-3-3　645 协议帧格式结构

### （二）Q/GDW 1376.1 协议

1. 参考模型

基于 GB/T 18657.3—2002《远动设备及系统　第 5 部分：传输规约　第 3 篇：应用数据的一般结构》规定的三层参考模型"增强性能体系结构"。"增强性能体系结构"是 GB/T 18657.3—2002《远动设备及系统　第 5 部分：传输规约　第 3 篇：应用数据的一般结构》系列标准中建立的一种数据传输三层参考模型系统，即物理层、链路层和应用层。

2. 字节格式

帧的基本单元为 8 位字节。链路层传输顺序为低位在前，高位在后；低字节在前，高字节在后。376.1 协议由帧构成，每帧最小为 8 字节，8 字节分别包含：2 字节起始字符（68H），4 字节长度 L，1 字节校验符（CS），1 字节结束字符（16H）。

帧由字节组成，字节由位构成。在协议传输与存储时遵循：低字节在前，高字节在后；低位在前、高位在后的传输规则。

3. 帧格式

本部分采用 GB/T 18657.1—2002《远动设备及系统　第 5 部分：传输规约　第 1 篇：传输帧格式》中 6.2.4 的 FT1.2 异步式传输帧格式，其定义如图 2-3-4 所示。

376.1 协议的帧由帧头、帧数据、校验和帧尾 4 个部分组成，不同部分执行不同的功能。376.1 协议的数据长度 L 相较于原部颁规约的 1 字节修改为 2 个字节，以适应公用数据交换网的信道。

| 帧格式 | 说明 | | 长度 |
|---|---|---|---|
| (68H) | 固定长度的报文头 | 起始字符(第1个) | 1字节 |
| 长度L | | 长度 | 2字节 |
| 长度L | | 长度(重复) | 2字节 |
| (68H) | | 起始字符(第2个) | 1字节 |
| 控制域C | 控制域 | | 1字节 |
| 地址域A | 地址域 | | 5字节 |
| 链路用户数据 | 应用层(链路用户数据) | | 用户数据区(长度变化) |
| 校验和CS | 帧校验和 | | 1字节 |
| (16H) | 结束字符 | | 1字节 |

图 2-3-4　376.1 帧格式结构

### （三）DL/T 698.45—2017《电能信息采集与管理系统　第 4-5 部分：通信协议—面向对象的数据交换协议》面向对象协议

#### 1. 面向对象特点

面向对象，是相对面向规程而言的，面向对象、面向过程是两种不同的描述方法。面向过程方法，数据和方法是分离的，同类的数据散装在一起，封装性差。面向对象方法，把相关的数据和方法组合为一个整体来看待，这样就能从更高的层次来进行系统建模，更贴近事物的自然运行模式。面向对象的思想就是力图使计算机世界中描述的事物尽可能地与现实世界中该事物的本来面目保持一致。这样的好处是思考过程更趋近于人的自然思维，从而利于业务描述和业务扩展。面向对象设计思路如图 2-3-5 所示。

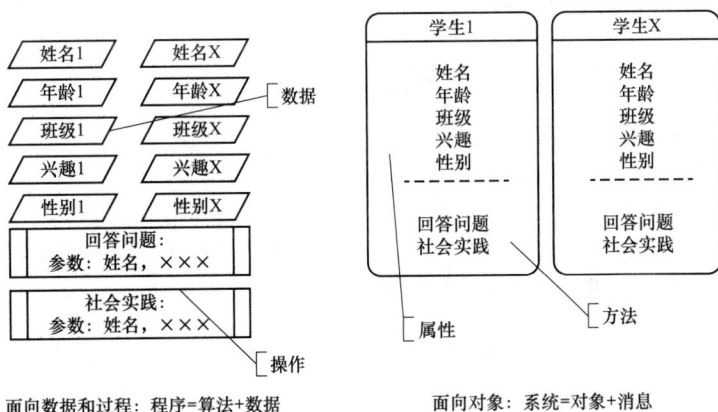

图 2-3-5　面向对象设计思路

#### 2. 接口类与对象

面向对象的核心概念就是类（class）与对象（object）。对象是对客观事物的抽象，类是对对象的抽象，对象是由类派生的实例，类是对象的模板。而在 698 协议中也是如此，类描述了一组有相同特性（属性）和相同行为（方法）的对象要素。具有共享公共特征的对象要素归纳为接口类（IC），接口类是同一类对象共同特征及行为的表达模板，接口类由类标识码（class_id）进行标识。接口类和对象示意如图 2-3-6 所示。

| 类的定义 | 人类 | 电能量接口类 |
|---|---|---|
| | 属性 | 属性 |
| | 1.姓名 | 1.逻辑名 |
| | 2.身高 | 2.总及费率电能量数组 |
| | 3.体重 | 3.换算及单位 |
| | 4.年龄 | 4.高精度总及费率电能量数组 |
| | 5.血型 | 5.高精度换算及单位 |
| | 方法 | 方法 |
| | 1.直立行走 | 1.复位 |
| | 2.使用工具 | 2.执行 |
| 实例对象 | 张三 | 正向有功电能量 |

图 2-3-6　接口类和对象示意

3. 对象标识

对象标识系统：系统基于对象进行建模和设计，首先要解决的问题便是对象的命名问题。就如人类社会系统中每个人类对象必须有一个姓名（身份证号）一样，这样才可以相互沟通和识别。

对象的名称就是对象标识（object identification，OI）。例如，正向有功电能的 OI 为 0010。

698 协议在引用一个对象时，创造性地采用了直接引用和间接引用两种形式。直接存在于终端设备内的对象，采用直接引用的方式（见图 2-3-7）。这类对象必须有唯一的名称，并且该名称下只有一个对象实例存在。例如，电能表设备中的正向有功电能对象（0010）、采集终端中的日期时间对象（4000）。

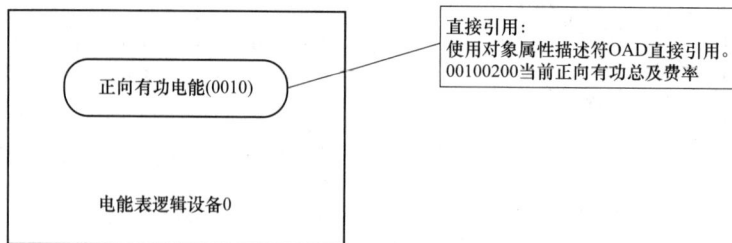

图 2-3-7　直接引用

存在于集合类对象之中的对象，采用间接引用的方式（见图 2-3-8）。这类集合对象具有唯一的名称，但是每个集合内具体的实例对象是没有名称的，不能通过直接引用的方式确定一个唯一对象实例。例如，电能表设备中集合类对象之一的日冻结对象，其中存放有多个基本对象的多个日冻结实例，引用某个基本对象的某日冻结值时，就必须使用间接引用，也就是协议中的 GetRequestRecord。

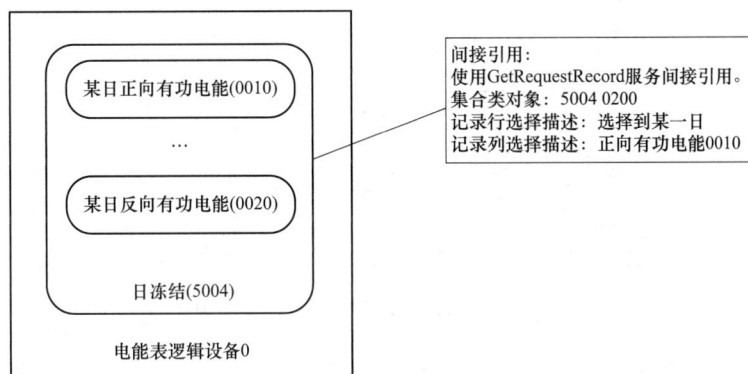

图 2-3-8  间接引用

4. 字节格式

链路层帧的基本单元为 8 位字节，传输顺序为低位在前，高位在后；低字节在前，高字节在后。字节格式如图 2-3-9 所示。

本协议的数据链路层基本单元为 8 位构成的字节。字节采用 1 个起始位、8 个数据位、1 个校验位、1 个停止位，检验方式为偶校验。传输规则如下。

（1）线路空闲状态为二进制 1。

（2）在有效数据帧前加 4 个 FEH 作为前导码。

图 2-3-9  字节格式

（3）数据链路层帧的字节之间无线路空闲间隔；两帧之间的线路空闲间隔至少 33 位。

（4）bit 位的传输顺序为先传输低位，再传输高位；字节的传输顺序为先传输低字节，再传输高字节，俗称为小端传输模式。

5. 帧结构

帧结构包含帧起始标志、长度域 L、控制域 C、地址域 A、帧头校验 HCS、链路用户数据、帧校验 FCS 和帧结束标志。其帧结构如图 2-3-10 所示。

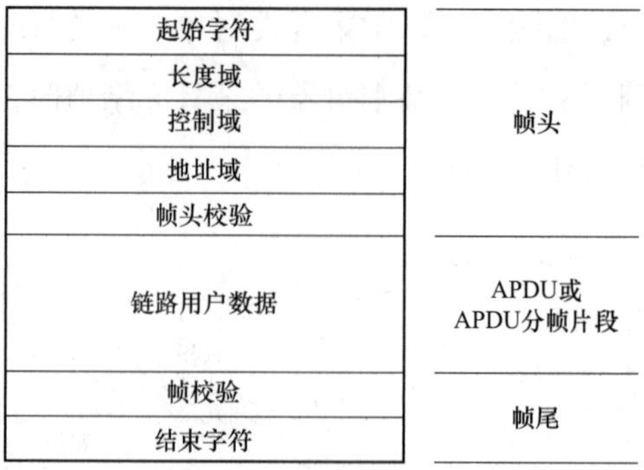

图 2-3-10　帧结构格式

帧起始标志位为 68H，结束标志位为 16H。在一个帧结构中，校验包含帧头校验 HCS 和帧校验 FCS，校验算法采用 CRC-16 循环校验，698 协议相较于 645 协议和 376.1 协议可极大提高交互效率和数据传输的可靠性。地址域采用变长结构，可支持各种类型计量仪表、物联网传感器。链路用户数据长度为变长，当接收方校验帧头 HCS 错误时，可及时进行差错处理，提高协议处理解析效率。

# 模块四　用电信息采集终端

## 【模块描述】

采集终端作为采集系统的重要组成部分，可以实现采集、传输电网末端电能数据的变化情况。采集设备主要包括专用变压器采集终端、能源控制器（专用变压器）、集中器、采集器等，通过该章节的学习让学员了解常见采集设备相关功能和特性等知识并了解国家电网公司采集终端质量管控要求和质量管控保障体系，熟悉设备全过程质量监督管理要求。

## 【模块目标】

通过本模块学习，应达到以下目标。

### （一）知识目标

（1）了解常见用电信息采集终端的基本功能和特性等知识。

（2）了解各类常见采集终端外形结构、使用方法。

（3）了解国家电网公司采集终端质量管控要求和质量管控保障体系。

（4）熟悉设备全过程质量监督管理要求。

### （二）技能目标

（1）掌握用电信息采集终端的功能及使用特性。

（2）熟悉数据采集、数据处理流程及采集终端全过程质量监督管理要求。

### （三）素质目标

熟悉用电信息采集终端的功能及特性，建立终端质量管控体系思想。

# 任务一　采　集　设　备

## 【任务目标】

采集终端作为采集系统的重要组成部分，可以实现采集、传输电网末端电能数据的变化情况。采集设备主要包括专用变压器采集终端、能源控制器（专用变压器）、集中器、采集器等，通过该章节的学习让学员了解常见采集设备相关功能和特性等知识。

## 【任务描述】

介绍采集设备的发展历史、外形、基本功能、应用场合等。

**【知识准备】**

## 一、采集设备简介

采集设备指用电信息采集系统终端，是采集系统架构中设备层重要部分，是实现用户信息采集、电能计量和监视控制功能的信息化终端设备。本部分对采集中端终端的应用场景、外观型式、主要功能等方面开展介绍。

采集终端即对各信息采集点用电信息采集的设备，可以实现电能表数据的采集、数据管理、数据双向传输及转发或执行控制命令的设备。用电信息采集终端一般由主控单元、显示操作单元、通信单元、输入输出单元、交流采样单元及电源等组成。由于终端型号多样，不同型号终端在电路具体设计上可能有较大区别，但组成与工作原理是基本一致的。终端各单元间的原理和关系如图 2-4-1 所示。

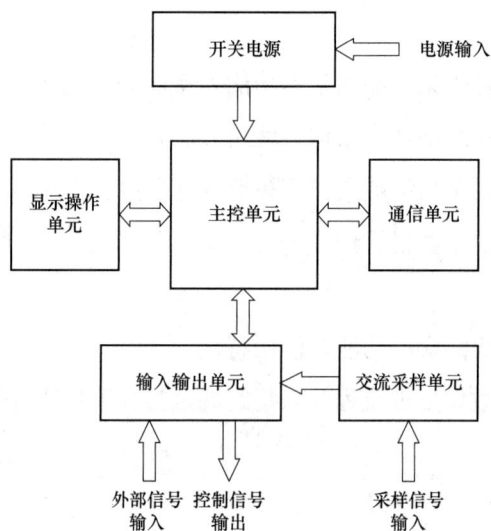

图 2-4-1 用电信息采集终端原理框图

（1）主控单元。完成所有的数据采集及处理、控制、数据通信、语音提示功能及协调其他模块的工作。

（2）显示单元。用于用电信息采集终端实现必要的数据、状态、信息显示输出以及键盘输入，是终端的人机界面部分。

（3）输入输出单元。完成输入信号的调理及隔离、输出信号的驱动及隔离；在这里所说的输入、输出信号结合用电信息采集终端具体来说主要就是指遥控、无功补偿控制输出、状态量、脉冲量、模拟量、抄表等，不同类型的采集终端配置了不同的输入输出信号单元。

（4）通信单元。实现数据通信的单元。不同通信方式的终端，通信单元可以是 230M 电台、GPRS 模块、CDMA 模块、Modem、以太网卡等。

（5）交流采样单元。通过电流或电压互感器采集实时电网交流信号，用以计算电压、电流、功率、电量、相角、频率、谐波等。

（6）电源系统。由高可靠性电源将交流输入转换为各模块所需的直流供电，一般可以有开关电源和线性电源两种。电源要求有较高可靠性和转换效率。

### （一）发展历史

#### 1. 负荷管理终端

国内生产的终端大都是在原来的负荷控制终端的基础上发展而来的。20 世纪末，电力供应缺口较大，我国开始引进和应用电力负荷控制技术，目标是"限电不拉闸"，因此终端设备的主要功能是负荷控制。2000 年后，终端技术进入一个快速发展的时期，从原先单一的 230MHz 无线专网技术，逐步向无线公网、以太网、光纤等通信方式发展。终端在原先简单控制功能的基础上，增加了丰富的数据采集、客户服务和用电管理等功能，终端发展到负荷管理终端。2004 年国家电网公司制定了企业标准 Q/GDW 129—2005《电力负荷管理系统技术条件》和 Q/GDW 130—2005《电力负荷管理系统数据传输规约》。2007 年全国电力系统管理及其信息交换标准化技术委员会组织归口修订 Q/GDW 129—2005《电力负荷管理系统技术条件》成为 DL/T 533—2007《电力负荷管理终端》，2009 年国家能源局组织修订 Q/GDW 130—2005《电力负荷管理系统数据传输规约》成为 DL/T 535—2009《电力负荷管理系统数据传输规约》。

#### 2. 2009 年版采集终端

2009 年，国家电网公司按照坚强智能电网建设的总体要求，对电力用户用电信息采集系统提出"全覆盖、全采集、全费控"的总体建设目标，并制定了《电力用户用电信息采集系统》系列国家电网公司企业标准。规范统一了用电信息采集系统主站、采集终端、通信单元的功能配置、形式结构、性能指标、通信协议、安全认证、检验方法、建设及运行管理等，对终端功能、性能、接口、外观等形式也进行了统一的规范。

该系列标准的发布使用电信息采集系统适用的范围大大增加，电信息采集终端使用场景包含了专用变压器台区、低压台区。2009 年版采集终端按应用场景分为了专用变压器采集终端和集中抄表终端。

#### 3. 2013 年版采集终端

随着互联网技术的发展，用电信息采集系统的信息化程度越来越高，信息安全的重要性逐步凸显，2009 年版采集中端的安全性能已经不能满足当下的需求。2013 年国家电网公司对《电力用户用电信息采集系统》系列国家电网公司企业标准进行了修订，2013 年版标准中对信息安全防护提出新的要求，要求采用国家密码管理局认可的硬件安全模块实现数据加解密，同时对采集终端的外观形式、功能要求做出了进一步的优化。

### 4. 2019 年版采集终端

2019 年，国家电网公司营销部再次对用电信息采集系统系列规范做出修订。2019 年版采集终端不但在性能、功能上有了进一步的提升。2019 年版采集终端在外观形式上和 2013 年版采集终端保持一致，但在性能上有了很大的提升，功能上更加的全面。同时，可兼容 HPLC 通信单元，支持 HPLC 通信单元深化应用功能，协议上采用面向对象协议。

### 5. 2022 年版采集终端

2022 年版采集终端又称为高性能终端，是为了满足新型电力系统新兴业务及大数据时代高频数据采集的需求，在 2019 年版终端基础上，对硬件进行了大幅度提升。丰富了远程通信和本地通信的方式，对数据采集进行扩展，增加了应用程序的可信验证，功能上增加了低压侧用电管理、分布式能源管理等功能。2022 年版采集终端是对采集终端的硬件、软件及多元化采集的一次强化。

## （二）采集终端类型

采集终端根据应用场所分为采集专用变压器用户用电信息的专用变压器采集终端和能源控制器（专用变压器）；采集低压台区低压用户用电信息的集中抄表终端，集中抄表终端又包含集中器和采集器。

### 1. 专用变压器采集终端

专用变压器采集终端采集专用变压器用户用电信息，主要实现了电能表数据采集、电能计量设备工况和供电电能质量监测及客户用电负荷和电能量的监控，支持采集数据的管理和双向传输。

### 2. 能源控制器（专用变压器）

用于采集专用变压器用户用电信息的智能化采集与控制终端，采用硬件模组化、系统平台化、功能软件化设计，具有电能计量、数据采集、配电变压器监测、智能控制、电动汽车有序用电、用能管理、回路状态巡检、停电事件上报等功能。

### 3. 集中抄表终端

（1）集中器。收集各采集终端或电能表的数据，并进行处理储存，同时能和主站或手持设备进行数据交换的设备。

（2）采集器。用于采集多个电能表电能信息，并可与集中器交换数据的设备。采集器依据功能可分为基本型采集器和简易型采集器。基本型采集器抄收和暂存电能表数据，并根据集中器的命令将储存的数据上传给集中器。简易型采集器直接转发低压集中器与电能表间的命令和数据。

4. 电能量采集终端

电能量采集终端是收集厂站内各电能表的数据，并进行处理储存，同时能和主站或站内设备进行数据交换的设备。

电能量采集终端安装在电厂、变电站（或大、中用户）内，采集各路电能表（数字智能电能表或脉冲电能表）电能量或开关变位等遥信量。福建省安装在发电厂侧的变电站电能量采集终端已经接入用电信息采集系统，由发电厂负责设备的安装、运行维护与管理。

## 二、专用变压器采集终端

专用变压器采集终端采集专用变压器用户用电信息，主要实现电能表数据采集、电能计量设备工况和供电电能质量监测及客户用电负荷和电能量的监控，支持采集数据的管理和双向传输。

### （一）专用变压器采集终端

1. 型式要求

（1）专用变压器采集终端按外形结构和 I/O 配置分为 I 型、Ⅱ 型、Ⅲ 型 3 种型式。Q/GDW 10375.1—2019《用电信息采集系统型式规范　第 1 部分：专用变压器采集终端》规定了 3 种类型专用变压器采集终端的规格要求、显示要求、外形及安装尺寸、端子接线、材料、工艺等。目前，福建省主要采用Ⅲ型专用变压器采集终端。

（2）专用变压器采集终端对外的连接线应经过接线端子，接线端子及其绝缘部件可以组成端子排，强电端子和弱电端子分开排列，具备有效的绝缘隔离。电流出线端子的结构应与截面积为 $2.5 \sim 4 mm^2$ 的出线配合。电压出线端子的结构应与截面积为 $1.5 \sim 2.5 mm^2$ 的引出线配合。其他弱电出线端子的结构应与截面积为 $0.5 \sim 1.5 mm^2$ 的引出线配合。

（3）金属的外壳和端子盖板以及终端正常工作中可能被接触的金属部分，应连接到独立的保护接地端子上。接地端子应有清楚的接地符号。接地端子的截面积应不小于 $20 mm^2$。非金属外壳的终端如果需要接地，接地端子应能与 $4 mm^2$ 导线良好配合接触。

（4）专用变压器采集终端所使用的电池在终端寿命周期内无须更换，断电后可维持内部时钟的正确性，工作时可累计不少于 5 年。电池电压不足时，终端应自动提示、报警。

（5）采用无线通信信道时，应保证在不打开终端端子盖的情况下使天线由终端上无法拔出或无法拆下。

（6）外形及安装尺寸如下：

I 型专用变压器采集终端的外形尺寸为 $400 mm \times 300 mm \times （125 \pm 5）mm$。

Ⅱ 型专用变压器采集终端的外形尺寸为 $305 mm \times 195 mm \times 90 mm$。

Ⅲ 型专用变压器采集终端的外形尺寸为 $290 mm \times 180 mm \times 95 mm$。

（7）专用变压器采集终端标识所用文字应为规范中文，可以同时使用外文。专用变压器采集终端标识应清晰、牢固、易于识别，使用的符号应符合 GB/T 17215.352—2009《交流电测量设备 特殊要求 第52部分：符号》的规定。

专用变压器采集终端上应有下列标识：

1）制造年份；

2）出厂编号；

3）资产条码；

4）名称及型号；

5）制造厂名称及注册商标；

6）本标准的编号；

7）终端交流采样精度的等级指数（仅适用于具有交流采样功能的终端），终端的相、线数（例如：单相二线、三相三线、三相四线），可由 GB/T 17215.352—2009 中规定的图形符号代替；

8）参比电压、参比频率；

9）对经互感器接入的终端，标识与其所连互感器的二次额定值；

10）参比温度（不是23℃时，应标出）；

11）工作状态指示。

专用变压器采集终端类型标识代码分类说明见表2-4-1，专用变压器采集终端配置见表2-4-2。

表 2-4-1 专用变压器采集终端类型标识代码分类说明

| 采集器分类 | 上行通信信道 | I/O 配置及路数 | | 温度级别 | 产品代号 |
|---|---|---|---|---|---|
| FK —专用变压器采集终端（控制型）<br>FC —专用变压器采集终端（非控制型） | W—230MHz 专网；<br>G—无线 G 网；<br>C—无线 C 网；<br>J—微功率无线；<br>Z—电力线载波；<br>L—有线网络；<br>P—公共交换电话网；<br>T—4G；<br>Q—其他 | 配置：<br>A—交流模拟量输入；<br>B—基本型；<br>D—外接装置 | 路数：<br>1～9—1～9 路控制出 / 双位置状态入 / 脉冲入 / 电能表接口（厂站采集终端）；<br>A～W—10～32 路控制出 / 双位置状态入 / 脉冲入 / 电能表接口（厂站采集终端）；<br>×—大于 32 路 | 1—C1；<br>2—C2；<br>3—C3；<br>4—CX | 由不大于 8 位的英文字母和数字组成。英文字母可由生产企业名称拼音简称表示，数字代表产品设计序号 |

表 2-4-2 专用变压器采集终端配置表

| 类型 | 类型标识 | 配置描述 |
|---|---|---|
| 专用变压器采集终端 I 型 | FKXA4X | 大型壁挂式，有控制功能，上行通信信道可选用230MHz 专网、GPRS 无线公网、CDMA 无线公网、4G 无线公网、以太网，配置交流模拟量输入、4 路遥信输入、4 路脉冲输入、4 路控制输出、2 路 RS-485，温度选用 C2 或 C3 级 |

| 类型 | 类型标识 | 配置描述 |
|---|---|---|
| 专用变压器采集终端Ⅰ型 | FKXB8X | 大型壁挂式，有控制功能，上行通信信道可选用 230MHz 专网、GPRS 无线公网、CDMA 无线公网、4G 无线公网、以太网，配置 8 路遥信输入、8 路脉冲输入、4 路控制输出、2 路 RS-485，温度选用 C2 或 C3 级 |
| 专用变压器采集终端Ⅱ型 | FKXB2X | 中型壁挂式，有控制功能，上行通信信道可选用 230MHz 专网、GPRS 无线公网、CDMA 无线公网、4G 无线公网、以太网，配置 2 路遥信输入、2 路脉冲输入、2 路控制输出、2 路 RS-485，温度选用 C2 或 C3 级 |
| | FKXB4X | 中型壁挂式，有控制功能，上行通信信道可选用 230MHz 专网、GPRS 无线公网、CDMA 无线公网、4G 无线公网、以太网，配置 4 路遥信输入、4 路脉冲输入、4 路控制输出、2 路 RS-485，温度选用 C2 或 C3 级 |
| 专用变压器采集终端Ⅲ型 | FKXA2X | 小型壁挂式，有控制功能，上行通信信道可选用 230MHz 专网、GPRS 无线公网、CDMA 无线公网、4G 无线公网、以太网，配置交流模拟量输入、2/2 路开关量输入（可设置为有源或无源遥信 / 脉冲）、2 路控制输出、2 路 RS-485，温度选用 C2 或 C3 级 |
| | FKXA4X | 小型壁挂式，有控制功能，上行通信信道可选用 230MHz 专网、GPRS 无线公网、CDMA 无线公网、4G 无线公网、以太网，配置交流模拟量输入、2/2 路开关量输入（可设置为有源或无源遥信 / 脉冲）、4 路控制输出（其中 2 路通过扩展模块实现）、2 路 RS-485，温度选用 C2 或 C3 级 |
| | FCXA2X | 小型壁挂式，无控制功能，上行通信信道可选用 230MHz 专网、GPRS 无线公网、CDMA 无线公网、4G 无线公网、以太网，配置交流模拟量输入、2/2 路开关量输入（可设置为有源或无源遥信 / 脉冲）、2 路 RS-485，温度选用 C2 或 C3 级 |

专用变压器采集终端Ⅰ型、Ⅱ型和Ⅲ型的外观尺寸示意如图 2-4-2、图 2-4-3 和图 2-4-4 所示。

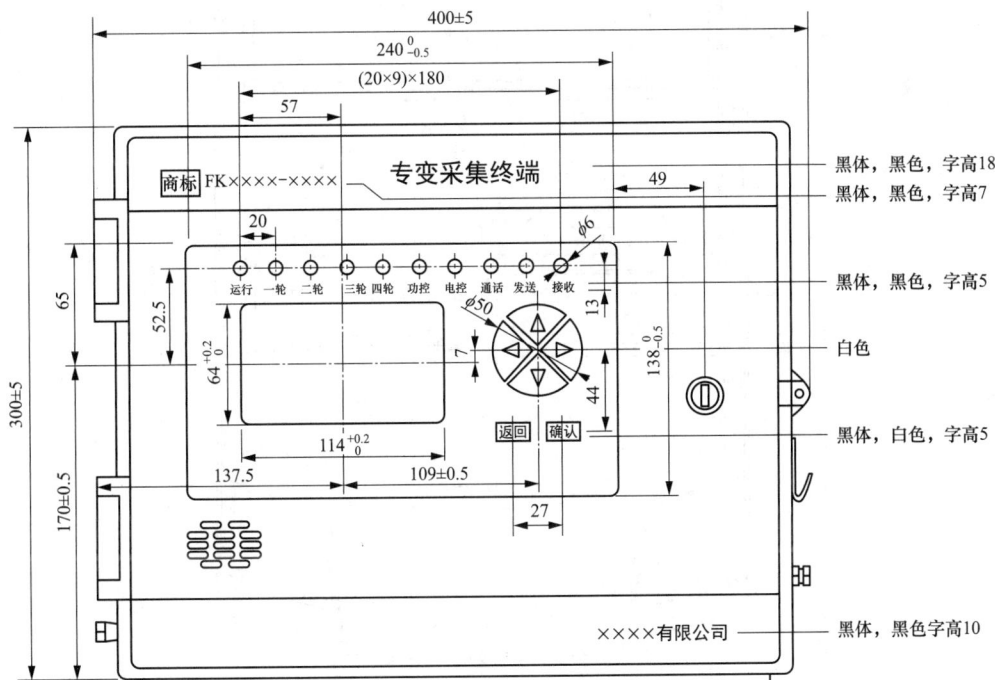

图 2-4-2　专用变压器采集终端Ⅰ型外观简图（单位：mm）

图 2-4-3 专用变压器采集终端Ⅱ型外观示意图（单位：mm）

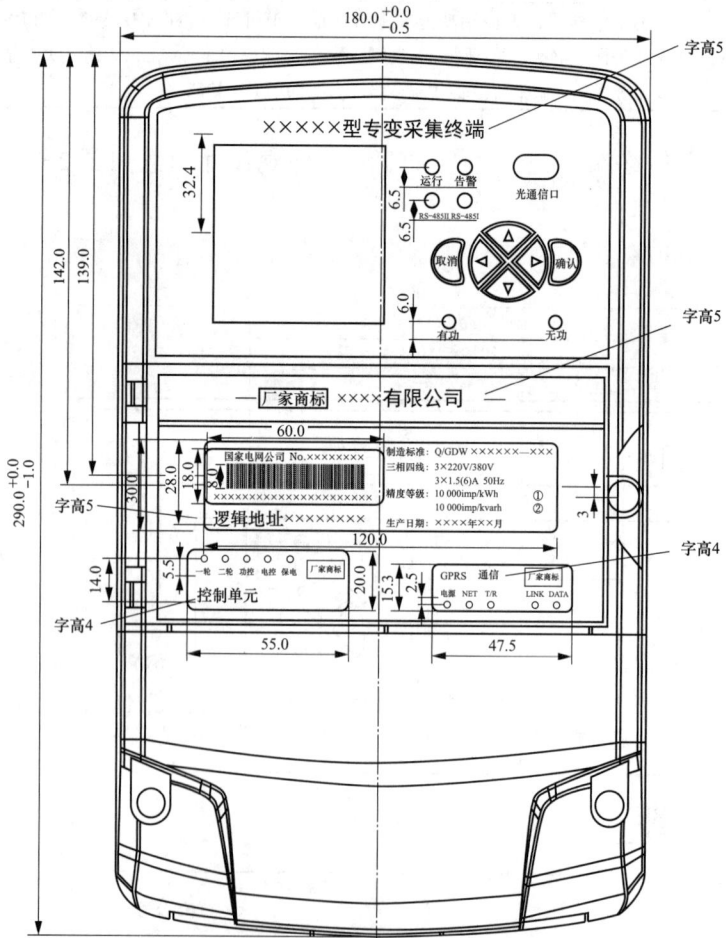

图 2-4-4 专用变压器采集终端Ⅲ型外观尺寸示意图（单位：mm）

2. 功能要求

（1）数据采集。专用变压器采集终端数据采集能力包括电能表数据采集、状态量采集、脉冲量采集、交流模拟量采集。

1）电能表数据采集。终端能按设定的终端抄表日或定时采集时间间隔对电能表数据进行采集、存储，并在主站召测时发送给主站，终端记录的电能表数据，应与所连接的电能表显示的相应数据一致。

2）状态量采集。终端实时采集位置状态、控制输出回路开关接入状态和其他状态信息，发生变位时应记入内存并在最近一次主站查询时向其发送该变位信号或终端主动上报。

3）脉冲量采集。终端能接收电能表输出的脉冲，并根据电能表脉冲常数 $K$（imp/kWh 或 imp/kvarh）、电压互感器 TV 变比 $K_{TV}$ 和电流互感器 TA 变比 $K_{TA}$ 计算平均功率，并记录当日、当月功率最大值和出现时间。脉冲输入累计误差应不大于 1 个脉冲。功率显示至少 3 位有效位，功率的转换误差在 ±1% 范围内。

4）交流模拟量采集。交流模拟量采集要求：专用变压器采集终端可按使用要求选配电压、电流等模拟量采集功能，测量电压、电流、功率、功率因数等，测量准确度满足表 2-4-3 的要求。

表 2-4-3　　　　　　　　　　　　　准确度等级及误差极限

| 测量量 | 电压 | 电流 | 有功功率 | 无功功率、功率因数 |
|---|---|---|---|---|
| 准确度等级 | 0.5/1 | 0.5/1 | 0.5/1 | 2 |
| 误差极限 | 0.5%/1% | 0.5%/1% | 0.5%/1% | 2% |

具有电压监测越限统计功能的终端，其电压准确度等级为 0.5；具有谐波数据统计功能的终端，谐波分量准确度等级为 1，被测量的参比条件见表 2-4-4；影响量引起的改变量应满足表 2-4-5 的要求。

表 2-4-4　　　　　　　　　　　　　被 测 量 的 参 比 条 件

| 被测量 | 参比条件 | | |
|---|---|---|---|
| | 电压 | 电流 | 功率因数 |
| 有功功率 | 额定电压 ±2% | 零到额定值内任一值 | $\cos\phi=1.0\sim0.5$（滞后或超前） |
| 无功功率 | 额定电压 ±2% | 零到额定值内任一值 | $\sin\phi=1.0\sim0.5$（滞后或超前） |
| 相角或功率因数 | 额定电压 ±2% | 额定电流的 40%~100% | — |
| 谐波分量 | 额定电压的 80%~120% | 额定电流的 10%~120% | |

表 2-4-5 影响量引起的改变量

| 影响量 | 使用范围极限 | 允许改变量注 |
|---|---|---|
| 环境温度 | C2、C3 级或 CX 级 | 100% |
| 电源电压 | −20%～+20% | 100% |
| 被测量的频率 | 47.5～52.5Hz | 100% |
| 被测量的谐波 | 3 次谐波、5 次谐波，10% | 200% |
| 被测量的超量限值 | 120% | 50% |
| 电流不平衡 | 三相缺一相 | 100% |
| 射频场感应传导抗扰度 | — | 200% |
| 高频振荡波抗扰度 | — | 200% |
| 电快速脉冲群抗扰度 | — | 200% |
| 工频磁场抗扰度 | — | 200% |
| 辐射电磁场抗扰度 | — | 200% |

注 允许改变量用准确度等级百分数表示。

（2）数据处理。

1）实时和当前数据。终端按照要求可以采集实时和当前数据，采集数据内容见表 2-4-6。

表 2-4-6 实 时 和 当 前 数 据

| 序号 | 数据项 | 数据源 |
|---|---|---|
| 1 | 当前总加有功功率 | 终端 |
| 2 | 当前总加无功功率 | 终端 |
| 3 | 当日总加有功电能量（总、各费率） | 终端 |
| 4 | 当日总加无功电能量 | 终端 |
| 5 | 当月总加有功电能量（总、各费率） | 终端 |
| 6 | 当月总加无功电能量 | 终端 |
| 7 | 终端当前剩余电量（费） | 终端 |
| 8 | 实时三相电压、电流 | 测量点 |
| 9 | 实时三相总及分相有功功率 | 测量点 |
| 10 | 实时三相总及分相无功功率 | 测量点 |
| 11 | 实时功率因数 | 测量点 |
| 12 | 当月有功最大需量及发生时间 | 电能表 |
| 13 | 当前电压、电流相位角 | 测量点 |
| 14 | 当前正向有功电能示值（总、各费率） | 电能表 |
| 15 | 当前正向无功电能示值 | 电能表 |
| 16 | 当前反向有功电能示值（总、各费率） | 电能表 |
| 17 | 当前反向无功电能示值 | 电能表 |

续表

| 序号 | 数据项 | 数据源 |
|---|---|---|
| 18 | 当前一/四象限无功电能示值 | 电能表 |
| 19 | 当前二/三象限无功电能示值 | 电能表 |
| 20 | 当前组合有功电能示值 | 电能表 |
| 21 | 三相断相统计数据及最近一次断相记录 | 测量点 |
| 22 | 终端日历时钟 | 终端 |
| 23 | 终端参数状态 | 终端 |
| 24 | 终端上行通信状态 | 终端 |
| 25 | 终端控制设置状态 | 终端 |
| 26 | 终端当前控制状态 | 终端 |
| 27 | 终端事件计数器当前值 | 终端 |
| 28 | 终端事件标志状态 | 终端 |
| 29 | 终端状态量及变位标志 | 终端 |
| 30 | 终端与主站当日/月通信流量 | 终端 |
| 31 | 电能表日历时钟 | 电能表 |
| 32 | 电能表运行状态字及其变位标志 | 电能表 |
| 33 | 电能表参数修改次数及时间 | 电能表 |

2）历史日数据。终端将采集的数据在日末（次日零点）形成各种历史日数据，并保存最近 30 天日数据。

终端可以按照设定的冻结间隔（15、30、45、60min）形成各类冻结曲线数据，并保存最近 30 天曲线数据，数据内容见表 2-4-7。

表 2-4-7　　　　　历 史 日 数 据

| 序号 | 数据项 | 数据源 |
|---|---|---|
| 1 | 日有功最大需量及发生时间 | 电能表 |
| 2 | 日总最大有功功率及发生时间 | 终端 |
| 3 | 日正向有功电能量（总、各费率） | 终端 |
| 4 | 日正向无功总电能量 | 终端 |
| 5 | 日反向有功电能量（总、各费率） | 终端 |
| 6 | 日反向无功总电能量 | 终端 |
| 7 | 日正向有功电能示值（总、各费率） | 电能表 |
| 8 | 日正向无功电能示值 | 电能表 |
| 9 | 日反向有功电能示值（总、各费率） | 电能表 |
| 10 | 日反向无功电能示值 | 电能表 |
| 11 | 日一/四象限无功电能示值 | 电能表 |

续表

| 序号 | 数据项 | 数据源 |
|---|---|---|
| 12 | 日二 / 三象限无功电能示值 | 电能表 |
| 13 | 终端日供电时间、日复位累计次数 | 终端 |
| 14 | 终端日控制统计数据 | 终端 |
| 15 | 终端与主站日通信流量 | 终端 |
| 16 | 抄表日有功最大需量及发生时间 | 电能表 |
| 17 | 抄表日正向有功电能示值（总、各费率） | 电能表 |
| 18 | 抄表日正向无功电能示值 | 电能表 |
| 19 | 总加组有功功率曲线 | 终端 |
| 20 | 总加组无功功率曲线 | 终端 |
| 21 | 总加组有功电能量曲线 | 终端 |
| 22 | 总加组无功电能量曲线 | 终端 |
| 23 | 有功功率曲线 | 测量点 |
| 24 | 无功功率曲线 | 测量点 |
| 25 | 总功率因数曲线 | 测量点 |
| 26 | 电压曲线 | 测量点 |
| 27 | 电流曲线 | 测量点 |
| 28 | 正向有功总电能量曲线 | 终端 |
| 29 | 正向无功总电能量曲线 | 终端 |
| 30 | 反向有功总电能量曲线 | 终端 |
| 31 | 反向无功总电能量曲线 | 终端 |
| 32 | 正向有功总电能示值曲线 | 电能表 |
| 33 | 正向无功总电能示值曲线 | 电能表 |
| 34 | 反向有功总电能示值曲线 | 电能表 |
| 35 | 反向无功总电能示值曲线 | 电能表 |

3）抄表日数据。终端将采集的数据在设定的抄表日及抄表时间形成抄表日数据，并保存最近 12 次抄表日数据，数据内容见表 2-4-8。

表 2-4-8　　　　　　　　　　抄 表 日 数 据

| 序号 | 数据项 | 数据源 |
|---|---|---|
| 1 | 抄表日有功最大需量及发生时间 | 电能表 |
| 2 | 抄表日正向有功电能示值（总、各费率） | 电能表 |
| 3 | 抄表日正向无功电能示值 | 电能表 |

4）历史月数据。终端将采集的数据在月末零点（每月 1 日零点）生成各种历史月数据，

并保存最近 12 个月的月数据，数据内容见表 2-4-9。

表 2-4-9 历 史 月 数 据

| 序号 | 数 据 项 | 数 据 源 |
|---|---|---|
| 1 | 月有功最大需量及发生时间 | 电能表 |
| 2 | 月总最大有功功率及发生时间 | 终端 |
| 3 | 月正向有功电能量（总、各费率） | 终端 |
| 4 | 月正向无功总电能量 | 终端 |
| 5 | 月反向有功电能量（总、各费率） | 终端 |
| 6 | 月反向无功总电能量 | 终端 |
| 7 | 月正向有功电能示值（总、各费率） | 电能表 |
| 8 | 月正向无功电能示值 | 电能表 |
| 9 | 月反向有功电能示值（总、各费率） | 电能表 |
| 10 | 月反向无功电能示值 | 电能表 |
| 11 | 月一/四象限无功电能示值 | 电能表 |
| 12 | 月二/三象限无功电能示值 | 电能表 |
| 13 | 月电压越限统计数据 | 终端/电能表 |
| 14 | 月不平衡度越限累计时间 | 终端 |
| 15 | 月电流越限统计数据 | 终端 |
| 16 | 月功率因数区段累计时间 | 终端 |
| 17 | 终端月供电时间、月复位累计次数 | 终端 |
| 18 | 终端月控制统计数据 | 终端 |
| 19 | 终端与主站月通信流量 | 终端 |

5）电能表运行状况监测。终端能够监测电能表运行状况，可监测的主要电能表运行状况有电能表参数变更、电能表时间超差、电能表故障信息、电能表示度下降、电能量超差、电能表飞走、电能表停走等。

6）电能质量数据统计。

a. 电压监测越限统计。专用变压器采集终端可具有电压偏差监测及电压合格率统计的功能。对被监测电压采用有效值采样。

具有按月统计的功能，按照设定的允许电压上、下限值，统计电压合格率及合格累计时间、电压超上限率及相应累计时间、电压超下限率及相应累计时间。

b. 功率因数越限统计。按设置的功率因数分段限值对监测点的功率因数进行分析统计，记录每月功率因数越限值发生在各区段的累计时间。

（3）参数设置和查询。

1）时钟召测和对时。终端应能接收主站的时钟召测和对时命令，对时误差不应超过 5s。参比条件下，终端时钟日计时误差绝对值不应大于 0.5s/d。终端可主动发起与主站的对时请求。电源失电后，时钟应能保持正常工作。终端可通过北斗、GPS 或移动网络进行时钟同步完成对时。

2）TA 变比、TV 变比和电能表常数。有脉冲输入的终端应能由主站或在当地设置和查询 TV 变比 $K_{TV}$、TA 变比 $K_{TA}$ 以及电能表脉冲常数 $K_p$。

3）限值参数。终端能由主站设置和查询电压及电流越限值、功率因数分段限值等。

4）功率控制参数。终端能由主站设置和查询功控各时段和相应控制定值、定值浮动系数等时段功控参数以及厂休功控、营业报停功控和当前功率下浮控参数，控制轮次及告警时间等。改变定值时应有音响（或语音）信号。

5）预付费控制参数。终端能由主站设置和查询预付电费值、报警门限值、跳闸门限值等预付费控制参数。设置参数时应有音响（或语音）信号。

6）终端参数。终端能由主站设置和查询终端组地址、终端配置及配置参数、通信参数、经纬度参数等。

7）抄表参数。终端能由主站设置和查询抄表日、抄表时间、抄表间隔等抄表参数。

（4）控制。

1）功率定值控制。主站向终端下发功率控制投入命令及参数，终端在所定限值范围内监测实时功率，当不在保电状态时，功率达到限值则自动执行功率定值闭环控制功能，按所投轮次依次判断并执行跳闸操作。功率定值控制解除或控制时段结束后，终端允许用户合上由于功率定值控制引起的跳闸开关。

功率定值闭环控制根据控制参数不同分为时段功控、厂休功控、营业报停功控和当前功率下浮控等控制类型。控制的优先级由高到低是当前功率下浮控、营业报停功控、厂休功控、时段功控。若多种功率控制类型同时投入，只执行优先级最高的功率控制类型。在参数设置、控制投入或解除以及控制执行时应有音响（或语音）告警通知用户。各类功率控制定值先要和保安定值比较，如大于保安定值就按功率控制定值执行，小于保安定值就按保安定值执行。

a. 时段功控。控制过程如下：

a）主站依次向专用变压器采集终端下发功控时段、功率定值、定值浮动系数、告警时间、控制轮次等参数，终端收到这些命令后设置相应参数。

b）主站向专用变压器采集终端下发时段功控投入命令，终端收到该命令后显示"时段功控投入"状态，当不在保电状态时，终端在功控时段内监测实时功率，自动执行功率定值控制功能。控制过程中应在显示屏上显示定值、控制对象、执行结果等。

c）控制时段结束或时段功控解除后，应有音响（或语音）通知客户，允许客户合上由时段功控引起的跳闸开关。

b. 厂休功控。控制过程如下：

a）主站向专用变压器采集终端下发厂休功控参数（功率定值、控制延续时间等）以及控制轮次等，终端收到这些命令后设置相应参数。

b）主站向专用变压器采集终端下发厂休功控投入命令，终端收到该命令后显示"厂休功控投入"状态，当不在保电状态时，终端在厂休日监测实时功率，自动执行功率定值控制功能。控制过程中应在显示屏上显示定值、控制对象、执行结果等信息。

c）控制时段结束或厂休功控解除后，应有音响（或语音）通知客户，允许客户合上由于厂休功控引起的跳闸开关。

c. 营业报停功控。控制过程如下：

a）根据客户申请营业报停起、止时间，主站向专用变压器采集终端下发营业报停功控参数，终端收到这些命令后设置相应参数。

b）主站向专用变压器采集终端下发营业报停功控投入命令，终端收到该命令后显示"营业报停功控投入"状态，当不在保电状态时，终端在报停时间内监测实时功率，自动执行功率定值控制功能，并在显示屏上显示相应信息。

c）营业报停时间结束或营业报停功控解除后，应有音响（或语音）通知客户，允许客户合上由营业报停功控引起的跳闸开关。

d. 当前功率下浮控。控制过程如下：

a）主站向专用变压器采集终端下发功率下浮控的功率计算滑差时间 $M$（min）、定值下浮系数 $k\%$ 等参数。终端收到这些参数后计算当前功率定值。

b）专用变压器采集终端收到当前功率下浮控制投入命令后，显示"当前功率下浮控投入"状态，终端不在保电状态时，自动执行功率定值控制功能，直至实时功率在当前定值之下。

c）当前功率下浮控解除或控制时段结束后，终端有音响（或语音）通知客户，允许客户合上由于当前功率下浮控引起的跳闸开关。

2）电能量控制。电能量定值控制主要包括月电控、购电量（费）控等类型。

a. 月电控。控制过程如下：

a）主站依次向专用变压器采集终端下发月电能量定值、浮动系数及控制轮次等参数设置命令，专用变压器采集终端收到这些命令后设置月电能量定值、浮动系数及控制轮次等相应参数，并有音响（或语音）告警通知客户。

b）主站向专用变压器采集终端下发月电控投入命令，终端收到该命令后显示"月电控投入"状态，监测月电能量，自动执行月电能量定值闭环控制功能，闭环控制的过程中应在显示屏上显示定值、控制对象、执行结果等信息。

c）月电控解除或月末 24 时，终端允许客户合上由月电控引起的跳闸开关。

b. 购电控。控制过程如下：

a）主站向专用变压器采集终端下发购电量（费）控参数设置命令，包括购电单号、购电量（费）值、报警门限值、跳闸门限值、各费率时段的费率等参数，终端收到这些参数设置命令后设置相应参数，并有音响（或语音）告警通知客户。

b）主站向专用变压器采集终端下发购电量（费）控投入命令，终端收到该命令后显示"购电控投入"状态，自动执行购电量（费）闭环控制功能。终端监测剩余电能量，如剩余电能量（或电费）小于设定的告警门限值，应能发出音响告警信号；剩余电能量（或电费）小于设定的跳闸门限值时，按投入轮次动作输出继电器，控制相应的被控负荷开关。

c）专用变压器采集终端自动执行购电量（费）定值闭环控制的过程中应在显示屏上显示剩余电能量、控制对象、执行结果等信息。

d）购电量（费）控解除或重新购电使剩余电能量（或电费）大于跳闸门限时，专用变压器采集终端允许客户合上由购电量（费）控引起的跳闸开关。

3）保电和剔除。终端接收到主站下发的保电投入命令后，进入保电状态，自动解除原有控制状态，并在任何情况下均不执行跳闸命令。终端接收到主站的保电解除命令，恢复正常执行控制命令。在终端上电或与主站通信持续不能连接时，终端应自动进入保电状态，待终端与主站恢复通信连接后，终端自动恢复到断线前的控制状态。终端接收到主站下发的剔除投入命令后，除对时命令外，对其他任何广播命令或终端组地址控制命令均不响应。终端收到主站的剔除解除命令，恢复到正常通信状态。

4）远方控制。终端接收主站的跳闸控制命令后，按设定的告警延迟时间、限电时间和控制轮次动作输出继电器，控制相应被控负荷开关；同时终端应有音响（或语音）告警通知用户，并记录跳闸时间、跳闸轮次、跳闸前功率、跳闸后 2min 功率等，显示屏应显示执行结果。终端接收到主站的允许合闸控制命令后，应有音响（或语音）告警通知用户，允许用户合闸。

（5）事件记录。终端根据主站设置的事件属性按照重要事件和一般事件分类记录。每条记录的内容包括事件类型、发生时间及相关情况。

对于主站设置的重要事件，当事件发生后终端实时刷新重要事件计数器内容，记为记录，并可以通过主站请求访问召测事件记录，对于采用平衡传输信道的终端应直接将重要事件主动及时上报主站。对于主站设置的一般事件，当事件发生后终端实时刷新一般事件计数器内容，记为事件记录，等待主站查询。

终端应能记录参数变更、终端停/上电等事件。记录的主要事件见表2-4-10。

表 2-4-10　　　　　　　　　　记 录 的 主 要 事 件

| 序号 | 数据项 | 数据源 |
|---|---|---|
| 1 | 数据初始化和版本变更记录 | 终端 |
| 2 | 参数变更记录 | 终端 |
| 3 | 状态量变位记录 | 终端 |
| 4 | 遥控跳闸记录 | 终端 |
| 5 | 功控跳闸记录 | 终端 |
| 6 | 电控跳闸记录 | 终端 |
| 7 | 电能表参数变更 | 电能表 |
| 8 | 电流回路异常 | 电能表、交流采样 |
| 9 | 电压回路异常 | 电能表、交流采样 |
| 10 | 相序异常 | 电能表、交流采样 |
| 11 | 电能表时间超差 | 终端 |
| 12 | 电能表故障信息 | 电能表 |
| 13 | 终端停/上电事件 | 终端 |
| 14 | 电压/电流不平衡越限 | 终端 |
| 15 | 购电参数设置记录 | 终端 |
| 16 | 消息认证错误记录 | 终端 |
| 17 | 终端故障记录 | 终端 |
| 18 | 有功总电能量差动越限事件记录 | 终端 |
| 19 | 电压越限记录 | 终端 |
| 20 | 电流越限记录 | 终端 |
| 21 | 视在功率越限记录 | 终端 |
| 22 | 电能表示度下降 | 终端 |
| 23 | 电能量超差 | 终端 |
| 24 | 电能表飞走 | 终端 |
| 25 | 电能表停走 | 终端 |
| 26 | 485抄表失败 | 终端 |
| 27 | 终端与主站通信流量超门限 | 终端 |
| 28 | 电能表运行状态字变位 | 电能表 |
| 29 | 控制输出回路开关接入状态量变位记录 | 终端 |

续表

| 序号 | 数据项 | 数据源 |
|------|--------|--------|
| 30 | 电能表开表盖事件记录 | 电能表 |
| 31 | 电能表开端钮盒事件记录 | 电能表 |
| 32 | 补抄失败事件记录 | 终端 |
| 33 | 磁场异常事件记录 | 终端、电能表 |
| 34 | 对时事件记录 | 终端 |

（6）数据传输。

1）与主站通信。与主站通信要求：

a. 终端能按主站命令的要求，定时或随机向主站发送终端采集和存储的功率、最大需量、电能示值、状态量等各种信息。

b. 与主站的通信协议应符合 Q/GDW 10376.1—2019，并通过通信协议的一致性检验测试。

c. 对重要数据和参数设置、控制报文的传输应有安全防护措施。

d. Ⅱ型专用变压器采集终端和Ⅲ型专用变压器采集终端应配有 RJ-45 以太网接口或光纤通信接口用于远程通信。

e. 采用 230MHz 专用信道的终端应设长发限制，长发限制时间可以设置为 1～2min。

f. 采用无线公网信道的终端应采取流量控制措施。

2）中继转发。对于具有中继转发功能的终端应能按需求设置中继转发的功能。

3）与电能表通信。终端与电能表通信，按设定的抄收间隔抄收和存储电能表数据；可以接受主站的数据转发命令，将电能表的数据通过远程信道直接传送到主站。

（7）终端维护。

1）自检自恢复。终端应有自测试、自诊断功能，发现终端的部件工作异常应有记录。终端应记录每日自恢复次数。

2）终端初始化。终端接收到主站下发的初始化命令后，分别对硬件、参数区、数据区进行初始化，参数区置为缺省值，数据区清零，控制解除。

（8）其他功能。

1）软件远程下载。终端软件可通过远程通信信道实现在线软件下载。升级须得到许可，并经 ESAM 认证后方可进行。

2）断点续传。终端进行远程软件下载时，终端软件应具有断点续传能力。

3）终端版本信息。终端应能通过本地显示或远程召测查询终端版本信息。

4）通信流量统计。终端应能统计与主站的通信流量。

5）模块信息。终端应能读取并存储无线公网通信模块型号、版本、ICCID、信号强度等信息。

专用变压器采集终端的必备功能和配功能见表 2-4-11。

表 2-4-11　　　　专用变压器采集终端的必备功能和配功能表

| 序号 | 项目 | | 必备 | 选配 |
|---|---|---|---|---|
| 1 | 数据采集 | 电能表数据采集 | √ | |
| | | 状态量采集 | √ | |
| | | 脉冲量采集 | √① | |
| | | 交流模拟量采集 | | √ |
| 2 | 数据处理 | 实时和当前数据 | √ | |
| | | 历史日数据 | √ | |
| | | 历史月数据 | √ | |
| | | 电能表运行状况监测 | √ | |
| | | 电能质量数据统计 | √ | |
| 3 | 参数设置和查询 | 时钟召测和对时 | √ | |
| | | TA 变比、TV 变比及电能表脉冲常数 | √ | |
| | | 限值参数 | √ | |
| | | 功率控制参数 | | √ |
| | | 预付费控制参数 | | √ |
| | | 终端参数 | √ | |
| | | 抄表参数 | √ | |
| | | 费率时段等参数 | √ | |
| 4 | 控制 | 功率定值闭环控制 | | √ |
| | | 预付费控制 | | √ |
| | | 保电 / 剔除 | √ | |
| | | 遥控 | | √ |
| 5 | 事件记录 | 重要事件记录 | √ | |
| | | 一般事件记录 | √ | |
| 6 | 数据传输 | 与主站通信 | √ | |
| | | 与电能表通信 | √ | |
| | | 中继转发 | | √ |
| 7 | 本地功能 | 显示相关信息 | √ | |
| | | 用户数据接口 | | √ |
| 8 | 终端维护 | 自检自恢复 | √ | |
| | | 终端初始化 | √ | |

续表

| 序号 | 项目 | | 必备 | 选配 |
|---|---|---|---|---|
| 8 | 终端维护 | 软件远程下载 | √ | |
| | | 断点续传 | √ | |

① 有交流（电压、电流）模拟量采集功能的终端，脉冲量采集功能可以作为选配。

## （二）能源控制器（专用变压器）

能源控制器（专用变压器）硬件架构组成框图遵循图 2-4-5，由电源计量模块、主控及显示模块、后备电源、功能模组构成。电源计量模块提供终端整机正常运行的电源，同时集成组合电流互感器模组实现独立的计量相关功能以及为回路状态巡检、互感器计量性能在线监测、非介入式负荷辨识等应用提供基础数据；主控及显示模块是显示、按键及业务处理的核心单元；功能模组采用可插拔设计，用于扩展本体功能，其中远程通信模组和控制模组标配，其他功能模组选配。

终端软件架构组成遵循图 2-4-6，分系统层和应用层，系统层包括嵌入式操作系统、硬件驱动、系统接口层、HAL，操作系统通过系统接口层为应用层提供系统调用接口，通过 HAL 提供 2 硬件设备访问接口；应用层包括各类 APP，APP 包括基础 APP、边缘计算 APP、高级业务 APP 及其他 APP，APP 之间通过消息总线进行数据交互。

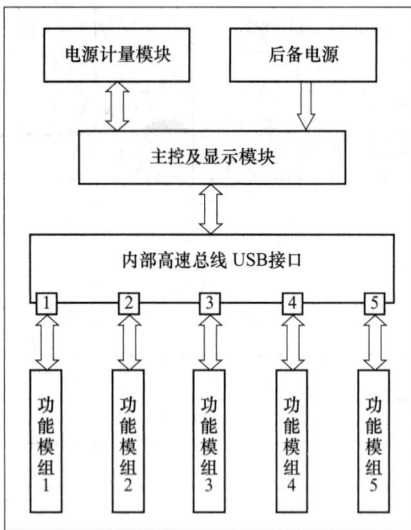

图 2-4-5　终端硬件架构组成框图

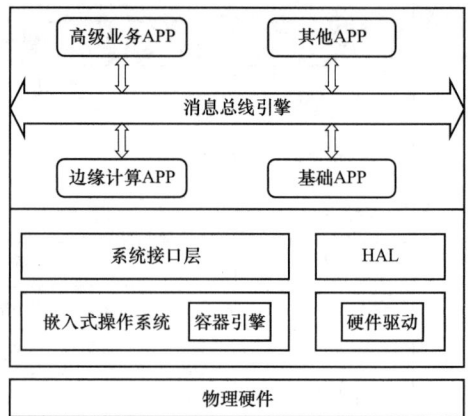

图 2-4-6　终端软件架构

### 1. 型式要求

终端类型标识代码为 ECU××××－××××，由远程信道、本地信道、场景、温度级别和产品代号组成。其中场景分专用变压器或其他场景。产品代号由不大于 8 位的英文字

母和数字组成。能源控制器（专用变压器）类型标识代码分类说明见表 2-4-12，外观尺寸
示意如图 2-4-7 所示，终端外观结构示意如图 2-4-8 所示。

表 2-4-12　　　　　　能源控制器（专用变压器）类型标识代码分类说明

| 终端（ECU） | 远程信道（X） | 本地信道（X） | 场景（X） | 温度级别（X） | 产品代号（-XXXX） |
|---|---|---|---|---|---|
| ECU—能源控制器（专用变压器） | 4—4G 网络；5—5G 网络；P—无线网络；L—有线网络；X—其他 | 高速载波；W—微功率无线；D—高速双模；X—其他 | 1—专用变压器；2—其他 | 1—C1；2—C2；3—C3；4—Cx | 由不大于 8 位的英文字母和数字组成。英文字母可由生产企业名称拼音简称表示，数字代表产品设计序号 |

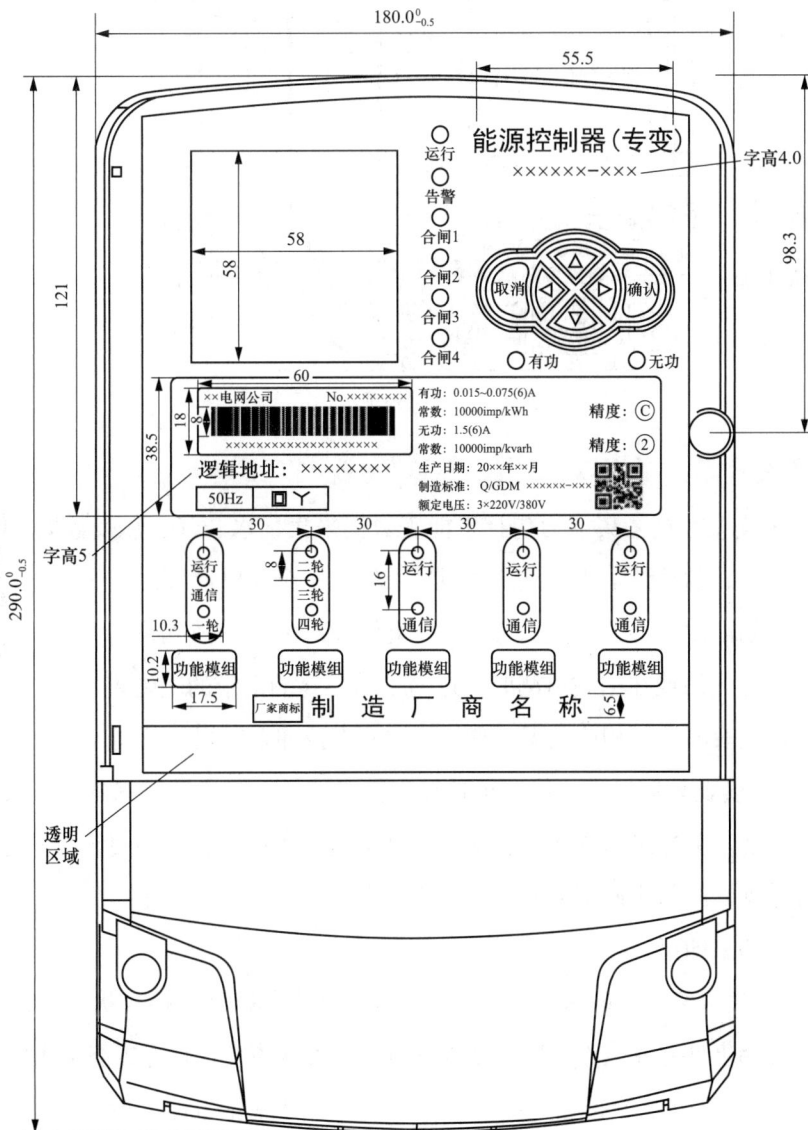

图 2-4-7　外观尺寸示意图（单位：mm）

89

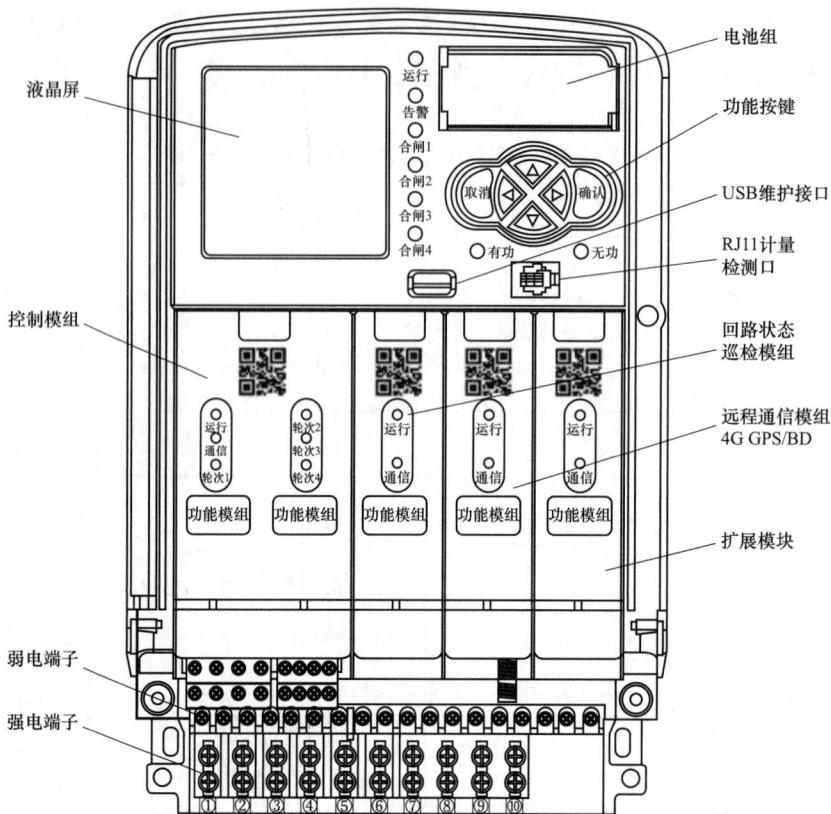

图 2-4-8　终端外观结构示意图

**2. 功能要求**

（1）数据采集。数据采集能力包括电能表数据采集，水、气、热表数据采集，状态量采集，脉冲量采集，直流模拟量采集，交流模拟量采集。

1）电能表数据采集。终端能按配置的采集任务对电能表数据进行采集、存储、主动上送至主站或在主站召测时发送给主站；终端记录的电能表数据，应与所连接的电能表显示的相应数据一致。终端应支持即采即报。

2）水、气、热表数据采集。终端可选配支持水、气、热表数据采集。能按配置的采集任务对水、气、热表数据进行采集、存储、主动上送至主站或在主站召测时发送给主站；终端记录的表计数据，应与所连接的表计显示的相应数据一致。

终端应支持即采即报。

3）状态量采集。终端实时采集位置状态、控制输出回路开关接入状态和其他状态信息，发生变位时应存储事件并在最近一次主站查询时向其发送该变位信号或终端主动上报。

4）脉冲量采集。终端能接收电能表输出的脉冲，并根据电能表脉冲常数 $K_p$（imp/kWh 或 imp/kvarh）、TV 变比 $K_{TV}$、TA 变比 $K_{TA}$，计算 1min 平均功率，并记录当日、当月功率最

视频：终端介绍

大值和出现时间。

脉冲输入累计误差应不大于 1 个脉冲。功率显示至少 3 位有效位，负载电流为 $I\sim$ 的变化范围内，功率的转换误差 ±1% 范围内。

5）直流模拟量采集。终端具有电压、电流等直流模拟量采集功能，电流范围为 4～20mA，电压范围为 0～5V，误差不超过 5%。通过直流模拟量采集，可实现对户外配电箱、配电室和箱式变电站的温度、湿度信息采集，可配合风机等设备自动调节。

6）交流模拟量采集。终端具有交流模拟量采集功能。

（2）电能计量。

1）功能要求。终端应具备独立的计量处理器及数据存储器，具备电能计量、需量测量、费率和时段、交流模拟量测量及监测、负荷记录等功能，支持不少于最近 3 日的 1min 冻结数据及日冻结数据存储。上述功能应满足 Q/GDW 10354—2020《智能电能表功能规范》的有关要求，电量应支持高精度格式，为真 4 位有效位数。

2）准确度要求。终端有功电能准确度等级 C 级，无功电能准确度等级 2 级。

计量准确度要求应满足 Q/GDW 10827—2020《三相智能电能表技术规范》有关要求。

（3）数据处理。

1）终端数据。终端数据包含状态量采集、脉冲量采集、交流模拟量采集、直流模拟量采集等量纲，支持数据的采样及处理。

2）抄表数据。终端可按照配置的采集任务采集表计的实时数据和冻结数据，采集数据内容见表 2-4-13，抄表数据存储到采集记录表中形成冻结记录，每一个数据项可独立配置存储深度，存储容量不足时，终端应能自行维护过期历史数据，确保新采集数据的正确存储。

表 2-4-13　　抄　表　数　据

| 序号 | 数据项 | 采集类型 | | | | |
|---|---|---|---|---|---|---|
| | | 实时 | 分钟冻结 | 日冻结 | 结算日冻结 | 月冻结 |
| 1 | 电压 | √ | √ | | | |
| 2 | 电流 | √ | √ | | | |
| 3 | 中性线电流 | √ | √ | | | |
| 4 | 零序电流 | √ | √ | | | |
| 5 | 总及分相有功功率 | √ | √ | | | |
| 6 | 总及分相无功功率 | √ | √ | | | |
| 7 | 功率因数 | √ | √ | | | |
| 8 | 有功最大需量及发生时间 | √ | | √ | √ | √ |

续表

| 序号 | 数据项 | 采集类型 | | | | |
|---|---|---|---|---|---|---|
| | | 实时 | 分钟冻结 | 日冻结 | 结算日冻结 | 月冻结 |
| 9 | 电压、电流相位角 | √ | | | | |
| 10 | 正向有功电能示值（总、各费率） | √ | √ | √ | √ | √ |
| 11 | 正向无功电能示值 | √ | √ | √ | √ | √ |
| 12 | 反向有功电能示值（总、各费率） | √ | √ | √ | √ | √ |
| 13 | 反向无功电能示值 | √ | √ | √ | √ | √ |
| 14 | 一象限无功电能示值 | √ | | √ | | √ |
| 15 | 二象限无功电能示值 | √ | | √ | | √ |
| 16 | 三象限无功电能示值 | √ | | √ | | √ |
| 17 | 四象限无功电能示值 | √ | | √ | | √ |
| 18 | 组合有功电能示值 | √ | | | | |
| 19 | 日历时钟 | √ | | | | |

注　√表示应支持的数据项。

3）事件记录。终端可按照配置的事件采集任务采集表计的事件记录，采集事件记录见表 2-4-14，采集到表计事件记录存储到采集记录表中形成冻结记录，存储容量不足时，终端应能自行维护过期历史数据，确保新采集数据的正确存储。

表 2-4-14 　　　　　　　　全 事 件 采 集

| 序号 | 事件名称 | 1级事件 主动上报 | 2级事件 每日采集 | 3级事件 每日采集 | 4级事件 按需召测 |
|---|---|---|---|---|---|
| 1 | 电能表失电压 | | | √ | |
| 2 | 电能表电压 | | | √ | |
| 3 | 电能表过电压 | | | √ | |
| 4 | 电能表断相 | | | √ | |
| 5 | 电能表失电流 | | | √ | |
| 6 | 电能表过电流 | √ | | | |
| 7 | 电能表功率反向 | | | | √ |
| 8 | 电能表全失电压 | | | √ | |
| 9 | 电能表电压逆相序 | | | √ | |
| 10 | 电能表掉电 | | √ | | |
| 11 | 电能表编程 | | | | √ |
| 12 | 电能表清零 | √ | | | |
| 13 | 电能表需量清零 | | | | √ |
| 14 | 电能表事件清零 | | | | √ |

| 序号 | 事件名称 | 1级事件<br>主动上报 | 2级事件<br>每日采集 | 3级事件<br>每日采集 | 4级事件<br>按需召测 |
|------|----------|------------|------------|------------|------------|
| 15 | 电能表校时 | | | √ | |
| 16 | 电能表开盖 | √ | | | |
| 17 | 电能表开端钮盒 | | | √ | |
| 18 | 电能表电压不平衡 | | | √ | |
| 19 | 电能表跳闸 | | | | √ |
| 20 | 电能表合闸 | | | | √ |
| 21 | 电能表恒定磁场干扰 | √ | | | |
| 22 | 电能表负荷开关误动作 | √ | | | |
| 23 | 电能表电源异常 | | √ | | |

**注**　√表示应支持的数据项。

4）数据统计。终端应支持累加平均、极值统计以及区间统计，以实现电能质量统计分析以及其他业务统计需求。统计的数据源可配置为终端采集的当前数据。

5）电能表运行状况监测。终端能够监测电能表运行状况，可监测的主要电能表运行状况有电能表参数变更、电能表时间超差、电能表故障信息、电能表示度下降、电能量超差、电能表飞走、电能表停走、相序异常、电能表开盖记录、电能表运行状态字变位等。

6）数据压缩。终端数据可选择采用压缩和非压缩方式传输。对于采用压缩方式传输的数据，必须采用无损压缩算法，保证解压后的数据与原始数据完全一致。对于长度大于1k的数据，压缩比小于70%。

（4）参数设置与查询。

1）时钟召测和对时。终端应能接收主站的时钟召测和对时命令，对时误差应不超过5s。参比条件下，终端时钟日计时误差绝对值应不大于0.5s/d。电源失电后，时钟应能保持正常工作。

终端应支持与主站端的精准对时，或通过无线公网、卫星自动纠正时钟偏差。通过卫星同步时钟时，校时误差不应超过1s。

2）终端参数。终端能由主站设置和查询终端通信地址、组地址、配置参数、通信参数、经纬度参数等。

终端通信参数包括无线远程通信参数、以太网远程通信参数、以太网本地通信参数、本地维护端口通信参数；无线远程通信支持APN自适应以及多主站连接。

3）采集参数。终端能由主站设置和查询采集档案、采集任务以及采集方案等参数。

终端在抄表过程中，自动统计采集任务执行状态，包括采集成功率、发送报文条数、接收报文条数、抄表启动时间、抄表结束时间等。

4）控制参数。终端能由主站设置和查询功控各时段和相应控制定值、定值浮动系数等时段功控参数以及厂休功控、营业报停功控和当前功率下浮控参数，控制轮次及告警时间等。改变定值时应有音响（或语音）提示。

终端能由主站设置和查询预付电费值、报警门限值、跳闸门限值等预付费控制参数。设置参数时应有音响（或语音）提示。

5）冻结参数。终端能由主站设置和查询冻结相关参数，冻结支持秒冻结、分钟冻结、小时冻结、日冻结、月冻结、年冻结，冻结数据源支持任意当前数据。

6）统计参数。终端能由主站设置和查询极值统计、累加平均、区间统计相关参数，统计间隔、统计频率可配置，统计数据源可根据应用需求动态配置。

（5）控制。能源控制器（专用变压器）的控制功能主要分为功率定值控制、电能量控制、保电和剔除、远方控制这四大类。功率定值控制根据控制参数不同分为时段功控、厂休功控、营业报停功控和当前功率下浮控等控制类型。控制的优先级由高到低依次是当前功率下浮控、营业报停功控、厂休功控、时段功控。电能量定值控制主要包括月电控、购电量（费）控等类型。终端还应支持控制回路断线监测、用户负荷柔性控制。

（6）事件及上报。终端根据主站设置的事件属性自动判断事件产生或恢复，事件产生或恢复时，根据主站的配置决定是否需要上报，同时记录上报状态。每条记录的内容包括事件类型、发生时间及相关关联数据信息。

事件上报需分通道独立上报，并按通道分别记录上报状态，包括"未上报""已上报""上报未确认"三种状态。

终端应能记录参数变更、终端停 / 上电以及交采等事件。记录的主要事件见表 2-4-15 和表 2-4-16。

表 2-4-15 终 端 事 件 记 录

| 序号 | 数据项 | 数据源 |
| --- | --- | --- |
| 1 | 终端初始化 | 终端 |
| 2 | 终端版本变更 | 终端 |
| 3 | 状态量变位 | 终端 |
| 4 | 电能表时钟超差 | 电能表 |
| 5 | 终端停 / 上电 | 终端 |
| 6 | 直流模拟量越上限 | 终端 |
| 7 | 直流模拟量越下限 | 终端 |
| 8 | 消息认证错误 | 终端 |

续表

| 序号 | 数据项 | 数据源 |
|---|---|---|
| 9 | 设备故障记录 | 终端 |
| 10 | 电能表示度下降 | 电能表、交流采样 |
| 11 | 电能量超差 | 电能表、交流采样 |
| 12 | 电能表飞走 | 电能表、交流采样 |
| 13 | 电能表停走 | 电能表、交流采样 |
| 14 | 抄表失败 | 终端 |
| 15 | 月通信流量超限 | 终端 |
| 16 | 终端对时事件 | 终端 |
| 17 | 遥控跳闸记录 | 终端 |
| 18 | 有功总电能量差动越限事件记录 | 终端 |
| 19 | 终端编程记录 | 终端 |
| 20 | 终端电流回路异常事件 | 终端 |
| 21 | 终端对电能表校时记录 | 终端 |
| 22 | 电能表数据变更监控记录 | 终端 |
| 23 | 功控跳闸记录 | 终端 |
| 24 | 电控跳闸记录 | 终端 |
| 25 | 购电参数设置记录 | 终端 |
| 26 | 电控告警事件记录 | 终端 |
| 27 | 模块状态变更事件 | 终端 |

表 2-4-16　　　　　　　　交 采 事 件 记 录

| 序号 | 数据项 | 序号 | 数据项 |
|---|---|---|---|
| 1 | 失电压 | 10 | 电压逆相序 |
| 2 | 欠电压 | 11 | 电压不平衡 |
| 3 | 过电压 | 12 | 电流不平衡 |
| 4 | 断相 | 13 | 功率因数超下限 |
| 5 | 失电流 | 14 | 需量超限 |
| 6 | 断流 | 15 | 电能表清零事件 |
| 7 | 过电流 | 16 | 需量清零事件 |
| 8 | 功率反向 | 17 | 事件清零事件 |
| 9 | 过负荷 | 18 | 恒定磁场干扰事件 |

（7）数据传输。

1）与主站通信。与主站通信要求：

a. 终端支持与用电信息采集系统主站和配电自动化系统主站交互，同时兼容与物联管理平台交互。

b. 终端能按主站命令的要求，定时或随机向主站发送终端采集和存储的功率、最大需量、电能示值、状态量等各种信息。

c. 对重要数据和参数设置、控制报文的传输应有安全防护措施。

d. 终端应配有 RJ-45 以太网通信接口或光纤通信接口用于远程通信，RJ-45 接口插拔寿命应不小于 500 次。

e. 采用无线公网信道的终端应采取流量控制措施。

2）与电能表通信。终端与电能表通信，按设定的抄收间隔抄收和存储电能表数据；可以接受主站的数据转发命令，将电能表的数据通过远程信道直接传送到主站。

3）代理。终端应具备代理功能，可将主站需要传输的命令或文件包等数据通过相应通信端口进行转发，实现中继功能。

（8）时钟及定位。

1）时钟自动同步。应同时具备通过主站、无线公网、卫星实现时钟自动同步功能，优先通过主站时钟同步，如果主站时钟自动同步功能失效，则启用无线公网或卫星时钟自动同步功能。具体要求如下：

a. 主站时钟自动同步。如果终端与主站时钟偏差大于定值，从主站获取时钟，终端自动校时，生成校时事件并上报主站。

b. 无线公网时钟自动同步。如果终端与无线公网时钟偏差大于定值，从无线公网获取时钟，终端自动校时，生成校时事件并上报主站。

c. 卫星时钟自动同步。如果终端与卫星时钟偏差大于定值，从卫星获取时钟，终端自动校时，生成校时事件并上报主站。

2）卫星定位。终端通过远程通信模块集成北斗 /GPS 双模，确定天线所在位置的坐标，并输出定位结果，定位精度应满足水平误差不大于 10m，高程误差不大于 15m。终端能够通过参数配置，切换北斗 /GPS 工作模式。

（9）本地功能。终端应具备本地状态指示、本地维护接口、本地用户接口、自诊断自恢复、远程升级等功能。

（10）安全防护。终端应保证硬件安全防护、系统层安全、终端接入安全、业务数据交互安全要求、安全在线监测、终端运维安全、支持选配网络防火墙。

终端的必备功能和配功能见表 2-4-17。

表 2-4-17 　　　　　　　　　　　　　　　**终端的必备功能和配功能表**

| 序号 | 项目 | | 必备 | 选配 |
|---|---|---|---|---|
| 1 | 数据采集 | 电能表数据采集 | √ | |
| | | 状态量采集 | √ | |
| | | 脉冲量采集 | √ | |
| | | 交流模拟量采集 | √ | |
| | | 直流模拟量采集 | | √ |
| 2 | 电能计量 | 电能计量 | √ | |
| 3 | 数据处理 | 数据冻结 | √ | |
| | | 数据统计 | √ | |
| | | 数据压缩 | | √ |
| 4 | 参数 | 设置和查询 | √ | |
| 5 | 控制 | 功率定值闭环控制 | | √ |
| | | 电能量控制 | | √ |
| | | 保电 / 剔除 | √ | |
| | | 远程控制 | | √ |
| | | 远程合闸 | √ | |
| | | 控制回路断线监测 | √ | |
| | | 用户负荷柔性控制 | | √ |
| 6 | 事件记录 | 事件记录及主动上报 | √ | |
| 7 | 数据传输 | 与主站通信 | √ | |
| | | 与电能表通信 | √ | |
| | | 与台区智能设备通信 | | √ |
| | | 代理 | √ | |
| 8 | 时钟及定位 | 时钟自动同步 | √ | |
| | | 卫星定位 | √ | |
| 9 | 本地功能 | 显示相关信息 | √ | |
| | | 本地维护接口 | √ | |
| 10 | 终端维护 | 自诊断及自恢复 | √ | |
| | | 远程升级 | √ | |
| 11 | 安全防护 | 硬件安全防护 | √ | |
| | | 系统层安全要求 | √ | |
| | | 终端接入安全要求 | √ | |
| | | 业务数据交互安全要求 | √ | |
| | | 终端运维安全 | √ | |
| | | 安全在线监测 | √ | |
| | | 网络防火墙 | | √ |

续表

| 序号 | 项目 | | 必备 | 选配 |
|---|---|---|---|---|
| 12 | 台区智能监测 | 配电变压器监测 | | √ |
| | | 剩余电流动作保护器监测 | | √ |
| | | 台区信息监测及预警 | | √ |
| | | 电能表运行状况监测 | √ | |
| | | 分支负荷监测和分析 | | √ |
| 13 | 电能质量分析 | 电能质量监测 | √ | |
| 14 | 电能质量设备管理 | 电能质量设备采集与监控 | | √ |
| 15 | 电动汽车有序用电 | 电动汽车有序用电管理 | | √ |
| 16 | 能效管理 | 能效监测及分析 | | √ |
| | | 碳排放、碳计量计算分析 | √ | |
| 17 | 分布式能源管理 | 分布式能源运行状态监控 | | √ |
| 18 | 回路状态巡检 | 回路状态巡检 | | √ |
| 19 | 非介入式负荷辨识 | 非介入式负荷辨识 | | √ |
| 20 | 用户友好互动 | 用户友好互动 | √ | |
| 21 | 需求响应 | 需求响应 | √ | |

**注** √表示应支持的数据项目。

### 3. 功能模组

模组应可与符合型式规范和接口要求的终端相匹配，满足终端相关功能和性能的要求。每一个功能模组具有唯一 ID 标识，该 ID 具有唯一性，不可篡改、不可伪造，基于该 ID 可实现对接入终端的功能模组进行不同认证级别的可信身份验证，确保接入设备的合法性和安全性。功能模组功能要求见表 2-4-18。

表 2-4-18　　　　　　　　　　功能模组功能要求

| 序号 | 模组名称 | 功能要求 |
|---|---|---|
| 1 | 远程无线公网通信模组 | 远程通信模组应具备不同网络间自动切换功能，并满足模组互换性要求，支持 FOTA 差分升级，同时应能提供实时的时间、经度、纬度等时间及定位状态信息 |
| 2 | 1.8G-LTE 无线专网通信 | 1.8G-LTE 无线专网通信：采用国家无线电管理机构对用于某种业务的相应设备所规定的工作频率范围，即 1785～1805MHz |
| 3 | 低压电力线高速载波通信模组 | 低压电力线高速载波模组应具有网络配置管理、故障管理、性能管理、安全管理等网络管理功能。低压电力线高速载波模组应具有抄表功能、广播校时、从节点注册、事件上报、远程费控等业务功能 |
| 4 | 微功率无线通信模组 | 通信单元具备在本地网络中唯一的地址标识，用于建立中继路由关系。能够在无人工干预情况下，自动管理下属节点的中继路由关系。终端本地通信单元能够按照终端指令（或自动发起），管理下属节点的信道频率，从某个信道组切换到另一个信道组 |

续表

| 序号 | 模组名称 | 功能要求 |
|---|---|---|
| 5 | 低压电力线高速载波双模通信模组 | 低压电力线高速载波双模通信模组功能部分应遵循 Q/GDW 12087—2020《双模通信互联互通技术规范》的规定 |
| 6 | RS-485 通信模组 | RS-485 模组提供透明转发通信通道，波特率及其他通信参数受主机控制，满足 300～115200bit/s 传输速率，传输时信号不失真。应支持自识别功能，实现即插即用。模组应具有自检和自恢复功能 |
| 7 | M-Bus 通信模组 | 终端通过 M-Bus 模组，与具备 M-Bus 接口的电能表、水表、气表、热表等设备进行通信。M-Bus 模组提供透明转发通信通道，波特率及其他通信参数受终端控制，数据传输速率至少支持 1200、2400、4800、9600bit/s |
| 8 | CAN 通信模组 | CAN 通信模组的数据传输采用字节流，应能够基于 CAN 总线与外置设备之间进行信息交互，并保证 CAN 通信协议的一致性，支持 ISO 11898《数据链路层和物理层信号》规定的 CAN2.0B 协议 |
| 9 | 电源输出模组 | 电源输出模组提供 2 路 12V 直流电源输出，输出电流不低于 300mA |
| 10 | 遥信脉冲模组 | （1）遥信脉冲模组应具备 4 路开关量输入接口，遥信输入接口和脉冲输入接口可通过配置实现在功能上复用。<br>（2）遥信输入接口能实时采集位置状态、开关接入状态和其他状态信息，发生变位时应记录并在最近一次查询时发送该变位信号或主动上报。<br>（3）脉冲输入接口能接收电能表输出的脉冲，脉冲输入应能与 DL/T 614—2007《多功能电能表》规定的脉冲参数配合，脉冲宽度为 80ms±20ms |
| 11 | 控制模组 | 模组接收终端下发的控制命令进行继电器动作，在继电器动作之前具备预动作处理的功能；可通过参数配置继电器输出模式和脉冲输出的宽度；可监控常开控制回路的开关接入状态 |
| 12 | 直流模拟量采集模组 | 具备电压信号测量和采样功能，根据采样值计算得出温度值，误差不超过 ±1℃；同时具备直流模拟量采集功能，误差不超过 5%。对信号采集计算具备校正功能，校正参数应保留不丢失。计算时能对数据进行平滑，防止出现干扰值 |
| 13 | 回路状态巡检模组 | 回路状态巡检模组可实现 TA 二次回路阻抗参数采集、TA 二次回路状态监测和计量用电流互感器误差在线监测功能 |
| 14 | 非介入式负荷辨识模组 | 应具备与终端进行通信的能力，采用 DL/T 698.45—2017《电能信息采集与管理系统　第 4-5 部分：通信协议—面向对象的数据交换协议》，通信的数据项见 DL/T 698.45—2017 中表 24。<br>应具备与终端进行数据交互的能力，包括上电交互、定时交互、参数配置，终端上的非介入式负荷辨识 APP 周期应能读取非介入式负荷辨识模组的分析结果事件，终端应能通过非介入式负荷辨识 APP 向非介入式负荷辨识模组下发负荷辨识参数、更新算法包等。<br>应获取至少 3.2ksps 的三相电压及三相电流实时采样数据信息；<br>应按格式输出通信协议中规定的数据项，且支持模组内部数据的分钟级冻结数据召测。<br>应保存负荷辨识所需的原始特征文件，存储空间不小于 3GB，特征文件时间长度不小于 1 个月，存储机制为循环存储，并支持文件召测功能，被召测的文件块应转移至备份区域，保存时间不小于 7 天 |
| 15 | 多功能组合模组 | 满足通用要求；被组合的各功能模组，其数据传输通道满足各自的功能要求 |

### 三、集中抄表终端

集中抄表终端对低压用户用电信息进行采集的设备，包括集中器、采集器。集中器是指收集各采集终端或电能表的数据，并进行处理储存，同时能和主站或手持设备进行数据交换的设备。采集器是用于采集多个电能表电能信息，并可与集中器交换数据的设备。在低压用户用电信息采集中，可使用"全载波（集中器）""半载波（集中器 + 采集器）"等模式。

#### （一）集中器

1. 型式要求

集中器按外形结构和 I/O 配置分为 I 型（见图 2-4-9）、II 型（见图 2-4-10）。采集器按外形结构和 I/O 配置分为 I 型、II 型。《用电信息采集系统型式规范：集中器型式规范》（2022 版）规定了各种类型集中器的规格要求、显示要求、外形及安装尺寸、端子接线、材料、工艺等。集中器类型标识代码分类说明见表 2-4-19。

I 型集中器下行主要通过电力线载波的方式与电能表通信，II 型集中器则是通过 485 连接线与电能表通信。目前，福建省主要采用 I 型集中器。I 型、II 型集中器主要差异见表 2-4-20。

表 2-4-19                集中器类型标识代码分类说明

| 终端分类 | 上行通信信道 | I/O 配置 / 下行通信信道 | | 温度级别 | 产品代号 |
|---|---|---|---|---|---|
| DJ –<br>低压集中器 | W—230MHz 专网；<br>G—无线 G 网；<br>C—无线 C 网；<br>J—微功率无线；<br>Z—电力线载波；<br>L—有线网络；<br>P—公共交换电话网；<br>T—4G；<br>Q—其他 | 下行通信信道：<br>J—微功率无线；<br>Z—电力线载波；<br>L—有线网络 | 1～9—1～9 路电能表接口；<br>A～W—10～32 路电能表接口 | 1—C1；<br>2—C2；<br>3—C3；<br>4—C× | 由不大于 8 位的英文字母和数字组成。英文字母可由生产企业名称拼音简称表示，数字代表产品设计序号 |

表 2-4-20                I 型、II 型集中器主要差异表

| 差异项 | I 型集中器 | II 型集中器 |
|---|---|---|
| 工作电源 | 三相四线 | 单相 |
| 功率消耗 | 视在功率不大于 15VA、有功功率不大于 10W | 视在功率不大于 5VA、有功功率不大于 3W |
| 存储空间 | 不小于 8GB | 不小于 1GB |
| 显示 | 宽温型 LCD | LED |
| 本地通信接口 | 2 路 RS-485、应可安装电力线载波、微功率无线、双模等本地通信模块 | 3 路 RS-485 |
| 主要功能 | 可设置重点用户、公用变压器电能计量、中继（路由）、级联 | 不具备 |

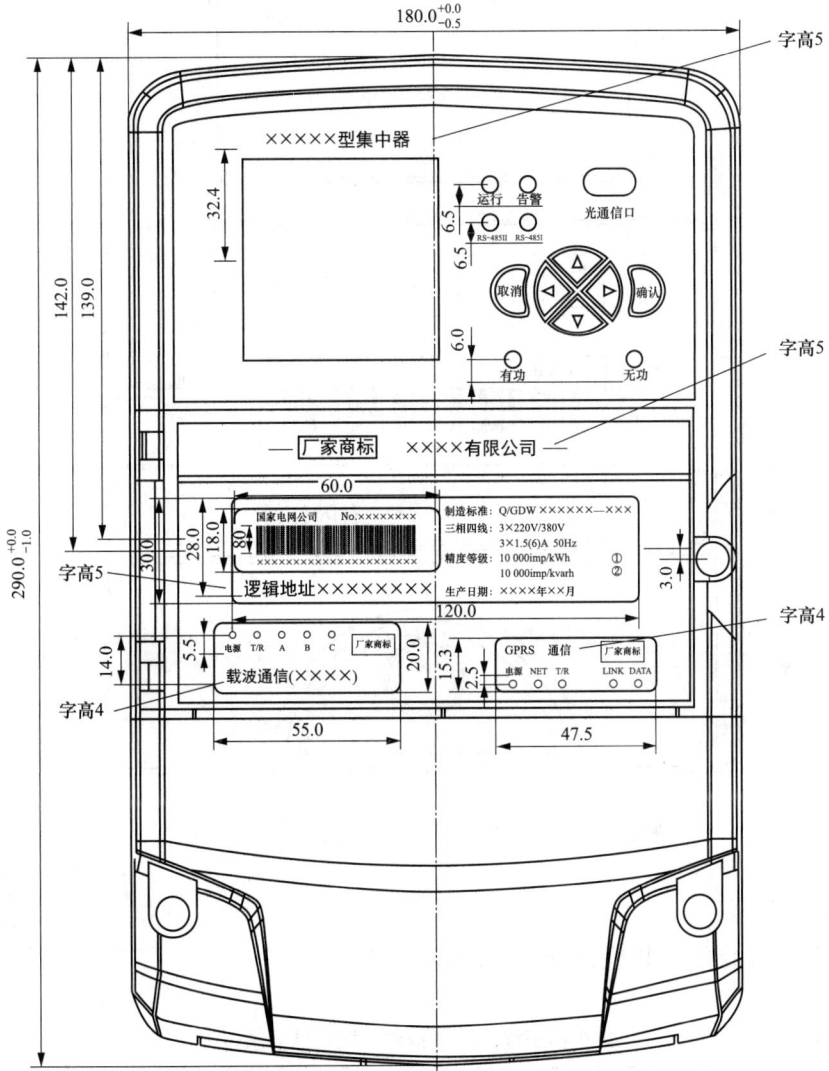

图 2-4-9 集中器 I 型外观尺寸示意图（单位：mm）

图 2-4-10 集中器Ⅱ型尺寸示意图（单位：mm）

## 2. 功能要求

集中抄表终端的必备和选配功能要求见表 2-4-21。

视频：集中器
介绍

表 2-4-21　　　　集中抄表终端的必备和选配功能要求表

| 序号 | 项目 | | 集中器Ⅰ型 | | 集中器Ⅱ型 | | 采集器 | |
|---|---|---|---|---|---|---|---|---|
| | | | 必备 | 选配 | 必备 | 选配 | 必备 | 选配 |
| 1 | 数据采集 | 电能表数据采集 | √ | | √ | | √ | |
| | | 状态量采集 | | √ | √ | | | |
| | | 交流模拟量采集 | | √ | √* | | | |
| 2 | 数据管理和存储 | 实时和当前数据 | √ | | √ | | | √ |

| 序号 | 项目 | | 集中器 I 型 | | 集中器 II 型 | | 采集器 | |
|---|---|---|---|---|---|---|---|---|
| | | | 必备 | 选配 | 必备 | 选配 | 必备 | 选配 |
| 2 | 数据管理和存储 | 历史日数据 | √ | | √ | | | √ |
| | | 历史月数据 | √ | | √ | | | √ |
| | | 重点用户采集 | √ | | | | | |
| | | 电能表运行状况监测 | | √ | | | | |
| | | 公用变压器电能计量 | | √ | | | | |
| | | 电压合格率统计 | | √ | √ | | | |
| 3 | 参数设置和查询 | 时钟召测和对时 | √ | | √ | | | √ |
| | | 终端参数 | √ | | √ | | | √ |
| | | 抄表参数 | √ | | √ | | | √ |
| | | 其他（限值、预付费等）参数 | √ | | √ | | | |
| 4 | 事件记录 | 重要事件记录 | √ | | √ | | | √ |
| | | 一般事件记录 | √ | | √ | | | √ |
| 5 | 数据传输 | 与主站（或集中器）通信 | √ | | √ | | √ | |
| | | 中继（路由） | √ | | | | √ | |
| | | 级联 | | √ | | | | |
| | | 数据转发（通信转换） | √ | | √ | | √ | |
| 6 | 本地功能 | 运行状态指示 | √ | | √ | | √ | |
| | | 本地维护接口 | √ | | √ | | | √ |
| 7 | 终端维护 | 自检自恢复 | √ | | √ | | √ | |
| | | 终端初始化 | √ | | √ | | √ | |
| | | 软件远程下载 | √ | | √ | | | |
| | | 断点续传 | √ | | √ | | | |
| | | 模块信息 | √ | | √ | | | |

**注** "√*"表示只采集电压。

（1）数据采集。

1）采集数据类型。

a. 集中器数据。终端数据包含状态量采集、交流模拟量采集等量纲，终端应支持如下当前数据的采样及处理，遵循表 2-4-22 和表 2-4-23。

表 2-4-22 终 端 当 前 数 据

| 序号 | 数据项 | 序号 | 数据项 |
|---|---|---|---|
| 1 | 状态量及变位标志 | 3 | 日历时钟 |
| 2 | 当日 / 月通信流量 | 4 | 日供电时间、日复位累计次数 |

表 2-4-23 交 采 当 前 数 据

| 序号 | 数据项 | 序号 | 数据项 |
|---|---|---|---|
| 1 | 电压 | 11 | 正向有功电能 |
| 2 | 频率 | 12 | 反向有功电能 |
| 3 | 电流 | 13 | A/B/C 相正向有功电能 |
| 4 | 零序电流 | 14 | A/B/C 相反向有功电能 |
| 5 | 有功功率 | 15 | 四象限无功电能 |
| 6 | 无功功率 | 16 | 组合无功电能 1 |
| 7 | 功率因数 | 17 | 组合无功电能 2 |
| 8 | 电压、电流相位角 | 18 | 正向有功最大需量 |
| 9 | 当日 / 月电压合格率统计 | 19 | 反向有功最大需量 |
| 10 | 组合有功电能 | | |

b. 配电变压器数据采集。终端标配电压、电流等模拟量采集功能，测量电压、电流、功率、功率因数等。具备与监测配电变压器的传感器通信的接口，实时监测配电变压器工况与环境，包括油浸式变压器的油温、油浸式变压器的气体保护状态、有载调压 / 调容变压器的挡位状态、干式变压器的绕组温度、干式变压器的风机状态等变压器状态信息进行采集，配电变压器数据采集见表 2-4-24。

表 2-4-24 配电变压器数据采集

| 序号 | 数据项 | 数据源 |
|---|---|---|
| 1 | 配电变压器低压侧三相电压 | 终端 |
| 2 | 配电变压器低压侧零序电压 | 终端 |
| 3 | 配电变压器出线三相电流 | 终端 |
| 4 | 配电变压器出线零序电流 | 终端 |
| 5 | 频率 | 终端 |
| 6 | 功率因数 | 终端 |
| 7 | 三相有功功率 | 终端 |
| 8 | 三相无功功率 | 终端 |

| 序号 | 数据项 | 数据源 |
|---|---|---|
| 9 | 三相电压不平衡度 | 终端 |
| 10 | 三相电流不平衡度 | 终端 |
| 11 | 配电变压器负载率 | 终端 |
| 12 | 温湿度 | 传感器 |
| 13 | 环境瓦斯浓度 | 传感器 |
| 14 | 变压器油温、油压、油位 | 传感器 |
| 15 | 有载调压 / 调容变压器的挡位 | 传感器 |
| 16 | 干式变压器的绕组温度、风机状态 | 传感器 |
| 17 | 当前正向有功电能 | 终端 |
| 18 | 当前正向无功电能 | 终端 |
| 19 | 当前反向有功电能 | 终端 |
| 20 | 当前反向无功电能 | 终端 |
| 21 | 15min 冻结正向有功电能 | 终端 |
| 22 | 15min 冻结正向无功电能 | 终端 |
| 23 | 15min 冻结反向有功电能 | 终端 |
| 24 | 15min 冻结反向无功电能 | 终端 |
| 25 | 日总有功电量 | 终端 |
| 26 | 日总无功电量 | 终端 |
| 27 | 日费率有功电量 | 终端 |
| 28 | 日费率无功电量 | 终端 |

c. 电能表数据采集。集中器可按照配置的采集任务采集表计的实时数据和冻结数据，采集数据内容遵循表 2-4-25 的规定。

表 2-4-25　　　　　　　　　　抄　表　数　据

| 序号 | 数据项 | 采集类型 | | | | |
|---|---|---|---|---|---|---|
| | | 实时 | 分钟冻结 | 日冻结 | 结算日冻结 | 月冻结 |
| 1 | 电压 | √ | √ | | | |
| 2 | 电流 | √ | √ | | | |
| 3 | 中性线电流 | √ | √ | | | |
| 4 | 零序电流 | √ | √ | | | |
| 5 | 有功功率 | √ | √ | | | |

| 序号 | 数据项 | 采集类型 | | | | |
|---|---|---|---|---|---|---|
| | | 实时 | 分钟冻结 | 日冻结 | 结算日冻结 | 月冻结 |
| 6 | 无功功率 | √ | √ | | | |
| 7 | 功率因数 | √ | √ | | | |
| 8 | 有功最大需量及发生时间 | √ | | √ | √ | √ |
| 9 | 电压、电流相位角 | √ | | | | |
| 10 | 正向有功电能示值（总、各费率） | √ | √ | √ | √ | √ |
| 11 | 正向无功电能示值 | √ | √ | √ | √ | √ |
| 12 | 反向有功电能示值（总、各费率） | √ | √ | √ | √ | √ |
| 13 | 反向无功电能示值 | √ | √ | √ | √ | √ |
| 14 | 一象限无功电能示值 | √ | | √ | | √ |
| 15 | 二象限无功电能示值 | √ | | √ | | √ |
| 16 | 三象限无功电能示值 | √ | | √ | | √ |
| 17 | 四象限无功电能示值 | √ | | √ | | √ |
| 18 | 组合有功电能示值 | √ | | | | |
| 19 | 日历时钟 | √ | | | | |

**注** √表示应支持的采集类型。

集中器应支持即采即报。

d. 水、气、热表数据采集功能。集中器应能根据下发的采集任务，对水、气、热表数据进行采集、存储、主动上送至主站或在主站召测时发送给主站；集中器记录的表计数据，应与所连接的表计计量显示的相应数据一致。

集中器应支持即采即报。

e. 状态量采集。集中器能实时采集位置状态和其他状态信息，发生变位时应存储事件并在最近一次主站查询时向其发送该变位信号或终端主动上报。

f. 剩余电流动作保护装置数据采集。集中器支持与剩余电流动作保护器进行通信，实现对剩余电流动作保护器的分/合状态、剩余电流值、电压/电流和事件报警等信息的监测。

g. 智能断路器采集。集中器能采集台区变压器出线、分支箱、表箱、光伏设备并网等位置的智能断路器的分/合状态、电压/电流、触头温度和事件报警等信息。

h. 三相不平衡装置数据采集。集中器支持对换相开关或其他三相不平衡调节设备电压、电流、三相不平衡度、换相状态进行数据采集监测。

i. 智能电容器设备数据采集。集中器能对智能电容器容量、投切状态、共补/分补电压等信息采集监测，可远程设置智能电容器控制策略。

j. 静止无功补偿设备数据采集。集中器能对静止无功补偿设备电压、电流、功率因数、投切状态等信息采集监测。

k. 环境信息采集。集中器能对户外配电箱、配电室和箱式变电站的温度、湿度、水位、烟感信息采集。

l. 其他低压感知设备采集。集中器支持通过本地通信协议采集低压故障指示器、低压分路监测单元和多功能电力仪表等，实现台区侧节点电气、状态等信息采集。

2）采集方式。集中器可用下列方式采集表计的数据：

a. 实时采集。集中器直接采集指定表计的相应数据项，或采集采集器存储的各类电能数据、参数和事件数据。

b. 定时自动采集。集中器根据主站设置的抄表方案自动采集采集器或电能表的数据，支持 1min 周期采集，数据项至少包括电压、电流和功率。

c. 自动补抄。集中器对在规定时间内未抄读到数据的表计应有自动补抄功能。补抄失败时，生成事件记录，并向主站报告。若表计不支持日冻结、月冻结和曲线数据，集中器应通过设定的用户类型，定时读取表计实时数据或其他冻结数据，作为冻结电量。对于智能电能表，集中器每天零点 5 分起读取电能表的日冻结和曲线数据并存储，集中器应补抄最近 3 天的日冻结数据。集中器应补抄当天曲线数据。

d. 曲线冻结数据密度由主站设置，最小冻结时间间隔为 1min。

3）状态量采集。终端实时采集开关位置状态和其他状态信息，发生变位时应记入内存，并在最近一次主站查询时向其发送该变位信号或终端主动上报。

4）交流模拟量采集。I 型集中器标配电压、电流等模拟量采集功能，测量电压、电流、功率、功率因数等。

（2）数据处理。

1）数据冻结。

a. 集中器数据。集中器数据包含状态量采集、交流模拟量采集等量纲，集中器应支持如下当前数据的采样及处理，遵循表 2-4-26 和表 2-4-27 的规定。

b. 抄表数据。抄表数据存储到采集记录表中形成冻结记录，每一个数据项可独立配置存储深度，存储容量不足时，终端应能自行维护过期历史数据，确保新采集数据的正确存储。

2）数据统计。集中器应支持累加平均、极值统计以及区间统计，以实现电能质量统计分析以及其他业务统计需求。统计的数据源可配置为终端采集的当前数据。

集中器在抄表过程中，自动统计采集任务执行状态，包括采集成功率、发送报文条数、

表 2-4-26                                         终 端 当 前 数 据

| 序号 | 数据项 | 序号 | 数据项 |
|---|---|---|---|
| 1 | 状态量及变位标志 | 3 | 日历时钟 |
| 2 | 当日 / 月通信流量 | 4 | 日供电时间、日复位累计次数 |

表 2-4-27                                         交 采 当 前 数 据

| 序号 | 数据项 | 序号 | 数据项 |
|---|---|---|---|
| 1 | 电压 | 11 | 正向有功电能 |
| 2 | 频率 | 12 | 反向有功电能 |
| 3 | 电流 | 13 | A/B/C 相正向有功电能 |
| 4 | 零序电流 | 14 | A/B/C 相反向有功电能 |
| 5 | 有功功率 | 15 | 四象限无功电能 |
| 6 | 无功功率 | 16 | 组合无功电能 1 |
| 7 | 功率因数 | 17 | 组合无功电能 2 |
| 8 | 电压、电流相位角 | 18 | 正向有功最大需量 |
| 9 | 当日 / 月电压合格率统计 | 19 | 反向有功最大需量 |
| 10 | 组合有功电能 |  |  |

接收报文条数、抄表启动时间、抄表结束时间等。

3）数据保持。对集中器的升级、初始化等操作，不应影响交采等历史数据。

4）电能表运行状况监测。集中器监视电能表运行状况，电能表停电、相序异常、电能表开盖记录、电能表运行状态字变位、电能表发生参数变更、时钟超差或电能表故障等状况时，按事件记录要求记录发生时间和异常数据。

5）存储要求。存储要求包括：

a. 集中器 I 型数据存储容量不得低于 8GB。

b. 集中器 I 型应能分类存储的数据有每个电能表的 62 个日零点（次日零点）冻结电能数据、12 个月末零点（每月 1 日零点）冻结电能数据、实时及每日曲线数据完整。

（3）参数设置和查询功能。

1）时钟召测和对时功能。集中器应有计时单元，计时单元的日计时误差绝对值不大于 0.5s/d。集中器可接收采集系统主站或本地手持设备的时钟召测和对时命令。集中器应能通过本地信道对系统内采集器进行广播对时，或对电能表进行广播校时。集中器可通过主站、北斗、GPS 或移动网络进行时钟同步完成对时。

2）终端参数设置和查询。采集系统主站可远程及手持设备本地设置和查询下列参数：

a. 集中器档案，如采集点编号等。

b. 集中器通信参数，如主站通信地址（包括主通道和备用通道）、通信协议、IP 地址、录入经度和纬度等。

3）抄表参数。采集系统主站可远程或本地设置和查询抄表方案，如集中器采集周期、抄表时间、采集数据项等。

（4）数据传输。

1）与主站通信。与主站通信要求：

a. 集中器支持与用电信息采集系统主站交互。

b. 集中器能按主站命令的要求，定时或随机向主站发送终端采集和存储的功率、最大需量、电能示值、状态量等各种信息。

c. 对重要数据和参数设置、控制报文的传输应有安全防护措施。

d. 集中器应配有 RJ-45 以太网通信接口或光纤通信接口用于远程通信。

e. 采用无线公网信道的终端应采取流量控制措施。

2）与电能表通信。集中器与电能表通信，按设定的抄收间隔抄收和存储电能表数据；可以接受主站的数据转发命令，将电能表的数据通过远程信道直接传送到主站。

3）与台区智能设备通信。终端可与台区侧智能设备通信（如智能断路器、换相开关、无功补偿装置、环境传感器等），按设定的抄收间隔抄收和存储数据；可以接受主站的数据转发命令，将智能设备的数据通过远程信道直接传送到主站。

4）代理。集中器应具备代理功能，可将主站需要传输的命令或文件包等数据通过相应通信端口进行转发，实现中继功能。

（5）事件记录。

1）事件采集。集中器可按照配置的事件采集任务采集表计的事件记录，采集事件记录遵循表 2-4-28 的规定，采集到表计事件记录存储到采集记录表中形成冻结记录，存储容量不足时，集中器应能自行维护过期历史数据，确保新采集数据的正确存储。

表 2-4-28　　　　　　　　　　　　全 事 件 采 集

| 序号 | 事件名称 | 1级事件<br>主动上报 | 2级事件<br>每日采集 | 3级事件<br>每日采集 | 4级事件<br>按需召测 |
|---|---|---|---|---|---|
| 1 | 电能表失电压 | | | √ | |
| 2 | 电能表欠电压 | | | √ | |
| 3 | 电能表过电压 | | | √ | |
| 4 | 电能表断相 | | | √ | |
| 5 | 电能表失电流 | | | √ | |
| 6 | 电能表过电流 | √ | | | |

右上：续表

| 序号 | 事件名称 | 1级事件<br>主动上报 | 2级事件<br>每日采集 | 3级事件<br>每日采集 | 4级事件<br>按需召测 |
|---|---|---|---|---|---|
| 7 | 电能表功率反向 | | | | √ |
| 8 | 电能表全失电压 | | | √ | |
| 9 | 电能表电压逆相序 | | | √ | |
| 10 | 电能表掉电 | | √ | | |
| 11 | 电能表编程 | | | | √ |
| 12 | 电能表清零 | √ | | | |
| 13 | 电能表需量清零 | | | | √ |
| 14 | 电能表事件清零 | | | | √ |
| 15 | 电能表校时 | | | √ | |
| 16 | 电能表开盖 | √ | | | |
| 17 | 电能表开端钮盒 | | | √ | |
| 18 | 电能表电压不平衡 | | | √ | |
| 19 | 电能表跳闸 | | | | √ |
| 20 | 电能表合闸 | | | | √ |
| 21 | 电能表恒定磁场干扰 | √ | | | |
| 22 | 电能表负荷开关误动作 | √ | | | |
| 23 | 电能表电源异常 | | √ | | |

**注**　√表示应支持的数据项。

2）事件及上报。集中器根据主站设置的事件属性自动判断事件产生或恢复，事件产生或恢复时，根据主站的配置决定是否需要上报，同时记录上报状态。每条记录的内容包括事件类型、发生时间及相关关联数据信息。

事件上报需分通道独立上报，并按通道分别记录上报状态，包括"未上报""已上报""上报未确认"三种状态。

集中器应能记录参数变更、终端停/上电以及交采等事件。记录的主要事件遵循表 2-4-29 和表 2-4-30 的规定。

表 2-4-29　　　　　　　　　　终 端 事 件 记 录

| 序号 | 数据项 | 数据源 | 重要程度 |
|---|---|---|---|
| 1 | 电能表时钟超差 | 电能表 | 一般 |
| 2 | 消息认证错误 | 终端 | 一般 |
| 3 | 设备故障记录 | 终端 | 一般 |
| 4 | 电能表示度下降 | 电能表、交流采样 | 一般 |
| 5 | 电能量超差 | 电能表、交流采样 | 一般 |

| 序号 | 数据项 | 数据源 | 重要程度 |
|---|---|---|---|
| 6 | 电能表飞走 | 电能表、交流采样 | 一般 |
| 7 | 电能表停走 | 电能表、交流采样 | 一般 |
| 8 | 抄表失败 | 终端 | 一般 |
| 9 | 月通信流量超限 | 终端 | 一般 |
| 10 | 终端对时事件 | 终端 | 一般 |
| 11 | 有功总电能量差动越限事件记录 | 终端 | 一般 |
| 12 | 终端编程记录 | 终端 | 一般 |
| 13 | 终端电流回路异常事件 | 终端 | 一般 |
| 14 | 终端对电能表校时记录 | 终端 | 一般 |
| 15 | 电能表数据变更监控记录 | 终端 | 一般 |
| 16 | 终端停 / 上电 | 终端 | 重要 |
| 17 | 模块状态变更事件 | 终端 | 重要 |
| 18 | 终端初始化 | 终端 | 重要 |
| 19 | 终端版本变更 | 终端 | 重要 |
| 20 | 状态量变位 | 终端 | 重要 |
| 21 | 安全事件变更记录 | 终端 | 重要 |

表 2-4-30　　　　　　　　　　交 采 事 件 记 录

| 序号 | 数据项 | 序号 | 数据项 |
|---|---|---|---|
| 1 | 失电压 | 10 | 电压逆相序 |
| 2 | 欠电压 | 11 | 电压不平衡 |
| 3 | 过电压 | 12 | 电流不平衡 |
| 4 | 断相 | 13 | 功率因数超下限 |
| 5 | 失流 | 14 | 需量超限 |
| 6 | 断流 | 15 | 电能表清零事件 |
| 7 | 过电流 | 16 | 需量清零事件 |
| 8 | 功率反向 | 17 | 事件清零事件 |
| 9 | 过负荷 | | |

（6）终端维护。

1）本地维护接口。提供本地维护接口，支持手持设备设置参数和现场抄读电能量数据，并有权限和密码管理等安全措施，防止非授权人员操作。

2）自检和异常记录。集中器应有自动识别功能模块、自测试、自诊断功能，发现部件或功能模块工作异常能立即恢复并记录异常信息。

集中器及功能模块应记录每日自恢复次数。

集中器自诊断自恢复不应影响数据采集。

3）日志记录。应支持日志管理功能，并对日志文件进行统一管理，要求如下：

a. 应记录包括用于监测设备的运行状态的系统日志、用于记录用户所执行的所有操作记录的操作日志和记录用户登录、注销等活动的安全日志等，存储时间不少于 30 天。

b. 应记录本地和远程交互报文，存储时间不少于 7 天。

c. 日志记录不可篡改，支持采用循环记录方式自动定期清理过期日志。

d. 应支持查询日志的详细内容，查看备份的日志时不能影响当前的日志记录。

e. 应具备日志导出功能，支持通过主站远程召测日志。

f. 应保证审计日志的全面性；支持对审计数据进行搜索、查询、分析、统计、分类、排序等功能；对异常事件级别进行划分；具有保护审计记录存储的能力；可以单独运行审计进程；具有选择性审计的能力及安全审计的管理能力。

4）初始化。终端接收到主站下发的初始化命令后，分别对硬件、参数区、数据区进行初始化，参数区置为缺省值，数据区清零。

5）远程软件升级。集中器软件可通过远程通信信道实现在线软件下载。升级须得到许可，并经 ESAM 认证后方可进行。集中器进行远程软件下载时，集中器软件应具有断点续传能力，升级过程中出现中断后应能自行恢复，支持通过主站软件升级，集中器升级时能够对更新包的数据来源进行合法性验证。集中器远程升级包括：

a. 集中器操作系统补丁包升级。

b. 集中器应用软件安装、升级。

c. 集中器模块软件升级。

d. 集中器本地通信网络各节点软件升级。

e. 物联电能表管理芯应用软件及模组软件升级。

f. 集中器本地通信网络中的采集器、转换器等软件升级。

g. 终端升级过程中如果出现异常，终端程序或操作系统应可以恢复到之前的版本。

6）模块信息。集中器应能读取并存储无线公网通信模块型号、版本、ICCID、信号强度等信息。集中器应能读取并存储本地通信模块供应商、型号、软件版本等信息。

7）终端登录。集中器上电后，经过 0～30s 的随机延时后登录。每次登录失败后，经过心跳周期 0.5～1.5 倍的随机延时（以 s 或 ms 计）后重新登录。

（7）低压侧用电管理。

1）台区网络拓扑可视化。若终端配置有 HPLC 本地通信模块，应能通过本地通信模块实现台区网络拓扑识别，终端应周期采集本地通信功能模块路由信息，上报主站或供主站查询，实现采集系统各级网络管理功能。

2）台区线损分析。终端应具备计算台区日线损率的功能。终端应每日计算低压用户每日用电量，结合台区总表日用电量进行线损率计算，公式：线损率 =（台区总表日用电量 $-\sum$ 户表日用电量）/ 台区总表日用电量 $\times100\%$，并记录日线损率曲线。

3）台区及相位识别。若终端配置有基于电力线载波通信的本地通信模块，可以通过搜索实现档案自动维护，同时通过台区户变关系识别方法实现对智能电能表是否跨台区以及所在相位进行自动研判，并通过终端将相位信息以及跨台区信息上传至主站。

4）低压用户供电电压监测。终端应具备低压用户供电电压监测功能，按需采集电能表电压合格率数据、电压分钟冻结数据以及电压越限事件；终端收到电压越限事件后，应立即上报主站。

5）低压故障快速研判及上报。终端应具备通过采集低压网络拓扑各节点（终端、各级开关、电能表）的停电事件、电压、电流、告警等信息，实现故障区段、停复电事件的综合自动研判和快速上报，以及就地故障隔离。

（8）台区电气拓扑识别。终端通过汇聚台区侧、线路侧、用户侧节点数据或特征信号，识别台区各级设备电气连接关系，形成覆盖台区所有电气设备的拓扑关系。

（9）分布式能源管理。终端应能够实现分布式能源相关设备接入，并对分布式能源进行监控和管理。

（10）多元化负荷管理。

1）电动汽车有序用电管理。终端能够支持电动汽车及充电桩的接入，并能够对接入设备进行信息采集、状态监测、负荷计算、负荷控制、事件上报和有序用电管理。

2）居民家庭智慧用能管理。终端能够支持家庭用户随器计量设备的接入，并能够对接入设备的信息采集、状态监测、负荷计算、负荷控制、负荷事件上报和有序用电管理。

3）储能设备管理。终端应支持储能设备的接入，并能够对接入设备的信息采集、状态监测、负荷计算、负荷控制、负荷事件上报。

（11）能效管理。终端可实现对用户能效监测及分析。终端可实现用户总路及多个分路的水表、燃气表、热量表的实时数据采集及异常事件上报。

（12）时钟及定位。

1）时钟自动同步。终端应能接收主站的时钟召测和对时命令，对时误差应不超过 5s。在参比条件下，终端时钟日计时误差绝对值应不大于 0.5s/d。电源失电后，时钟应能保持正常工作。

应同时具备通过主站、无线公网、卫星实现时钟自动同步功能，具体要求如下：

a. 主站时钟自动同步：如果终端与主站时钟偏差大于定值，从主站获取时钟，终端自动校时，生成校时事件并上报主站。

b. 无线公网时钟自动同步：如果终端与无线公网时钟偏差大于定值，从无线公网获取时钟，终端自动校时，生成校时事件并上报主站。

c. 卫星时钟自动同步：如果终端与卫星时钟偏差大于定值，从卫星获取时钟，终端自动校时，生成校时事件并上报主站。

2）卫星定位。终端通过远程通信功能模块集成北斗/GPS双模，确定天线所在位置的坐标，并输出定位结果，定位精度应满足水平误差不大于10m，高程误差不大于15m。终端能够通过参数配置，切换北斗/GPS工作模式。

**（二）采集器**

1. 型式要求

采集器类型标识代码分类说明见表2-4-31，采集器Ⅰ型尺寸如图2-4-11所示，采集器Ⅱ型外观如图2-4-12所示。

表2-4-31　　　　　　　　　　采集器类型标识代码分类说明

| 采集器分类 | 上行通信信道 | I/O配置/下行通信信道 | | 温度级别 | 产品代号 |
|---|---|---|---|---|---|
| DC-低压采集器 | J-微功率无线；<br>Z-电力线载波；<br>L-有线网络；<br>T-其他 | 下行通信信道：<br>J-微功率无线；<br>Z-电力线载波；<br>L-有线网络 | 1~9-1~9路电能表接口；<br>A~W-10~32路电能表接口 | 1-C1；<br>2-C2；<br>3-C3；<br>4-CX | 由不大于8位的英文字母和数字组成。英文字母可由生产企业名称拼音简称表示，数字代表产品设计序号 |

2. 功能要求

采集器是用于采集多个电能表电能信息，并可与集中器交换数据的设备。采集器依据功能可分为基本型采集器和简易型采集器。基本型采集器抄收和暂存电能表数据，并根据集中器的命令将储存的数据上传给集中器。简易型采集器直接转发低压集中器与电能表间的命令和数据。

（1）数据采集。采集器应能按集中器设置的采集周期自动采集电能表数据。采集器应能采集表箱门接点的状态量。

（2）数据存储。采集器应能分类存储数据，形成总、各费率正向有功电能示值等历史日数据，保存重点用户电能表的最近24h整点总有功电能数据。

（3）参数设置和查询。可远程查询或本地设置和查询下列参数：支持广播对时命令，对采集器时钟进行校时。

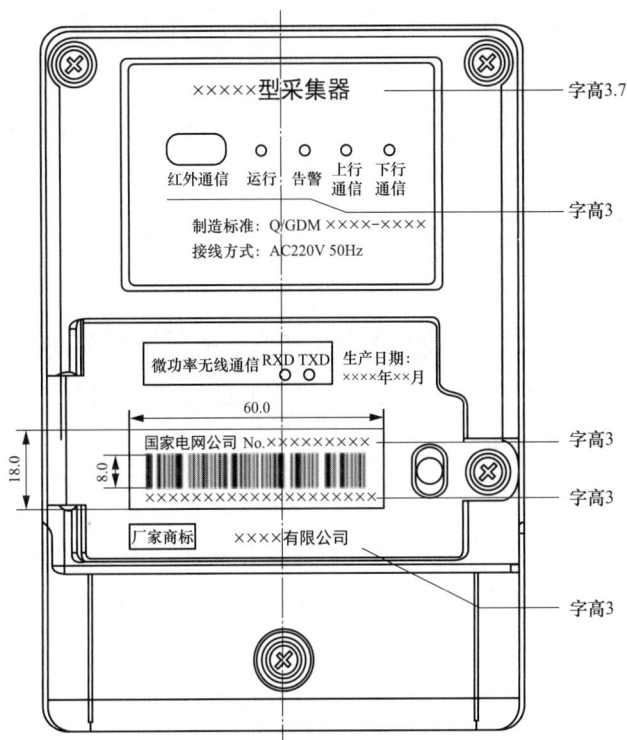

图 2-4-11　采集器 I 型尺寸示意图（单位：mm）

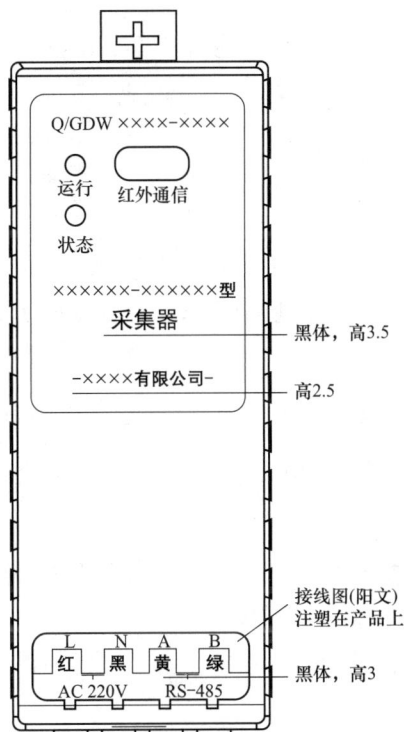

图 2-4-12　采集器 II 型外观示意图（单位：mm）

注：未注文字为黑体，高 2.5mm。

115

（4）支持设置和查询采集周期、电能表通信地址、通信协议等参数，并能自动识别和适应不同的通信速率。

（5）能依据集中器下发或本地通信接口设置的表地址，自动生成电能表的表地址索引表。

（6）事件记录。采集器应能记录参数变更事件、抄表失败事件、终端停／上电事件、磁场异常事件等。

（7）数据传输。可以与集中器进行通信，接收并响应集中器的命令，向集中器传送数据。中继转发，采集器支持集中器与其他采集器之间的通信中继转发。通信转换，采集器可转换上、下信道的通信方式和通信协议。

### 四、电能量采集终端

变电站电能量采集终端是收集厂站内各电能表的数据，并进行处理储存，同时能和主站或站内设备进行数据交换的设备，以支持电力市场的运营、电费结算、辅助服务费用结算和经济补偿计算。

变电站电能量采集终端安装在电厂、变电站（或大、中用户）内，采集各路电能表（数字智能电能表或脉冲电能表）电能量或开关变位等遥信量，并进行预处理、存储，经电话拨号、专线、以太网、光纤、无线等方式传送给主站。主站可以随时或定时召唤、抄取终端数据，进行处理，形成各类报表、曲线和历史数据库等，以满足用户需求，并且数据可与其他系统共享。

1. 总体技术原则

（1）电能量采集终端对变电站或发电厂内安装的电能表信息进行采集、处理、存储和传输，实现电能信息数据管理、传输及电能表运行管理等应用功能。

（2）电能量采集终端应能与用电信息采集系统、电能量计量主站系统、变电站自动化系统和发电厂监控系统交换数据。

（3）电能量采集终端应遵循《电力二次系统安全防护规定》（国家电力监管委员会〔2004〕第 5 号），部署在生产控制大区的安全 Ⅱ 区。

2. 数据采集要求

（1）可通过 RS-485 或电流环接口定时采集电能表的各项数据（如正反向有功、无功电能量、最大需量、电压、电流、事项记录等）。

（2）可通过脉冲采集接口采集脉冲电能表数据。

（3）可采集开关变位等遥信量触发事项生成或执行相关操作。

3. 数据存储要求

（1）数据存储容量标准配置宜为 1GB，在断电情况下保证数据 10 年不丢失，确保数据可靠存储。

（2）应能满足至少 256 块电能表 30 天电能量曲线数据（15min 采集周期）、30 天日冻结数据和 12 个月月冻结数据的连续存储，以及最近 500 条事件记录的存储需要，并支持容量扩展。

4. 通信接口要求

（1）终端与主站的通信的必备接口应满足：

1）具备不少于 4 路独立高速以太网或光纤通信口。

2）采用冗余配置，支持电力调度数据网双接入网的接入，应采用双网口通信的模式。

3）每个网口支持至少 8 个主站的并发采集，并支持不同主站采用不同的参数配置（包括但不限于通信协议、采集信息表等参数）。

（2）终端与电能表接口应满足：

1）具备至少 8 路 RS-485 接口，并具备扩展接口的能力。

2）每路 RS-485 接口至少可抄读 32 块不同通信规约和不同速率的电能表。

（3）终端对时接口应满足：

1）应支持全站统一时钟系统对时。

2）应支持远方主站对时。

3）应具备 1 路硬件对时接口，支持 B 码对时。

4）具备多个时钟源时，采集终端应响应唯一的时钟源，优先采用全站统一时钟系统对时。

5. 规约要求

（1）与主站间的通信规约。

1）应支持 DL/T 719《远动设备及系统　第 5 部分：传输规约　第 102 篇：电力系统电能累计量传输配套标准》或等同兼容规约，具备与多个主站通信的能力，并保证与不同主站间的通信相对独立。

2）福建省变电站电能量终端已完成规约改造，可兼容国网企标 Q/GDW 10376.1—2019《用电信息采集终端通信协议　第 1 部分：主站与采集终端》。

（2）与电能表间的通信规约至少满足：

1）支持多种电能表规约。

2）采集终端部署到智能变电站时，与数字化电能表通信宜采用 DL/T 860 协议进行信息交。

## 五、其他采集设备

1. 智能快速感知扩展模块

低压台区由于设备数量多，类型复杂，通信协议不一致，无统一接入主站，导致低压配网自动化监控管理手段缺乏，难以推进智能化建设。主要存在如下困难：

（1）在配电变压器侧，变压器、开关触点、JP柜等缺乏负荷、动环监控，存在一定安全隐患，且设备运行寿命难以最优化。

（2）在线路侧，低压配电网线路故障难以有效排查和定位，缺乏智能化手段，人工巡检工作量大，效率低，且效果有效（多为事后响应）。

（3）在用户侧，分布式能源、充电桩等新能源的大量接入影响低压配电网电能质量、稳定运行，缺乏有效监控手段。

福建公司通过优化用电信息采集系统架构，整合用采系统现有的通信协议和软硬件资源，实现低压全网全面接入，各类开关和传感器的"即插即用"，满足低压智能台区的业务应用需求。

（1）采集主站层，升级采集主站性能，基于面向对象思路设计的通信协议实现协议统一兼容解析。

（2）集中器层，升级集中器软件，无线开展硬件改造即可支持低压全网设备接入。

（3）研发智能快速感知扩展模块、智能开关等新设备，满足各类传统开关和传感器接入的需求，打通营配调业务和数据流。

智能快速感知扩展模块接入示意如图2-4-13所示。

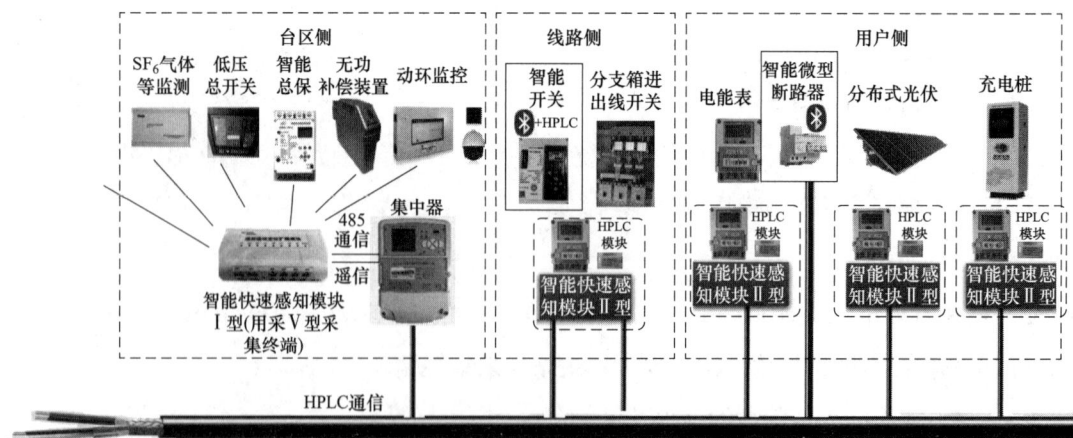

图 2-4-13 智能快速感知扩展模块接入示意图

2. 电力线载波操控器

载波抄控器主要应用于生产、通信测试、现场调试以及进行系统维护、排查故障等，主要有通信测试、组网测试、数据监视和分析、数据现场抄读和设备的参数读写等主要功能。

（1）控器通信单元与符合型式规范尺寸和接口要求设备相匹配，应能满足用电信息采集系统正常通信的要求。

（2）工作频率：0.7～12MHz（支持分频段使用：2～12MHz、2～6MHz、0.7～3MHz、1.7～3MHz）。

（3）调制方式。调制是指把基带信号的变化规律，转变为射频载波信号的幅度、频域或相位等变化规律的过程。规定调制方式使用 OFDM。

（4）兼容 645/698 协议通信功能。抄控器应能够接收并识别上位机软件（或掌机）发出的 645/698 协议报文，并将结果按照 645/698 协议发送至上位机软件（或掌机）。

（5）兼容载波通信功能。抄控器应能够接收并识别电力线上的载波报文，并且能够向电力线上发送载波报文，或将电力线识别的报文发送至上位机。

（6）升级 STA。抄控器支持对从节点载波模块升级和版本查询。

（7）过电压保护功能。在单相电压过高或者接线错误时，抄控器应具备相应的保护功能。

（8）具备相应的设备工作状态指示灯。

3. 远程通信中继器

远程通信中继器主要用于安装在局部公网（2G/3G/4G）信号不足的地方，如地下室等，用于解决用电信息采集终端通信信号不佳的问题。

（1）RS-485 远程通信中继器。

1）中继器能将 TTL 信号（电平信号）转换为 RS-485 信号（采用 T568B 标准网线直通连接）后透明传输到安装在有公网信号的采集终端远程通信模块。

2）设备应能实现信号透明传输，支持终端停电信息主动上报等功能。

（2）窄带载波远程通信中继器。

1）中继器能将以太网信号转换为电力线载波信号（中心频率：1300kHz；调制方式：BFSK）后透明传输到安装在有公网信号的采集终端远程通信模块。

2）设备应能实现信号透明传输，支持终端停电信息主动上报等功能。

（3）宽带载波远程通信中继器。

1）中继器能将以太网信号转换为电力线载波信号（中心频率：2～12MHz；调制方式：OFDM）后透明传输到安装在有公网信号的采集终端远程通信模块。

2）设备应能实现信号透明传输，支持终端停电信息主动上报等功能。

# 任务二　采集终端质量管控

## 【任务目标】

了解国家电网公司采集终端质量管控要求和质量管控保障体系，熟悉设备全过程质量监督管理要求。

## 【任务描述】

介绍国家电网公司采集终端质量管控要求和质量管控保障体系。

## 【知识准备】

### 一、采集终端质量管控要求

采集终端质量监督应坚持"质量至上、公正透明"的工作方针，遵循"标准统一、内容完整、流程规范、方法一致"的工作原则。严格遵守国家电网（营销/4）279—2017《国家电网公司用电信息采集终端质量监督管理办法》。

采集终端质量监督工作涵盖招标前、供货前、到货后、运行中直至退出运行的全过程、全寿命周期各个环节，包括供应商质量监督、招标前质量监督、供货前质量监督、到货验收质量监督、运行中质量监督、报废前质量监督等内容。

### 二、采集终端质量监督主要环节

1. 供货前质量监督

供货前质量监督指对中标供应商在供货前产品生产期间的质量监督，包括供货前技术联络会、产品巡视（监造）、供货前全性能试验及系统联调测试、供货前样品比对、生产前适应性检查、现场挂网试运行、供货前软件版本备案等工作。

（1）供货前技术联络会。在每次招标结果公布后，应及时组织供应商召开供货前技术联络会，对加强质量管控和控制质量风险提出明确要求。

（2）产品巡视（监造）。内容包括生产设备、工艺流程、元器件质量等。根据采集终端供应商中标结果，组织完成供货合同和技术协议签订工作，并组织实施产品巡视（监造）工作。

（3）生产前适应性检查。根据检测装置特点适当确定生产前适应性检查样品数量，将供应商的采集终端在批量生产前与检测装置（自动化检测流水线、人工检测台）进行适应性测试。

（4）供货前样品比对。比对内容应包括型式、结构、工艺、所用元器件等信息。

（5）供货前全性能试验及系统联调测试。供货前全性能试验项目应与招标前全性能试验项目一致。应从供应商已生产的小批量产品中抽取 8 只作为全性能试验样本，并进行封样处理。

（6）现场挂网试运行。对于首次入网的采集终端，省计量中心或地市（县）公司宜在完成全性能试验后，开展小批量采集终端现场挂网试运行，测试结果参照全性能试验结果处理。

（7）在生产前适应性检查、供货前样品比对和供货前全性能试验及系统联调测试均合格后方可通知供应商批量供货。若开展现场挂网试运行，则现场挂网试运行合格后方可通知供应商批量供货。

2. 到货验收质量监督

到货验收质量监督包括到货后样品比对、抽样验收试验和全检验收试验。

（1）到货后样品比对。比对内容应包括型式、结构、工艺、所用元器件等，从采集终端抽样验收样品中随机抽取 1 只或 2 只，与供货前样品进行比对。

（2）到货后软件比对。采集终端到货后软件比对应在到货后样品比对后开展，从采集终端到货产品中随机抽取 1 只或 2 只，与到货前比对样本进行软件比对。

（3）抽样验收试验。到货后应进行到货产品随机抽样，按照国家电网公司技术标准规定项目进行试验。

（4）全检验收试验。在到货后样品比对、软件比对和抽样验收试验合格后，按计划开展全检验收试验，对全部到货产品逐一进行试验验收。

3. 运行质量监督

采集终端运行状态下的质量监督包括终端隐患排查、故障分析及处理、软件升级等。

（1）巡检。应结合现场抄表、用电检查等工作巡视检查采集终端运行状态，充分利用用电信息采集系统的监控手段，及时发现处理异常问题。

（2）运行质量监督。当发现运行中采集终端发生故障时，应对故障采集终端进行故障诊断和分析。对于采集终端批量故障，应上报省计量中心，经省计量中心确认后上报公司营销部门，并据此在局部范围或更大范围内采取预警及相应质量控制措施。

（3）采集终端软件升级。运行状态下的采集终端需进行软件升级时，须经省营销部门确认，省计量中心对新版软件采集终端进行全功能检测合格后方可开展。软件升级优先采用主站远程升级。

（4）故障采集终端的处理时限参照《国家电网公司电力用户用电信息采集系统运行维护管理办法》等相关规定执行。

**4. 报废前质量监督**

报废前质量监督包括提交报废申请、报废前技术鉴定、履行报废手续工作。

（1）提交报废申请。故障或存在质量隐患的采集终端拆回后，按批次定期向省公司营销部提出报废申请。

（2）报废前技术鉴定。省公司营销部依据报废申请组织省计量中心开展采集终端报废前技术鉴定。省计量中心对符合报废条件的批次采集终端出具鉴定报告，报省公司营销部。

（3）履行报废手续。省公司营销部审批报废申请，地市（县）供电企业营销部（客户服务中心）将报废采集终端提交本单位物资部门，按照公司有关规定处理。

### 三、质量问题分级与评价

**1. 采集终端质量监督评价结论**

采集终端质量监督评价结论分为四类质量问题。

（1）一类质量问题是指在采集终端质量监督中发现供应商某一供货批次采集终端产品由于制造工艺、元器件质量、软件程序缺陷、测试试验等原因导致批量质量隐患或故障。

（2）二类质量问题是指在采集终端质量监督中发现供应商某一供货批次采集终端产品由于生产能力、制造工艺、元器件质量、软件程序缺陷、测试试验等环节的原因导致批量质量隐患，对公司正常经营管理活动和生产秩序造成一定不良影响。

（3）三类质量问题是指在采集终端质量监督中发现供应商某一供货批次采集终端产品由于设计原理、生产能力、制造工艺、元器件质量、软件程序缺陷、测试试验等环节的原因导致产品不满足技术要求，或出现批量质量隐患或故障，对公司正常经营管理活动和生产秩序，以及优质服务工作造成严重不良影响。

（4）四类质量问题是指在采集终端质量监督中发现供应商某一个或多个供货批次采集终端产品由于设计原理、生产能力、制造工艺、元器件质量、软件程序缺陷、测试试验等环节的原因导致出现批量质量隐患或故障，严重妨碍公司生产、经营管理活动正常开展，对公司优质服务工作造成特别严重不良影响。

**2. 质量问题定级**

在管辖范围内采集终端发生质量问题后，省公司营销部应以书面形式向国家电网公司营销部报送质量问题定级结果。审核后的结果作为采集终端投标供应商评价的重要依据。

**3. 采集终端批次故障或质量隐患处置**

采集终端批次故障或质量隐患处置包括质量问题逐级报送、质量预警、质量问题诊断、质量问题处置、问题产品召回，由各级营销、安质、物资部门配合完成。

（1）质量问题逐级报送。当省计量中心在验收试验环节、地市（县）供电企业营销部

（客户服务中心）在运行环节发现采集终端批次故障或质量隐患时，应立即上报省公司营销部。省公司营销部应立即上报国网营销部。

（2）质量预警。国网营销部根据该供应商制造同类型采集终端在公司系统供货情况发布质量预警，相关省公司营销部按照质量预警内容组织对相关批次采集终端进行质量隐患排查，并将排查结果及时反馈国网营销部。

（3）质量问题诊断。省公司营销部应组织省计量中心、供应商，会同国网计量中心，对存在批次故障和质量隐患的采集终端进行故障技术诊断，查明故障原因，会同省公司安质部门、物资部门提出故障处置建议和舆情防范措施，编制上报《采集终端重大质量问题分析报告》。

（4）质量问题处置。当运行采集终端因批次质量问题或质量隐患确需更换时，由省公司营销部组织地市（县）供电企业营销部（客户服务中心）及时进行批量更换。

（5）问题产品召回。省公司物资部门负责监督供应商召回发生批次质量问题或存在批次质量隐患的采集终端产品，更换新的采集终端产品。

### 四、采集终端试验类型

1. 采集终端招标前全性能试验

供应商自愿送检，公司按规定统一收取盲样，按照公司技术标准规定的试验项目和要求规定对样品进行全性能试验检测。采集终端招标前全性能试验应在40个工作日内完成。

2. 供货前全性能试验

产品供货前的全性能试验由国家电网有限公司省级计量技术机构负责组织实施。供货前全性能试验项目应与招标前全性能试验项目一致。应从供应商已生产的小批量（采集终端100只以上，最大不超过该中标批次的3%；采集器1000只以上，最大不超过该中标批次的3%）产品中抽取8只作为全性能试验样本，并进行封样处理。

采集终端供货前全性能试验、到货后抽检试验项目分为A、B两类，A类为否决项，B类为非否决项。样品出现任一项A类不合格，判定此样品为不合格；出现B类不合格，经整改后试验通过，判定此样品合格。

3. 抽样验收试验

抽样验收试验出现样品不合格，即判定该到货批次不合格，定为一类质量问题，限期30天整改，整改延期或整改后再次抽样验收试验仍不合格，定为二类质量问题。

4. 全检验收试验

由国家电网有限公司省级计量技术机构按照企标技术规范的试验要求和试验方法对到货产品进行100%验收检验。采集终端某一到货批次全检验收试验合格率大于或等于98.5%，即评定为该批次合格，并更换不合格产品；全检验收试验合格率小于98.5%或出现同类故障采集终端数大于或等于3只时，确认为批量质量隐患。采集终端各类型试验的试验项目见表2-4-32。

表 2-4-32　　　　　　　　采集终端各类型试验的试验项目表

| 建议顺序 | 检验项目 | 型式检验 | 验收检验 | 出厂检验 | 不合格类别 |
|---|---|---|---|---|---|
| 1 | 结构 | √ | √ | √ | A |
| 2 | 功能 | √ | √① | √② | A |
| 3 | 数据传输信道 | √ | √* | | A③ |
| 4 | 通信协议一致性 | √ | √* | | A |
| 5 | 电源影响（电源断相、电压变化） | √ | √* | | A |
| 6 | 功率消耗 | √ | √* | √ | B |
| 7 | 接地故障能力 | √ | | | A |
| 8 | 连续通电稳定性 | √ | √* | | A |
| 9 | 高温 | √ | √* | | A |
| 10 | 低温 | √ | √* | | A |
| 11 | 温升 | √ | √* | | A |
| 12 | 电压暂降和短时中断 | √ | | | A |
| 13 | 工频磁场抗扰度 | √ | | | A |
| 14 | 射频电磁场辐射抗扰度 | √ | | | A |
| 15 | 射频场感应的传导骚扰抗扰度试验 | √ | | | A |
| 16 | 静电放电抗扰度 | √ | | | A |
| 17 | 电快速瞬变脉冲群抗扰度 | √ | | | A |
| 18 | 阻尼振荡波抗扰度 | √ | | | A |
| 19 | 浪涌抗扰度 | √ | | | A |
| 20 | 无线电干扰抑制 | √ | | | A |
| 21 | 绝缘电阻 | √ | √* | | A |
| 22 | 绝缘强度 | √ | √* | | A |
| 23 | 冲击电压 | √ | √* | | A |
| 24 | 机械振动 | √ | | √ | B |
| 25 | 湿热 | √ | | | B |

**注**　验收检验中"√"表示应做的项目，"√*"表示批次抽查的项目。

①　功能和性能中数据采集功能。

②　功能检验时，只检数据通信和参数配置功能。

③　通信单元性能可按"B"类不合格分类进行判定。

# 模块五　用电信息采集系统量测设备

## 【模块描述】

用电信息采集对象设备主要是用于测量、传输、存储和控制电力系统相关数据的各类设备（又称量测设备），量测设备作为采集系统的神经末梢，可以实时感知电网末端电能数据的变化情况。量测设备主要包括电能表、智能开关、传感器等，通过该章节的学习让学员了解常见量测设备相关功能和特性等知识。

## 【模块目标】

通过本模块学习，应达到以下目标。

### （一）知识目标

熟悉用电信息采集量测设备类别、功能等，了解量测设备（如电能表、智能断路器、智能插座、智能锁具和烟感、水位、温湿度传感器等量测设备）定义、基本原理、工作要求。

### （二）技能目标

能够开展用电信息采集量测设备的数据采集、采集异常分析等。

### （三）素质目标

熟悉用电信息量测设备，了解量测设备数据采集要求。

## 任 务　量 测 设 备

### 【任务目标】

用电信息采集对象设备主要是用于测量、传输、存储和控制电力系统相关数据的各类设备（又称量测设备），量测设备作为采集系统的神经末梢，可以实时感知电网末端电能数据的变化情况。量测设备主要包括电能表、智能开关、传感器等，通过该章节的学习让学员了解常见量测设备相关功能和特性等知识。

### 【任务描述】

介绍电能表、智能断路器、智能插座、智能锁具和烟感、水位、温湿度传感器等量测设备的基本功能、发展历史、分类和应用现状等。

## 【知识准备】

### 一、电能表

#### （一）电能表的概念

电能表是用来测量电能的仪表，其中用电子器件组成测量回路的交流电能表称为电子式交流电能表，目前大量使用的智能电能表也属于电子式交流电能表的一种。

智能电能表是由测量单元、数据处理单元、通信单元等组成，具有电能量计量、信息存储及处理、实时监测、自动控制、信息交互等功能的电能表，是在普通电子式电能表基础上，增加存储、通信和时钟等模块，实现电能计量、信息存储及处理、实时监测、控制、信息交互等功能，可支持双向计量、阶梯电价、分时电价等需要，也是实现分布式电源计量、双向互动服务的技术基础。这些功能都是围绕坚强智能电网建设而增加的，以满足电能计量、营销管理、客户服务的目的。

#### （二）电能表发展历史

最早的电能表是 1881 年根据电解原理制成的，尽管这种电能表每只重达几十千克，十分笨重，又无精度的保证，但是当时仍然被作为科技界的一项重大发明受到人们的重视和赞扬，并很快地在工程上采用了它，随着科学技术的发展，1888 年，交流电的发现和应用又向电能表的发展提出了新的要求。经过科学家的努力，感应式电能表诞生了。因为感应式电能表具有结构简单、操作安全、价廉、耐用，又便于维修和批量生产等一系列优点，所以发展很快。1905 年出现了增加非工作磁路的方法，使电能表的测量准确度有了很大提高，此后随着高导磁材料出现，大大减轻了电能表的质量，减小了体积，也降低了电能表本身的功耗。但是，感应式电能表也有不少缺点，主要是准确度低、适用频率窄、功能单一、对非线性负荷、冲击负荷的计量误差大和缺乏防窃电能力等。

20 世纪末，人们对电能表提出了具有多功能、高准确度和便于抄表、具有通信接口等多种需求，针对这些需求，科学家设计出了机电一体化的长寿命电能表，且能满足多项需求。如分时多费率电能表、有脉冲输出的电能表、多路最大需量表、预付费电卡电能表等。它们是以感应式电能表为基表，同时应用电子电路来拓展功能。机电式长寿命电能表整机一体化程度高，各零部件均采取了特别工艺处理，使用寿命较长，并可在各种恶劣环境条件下的正常运行。但是机电式电能表仍然难以克服感应式电能表准确度低、功能扩展困难、防窃电能力差等缺点。

我国交流感应式电能表是在 20 世纪 50 年代从仿制外国电能表开始生产，经过二十多年的努力，我国的电能表的制造已具备相当的水平和规模，随着科学技术的发展，对交流感应式电能表过负荷能力、使用寿命要求的提高。我国在 20 世纪 80～90 年代开始了对长寿命电能表、机电一体化电能表（半电子式电能表）、全电子式电能表、多功能全电子式电能表、预付费电能表、复费率电能表、最大需量表、损耗电能表等的研制生产，2000 年以后这些半智能式电能表被广泛应用于家庭用电、商业用电等方面。

2009 年，英国政府首次将研究生产的第一批具有网络通信功能的电能表应用到家庭用电上后，中国国家电网随即在国内提出"智能电表"的概念。国家电网公司下属 26 个网省公司，在 2009 年下半年的时候，集中制定了统一的技术标准，这时正好处在国家电网公司要建成智能电网的大环境下，因此把今后所要采购的电能表统一称为智能电能表，当时最主要的还是要解决阶梯电价和远程抄表的问题，另外还有一些功能要等到以后拓展。

2009 年 9 月国家电网公司首次发布了智能电能表系列企业标准，智能电能表的推广应用为智能电网的发展及用电管理模式转变起到了积极的推动作用，但在应用过程中也暴露出若干问题，因此结合智能电能表质量管控工作中发现的问题，于 2013 年 3 月进行了标准的第一次修订。2020 年随着 OIML R46-1/-2 国际标准在中国的推广落地及 GB T 17215.211—2021《电测量设备（交流）通用要求、试验和试验条件》、GB/T 17215.321—2021《电测量设备（交流）特殊要求　第 21 部分：静止式有功电能表（A 级、B 级、C 级、D 级和 E级）》和 JJF 1245《洛氏硬度基准操作技术规范》系列标准的相应修订，智能电能表的设计需要满足新的技术要求，同时根据数亿只电能表的长期运行情况以及现场多年的应用经验和新增需求，故对智能电能表进行了再次修订。因此，按国家电网公司发布的技术标准区分，智能电能表可分为 2009 年版、2013 年版和 2020 年版。

随着客户侧电力物联网对信息感知的深度、广度和密度提出的更高要求，电能表被赋予了更多能源路由的功能，用以实现业务流、信息流的采集与转发。国家电网公司于 2016 年开启了智能物联电能表的技术储备工作，提出了双芯智能电能表的设计理念。双芯表中的计量芯是高可靠性、长寿命法制计量部分，不允许进行软件升级。管理芯承担整表的管理任务，主要包括负荷控制、事件记录、费控、显示、对外通信、数据冻结等任务，支持软件升级。物联智能电能表既能满足智能电网要求，又能符合 IR46 标准，实现计量芯和管理芯独立运行，能实现计量、软件功能和通信方式的自由组合，以适应我国的用电环境，其功能模块支持软件在线升级，通信模块支持在线更换。

**（三）电能表分类**

电能表具备多种功能属性，可按接入电源、接线方式等几种方式分类，具体如图 2-5-1 所示。

1. **按接入电源和工作原理分类**

（1）交流电能表。用电子器件组成测量电路的交流电能表称为电子式交流电能表，其电

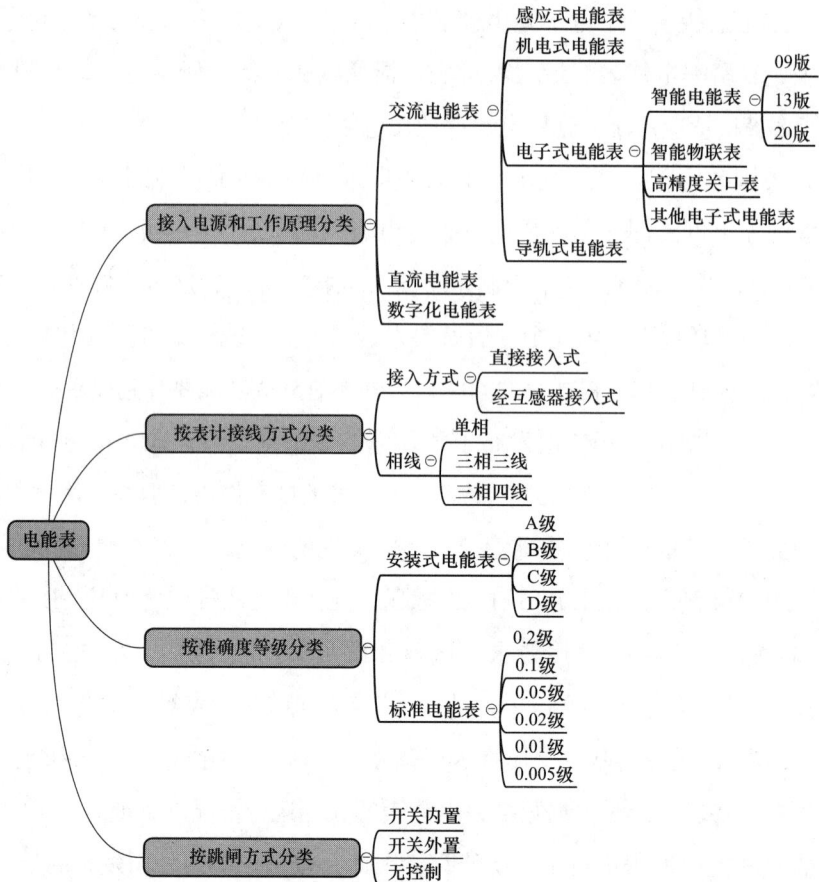

图 2-5-1　电能表分类

流和电压作用于固态（电子）元件上，在一定时间内与产生的电能成正比。因为它不同于机电式（感应系）交流电能表具有转动元件，所以又称为静止式交流电能表，主要用于测量交流电源（如电网）提供的电能，目前应用范围最广。电子式单相电能表的原理结构如图 2-5-2 所示。

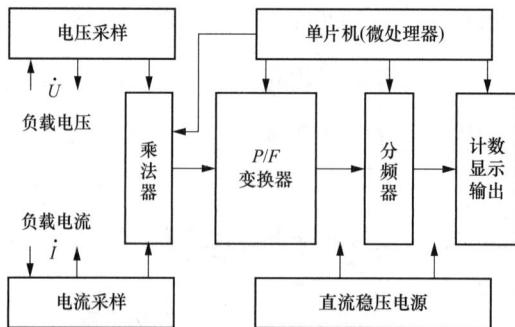

图 2-5-2　电子式单相电能表的原理结构框图

三相电子式电能表，各相电压、电流采样电路及其乘法器与电子式单相电能表相同，但在 P/F 变换器前需加求和电路，将各相乘法器输出的信号相加后送到分频器变频。

1）感应式电能表。由驱动元件、转动元件、制动元件、轴承和计度器五大部分组成的一种交流电能表，其测量机构和计度器如图 2-5-3、图 2-5-4 所示。

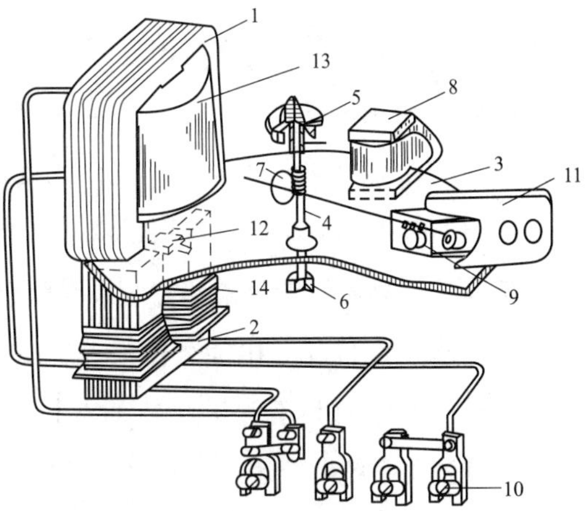

感应式电能表与电子式电能表相比，其优点为结构简单、工作可靠、维护方便、调整容易；缺点为体积大、制造精度不容易提高。

2）机电式电能表。常用的机电式电能表中单相电能表都是三磁通型积算式仪表，它由测量机构和辅部件组成。三相电能表各相的测量机构和单相电能表相似，由两组或三组测量机构组成，各测量机构的构成原理与单相电能表相似，通过一定的测量电路才能测量三相有功或无功电能。其中测量机构是机电式电能表

图 2-5-3　单相交流感应式电能表测量机构简图
1—电压铁芯；2—电流铁芯；3—转盘；4—转轴；
5—上轴承；6—下轴承；7—蜗轮；8—制动元件；
9—计度器；10—接线端子；11—铭牌；12—回磁极；
13—电压线圈；14—电流线圈

图 2-5-4　交流感应式电能表计度器

电能测量的核心部件，其工作原理和感应式电能表一样，也是由驱动元件、转动件、制动元件、轴承、计度器和误差调整装置组成，另外在感应式电能表基础上增加电子计度器、分费率计量等功能。

3）电子式电能表。

a. 智能电能表。由测量单元、数据处理单元、通信单元等组成，具有电能量计量、信息存储及处理、实时监测、自动控制、信息交互等功能的电能表。

单、三相智能电能表都是多功能意义上的电能表，是在电能计量基础上重点扩展了信息存储及处理、实时监测、自动控制、信息交互等功能，这些功能都是围绕坚强智能电网建设而增加的，以满足电能计量、营销管理、客户服务的目的。

b. 智能物联电能表。智能物联电能表是由计量模组、管理模组、扩展模组组成的，具备电能计量、数据处理、实时监测、自动控制、环境感知、信息交互和通信路由等功能，同时能适应物联网需求的智能电能表。

　　智能电能表的推广应用为智能电网的发展及用电管理模式的转变起到了积极的推动作用。随着客户侧电力物联网对信息感知的深度、广度和密度提出的更高要求，电能表被赋予了更多能源路由的功能，用以实现业务流、信息流的采集与转发。与此同时，OIML R46-1/-2 国际标准也在国内落地实施。在此背景下，国家电网有限公司于 2016 年开启了智能物联电能表的技术储备工作，提出了双芯智能电能表的设计理念，开启了智能物联电能表的研究工作。智能物联电能表系列企业标准整合了近些年来智能电能表发展过程中的创新成果以及应用需求全面优化了电能表的设计方案，提出了电能表性能指标，扩展了电能表功能配置。标准的制定有利于优化电能表技术资源配置，引领电能表技术迈进智能化、物联化时代，促进公司系统电能表应用水平的整体提高。

　　智能物联电能表的计量模组是核心，承担着法制计量的基本功能。计量模组保存了所有法制相关的电能、时间等原始数据以及与计量资产相关的信息（表号、资产号）。管理模组是管理中心，从计量模组获取电源和原始数据，采用可插拔式设计，通过标准化接口与计量模组、扩展模组建立连接，其上搭载轻量级操作系统，支持多 APP 运行。扩展模组是实现灵活、可扩展性的主要体现形式，可根据不同业务场景在电能表上选配不同的功能扩展模组。单、三相智能物联电能表外观如图 2-5-5、图 2-5-6 所示。

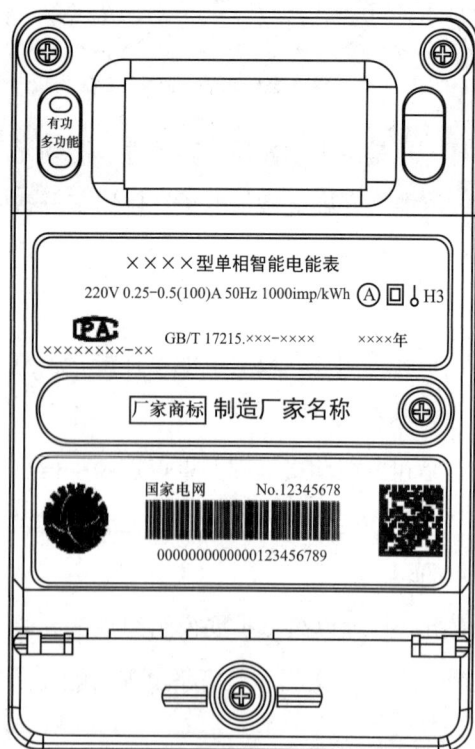

图 2-5-5　单相智能物联电能表外观图

图 2-5-6　三相智能物联电能表外观图

c. 高精度关口表。 关口表是指安装运行在发电企业上网、跨区联络线、省网联络线及省内下网等关口电能计量装置中的电能表，用于贸易结算和内部经济指标的考核，关口表在所有电能表领域的数量不到 5%，却计量了 80% 以上的电量，在整个电网的电能计量中承担着重要责任。

电网关口计量是电网最重要的计量点，其年发电量或年输送电量超过 60 亿 kWh，电网关口计量表计有微小的计量变差，如表计有 0.05% 的计量误差，将产出年电力贸易结算电费 ±100 万元以上的差异，所以关口表产品需具备高准确度、高稳定性、高可靠性。

随着电力市场化的推进与现代电力营销体制的形成，打破了传统电力公司对发电、输电、配电和售电的全程垄断，极大刺激了发电企业与电力公司对发电厂与电力公司间、电力公司与电力公司间电能交换的计量与结算的需求，促进了关口表的产业发展与产品技术、性能的不断提升。

d. 导轨式电能表。导轨式电能表是使用导轨安装的，由测量单元、数据处理单元、通信单元等组成，具有电能量计量、信息存储及处理、实时监测、信息交互等功能的一种电子式交流电能表。

随着营销计量业务不断开展，计量箱内所有设备均趋向智能化发展，为现场的营销业务提供支撑。导轨表整箱计量功能可以有效聚焦存量多表位计量箱整箱计量需求。导轨表在计量失准分析关键业务的技术优势，可以提高电能表计量失准判别准确度、持续提升供电服务质量。

综合考虑应用场景定位、实际现场安装改造条件等，导轨表选取频率响应特性好、线性度佳、测量量程宽的罗氏线圈作为电流互感器。罗氏线圈是一种均匀缠绕在非铁磁性材料上的环形线圈，用于测量交流电，具有良好的线性度与宽频特性的电流传感器，其工作原理是通过被测量导体产生的交变磁场在线圈中感应出一个与一次电流成比例的交流电压信号，用此电压信号来描述被测电流。

使用导轨式电能表开展多表位计量箱整箱计量技术，可作为计量箱总表实现各种监测功能，导轨表可根据需求设定为单相、三相计量模式，抄读箱内其他电能表电压、电流、电量等数据信息，为失准分析提供数据支撑，同时可利用 CAN 总线通信实现对锁具及其他传感器信息状态的抄读监测。国家电网招标采购的导轨式电能表的外观如图 2-5-7 所示，规格见表 2-5-1。

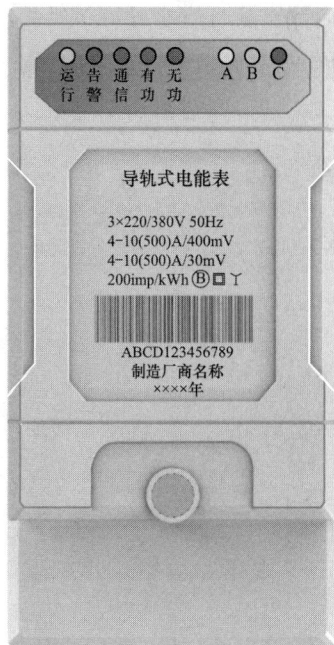

图 2-5-7 导轨式电能表外观

表 2-5-1 导 轨 式 电 能 表 参 数

| 接入方式 | 电压规格 | 电流规格 | 准确度等级 | 脉冲常数<br>（imp/kWh） |
|---|---|---|---|---|
| 经互感器 | 3×220/380V | 4～10（500）A | 有功：B 级。<br>无功：2 级 | 200 |

e. 高防护电能表。高防护电能表是为满足电能表更高防护等级的需求，依据 GB/T 4208—2017《外壳防护等级（IP 代码）》，将电能表防尘、防水等级提升至 IP68。其中 IP6X 要求：尘密外壳，无明显灰尘进入。IPX8 要求：防持续浸水影响。

为提高电能表运行可靠性，国家电网公司组织研制了具备尘密外壳的高防护电能表，其防尘防水等级提升至 IP68，可防止明显灰尘进入及防止持续浸水损坏问题，降低高盐雾、高湿热环境中电路板受侵蚀风险，推荐使用场所和地区如下：

a）易受洪涝灾害导致电能表浸水损坏的场所。在易受洪涝灾害影响地区安装高防护电能表，可以提高电能表再利用率，降低换表压力，加快用户复电速度。

b）沿海高盐雾、高湿热地区。电能表长时间运行在高盐雾、高湿热环境下，电路板极易受到盐雾侵蚀而受损，在高盐雾地区安装高防护电能表，可以有效降低电能表印制板锈蚀风险，延长表计使用寿命。

高防护电能表只在硬件防尘放水方面进行调整，软件设计无须修改，主要硬件防护方案如图 2-5-8～图 2-5-11 所示，电能表 3 号和 4 号强电端子之间进水指示窗材质为透明 PC，内部安装有进水变红试纸。电能表安装使用后如遇洪水，可在洪水退后，观察高防护电能表进水变红标记，如未变红说明电能表内部未进水，只需尽快地清理掉电能表端子上的脏污和水渍就可以上电使用，无须换表。

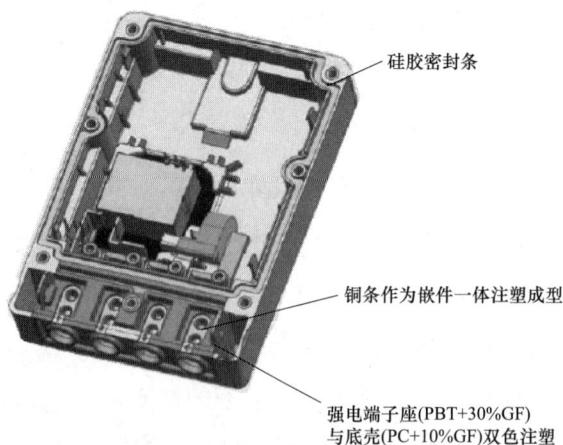

图 2-5-8 高防护电能表底壳、强电端子密封方案

硅胶密封条

铜条作为嵌件一体注塑成型

强电端子座(PBT+30%GF)
与底壳(PC+10%GF)双色注塑

图 2-5-9 高防护电能表上壳、弱电端子密封方案

图 2-5-10 高防护电能表翻盖、按键装配密封方案

（2）直流电能表。由直流电流（或代表直流电流的电压）和直流电压作用于固态（电子）元件产生与被测电能成正比输出的仪表，按照接入方式可分为直接接入式电能表和间接接入式电能表两类（原理结构见图 2-5-12～图 2-5-14），可用于直流充电桩计

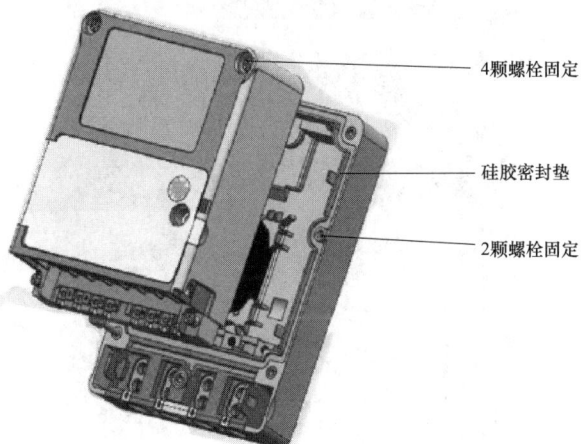

图 2-5-11 高防护电能表上壳、底壳配合密封方案

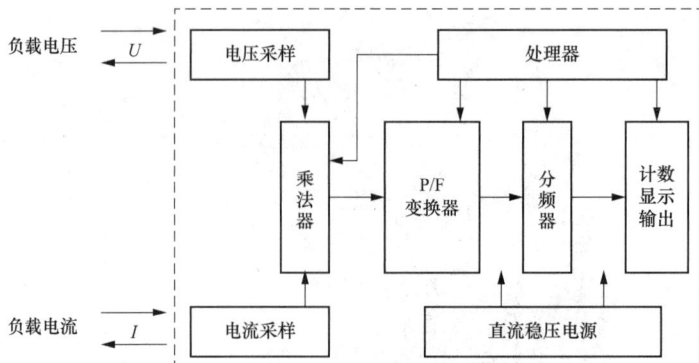

图 2-5-12 直接接入式电能表原理结构框图

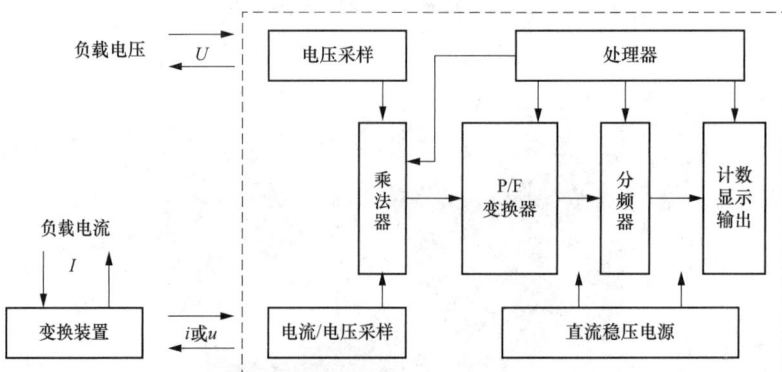

图 2-5-13 间接接入式电能表原理结构框图

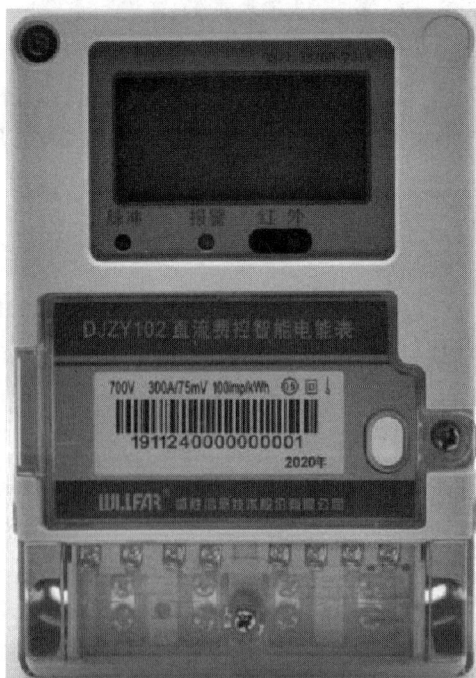

图 2-5-14 直流电能表外观

量、电池等直流电能测量。

随着国家近年对光伏发电、风电、氢能以及直流储能领域的高度重视，新能源产品也得到大力推广运用，特别是直流监测计量产品。如何有效利用新能源、解决新能源并网问题，做到削峰填谷、合理分配、系统可调可控，保障电网有序运行，这些都与直流量测密不可分。

（3）数字化电能表。用于数字化变电站电能计量的电能表（简称数字输入电能表）。数字化变电站内电能计量技术在模拟量采集方式上有了巨大变化，相比于传统的变电站内的电能表，其表计的采样传感器一般采用是高功率输出的电流互感器和电压互感器，而新型数字化变电站内模拟量采样实现全数字量化后通过光纤线路传输，并且一次侧的传感器采用了低功率输出的电子式互感器，它具有测量准确度高、无饱和、动态范围宽、无二次开路危险等优点，为数字化变电站内电能计量提供了准确的、可靠的数据来源。

数字化变电站的电能计量系统主要包括一次侧的电子式互感器，其中包含遵循 IEC 60044-7—1999《互感器　第 7 部分：电子式电压互感器》标准电子式电流互感器及遵循 IEC 60044-8—2002《互感器　第 8 部分：电子式电流互感器》标准的电子式电压互感器、合并单元（merging unit），以及全站的采样同步时钟 GPS 同步信号。数字化变电站的电能计量组成方框图如图 2-5-15 所示，其中电子式互感器与合并单元之间的通信一般是数字信号采用 IEC 60044-7—1999《互感器　第 7 部分：电子式电压互感器》标准中规定的 FT3 格式传输，也有模拟小信号直接传输至合并单元通过合并单元内采样的传输方式，后通过合并单元将所采集的数据合并，以符合 IEE 802.3《局域网（LAN）的协议标准》规定中的 100Base-FX 方式对外传输数据。

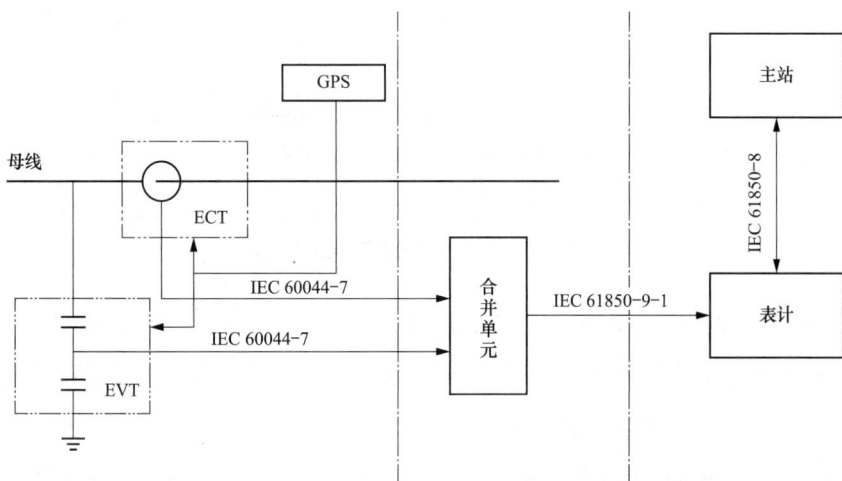

图 2-5-15　数字化变电站电能计量组成方框图

1）数字化电能表的工作原理及构成。数字化电能表是一款遵循 IEC 61850-9-1/2《数字化变电站内通信规约》协议的全新的数字接口式多功能电能表，采用当今世界流行的高档电能表设计方案：数字信号处理器与中央微处理器相结合的构架，将数字信号处理器的高速数据吞吐能力与中央微处理器复杂的管理能力完美结合。通过协议处理芯片获取合并单元的数据协议包，传送至数字信号处理单元完成对电参量测量、电能累计以及电能的计算等任务，后与中央微处理器进行数据交换，由中央微处理器最终完成表计的显示、数据统计、储存、人机交互、数据交换等复杂的管理功能。

数字化电能表的主要构成如图 2-5-16 所示，主要由两路工作电源、协议转换器、点阵液晶显示等有关部件组成。其中 100 Base-FX 接口完成信息的采集，协议接口芯片完成数据的转换，数字信号处理器完成电参量的计算，如电压、电流、功率的计算，同时指示当前的功率脉冲。后传送至中央微处理器单元，由中央微处理器单元完成电参量的累加，同时通过点阵液晶显示模块显示表计的信息，用户可以通过按键选择相应的显示项获取信息，同时表计可以通过光纤以太网读取数据，完成数据的抄读，最终实现数据的共享。

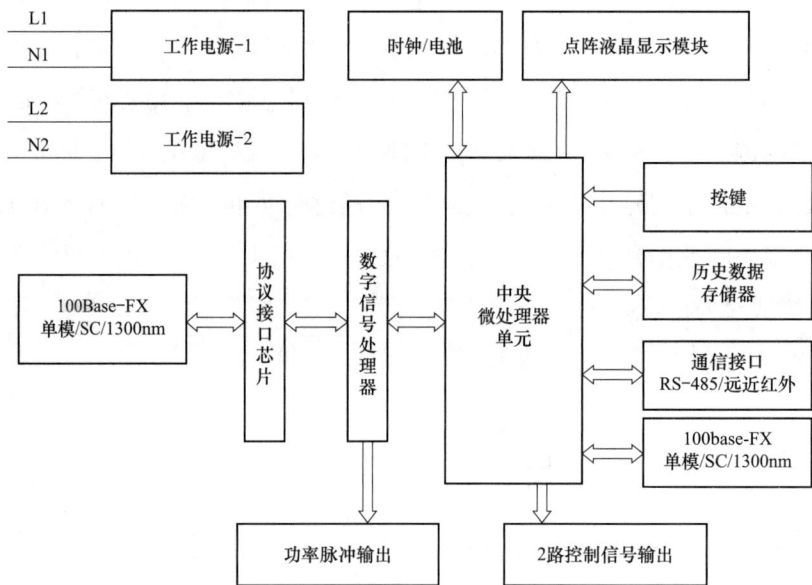

图 2-5-16　数字化电能表的构成

2）数字化电能表与传统电能表相比的主要优点。

a. 数字化变电站电能计量系统的误差优于传统变电站。数字输入电能表接收通过光纤以太网传送的电流、电压采样点的数字流，通过高速 DSP 的精确运算，可准确计量各项电量及参数，计算误差小于 0.01%；数字输入电能表基本避免了因二次电流电压模拟信号传输损耗引起的计量系统附加误差。图 2-5-17 为传统模拟信号输入电能表与新型数字输入电能表系统误差对比示意图。

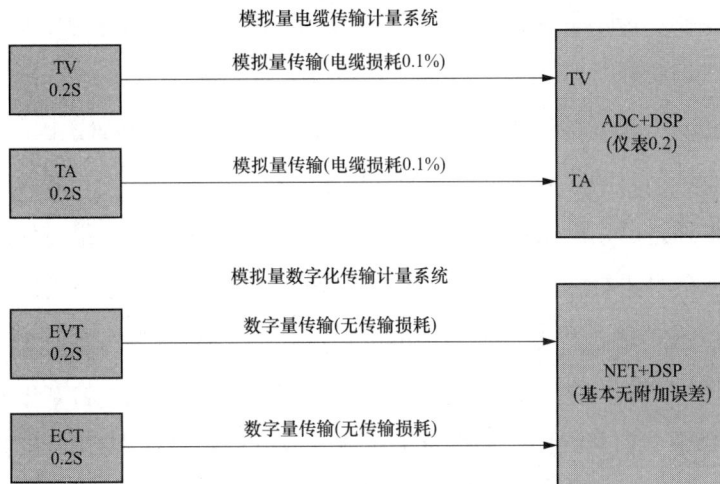

图 2-5-17　传统变电站与数字化变电站电能计量系统

从图 2-5-17 可以看出，数字输入的 ECT 和 EVT 计量系统的计量精度得到明显的提高。对于结算量巨大的高压计量端，效益尤其明显。传统式与数字式计量系统误差比较见表 2-5-2。

**表 2-5-2　传统式与数字式计量系统误差比较**

| 计量系统类别 | 一次侧电压互感器误差 | 一次侧电流互感器误差 | 电缆传输损耗误差 | 表计内部误差 | 综合误差 |
|---|---|---|---|---|---|
| 传统式变电站计量系统 | 0.2 | 0.2 | 0.1 | 0.2 | 0.7 |
| 数字化变电站计量系统 | 0.2 | 0.2 | 无 | 基本无计算附加误差 | 0.4 |

b. 数字化电能表的高可靠性。数字输入电能表与合并单元或电子式互感器物理间采用光纤通信，实现完全电气隔离，保证在各种复杂的电磁环境下都不会造成数字电流、电压信号传输的改变。同时，该表已完全取消二次电流输入，有效地消除了过电流或二次电流开路等安全事故隐患。

各种复杂的电磁环境下都不会造成数字电流、电压信号传输的改变。同时，该表已完全取消二次电流输入，有效地消除了过电流或二次电流开路等安全事故隐患。

c. 数字化电能表的高稳定性。电能表采用数字信号输入，无模拟采样电路，长期运行中有效避免传统电能表因温度、采样电路的电阻变化、电容变化、零漂、电磁干扰等可能对精度造成的影响。

d. 数据可靠性。电流、电压数字信号采用标准协议进行传输，接收端即电能表可对来自互感器或者合并单元的电流、电压信号进行校验，有效避免了误码可能对电能计量造成的影响；来自包括互感器、传输系统、电能表等整个计量系统的故障信息均可通过告警信号提供给当地及后台，及时提供故障与异常信息，减小窃电的可能。IEC 61850 标准定义了单向串行通信接口，它把合并单元数字输出采样信息连接到计量和保护装置。国际标准 IEC 61850 着眼于建立基于变电站自动化系统的无缝通信体系，在该标准下，电子式互感器将采集得到的电流、电压数据通过通信网络以指定帧格式进行发布，电能计量、继电保护等装置根据接收到的电流、电压信号进行相应处理，这给电能计量、继电保护等装置的间隔层系统带来了信息安全的威胁。在传输过程的数据启用网络接口芯片 CRC 校验，同时根据 IEC 61850 协议包中的数据帧序号判断采样点数的丢失，进行相应的数据帧补偿。合并单元与表计在模拟量采样值传输过程中，信号线路受到严重干扰或者数据传输过程中 CRC 校验出错，都有可能造成一次侧的模拟量至二次侧表计数字量映射不对应现象，即出现采样点丢失现象，为此表计内部数字信号处理器的计量算法需做相应的丢点补偿处理，比较常用的插值方法有拉格朗日插值法、牛顿插值法，具体选择的插值方法，需根据丢点前后数据的相关性及采样计数器等信息来选择。图 2-5-18 是随机丢点后与经插值后计算补偿后得出的电量的误差比较，图示为单相电压，电流一个周波丢失 4 至 5 个采样点后与插值后的误差比较，两者之间相乘后功率误差多达 8% 左右。可见，保持周波采样点的完整性对表计的计量准确性至关重要。

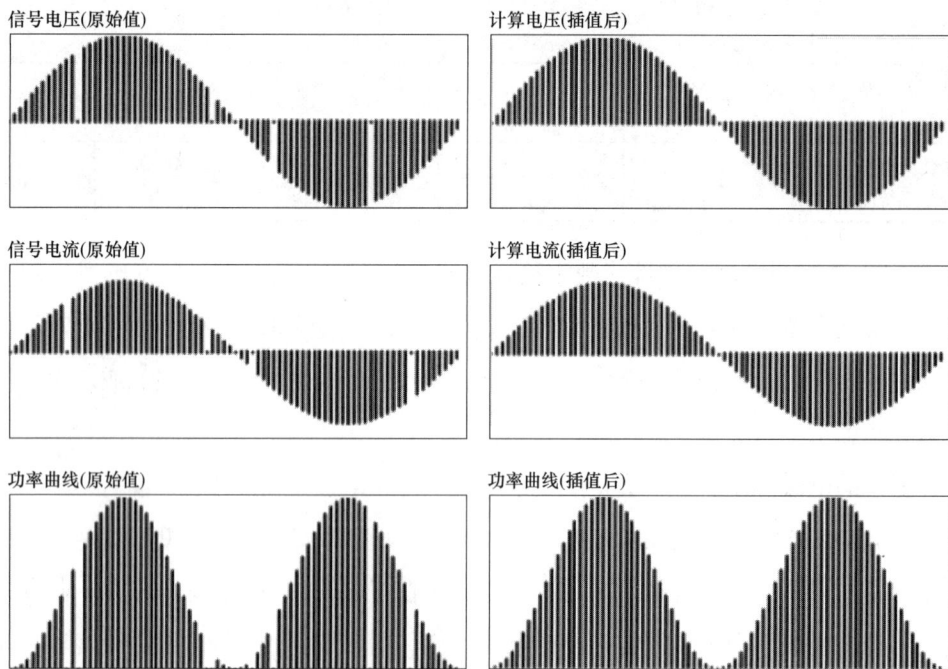

图 2-5-18　随机丢点与插值后的波形

2. 按费控方式分类

智能电能表费控功能分为本地费控和远程费控两种，福建公司均采用远程费控方式的智能电能表。

（1）本地费控电能表。本地费控电能表是在智能电能表本地实现费控功能的电能表。本地费控电能表支持 CPU 卡等固态介质进行充值及参数设置，同时也支持通过虚拟介质远程实现充值、参数设置及控制，即本地预付费与远程预付费是本地费控电能表所应具有的两种预付费方式，本地费控电能表的费控功能都是在智能电能表内部实现的。

本地费控电能表既支持本地充值又支持远程充值。本地费控电能表只有在开户时才能设置客户编号。

（2）远程费控电能表。本地主要实现计量功能，不支持本地计费功能。计费功能应由远程的主站／售电系统完成，当用户欠费时由远程主站／售电系统发送跳闸命令，给用户断电；当用户充值后，远程主站／售电系统再发送合闸命令，为用户合闸。

远程费控表不存储和显示与金额、电价、变比、阶梯、购电相关的数据，费控功能由后台完成，远程费控表接收后台的控制命令来执行相应操作。若事件记录和冻结数据中包含金额数据，远程费控表不支持读取，返回"对象未定义"的错误。

### （四）智能电能表应用现状

1. 智能电能表标准体系构成

智能电能表技术标准体系结构按照不同类型电能表的功能配置、型式种类、技术性能、安全防护等，由功能规范、型式规范、技术规范、安全防护规范等 4 类共 6 个技术标准组成（见表 2-5-3），适用于智能电能表的设计、制造、采购、验收。

表 2-5-3 　　　　　　　　　　　　智能电能表技术标准

| 技术标准名称 | 标准编号（2020 年版） |
| --- | --- |
| 智能电能表功能规范 | Q/GDW 10354—2020《智能电能表功能规范》 |
| 单相智能电能表型式规范 | Q/GDW 10355—2020《单相智能电能表型式规范》 |
| 三相智能电能表型式规范 | Q/GDW 10356—2020《三相智能电能表型式规范》 |
| 单相智能电能表技术规范 | Q/GDW 10364—2020《单相智能电能表技术规范》 |
| 三相智能电能表技术规范 | Q/GDW 10827—2020《三相智能电能表技术规范》 |
| 智能电能表信息交换安全认证技术规范 | Q/GDW 10365—2020《智能电能表信息交换安全认证技术规范》 |

技术规范规定了单、三相智能电能表的规格、适应环境、准确度要求、机械性能、电气性能、绝缘性能等方面的技术要求和试验项目，规定了电能表的检验规则和运行质量管理要求。

型式规范规定了单、三相智能电能表的规格要求、环境条件、显示要求、外观结构、安装尺寸、材料及工艺等型式要求。

功能规范规定了单相、三相智能电能表的功能要求及功能配置。

信息交换安全认证技术规范规定了费控智能电能表的费控功能要求，数据交换安全认证所涉及的数据结构和操作流程，包括术语定义、安全原则、安全模块和卡片的文件结构、费控功能要求、操作流程和相关功能的检测要求。

2. 2020 年版智能电能表电压、电流规格

根据不同类型电力用户的装用环境与管理特点，按照采集通道与费控方式的不同，6 个技术标准共覆盖 12 种类型的智能电能表，每款电能表的电压、电流规格具体见表 2-5-4、表 2-5-5。

表 2-5-4　　　　　　　　　　　单相智能电能表电压、电流规格对照表

| 序号 | 智能电能表种类名称 | 电流规格 | 电压规格 |
| --- | --- | --- | --- |
| 1 | A 级单相费控智能电能表（远程 – 开关内置） | 0.25～0.5（60）A | 220V |
| 2 | A 级单相费控智能电能表（远程 – 开关外置） | 0.25～0.5（60）A、0.5～1（100）A | 220V |
| 3 | A 级单相本地费控智能电能表（CPU 卡 – 开关内置） | 0.25～0.5（60）A | 220V |
| 4 | A 级单相本地费控智能电能表（CPU 卡 – 开关外置） | 0.25～0.5（60）A、0.5～1（100）A | 220V |

表 2-5-5　　　　　　　　　　　三相智能电能表电压、电流规格对照表

| 序号 | 智能电能表种类名称 | 电流规格 | 电压规格 |
| --- | --- | --- | --- |
| 1 | B 级三相费控智能电能表（远程 – 开关内置） | 0.2～0.5（60）A | 3×220/380V |
| 2 | B 级三相本地费控智能电能表（CPU 卡 – 开关内置） | 0.2～0.5（60）A | 3×220/380V |
| 3 | B 级三相费控智能电能表（远程 – 开关外置） | 0.2～0.5（60）A、0.4～1（100）A | 3×220/380V |
| | | 0.015～0.075（6）A | 3×220/380V、3×57.7/100V、3×100V |
| 4 | B 级三相本地费控智能电能表（CPU 卡 – 开关外置） | 0.2～0.5（60）A、0.4～1（100）A | 3×220/380V |
| 5 | C 级三相费控智能电能表（远程 – 开关外置） | 0.015～0.075（6）A | 3×220/380V、3×57.7/100V、3×100V |
| | | 0.003～0.015（1.2）A | 3×57.7/100V |
| 6 | C 级三相本地费控智能电能表（CPU 卡 – 开关外置） | 0.015～0.075（6）A | 3×220/380V、3×57.7/100V、3×100V |
| | | 0.003～0.015（1.2）A | 3×57.7/100V |

| 序号 | 智能电能表种类名称 | 电流规格 | 电压规格 |
|---|---|---|---|
| 7 | C级三相智能电能表 | 0.003~0.015（1.2）A、<br>0.015~0.075（6）A | 3×220/380V、3×57.7/<br>100V、3×100V |
| 8 | D级三相智能电能表 | 0.015~0.075（6）A | 3×57.7/100V、3×100V |
| | | 0.003~0.015（1.2）A | 3×57.7/100V |

3. 2020 年版智能电能表外观

（1）铭牌及标识说明。2020 年版单相智能电能表外观如图 2-5-19 所示，2020 年版三相智能电能表外观如图 2-5-20 所示。

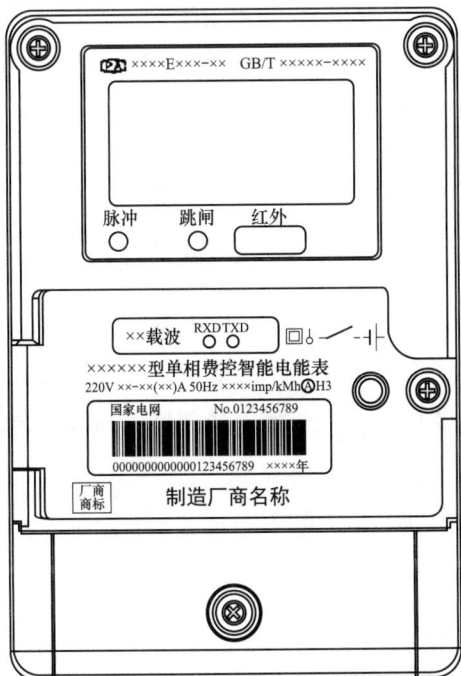

图 2-5-19　2020 年版单相智能电能表外观图

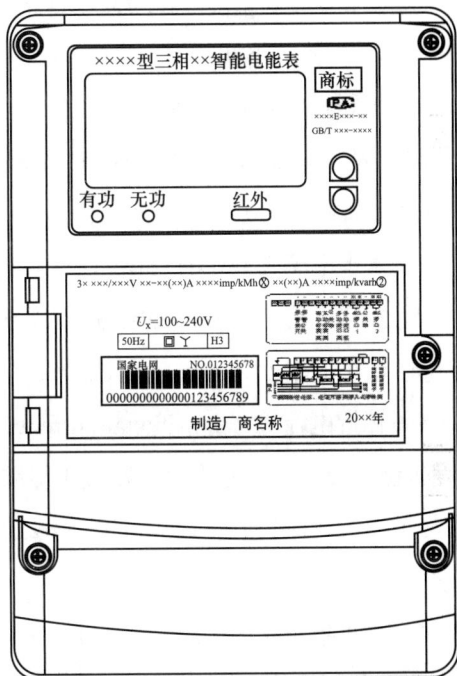

图 2-5-20　2020 年版三相智能电能表外观图

说明如下：

1）准确度等级。以圆圈中的等级数字或者字母表示。

2）电能表常数。电能表常数指电能表记录的电能和相应的转数或脉冲数之间关系的常数。有功电能表以 kWh/r（imp）或 r（imp）/kWh 表示；无功表以 kvarh/r（imp）或 r（imp）/kvarh 表示。

3）参比频率。参比频率指确定电能表有关特性的频率值，以赫兹（Hz）作为单位。

4）参比电压。参比电压指确定电能表有关特性的电压值，以 $U_\text{n}$ 表示。三相三线电能表以相数乘以线电压表示如 3×100V；三相四线电能表以相数乘以相电压／线电压表示，如 3×220/380V；单相电能表以电压线路接线端上的电压表示如 220V。

5）2020 年版智能表铭牌有功部分电流按 $I_{min}$–$I_{tr}$（$I_{max}$）A 标识［如 0.2～0.5（60）A］，等级：B（或 A、C、D）。

6）2020 年版智能表铭牌无功部分电流仍按原来要求 $I_n$（$I_{max}$）A 标识［如 5（60）A］，等级：2。

7）载波通信模块指示灯。TXD 灯——红灯闪烁时，表示模块向电网发送数据；RXD 灯——绿灯闪烁时，表示模块从电网接收数据。

8）CMC（制造计量器具许可证）改为 CPA（计量器具型式批准证书）。2018 年 1 月，国家质检总局发布《质检总局关于取消制造、修理计量器具许可事项的公告》（2018 年第 2 号）。公告要求：自 2017 年 12 月 28 日起，县级以上人民政府计量行政部门不再受理制造、修理计量器具许可申请。原 CMC 证改为电能表供应商应取得政府计量行政部门颁发的相应型号电能表计量器具型式批准证书（CPA）。

（2）电流规格说明。

1）基本电流 $I_b$（basic current）。确定直接接入电能表有关特性的电流值，$I_b=10I_{tr}$。

2）额定电流 $I_n$（rated current）。确定经互感器接入电能表有关特性的电流值，$I_n=20I_{tr}$。

3）最小电流 $I_{min}$（minimum current）。规定的符合电能表准确度等级要求的电流最小值。

4）转折电流 $I_{tr}$（transitional current）。规定的电流值，在大于等于该值时，与电能表准确度等级对应的最大允许误差在最小极限内。

5）最大电流 $I_{max}$（maximum current）。规定的电能表持续承载并保持安全且满足准确度要求的电流最大值。

4. 2020 年版智能电能表和 2013 年版有功电能准确度等级对应说明

2020 年版智能电能表和 2013 年版有功电能准确度等级对应说明见表 2-5-6。

表 2-5-6 准确度等级对应说明

| 2020 年版智能表准确度等级 | 2009 年版、2013 年版智能表准确度等级 |
| --- | --- |
| A 级 | 2 级 |
| B 级 | 1 级 |
| C 级 | 0.5 级 |
| D 级 | 0.2 级 |

5. 2020 年版智能表与 2013 年版液晶屏显示

2020 年版智能表去掉"尖峰平谷"字段，使用"费率 18"和"T18"代替，最大可支持到 12 费率，使用"L8"表示当前运行阶梯电价，三相可显示 10 位数字，小数位最多可显示 4 位，具体如图 2-5-21～图 2-5-24 所示。

图 2-5-21 2013 年版单相智能表液晶屏

图 2-5-22 2020 年版三相智能表液晶屏

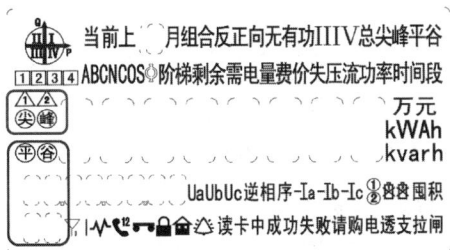

图 2-5-23 2013 年版三相智能表液晶屏

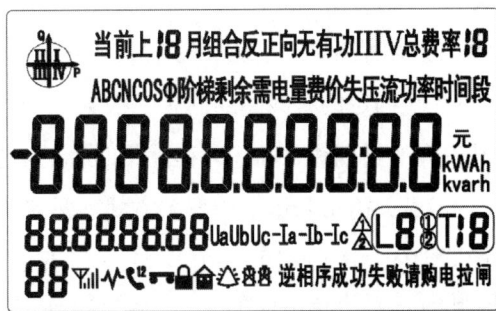

图 2-5-24 2020 年版三相智能表液晶屏

6. 2020 年版智能表液晶显示标识说明

（1）"△△"指示当前套、备用套阶梯电价，△表示运行在当前套阶梯，△表示有待切换的阶梯，即备用阶梯率有效（本地表适用）。

（2）L8 指示当前运行第"1-X"阶梯电价（本地表适用）。

（3）"①②"代表当前套、备用套时段/费率，默认为时段。

（4）T18 指示当前费率状态（1-1X）。

（5）显示的变化与功能相关说明：2020 年版智能表应支持 12 个费率的显示，分别为 T1-T12。其中 T1-T4 对应尖、峰、平、谷费率。

单相电能表显示位数为 8 位，显示小数位数支持 0～4 位可设，默认 0 位。

三相电能表显示位数为 10 位，显示小数位数支持 0～4 位可设，默认 2 位。

7. 2020 年版智能表基本功能要求

（1）电能计量。电能表的电能计量功能要求如下：

1）具有正向、反向有功电能量和四象限无功电能量计量功能，并可以据此设置组合有功和组合无功电能量。

2）四象限无功电能除能分别记录、显示外，还可通过软件编程，实现组合无功1和组合无功2的计算、记录、显示。

3）具有分时计量功能；有功、无功电能量应对尖、峰、平、谷等各时段电能量及总电能量分别进行累计、存储；不应采用各费率或各时段电能量算术加的方式计算总电能量。

4）具有计量分相正、反向有功电能量功能；不应采用各分相电能量算术加的方式计算总电能量。

5）单相电能表电能量、三相电能表合相及分相电能量应支持4位及以上小数存储，单相、三相电能表当前电能量均应支持2位小数、4位小数传输，当脉冲常数大于10000时，应支持电能量尾数存储和传输。

（2）需量测量。电能表的电能需量测量功能要求如下：

1）在约定的时间间隔内（一般为一个月），测量单向或双向最大需量、分时段最大需量及其出现的日期和时间，并存储带时标的数据。

2）最大需量测量采用滑差方式，需量周期可在5、10、15、30、60min中选择；滑差式需量周期的滑差时间可以在1、2、3、5min中选择；需量周期应为滑差时间的5的整倍数。出厂默认值：需量周期15min、滑差时间1min。

3）总的最大需量测量应连续进行。各费率时段最大需量的测量应在相应的费率时段内完整的测量周期内进行。

4）当发生电压线路上电、清零、时钟调整、时段转换、需量周期变更、功率潮流方向转换等情况时，电能表应从当前时刻开始，按照需量周期进行需量测量。当第一个需量周期完成后，按滑差间隔开始最大需量记录。在不完整的需量周期内，不应做最大需量的记录。

5）能存储12个结算日最大需量数据。

（3）时钟。电能表的电能时钟功能要求如下：

1）应采用具有温度补偿功能的内置硬件时钟电路，内部时钟端子输出频率为1Hz。

2）时钟应具有日历、计时、闰年自动转换功能。

3）应使用环保型的锂电池作为时钟备用电源，断电后应维持内部时钟正确工作时间累计不少于5年；电池电压不足时，电能表应给予报警提示；对于单相电能表，时钟电池与电池仓宜采用一体化设计。

4）可通过 RS-485、红外等通信接口对电能表校时，日期和时间的设置必须有防止非授权人操作的安全措施。

5）电能表应支持广播校时，广播校时机制应符合 Q/GDW 10365—2020《智能电能表信息交换安全认证技术规范》的要求。

6）电能表在上电时若检测到时钟发生倒退、格式错乱、上电时刻时间小于掉电时间或大于掉电时间 1000 天等情况时，应将最近一次掉电时间重写入时钟芯片。

（4）费率和时段。电能表的费率和时段功能要求如下：

1）电能表最多可支持 12 个费率，分别为 T1～T12。其中 T1～T4 对应尖、峰、平、谷费率。

2）应具有当前套、备用套两套费率和时段，当前套只读，备用套支持读写，并可在设定的时间点起用备用套费率和时段。

3）每套费率时段全年至少可设置 2 个时区；24h 内最多可以设置 14 个时段；时段最小间隔为 15min，且应大于等于电能表内设定的需量周期；时段可以跨越零点设置；各时段设置按时间从小到大排列。

4）应支持公共假日和周休日特殊费率时段的设置。

（5）清零。

电能表清零要求如下：

1）清除电能表内存储的电能量、最大需量、冻结量、事件记录、分钟冻结等数据。

2）清零操作应作为事件永久记录，应有防止非授权人操作的安全措施。

3）电能表底度值只能清零，禁止设定。

需量清零要求如下：

1）清空电能表内当前的最大需量及发生的日期、时间等数据。

2）需量清零应有防止非授权人操作的措施。

事件清零要求如下：

电能表事件清零功能分为事件总清零和分项事件清零。

（6）冻结。

电能表冻结功能要求如下：

1）瞬时冻结。在非正常情况下，存储当前的日期、时间及相关数据项，应可存储最近 3 次的数据。

2）分钟冻结（负荷记录）。三相电能表分钟冻结应能记录正反向有功总电能、组合无功总电能、四象限无功总电能、当前有功需量、当前无功需量、分相电压、分相电流、中性线电流、三相电流矢量和、有功功率、无功功率、功率因数，在间隔时间为 15min 的情况下，存储空间应能保证记录不少于 365 天的数据量；单相电能表分钟冻结应能记录正反向有功总电能、电压、电流、中性线电流、有功功率、功率因数，在间隔时间为 15min 的情况下，存储空间应能保证记录不少于 365 天的数据量；分钟冻结间隔时间可以在 1～60min 范围内设置，默认间隔时间为 15min。

3）整点冻结。在整点时刻，存储当前的日期、时间及相关数据项，应可存储最近 254 次的数据。

4）日冻结。在每天零点时刻，存储当前的日期、时间及相关数据项，应可存储最近 365 天的数据量；停电时刻错过日冻结时刻，上电时补全日冻结数据，最多补冻最近 7 个日冻结数据。

5）月冻结。在每月 1 日零点时刻，存储当前的日期、时间及相关数据项，应可存储最近 24 次的数据。

6）切换冻结。在新老两套费率／时段转换、阶梯电价转换或电力公司认为有特殊需要时，存储当前的日期、时间及相关数据项，应可存储最近 2 次的数据。

7）结算日冻结。在结算日时刻，存储当前的日期、时间及相关数据项，应可存储最近 12 个结算日的数据；数据转存分界时刻为月末的 24 时（月初零时），或在每月的 1 日至 28 日内的整点时刻；其中需量保存的是月最大需量，每月第 1 结算日转存的同时，当月的最大需量值应自动复零，在其他结算日，需量数据不转存，结算日需量数据采用 DL/T 698.45—2017《电能信息采集与管理系统 第 4-5 部分：通信协议—面向对象的数据交换协议》读出时补 NULL；停电时刻错过结算时刻，上电时应能补全上 12 个结算日电能量、需量数据。

8）阶梯结算冻结。在每个阶梯结算日时刻，存储当前的日期、时间及相关数据项，应可存储最近 4 次的数据。

9）瞬时冻结、整点冻结、日冻结、月冻结、切换冻结、结算日冻结、阶梯结算冻结应存储的数据项参见附录 E。

10）冻结内容及标识符应符合 DL/T 698.45—2017《电能信息采集与管理系统 第 4-5 部分：通信协议—面向对象的数据交换协议》的要求，冻结内容可配置 2 位小数、4 位小数电能，默认配置 4 位小数电能，脉冲常数大于 10000 的电能表还应支持配置电能量尾数。

11）在电能表电源断电的情况下，所有与结算有关的数据应至少保存 16 年，其他数据应至少保存 3 年。

12）同一冻结时间点，各类冻结保存的相同数据项应保持一致。

（7）事件记录。电能表事件记录功能要求如下：

1）应记录各相失电压、欠电压、过电压、断相、过电流、断流、失电流的总次数，最近 10 次对应事件的发生时刻、结束时刻及对应的电能量数据等信息；失电压功能应满足 DL/T 566《电压失压计时器技术条件》的技术要求。

2）应记录总和分相功率因数超下限事件总次数，最近 10 次发生时刻、结束时刻及对应的电能量数据。

3）应记录最近 10 次全失电压发生时刻、结束时刻及对应的电流值；全失电压后程序不应紊乱，所有数据都不应丢失；电压恢复后，电能表应正常工作。

4）应记录电压（流）逆相序总次数，最近 10 次发生时刻、结束时刻及其对应的电能量数据。

5）应记录总和分相功率反向的总次数，最近 10 次功率反向发生时刻及对应的电能量数据等信息。

6）应记录掉电的总次数，以及最近 100 次掉电发生及结束的时刻。

7）应记录需量超限的总次数，以及最近 10 次需量超限发生及结束的时刻。

8）应记录最近 10 次电压（流）不平衡、电流严重不平衡发生、结束时刻及对应的电能量数据。

9）应记录恒定磁场干扰事件总次数，最近 10 次发生时刻、结束时刻及对应的电能量数据。

10）应记录电源异常事件总次数，最近 10 次发生时刻、结束时刻及对应的电能量数据。

11）应记录负荷开关误动作事件总次数，最近 10 次发生时刻、结束时刻及对应的电能量数据。

12）应能永久记录电能表清零总次数，最近 10 次电能表清零事件的发生时刻及清零时的电能量数据。

13）应记录需量清零、事件清零的总次数，以及最近 10 次需量清零、事件清零的时刻。

14）应记录编程总次数及最近 10 次编程记录，每次编程记录编程期间最早一次数据项编程时刻以及编程期间最后 10 个编程项的数据标识。

15）应记录普通校时总次数，以及最近 10 次校时前后的时刻。

16）应记录广播校时总次数，以及最近 100 次校时前后的时刻。

17）应记录各相过负荷总次数、总时间，以及最近 10 次过负荷的持续时间。

18）应能记录开表盖总次数，最近10次开表盖事件的发生、结束时刻以及开表盖发生时刻的电能量数据，停电期间，电能表只记最早的一次开表盖事件。

19）应能记录开端钮盖总次数，最近10次开端钮盖事件的发生、结束时刻以及开端钮盖发生时刻的电能量数据，停电期间，电能表只记最早的一次开端钮盖事件。

20）应记录最近10次拉闸和最近10次合闸事件，记录拉、合闸事件发生时刻和电能量数据。

21）应记录时钟故障总次数，最近10次故障发生、结束时刻及对应电能量。

22）应记录计量芯片故障总次数，最近10次故障发生、结束时刻及对应电能量。

23）应记录电能表中性线电流异常总次数，最近10次发生、结束时刻。

24）在供电情况下，所有事件均可支持主动上报，上报事件可设置。

25）在停电和上电时刻，仅掉电事件支持主动上报，是否上报可设置。

26）可记录每种事件总发生次数和（或）总累计时间。

（8）显示。电能表显示功能要求如下：

1）电能表在正常工作状态进行按键、插卡、红外通信等操作时，液晶显示屏应启动背光。按键或插卡触发背光启动后，60s无操作自动关闭背光；红外触发时，2个自动轮显周期后关闭背光。

2）电能表显示内容分为数值、代码和符号三种，显示内容可通过编程进行设置。电能表可显示电能量、需量、电压、电流、功率、时间、剩余金额等各类数值，数值显示位数不少于8位，电能显示小数位数支持0～4位可设，默认2位；当电能数据超出显示范围时向右进行借位显示，至多借到只剩零位小数。显示的数值单位应采用国家法定计量单位，如kW、kvar、kWh、kvarh、V、A等；显示代码包括显示内容编码和插卡提示；显示符号可包括功率方向、费率、象限、编程状态、相线、电池欠电压、故障（如失电压、断相、逆相序）等标志。

3）电能表应具有停电后唤醒显示的功能。

4）应具备自动循环和按键两种显示方式；自动循环显示时间间隔可在5～20s内设置。

5）具备上电全显功能，电能表在上电后1s内液晶满屏显示、背光点亮、LED灯全亮（脉冲灯除外）；液晶显示与LED灯亮、背光点亮的时间默认5s，时间间隔可在5～30s内设置。

6）具备通过通信命令使带电电能表液晶屏全显示、背光点亮及LED灯全亮功能（脉冲灯除外），液晶显示、背光点亮与LED灯亮维持时间为10s。

7）电能表应能通过液晶显示测试密钥、正式密钥等状态。

8）本地费控表具有插卡操作异常代码显示，方便现场快速分析问题、解决，异常代码。

9）当电能表时钟电池欠电压时，液晶屏电池欠电压符号应显示，不应点亮液晶背光。

（9）测量及监测。电能表测量及监测功能要求如下：

1）可测量总及各分相有功功率、无功功率、功率因数、分相电压、分相（含中性线）电流、频率等运行参数。测量误差（引用误差）不超过 ±1%。

2）电压测量范围。具备辅助电源的电能表 $0.05U_{nom}\sim1.2U_{nom}$，不具备辅助电源的电能表 $0.6U_{nom}\sim1.2U_{nom}$。

3）电流（含中性线）测量范围：$I_{min}\sim1.2I_{max}$。

4）功率测量范围：$P_Q$（起动功率）$\sim1.2U_{nom}\times1.2I_{max}$。

5）频率测量范围：$47.5Hz\sim52.5Hz$。

6）功率因数测量范围：

a. 被测相电压：$0.8U_{nom}\sim1.2U_{nom}$。

b. 被测相电流：$I_{tr}\sim1.2I_{max}$。

7）三相电能表应提供越限监测功能，可对线（相）电压、电流、功率因数等参数设置限值并进行监测，当某参数超出或低于设定的限值时，应以事件方式进行记录，记录格式及要求按 DL/T 698.45—2017《电能信息采集与管理系统 第 4-5 部分：通信协议—面向对象的数据交换协议》执行。

（10）安全防护。电能表的清零、编程及参数设置等安全防护功能应符合 Q/GDW 10365—2020 的要求。

（11）费控功能。电能表费控功能要求如下：

1）费控功能的实现分为本地和远程两种方式。本地方式通过 CPU 卡等固态介质实现，远程方式通过公网、载波等虚拟介质和远程售电系统实现。

2）当剩余金额小于或等于设定的报警金额时，电能表应能以光或其他方式提醒用户，透支金额应实时记录，当透支金额低于设定的透支门限金额时，电能表应发出断电信号，控制负荷开关中断供电；当电能表接收到有效的续交电费信息后，应首先扣除透支金额，当剩余金额大于设定值（默认为零）时，方可通过远程或本地方式使电能表处于合闸或允许合闸状态，允许合闸状态由人工本地恢复供电。

3）当供电线路停止供电时，剩余金额及其他需要保护的信息不应丢失。

4）剩余金额不能超过设计允许的电能表最大储值金额。最大储值金额由电能表显示位数决定。

5）电能表的预存电费金额应能与表内的剩余金额进行准确迭加。

6）完成电费预存后，电能表应能将剩余金额、电能表用电参数等信息，按照不同的费控方式返写至固态介质或通过虚拟介质传回售电系统。

7）电能表不应接受使用非指定介质输入购电金额等信息。

8）当使用非指定介质或进行非法操作时，电能表应能进行有效防护；在非指定介质或非法操作撤销后，电能表应能正常工作且数据不丢失。

9）在保证安全的情况下，可通过虚拟介质对电能表内的用电参数进行设置。

10）费控电能表应能够支持远程直接合闸与远程允许合闸。

11）本地费控电能表可通过固态介质对电能表内的用电参数进行设置。

12）本地费控电能表在进行购电操作时，需提示读卡成功或读卡失败，提示应参照附录C执行。

13）若用户遗失CPU卡，通过一定的补遗程序可获得补发的新卡；电能表应接受补发的CPU卡，并拒绝原卡继续使用。

14）购电卡插入本地费控电能表后3s内，应完成相应的读写操作。

（12）停电抄表及显示。电能表停电抄表及显示功能要求如下：

1）在停电状态下，电能表能通过按键或非接触（红外）方式唤醒电能表抄读数据，非接触方式唤醒采用连续发送唤醒特殊命令"68 11 04"，持续发送时间：5～10s，掉电7日后禁止非接触唤醒。其中单相电能表不要求停电状态下的非接触方式唤醒。

2）三相电能表停电唤醒后应能通过红外通信方式抄读表内数据。

（13）保电功能。电能表的保电功能要求如下：

1）电能表具有远程保电功能，当电能表接收到保电命令时便处于保电状态，在保电状态下的电能表不执行任何情况引起的拉闸操作直至解除保电命令。

2）保电解除命令只解除保电状态，不改变电能表当前状态。

3）电能表在保电状态下接收到拉闸命令后，电能表不执行拉闸操作，液晶"拉闸"字样不应出现，电能表返回处于保电状态拉闸失败的信息。

4）已处于拉闸状态的电能表在接收到保电命令后，电能表液晶"拉闸"字样消失，对于负荷开关内置表，电能表处于合闸允许状态，跳闸灯闪烁，按下轮显键3s（或收到直接合闸命令）后电能表合闸；对于负荷开关外置表，收到保电命令时表内继电器直接合闸。保电命令解除后，电能表处于继续用电状态，远程费控表如果要拉闸，主站再下发拉闸命令，本地费控表根据剩余电费决定是否执行拉闸。

5）电能表在跳闸前的延时过程中接收到保电命令时，电能表液晶"拉闸"字样消失，电能表继续工作。保电命令解除后，电能表处于继续用电状态，远程费控表如果要拉闸，主站再下发拉闸命令，本地费控表根据剩余电费决定是否执行拉闸。

（14）报警。电能表的报警功能要求如下：

1）电能表可通过液晶上符号显示进行报警，当事件恢复正常后报警自动结束。

2）三相电能表可通过报警输出端子外接报警装置进行报警，并可通过按键关闭报警，当事件恢复正常后报警自动结束。

3）单相电能表支持通过液晶符号报警功率反向、电池欠电压；三相电能表支持通过液晶符号报警失压、逆相序、功率反向、电池欠电压、失电流、断相。

8. 智能电能表适用及安装环境推荐

电能表按有功电能计量准确度等级可分为 A、B、C、D 四个等级，根据安装环境不同推荐使用电能表类型见表 2-5-7。

表 2-5-7　　　　　　　　　不同安装环境适用表类型

| 安装环境 | 电能表适用类型（推荐） |
| --- | --- |
| 关口 | D 级三相智能电能表、C 级三相智能电能表 |
| 100kVA 及以上专用变压器用户 | |
| 100kVA 以下专用变压器用户 | C 级三相费控智能电能表、C 级三相本地费控智能电能表、B 级三相费控智能电能表、B 级三相本地费控智能电能表 |
| 公用变压器下三相用户 | B 级三相费控智能电能表、B 级三相本地费控智能电能表 |
| 公用变压器下单相用户 | A 级单相费控智能电能表、A 级单相本地费控智能电能表 |

### （五）通信单元

用于电力用户用电信息采集主站与采集终端之间、集中器与采集器之间，以及采集终端与电能表之间的通信模块或通信设备，可分为本地通信单元和远程通信单元。

1. HPLC（及双模）模块安装原则

（1）HPLC（含双模）改造应按照每台区安装一种芯片方案单、三相电能表模块的原则开展，不同芯片方案电能表模块尽量不混装，因混装将增加升级工作量、影响台区识别等部分高级功能应用；同一台区芯片方案相同的 HPLC 和双模电能表模块可以混装。

（2）台区集中器模块可使用与本电能表模块芯片方案不同的模块。

（3）零星业扩和零星故障更换也应尽量按照以上 2 点原则开展，确因相同芯片方案的模块缺乏，则同一台区采用的 HPLC（及双模）模块芯片方案不得超过两种。各单位需合理安排储备或利旧使用不同芯片方案模块。

2. 远程通信单元

2022 年起国家电网公司统一招标采购的采集终端采用国网 2022 年版标准。较之前的 2013 年版、2019 年版标准，2022 年版的远程通信模块的接口有所变更、集中器本地模块（CCO）增加了双模高速无线接口。

（1）远程通信模块。

1）2022 年版集中器远程通信模块，增加了无线从天线（用于信号增强接收）接口、增加了北斗卫星通信天线接口。共有三个外接天线接口：4G 主天线接口、4G 从天线接口、北斗卫星通信接口。不同厂家模块可能接口顺序有不同，具体需看模块上的标注。

2）2022 年版专用变压器终端远程通信模块。外形尺寸改变，无法和 2022 年版集中器、2019 年版采集终端通用。有两个外接天线接口：4G 主天线接口、4G 从天线接口。2022 年版 4G 模块如图 2-5-25 所示。

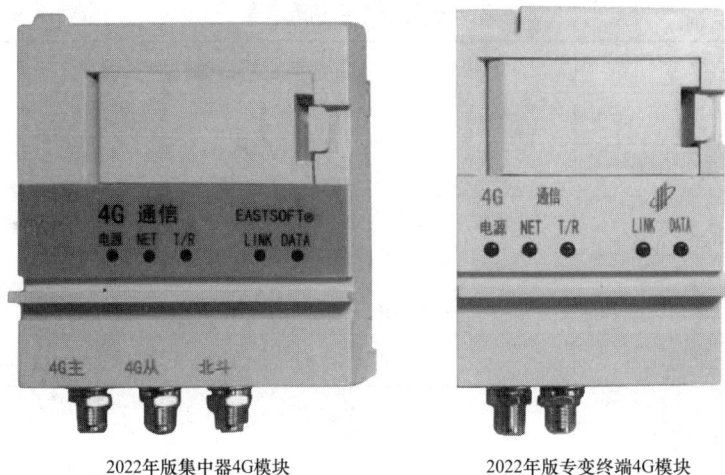

2022年版集中器4G模块　　　　2022年版专变终端4G模块

图 2-5-25　2022 年版 4G 模块

（2）集中器本地通信模块。按国家电网公司要求，从 2023 年开始，新招标采购的集中器本地通信模块均应为 HPLC+HRF 双模模块。此双模模块采用电力线高速载波和高速无线通信技术，需要外接无线天线使用，才能更好地发挥其性能。双模模块图 2-5-26 所示。

（3）天线。天线共分为双模天线、4G 天线、北斗天线 3 种，需要注意的是这几种天线虽然接口制式一致，但不可以混用。双模天线尺寸比 4G 天线小，底座上印有"小无线"字样；4G 主、从天线不做区分，在底座印"4G"字样。北斗卫星天线接收器为方形，背面印有"北斗"等字样。天线种类及接口位置如图 2-5-27 所示。

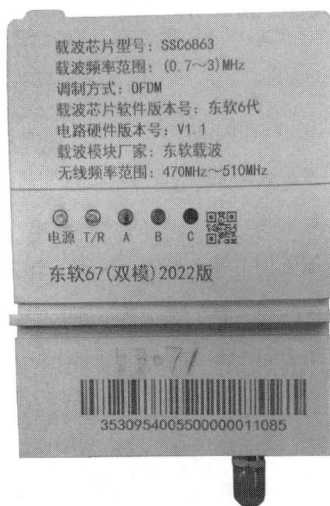

图 2-5-26 双模模块

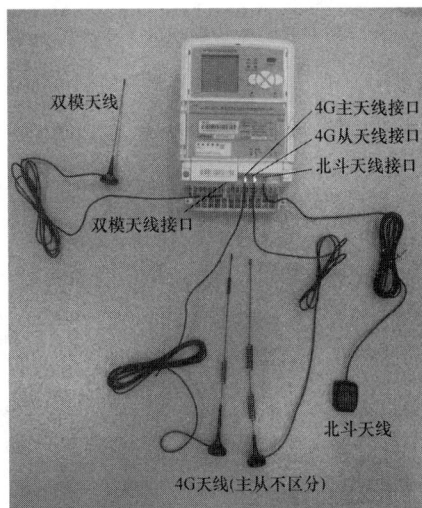

图 2-5-27 天线种类及接口位置

（4）安装要求。请各单位在安装时注意区分天线种类，避免安装错误导致通信失败。所有天线信号接收端均应按装表接电相关要求引出至计量箱、柜外，妥善放置在信号良好处。

2022 年版集中器新增无卡搜索运营商网络信号强度功能，可对三大运营商的网络信号强度进行搜索判断。在集中器新装 / 换装时，可根据安装位置网络信号强度来选择运营商的通信 SIM 卡。操作通过液晶按显完成，具体操作如图 2-5-28 所示。

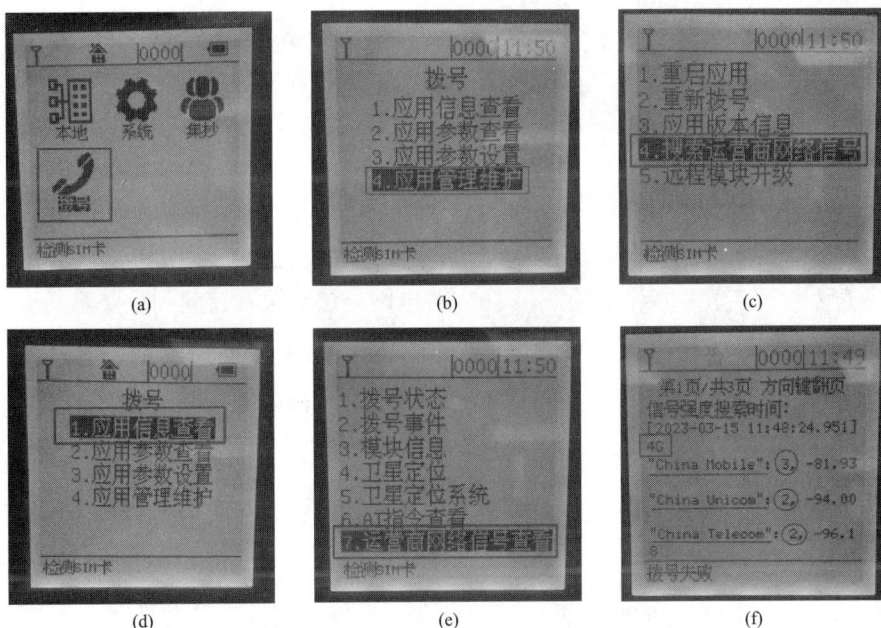

图 2-5-28 信号强度查看操作方法

（a）拨号；（b）应用管理维护；（c）搜索运营商网络信号；（d）应用信息查看；（e）运营商网络信号查看；

（f）查看信号强度

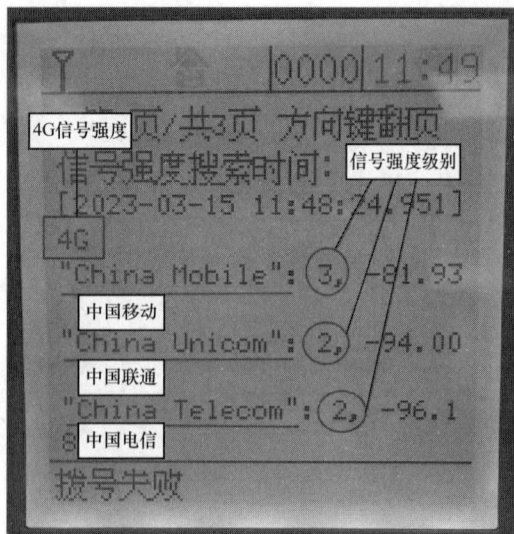

图 2-5-29 信号强度

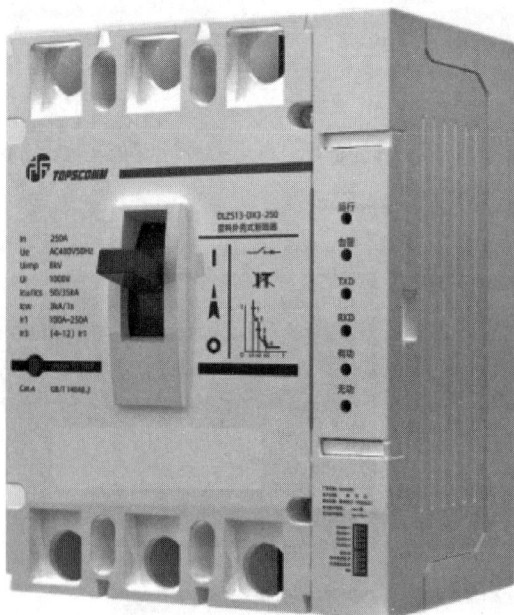

图 2-5-30 智能断路器

查看信号强度界面中，可查看三大运营商的 4G、3G、2G 网络信号情况。China Mobile 为中国移动、China Unicom 为中国联通、China Telecom 为中国电信。信号强度级别表示信号的好坏，4 最好、1 最差，如图 2-5-29 所示。

## 二、新型量测设备

1. 智能断路器

智能断路器是一种利用先进的电子技术和计算机技术实现智能保护、诊断、监控和控制的电气设备。它采用数字信号处理器（DSP）、嵌入式系统、物联网技术等先进技术，可以对电力系统的电流、电压、频率、功率因数等参数进行实时监测和控制，同时具备过负荷、短路、漏电等多种保护功能，可以广泛应用于各种领域，如住宅、商业、工业和公共建筑等。智能断路器如图 2-5-30 所示。

智能断路器具备电能计量与带载开断能力，可以实现对功率、电流、电压、有功电量等数据的计量，同时可以实现过负荷保护、短路短延时保护、短路瞬时保护，电压保护方面也能做到过电压、欠电压、缺相等基本保护，对电网分层分级管控起到重要意义。

2. 智能插座

用于连接电源与用电设备、能够采集接入用电设备的用电信息，并能将数据传输给家用智能网关，可实现电源远程通断等智能化功能的电源插座及转换器。按照智能插座的安装及使用方式分类，可将智能插座分为固定式和移动式两种。

智能插座系统是由智能插座装置、网关模块、移动应用（微信公众号、小程序、APP）组成的基于外网的电能控制方案。通过扫码选择限时或智能收费方式实现用户预缴费后用电，手机端远程控制电路通断，一码一户减少表计安装和办理流程，共享插座接口解决临时扩展用电需求等。可运用于公共充电站，农业浇灌、照明，美食或文艺演出等临时、间歇式用电场景。

**3. 智能物联锁具**

为加强电网设备、基础设施的防盗、安全和管理，大多数电网设备、基础设施（如计量箱柜）都加装锁具。然而传统机械锁具存在：机械锁安全级别很低，极易被盗开；钥匙管理难度大，容易丢失、错拿和被复制；钥匙借用流程复杂，管理效率低下；没有开关锁记录，发生问题无法追溯等多方面的问题。智能物联锁具系统借助智能化手段，统一智能锁具平台、计量作业终端 APP 和智能锁具通信规范标准，将电网设备、基础设施与对应锁具进行台账关联，通过智能物联锁具授权机制和日志管理功能，实现现场开关锁操作的可追溯、可调查。

智能物联锁具具备锁体状态实时感知、支持 698 协议、内置 ESMA 加密芯片、HPLC 通信实现锁具状态远程监测、破坏检测，自主防护告警等功能。通过智能物联锁具配合锁具管理主站系统、计量作业终端 APP 的使用，改变传统的锁具管理模式，改变原有一锁多开，锁形同虚设，不锁、忘带钥匙、谁都能开等现象，规范电网设备的流程化管理。

**4. 烟感、水位、温湿度传感器**

配电站房安装烟感、水位、温湿度传感器等环境监测辅助设备，实现配电房数据采集，实现对温湿度、水浸等环境数据采集；实现对现场采集数据的智能分析；实现集中监控、故障精准定位，高效管理的配电房管理模式。配电站房的环境监测辅助设备见表 2-5-8。

表 2-5-8                        配电站房的环境监测辅助设备

| 设备名称 | 设备图片 | 监测参量 | 主要技术参数 | 安装方式 | 配置说明 |
|---|---|---|---|---|---|
| 温湿度传感器 | | 温度、湿度 | 工作电压 :12V。<br>通信方式：485 通信。<br>通信频率：2.4GHz。<br>辐射功率：0dBm。<br>温度测量范围：−40～+85℃。<br>温度测量精度：±1℃（0～+40℃）。<br>工作环境温度：−40～+85℃ | 壁挂式 | 安装应远离风机的出风口，可在设备仪器运行区对面或背面进行安装 |
| 水浸传感器 | | 水位变化 | 工作电压 :12V。<br>通信方式：485 通信。<br>通信频率：2.4GHz。<br>辐射功率：0dBm。<br>传感器平均功耗小于 10UA（3.6V，25℃） | 壁挂式 | 可在靠近低压柜、高压柜的电缆沟各安装一个，尽量选择地势较低的地方进行安装 |
| 烟感传感器 | | 环境烟雾状况 | 工作电压 :12V。<br>485 通信。<br>通信频率：2.4GHz。<br>辐射功率：0dbm | 黏贴式 /支架式 | 在配电房安装烟雾传感器时应尽量选择易着火处进行安装 |

续表

| 设备名称 | 设备图片 | 监测参量 | 主要技术参数 | 安装方式 | 配置说明 |
|---|---|---|---|---|---|
| 声光报警灯（含支架、接头） | | 闪光与鸣笛 | 报警方式：闪光与鸣笛。<br>外壳材质：优质塑料。<br>防护等级：IP4.5。<br>工作电源：AC/220V | 黏贴式 | |
| 空调控制器（含支架） | | 空调的开闭 | 载波频率：38kHz。<br>遥控距离：10m。<br>学习方式：遥控学习。<br>存储命令数：31 条。<br>工作电源及功耗：DC/24V；<5W。<br>通信接口：RS-485 接口。<br>通信协议：ModbusRTU 协议。<br>外形尺寸：120mm×110mm×43mm | 支架式 | 配电房或开关站空调控制 |
| 照明控制器 | | 照明灯的开闭 | 输出方式：4 路无源开关量输出。<br>输入方式：4 路无源开关量输入。<br>输出容量：AC250V 10A。<br>工作电源：DC/24V。<br>安装方式：壁挂式。<br>使用寿命：8 年 | 壁挂式 | 配电房内照明的控制 |
| $O_2$ 气体探测器 | | 氧气测量 | 氧气测量范围：0～30%。<br>测量精度：±1%。<br>工作电源及功耗：DC/24V；<5W。<br>通信接口：RS-485 接口。<br>通信协议：ModbusRTU 协议。<br>外形尺寸：120mm×110mm×43mm | 壁挂式 | 配电房或开闭所氧气监测 |
| $SF_6$ 气体探测器 | | $SF_6$ 测量 | 测量范围：$SF_6$：0～3000μg/g。<br>测量误差：$SF_6$：±50μg/g。<br>工作电源及功耗：DC/24V；<5W。<br>通信接口：RS-485 接口。<br>通信协议：ModbusRTU 协议。<br>外形尺寸：150mm×150mm×37mm | 壁挂式 | 配电房或开关站 $SF_6$ 监测 |
| 风机控制器（不含交流接触器） | | 内风机的开闭 | 输出方式：4 路无源开关量输出。<br>输入方式：4 路无源开关量输入。<br>输出容量：AC250V 10A。<br>工作电源：DC/24V。<br>安装方式：壁挂式。<br>使用寿命：8 年 | 壁挂式 | 配电站房内风机的控制 |
| 门禁系统 | | 门禁管理 | 内含单门控制器、机箱电源、读卡器、出门按钮、单门磁力锁、支架、软件 | 支架式 | |

续表

| 设备名称 | 设备图片 | 监测参量 | 主要技术参数 | 安装方式 | 配置说明 |
|---|---|---|---|---|---|
| 开关柜局部放电采集器 | | 局部放电监测 | 灵敏度：2pC。<br>测量范围：2～10000 pC。<br>工作频带：10～800MHz。<br>环境温度：−40～+65℃。<br>防护等级：IP55。<br>现场总线电源电压：DC 24V。<br>外壳：铝合金壳体。<br>安装位置：开关柜仪器室或者通过磁吸方式固定于柜壁上。<br>功耗：<5W | | |
| 智能电容器（SVG） | | 电容补偿器 | 由三个基本功能模块构成：检测模块、控制运算模块及补偿输出控制模块，可实现快速动态调节无功的目的。<br>响应时间：小于5ms。<br>寿命：可长期使用。<br>运行范围：−1～1，从容性到感性调节，可快速切换 | | |

在变压器、低压柜内安装传感器，监测变压器进出线桩头、顶部温度，低压柜进出线回路电气接点温度和负荷变化情况，对设备运行状况进行评估。设备状态及环境监测传感器采用 TA 取电、光能取电等方式，不需要内置电池，具有长寿命、免维护的特点，见表 2-5-9。

表 2-5-9　　　　　　　　　　　　安装在变压器、低压柜的传感器

| 设备名称 | 设备图片 | 监测参量 | 主要技术参数 | 安装方式 | 配置说明 |
|---|---|---|---|---|---|
| 无源无线温度传感器 | | 温度、负荷 | 户内型。<br>TA 取电，启动电流 5A，饱和电流 30A。<br>测温范围：−40～115℃。<br>负荷范围：0～100。<br>无线传输 | 绑带式 | 干式变压器进出线接线端子 |
| 低压复合型传感器 | | 温度、电流、带电状态 | 户内型。<br>TA 取电，启动电流：0.5～1A。<br>测温范围：−40～150℃。<br>电流范围：≤63A。<br>无线传输 | 开口 TA | 低压柜出线回路带电状态 |
| 微型无源温度传感器 | | 温度 | 户内型。<br>TA 取电，启动电流 0.5～1A。<br>测温范围：−20～200℃。<br>无线传输 | 卡扣式，适合狭小空间安装 | 低压柜进出线回路温度监测 |

续表

| 设备名称 | 设备图片 | 监测参量 | 主要技术参数 | 安装方式 | 配置说明 |
|---|---|---|---|---|---|
| 环境温湿度传感器 | | 温湿度 | 户内型。<br>温度范围：−40～125℃。<br>相对湿度范围：0～100% | 黏贴式/支架式 | 柜内温湿度 |

### 5. 非介入式负载辨识设备

非介入式负载辨识设备（non-intrusive load monitoring，NILM）是一种能够在不改变电路原有工作的前提下，实现负载识别和能耗监测的设备。相比于介入式负载辨识设备，NILM 以其方便、快捷、全面的优势，被广泛应用于家庭、商业和工业领域，为用户提供精确、快速、便捷的能耗管理和节能方案。

NILM 的工作原理是利用电路中存在的电磁信号（如电流、电压等）进行负载辨识和能耗监测。它可以将某个电器具体的工作状态（如开启、关闭、待机等）和消耗的能量量化，从而帮助用户更加准确地掌握各个电器的耗电情况，并提供基于数据的能源管理建议。同时，NILM 也可以通过远程通信和智能控制技术，帮助用户实现远程调控电器，进一步提高能源利用效率。

NILM 的优点主要包括以下几个方面：

（1）不影响原有电路工作，不会产生任何电磁干扰。

（2）具有高精度、高灵敏度的特点，能够对电路中发生的微小变化做出准确响应。

（3）具有良好的灵活性和可扩展性，可以对不同型号的电器进行识别。

（4）节省了安装成本和时间，可以在原有电路架构中实现负载辨识和能耗监测。

（5）提高了使用者对能源的认识和理解，引导用户形成合理的用电习惯，降低能源消耗。

总体来看，NILM 技术在未来的能源管理、智能家居等领域具有广泛的应用前景。随着技术的不断发展和成熟，其在能源管理、智能家居等领域的应用将更加广泛。相信在不久的将来，NILM 将成为家庭、商业和工业领域智能化建设的重要组成部分。

# 模块六　采集安装调试与故障运维

**【模块描述】**

本模块包括采集典型设计方案、采集设备安装调试、常见采集故障甄别和处置、用电信息采集仿真平台应用 4 个工作任务。

核心知识点包括专用变压器、低压用户典型采集通信方案选择，采集设备安装调试方法及步骤，常见采集故障现象及处置方法，以及用电信息采集仿真平台的使用方法。

关键技能包括采集设备安装调试操作技能、不同类型采集故障的处置方法，以及熟练使用用电信息采集仿真平台模拟低压现场巡视和采集消缺工作。

**【模块目标】**

通过本模块学习，应达到以下目标。

**（一）知识目标**

熟悉采集设备典型通信方案设计，掌握采集设备安装调试的规范及采集故障现象甄别和处置原则，同时掌握用电信息采集仿真平台使用方法及操作方法。

**（二）技能目标**

明确采集设备安装调试和故障处理存在风险点及预控措施，掌握采集设备安装调试方法和流程，熟悉不同类型采集故障的现象和处置方法。掌握用电信息采集仿真平台的巡检模式和闭环模式，熟练使用用电信息采集仿真平台模拟低压现场巡视和采集消缺工作。

**（三）素质目标**

具备计量采集现场作业安全防范意识，严格按照计量采集标准化作业开展现场采集设备安装及故障处理工作。

**【任务目标】**

（1）掌握专用变压器用户的数据采集通信方案。

（2）掌握低压集抄用户常见的典型采集通信方案。

## 任务一　采集典型设计方案

**【任务描述】**

本任务主要描述专用变压器用户、集抄用户的典型采集通信方案。

**【知识准备】**

### 一、专用变压器用户

专用变压器用户使用的专用变压器采集终端与电能表的距离相对较近,一般采用 RS-485 通信方式实现电能表的数据采集。此种典型接线方式适用于普通专用变压器用户、专供线路对侧设置考核用电能计量点、双电源回路采集等场景。接线方式如图 2-6-1 所示。

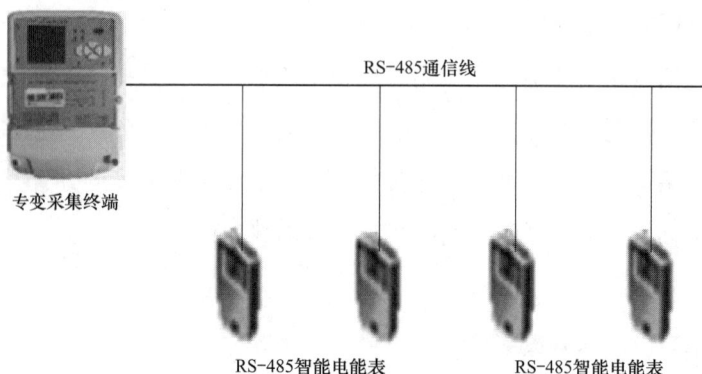

图 2-6-1 专用变压器用户采集接线示意

### 二、集抄用户

低压台区的居民用户的电能表使用集中抄表终端实现数据采集,因此俗称集抄用户。低压台区电能表的采集方式根据不同现场实际情况,分为纯载波方案、半载波方案、纯 RS-485 方案、微功率无线方案以及互相交叉组合方案等。

本地采集方案应综合考虑电能计量装置分布情况、适宜本地通信方式等因素选择使用。

**(一)低压采集方案选择主要原则**

(1)台区电能计量装置集中安装,可经采集器通过 RS-485 通信方式采集电能计量装置的数据后,集中器Ⅰ型再通过载波或微功率无线等本地通信方式实现与采集器的数据传输;如通信距离短,也可选用集中器Ⅱ型通过 RS-485 通信方式直接采集电能计量装置的数据。

(2)电能计量装置分散安装,可选用集中器Ⅰ型通过载波或微功率无线等本地通信方式采集带相应模块的电能表数据。

(3)选用集中器Ⅰ型通过微功率无线方式时,应提前勘查安装环境,确保集中器Ⅰ型安装在通信效果良好的位置,采用微功率无线方式的集中器Ⅰ型安装位置、安装数量、所采集电能计量装置可不受台区从属关系限制。

(4)采用载波通信方式的集中器Ⅰ型的台区,若户数多、供电半径大或载波干扰严重,可在同台区加装多台集中器Ⅰ型提高通信成功率。

(5)与水、气、热等表计的通信方式应与电能表具有的通信接口进行匹配,可采用 RS-

485、低功耗微功率无线、M—BUS 等通信方式。

### （二）低压典型采集通信方案

#### 1. 纯载波通信采集方案

集中器（载波模块）通过载波方式采集电能表（载波模块），福建省普遍采用该采集通信方案。集中器（载波）+智能电能表（载波）采集方式如图 2-6-2 所示。

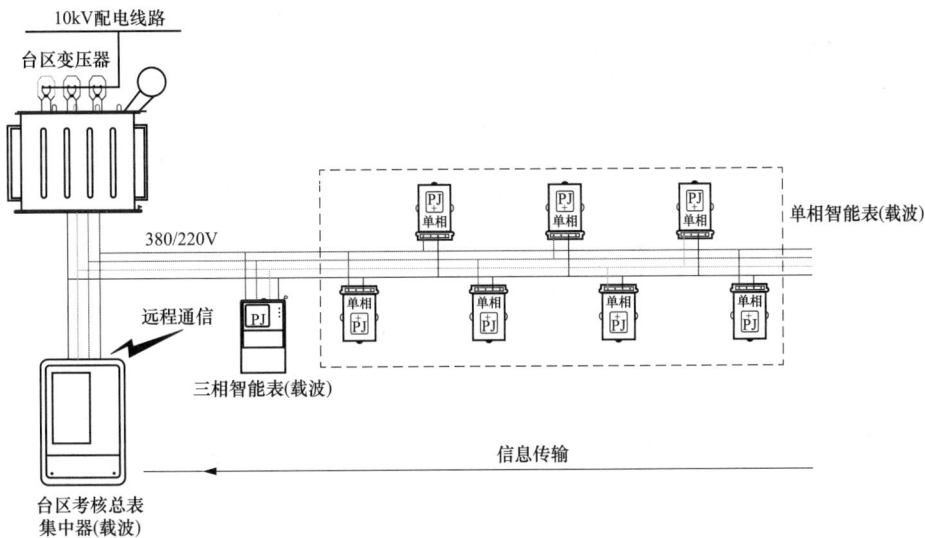

图 2-6-2　集中器（载波）+智能电能表（载波）采集方式示意图

#### 2. 纯微功率无线通信采集方案

集中器（微功率无线模块）通过微功率无线方式采集电能表（微功率无线模块）。集中器（微功率）+智能电能表（微功率）采集方式图 2-6-3 所示。

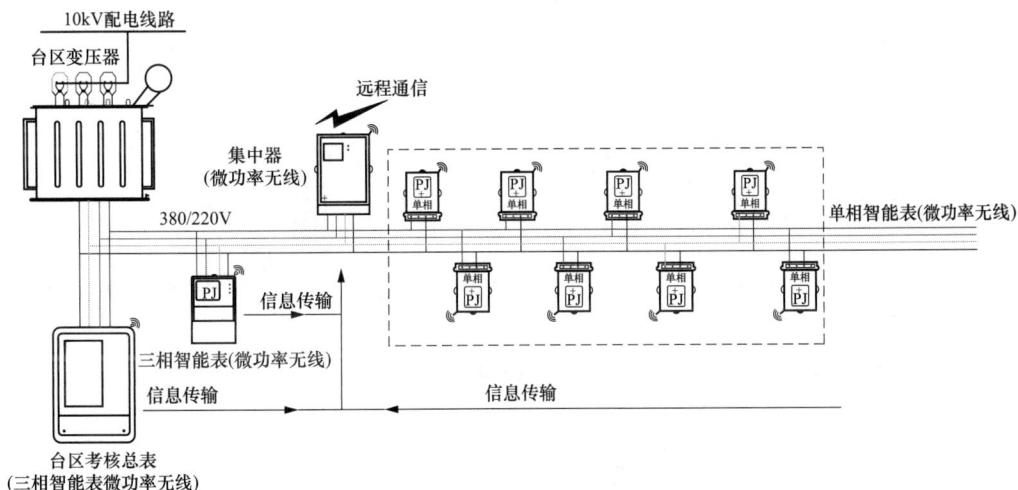

图 2-6-3　集中器（微功率）+智能电能表（微功率）采集方式示意图

**3. 载波 +RS-485 通信采集方案**

集中器（载波模块）通过载波方式与采集器（载波）通信，采集器采集电能表（RS-485）；集中器（载波模块）通过载波方式采集电能表（载波模块）。集中器（载波）+ 采集器（载波）+RS-485+ 智能电能表 + 智能电能表（载波）采集方式如图 2-6-4 所示。

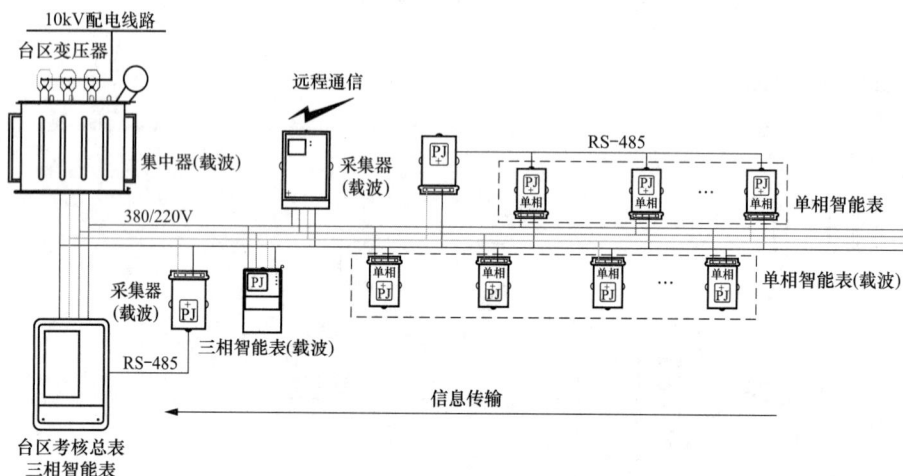

图 2-6-4　集中器（载波）+ 采集器（载波）+RS-485+ 智能电能表 +
智能电能表（载波）采集方式示意图

**4. 微功率无线 +RS-485 通信采集方案**

集中器（微功率无线模块）通过微功率无线方式与采集器（微功率无线）通信，采集器采集电能表（RS-485）；集中器（微功率无线模块）通过微功率无线方式采集电能表（微功率无线模块）。集中器（微功率无线）+ 采集器（微功率无线）+RS-485+ 智能电能表 + 智能电能表（微功率无线）采集方式如图 2-6-5 所示。

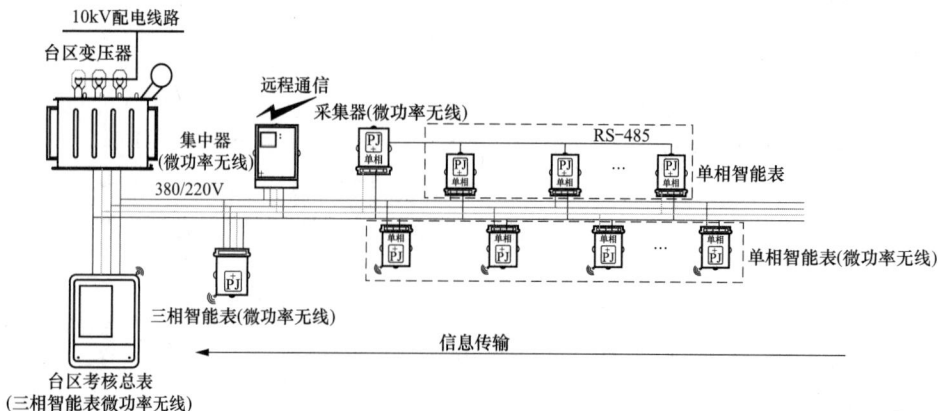

图 2-6-5　集中器（微功率无线）+ 采集器（微功率无线）+RS-485+ 智能电能表 +
智能电能表（微功率无线）采集方式示意图

### 5. 纯 RS-485 通信采集方案

集中器通过 RS-485 总线方式采集电能表。集中器（Ⅱ型）+RS-485+ 智能电能表采集方式如图 2-6-6 所示。

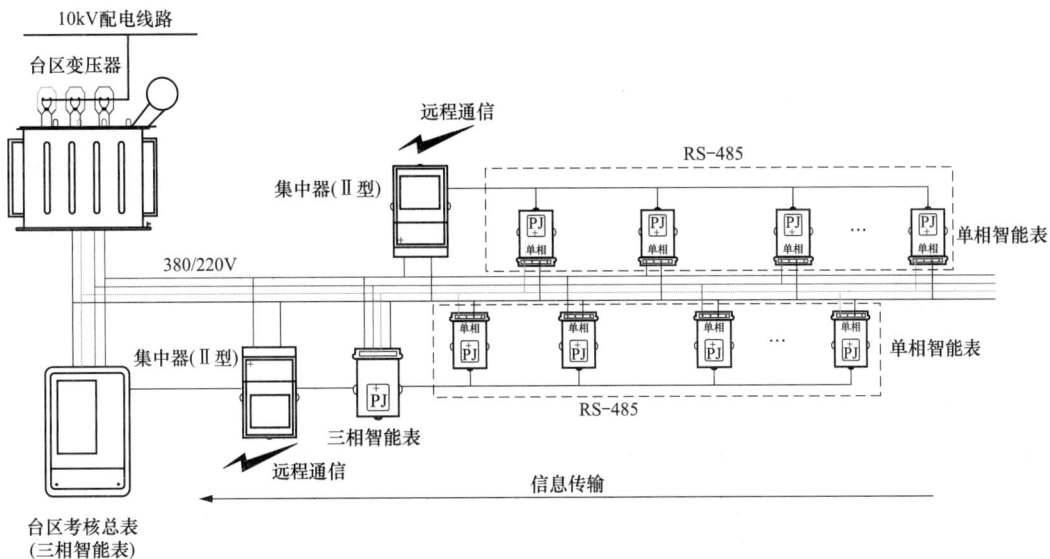

图 2-6-6　集中器（Ⅱ型）+RS-485+ 智能电能表采集方式示意图

### 6. 多表合一采集通信

集中抄表终端（集中器或采集器）经接口转换器通过 M—BUS 或 RS-485 总线方式采集水、气、热表。集中抄表终端 + 水、气、热表采集方式如图 2-6-7 所示。

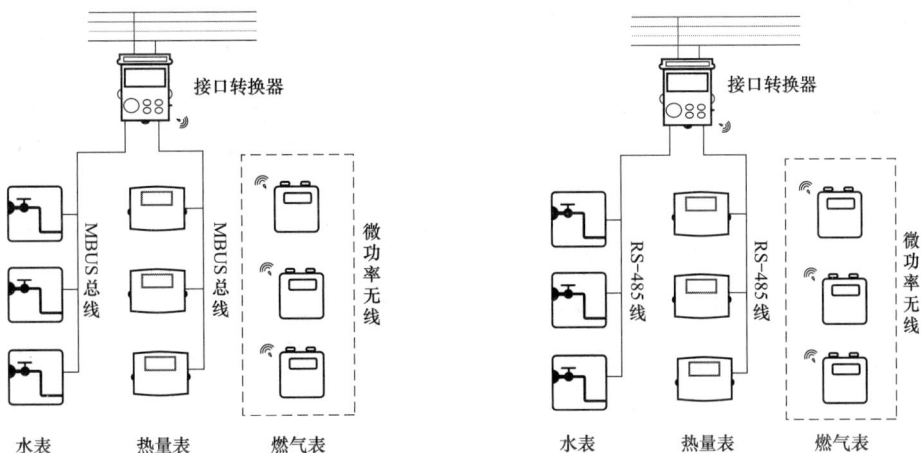

图 2-6-7　集中抄表终端 + 水、气、热表采集方式示意图

注：1. 水表和热表通过 MBUS 总线，气表通过微功率无线接入接口转换器；

2. 水表和热表通过 RS-485 线，气表通过微功率无线接入接口转换器；

3. 接口转换器采用单相 220V 供电。

### （三）低压分布式光伏用户

低压分布式光伏采集通信包含远程和本地通信方式。远程通信主要以 4G/5G、以太网为主。本地通信主要为 HPLC/ 双模、RS-485、蓝牙、CAN 总线、M-BUS 等方式。光伏采集通信组网方案包括 4 种，如图 2-6-8 所示。

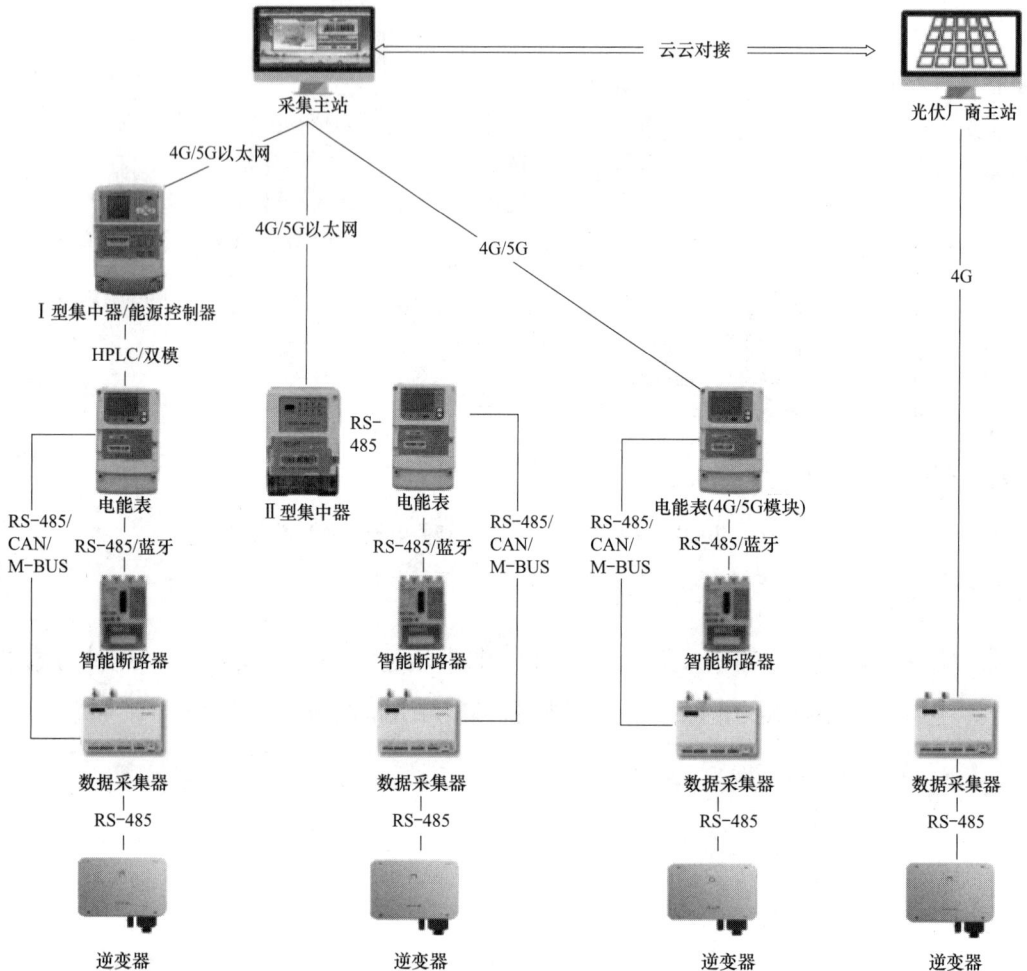

图 2-6-8 采集通信组网方案

1. Ⅰ型集中器、能源控制器 HPLC/ 双模组网方案

Ⅰ型集中器和能源控制器远程通过 4G/5G、以太网等方式与采集主站通信，本地通过 HPLC/ 双模与电能表通信，电能表通过 RS-485/ 蓝牙与断路器通信。电能表通过 RS-485/ CAN/M-BUS 等方式与数据采集器通信。

2. Ⅱ型集中器组网方案

Ⅱ型集中器远程通过 4G/5G 方式与采集主站通信，本地通过 RS-485 与电能表通信，电能表通过 RS-485/蓝牙与断路器通信。电能表通过 RS-485/CAN/M-BUS 等方式与数据采集器通信。

3. 电能表配置 4G/5G 模块组网方案

电能表配置 4G/5G 模块，通过 4G/5G 方式与采集主站通信，本地通过 RS-485/蓝牙与断路器通信。电能表通过 RS-485/CAN/M-BUS 等方式与数据采集器通信。

4. "云云对接"组网方案

采集主站与光伏厂商主站通过"云云对接"方式，一方面光伏厂商主站直接将光伏用户相关数据"整体打包"传送至采集主站，实现对光伏用户发电情况进行监测，另一方面调度主站可以经由采集主站，将调度控制、调节指令传输至光伏厂商主站，并按自身能量管理策略自动分解下达至相应用户的逆变器，实现光伏用户的功率调节，统筹了电网与光伏用户的运行需求。

视频：用电信息采集系统采集接入之设备及通信方式选型

# 任务二　采集设备安装调试

## 【任务目标】

（1）熟悉采集设备安装调试作业风险点及预控措施。

（2）熟悉采集设备现场安装调试规范、流程及注意事项。

（3）熟悉采集设备营销 2.0 及采集系统调试流程。

## 【任务描述】

（1）本任务主要介绍采集设备安装设计原则及存在风险点。

（2）本任务主要介绍采集设备现场安装调试上线及系统调试流程，明确采集设备安装调试全流程。

## 【知识准备】

### 一、采集设备安装原则

（1）专用变压器受电设施应装设用电信息采集终端设备，且必须满足应控负荷及控制轮次或监视负荷的需要。每台变压器的三级负荷的出线开关整定电流 250A 及以上时，应配置用电采集终端可控制的智能断路器。当整台变压器的负荷均为三级负荷时，可采用用电信息采集终端控制变压器高压侧开关，低压侧不再配置智能断路器。

（2）多电源用户每路电源的电压互感器二次 A 相电压应引到对侧的负控小室和计量小室，作为用电信息采集终端和电能表的辅助电源，确保任意一路供电电源有电时用电信息采集终端和电能表能正常工作。

（3）综合配电箱和住宅小区内配电站房的低压柜，应根据线损管理的要求在电气低压侧安装用电信息采集终端，用电信息采集终端应符合当地供电部门有关关口计量技术要求。

（4）根据建筑结构特点及电、水、气表的分布方式和安装位置等因素，考虑与现有能源采集系统的融合接入，合理选择多表合一信息采集方案。

## 二、终端安装及现场调试

### （一）作业风险点及预控措施

1. 作业风险点

采集设备安装调试过程中存在的安全风险点主要有人身伤害（触电、高坠、电弧灼伤等）、设备安全及营销服务事故（数据采集错误）风险。

2. 风险点预控措施

采集设备装拆时，宜断开各方面电源（含辅助电源）。若不停电进行，应做好绝缘包裹等有效隔离措施，防止相间短路、相对地短路，工作人员应穿绝缘鞋和全棉长袖工作服，并戴手套、安全帽和护目镜，并站在干燥的绝缘物上进行，对地保持可靠绝缘。

采集设备安装工作结束前，应验证电能表数据、采集终端数据、采集主站数据三者的一致性，以免数据采集错误导致营销服务事故。

专用变压器终端安装前还应解除控制回路连接片，防止开关误跳闸；同时接入控制回路时，注意开关的跳闸方式（分励、失电压），防止短路，防止开关误跳闸；若有跳闸测试，测试前还应同客户协商同意后，由其配合操作。

### （二）集中器安装及现场调试

1. 现场勘查

集中器新装现场勘查主要结合公用变压器投运前验收进行，现场勘查确定终端安装位置、天线安装位置，检查现场无线公网信号强度等。

（1）现场勘查过程中必须核实设备运行状态，严禁工作人员未履行工作许可手续擅自开启电气设备柜门或操作电气设备。

（2）在带电设备上勘查时，不得开启电气设备柜门或操作电气设备，勘查过程中应始终与设备保持足够的安全距离。若因勘查工作需要开启电气设备柜门或操作电气设备时，应执行工作票制度，将需要勘查设备范围停电、验电、挂地线、设置安全围栏并悬挂标示牌后，经履行工作许可手续，方可进行开启电气设备柜门或操作电气设备等工作。

（3）进入带电现场工作，至少由两人进行，应严格执行工作监护制度。

（4）工作人员应正确使用合格的个人劳动防护用品。

（5）严禁在未采取任何监护措施和保护措施情况下现场作业。当打开计量箱（柜）门进行检查或操作时，应采取有效措施对箱（柜）门进行固定，防范由刮风或触碰造成柜门异常关闭而导致的事故。

**2. 工作前准备**

集中器现场安装前应提前打印工作任务单，办理工作票，工作票所列安全措施应与现场勘查风险点一一对应。根据需要领取集中器、通信卡等材料和所需要的仪器、仪表及个人安全工器具。

**3. 现场开工**

现场办理工作许可手续，会同工作许可人检查现场安全措施是否落实到位。工作负责人（专责监护人）检查着装是否规范、个人防护用品是否合格齐备、人员精神状态是否良好。同时交代工作内容、工作地点、作业间隔、人员分工、带电部位和现场安全措施，进行危险点告知和技术交底，工作班成员履行签名确认手续。

作业前应核对作业间隔，使用验电笔（器）对计量箱、采集终端箱和采集器箱金属裸露部分进行验电，并检查柜（箱）接地是否可靠。确认电源进、出线方向，断开进、出线开关，且能观察到明显断开点。使用验电笔（器）再次进行验电。

现场核对集中器、采集器、载波芯片编号、型号、安装地址等信息，确保现场信息与工作单一致，核对互感器变比信息。

**4. 现场安装**

（1）安装注意事项。

集中器应统一安装在台区变压器 400V 侧，一般安装在具备良好的抗冲击、防腐蚀和防雨能力的箱体内，集中器电压二次回路应取自进线柜，二次回路导线应采用单股绝缘铜质线或铠装电缆，导线中间不应有接头。电流二次回路导线截面积应不小于 $4mm^2$，电压回路导线截面积应不小于 $2.5mm^2$。集中器电压回路 U、V、W 各相导线应分别采用黄、绿、红色线，中性线应采用黑色线，接地线应采用黄绿双色线；电流二次回路应采用三相六线的接线方式，回路进线应使用黄、绿、红色线，回路出线应使用黄黑、绿黑、红黑双色线。

为便于后期维护，互感器与集中器之间应使用联合接线盒进行隔离，电压、电流互感器二次接线端子至试验接线盒之间的二次回路导线均应加装与图纸相符的端子编号，接线端导线排列应按正相序（即黄、绿、红色线为自左向右或自上向下）排列。集中器安装接线如图 2-6-9 所示。

（2）安装步骤及现场调试。

1）安装前应做好联合接线盒处措施，合上电流连片，断开电压连片。

2）集中器应垂直安装，用螺钉（挂表架）三点牢靠固定在终端箱的底板上。若为金属

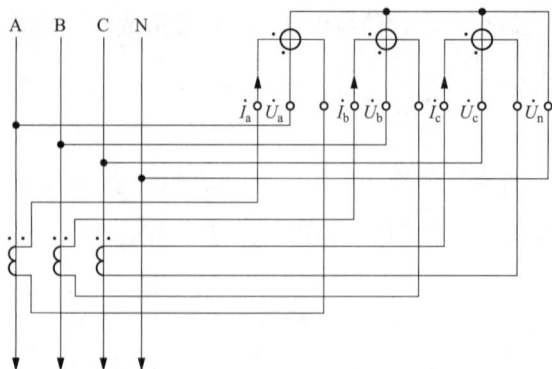

图 2-6-9　集中器安装接线图

类终端箱应可靠接地。

3）按照从右到左，先电压后电流，先中性线后相线、先出线后进线顺序进行接线。

4）布线应规范，导线转弯符合规范，线束横平竖直、布线整体对称美观合理，接头要求接触紧密，接触电阻小、稳定、可靠。

5）确认二次回路连接正确可靠、接触良好；导线连接牢固，螺栓拧紧；金属裸露部分全部插入接线端钮内，没有外漏、压皮现象。由另一人核查接线无误后，恢复联合接线盒连片。

6）正确安装外置天线，将外置天线引出至终端箱或终端小室外，并固定好。

7）正确安装通信卡并核对通信参数，待集中器上电后正确判断是否上线。检查集中器网络信号强度，必要时对天线进行调整，确保远程通信良好。

（3）集中器系统调试。

视频：集中器安装

1）营销系统调试。营销 2.0 系统调试流程主要通过公用配电变压器关口管理流程进行，通过"关口申请信息"填写关口申请信息、选择变更类型、台区名称、地址信息等信息。新设置关口点需要进行竣工验收。

集中器采集方案主要有三个方面内容，包含关口方案、计量点方案及采集方案。

a. 关口方案：主要确定关口名称、所属台区、容量、电压等级等基本信息。

b. 计量点方案：主要确定计量点名称、计量点级数、计量点所属侧、计量方式、接线方式、电压等级、电能计量装置分类，以及是否装表及是否安装采集终端等，同时需要依据现场互感器配置情况确定系统互感器方案和二次回路方案。

c. 采集方案：一是要确定采集点方案，包括采集点名称、类型、地址及采集方式；二是要确定终端方案，根据实际需求选择终端类别、类型及通信规约；三是要确定关联采集对象，关联现场实际运行电能表，应确认电能表接入数量，确保所有电能表都须接入集中器。

按照系统流程配置要求，依次进行方案审批、配置出库、设备领用、竣工验收、装拆调试等环节，注意在配置出库环节需要核对所配置集中器是否与现场一致，装拆调试环节需要再次核对所接入采集对象是否已全部接入。所有信息核对无误后触发调试流程至采集系统。

2）采集系统调试。

a. 终端初始化：终端初始化包括硬件初始化、数据区初始化、参数区初始化。硬件初始化指将终端复位，使终端重新启动。数据区初始化指将终端数据区的所有数据清空，但是参数不变，且终端不重启。参数区初始化指清除终端所有的设置参数及所有数据，参数恢复到出厂设置，且终端重启。

b. 接线信息：主要核对测量点信息中用户编号、表号、TA 变比、TV 变比是否与现场、营销系统保持一致。

c. 典型任务配置：采集主站集中器任务配置主要分为交采和电能表，根据实际需要进行相应任务配置。

a）集中器抄读交采数据任务主要见表 2-6-1。

表 2-6-1　　　　　　　　　　　集中器抄读交采数据任务

| 序号 | 任务编号 | 采集数据项 |
| --- | --- | --- |
| 1 | 500 | 日冻结数据、电压合格率 |
| 2 | 501 | 版本信息 |
| 3 | 502 | 自动数据补报 |
| 4 | 503 | 任务信息、群组信息 |
| 5 | 510 | 负荷数据（15min） |
| 6 | 511 | 实时负荷数据（5min） |
| 7 | 710 | 终端电源状态、电池状态、现场信号信息 |

b）集中器抄读电能表数据任务主要见表 2-6-2。

表 2-6-2　　　　　　　　　　　集中器抄读电能表数据任务

| 序号 | 任务编号 | 采集数据项 |
| --- | --- | --- |
| 1 | 100 | 日冻结正反向有功电能示值 |
| 2 | 110 | 当前正向有功电能示值 |
| 3 | 101 | 日冻结最大需量 |
| 4 | 102 | 三相表四象限无功电能示值 |
| 5 | 131 | 2013 年版单相表负荷曲线 |
| 6 | 130 | 所有三相表、2009 年版单相电能表负荷曲线 |
| 7 | 126 | 单相表相线、中性线电流 |
| 8 | 121 | 开盖次数 |
| 9 | 122 | 最近三次停电记录 |
| 10 | 123 | 相位接线信息 |

续表

| 序号 | 任务编号 | 采集数据项 |
|------|----------|------------|
| 11 | 124 | 模块资产编号、ID、版本 |
| 12 | 125 | HPLC 模块时钟、校时记录、模块停电记录 |

### （三）专用变压器终端安装及现场调试

**1. 现场勘查**

专用变压器终端现场安装勘查主要结合专用变压器验收工作进行，根据现场实际情况，确定终端安装位置和天线安装位置；检查被控开关，确定跳闸轮次；检查现场无线公网信号强度是否满足要求，核实用户符合情况。

**2. 工作前准备**

专用变压器终端安装前，应提前与客户约定时间，打印工作任务单并填写工作票。根据现场勘查情况准备所需材料、安全工器具及仪器、仪表。

**3. 现场开工**

告知客户或有关人员相关工作内容，办理工作票许可手续，会同工作许可人检查现场的安全措施是否到位，检查危险点预控措施是否落实。工作负责人（专责监护人）检查着装是否规范、个人防护用品是否合格齐备、人员精神状态是否良好。同时交代工作内容、工作地点、作业间隔、人员分工、带电部位和现场安全措施，进行危险点告知和技术交底，工作班成员履行签名确认手续。

作业前应核对作业间隔，使用验电笔（器）对计量箱、采集终端箱和采集器箱金属裸露部分进行验电，并检查柜（箱）接地是否可靠。确认电源进、出线方向，断开进、出线开关，且能观察到明显断开点。使用验电笔（器）再次进行验电。

现场核对专用变压器终端编号、型号、安装地址等信息，确保现场信息与工作单一致，并核对互感器变比信息是否正确。

**4. 现场安装**

（1）安装注意事项。终端宜安装在计量柜负控小室或其他可靠、防腐蚀、防雨具备专用加封、加锁位置的地方，并与高压带电或可能带电部分须保持足够安全距离。终端安装时面板应正对计量柜负控室窗口，以方便终端数据的查询和终端按键的使用。终端外壳金属部分必须可靠接地，安装高度一般为终端箱体底部离地面 1～1.4m。专用变压器终端应选择稳定、可靠的电源点，确保被控开关跳闸后终端能正常运行。多电源进线的客户宜采用控制电源自动切换回路供电。

专用变压器终端二次回路应接入采集专用的互感器二次绕组，不得接入电能计量用二次回路中。导线应采用单股绝缘铜质线或铠装电缆，导线中间不应有接头。电流二次回路导线截面积应不小于 $4mm^2$，电压回路导线截面积应不小于 $2.5mm^2$。专用变压器终端电压回路 U、V、W 各相导线应分别采用黄、绿、红色线，中性线应采用黑色线，接地线应采用黄绿双色线；电流二次回路应采用三相六线的接线方式，回路进线应使用黄、绿、红色线，回路出线应使用黄黑、绿黑、红黑双色线。控制线、信号线均宜采用 $2×1.5mm^2$ 双绞屏蔽电缆。

为便于后期维护，互感器与专用变压器终端之间应使用联合接线盒进行隔离，电压、电流互感器二次接线端子至试验接线盒之间的二次回路导线均应加装与图纸相符的端子编号，接线端导线排列应按正相序（即黄、绿、红色线为自左向右或自上向下）排列。专用变压器终端安装接线如图 2-6-10 所示。

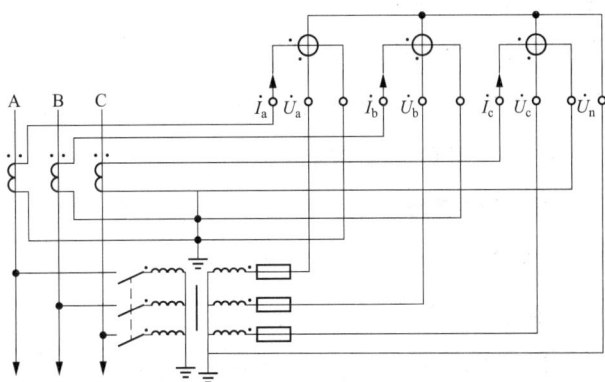

图 2-6-10　专用变压器终端安装接线图

（2）安装步骤及现场调试。

1）专用变压器终端安装前应调整联合接线盒的状态，合上电流连片，断开电压连片。

2）专用变压器终端应垂直平稳，固定牢靠，使用螺钉（挂表架）三点牢靠固定在终端箱的底板上。若为金属类终端箱应可靠接地。

3）电压、电流回路应按照从右到左，先电压后电流，先中性线后相线、先出线后进线顺序进行接线。

4）安装终端控制、遥信回路：分励脱扣一端应并接在被控开关的跳闸回路上，另一端应接终端动合触点上；失压脱扣一端应串接在被控开关的跳闸回路上，另一端应接终端动断触点上；遥信回路接在被控开关辅助触点；控制回路、遥信回路两端应使用电缆标牌或标识套进行对应编号标识。

5）脉冲及 RS-485 数据线连接：数据线宜使用分色双绞屏蔽电缆，两端应使用电缆标牌或标识套进行对应编号标识，屏蔽层采用终端侧单端接地。

6）布线应规范，导线转弯符合规范，线束横平竖直、布线整体对称美观合理，接头要求接触紧密，接触电阻小、稳定、可靠。

7）确认二次回路连接正确可靠、接触良好；导线连接牢固，螺栓拧紧；金属裸露部分全部插入接线端钮内，没有外漏、压皮现象。由另一人核查接线无误后，恢复联合接线盒连片。

8）正确安装外置天线，将外置天线引出至终端箱或负控小室外，并固定好。

9）正确安装通信卡并核对通信参数，待终端上电后正确判断是否上线。检查终端网络信号强度，必要时对天线进行调整，确保远程通信良好。

10）检查现场满足试跳条件，并与用户协商一致，在用户相关负责人在场时对负荷开关进行遥控跳闸操作，跳闸前先要求用户切断对应开关的负荷，连接片应处于投入状态，跳闸命令下发后确认相应负荷开关已跳闸、对应的遥信状态已变位。最后下发"允许合闸"命令，待用户相关负责人进行合闸操作后观察对应负荷开关的遥信状态已变位，完成试跳工作，试跳完成后，解除连接片并投入终端保电命令。

（3）专用变压器终端系统调试。

1）营销系统调试。营销 2.0 系统中专用变压器终端安装调试流程主要嵌入业扩类流程（包含业扩接入、用电变更等）及关口计量点流程开展。

采集方案主要有三个层级，第一层级为采集点方案，主要确定采集点名称、类型、地址及采集方式；第二层级为终端方案，根据实际需求选择终端类别、类型及通信规约；第三层级为关联采集对象，关联现场实际运行电能表，应确认电能表接入数量，确保所有电能表都须接入终端。通过三个层级操作，确定专用变压器终端整体采集方案。

随后进行采集终端配置及计量设备装拆环节，需要注意在终端配置时要核对资产编号等信息是否与装拆单一致，核对无误后触发调试流程至采集系统。

2）采集系统调试。

a. 终端初始化：终端初始化包括硬件初始化、数据区初始化、参数区初始化。硬件初始化指将终端复位，使终端重新启动。数据区初始化指将终端数据区的所有数据清空，但是参数不变，且终端不重启。参数区初始化指清除终端所有的设置参数及所有数据，参数恢复到出厂设置，且终端重启。

b. 接线信息：接线信息通常包含测量点信息、负荷开关轮次信息等。主要核对测量点信息中用户编号、表号、TA、TV 变比是否与现场、营销系统一致。通过新增交采测量点功能，增加交采测量点，确认交采 TA、TV 变比与现场保持一致。按照现场实际可控负荷情况增加相应负荷轮次信息。

c. 任务配置：采集主站专用变压器终端任务配置主要分为交采和电能表，根据用电类别、用户性质等不同要求，可进行相应任务配置。

a）专用变压器交采任务主要见表 2-6-3。

**表 2-6-3**
专用变压器交采任务

| 序号 | 任务编号 | 采集数据项 |
|------|----------|------------|
| 1 | 500 | 日冻结数据、电压合格率 |
| 2 | 501 | 版本信息 |
| 3 | 502 | 自动数据补报 |
| 4 | 503 | 任务信息、群组信息 |
| 5 | 510 | 负荷数据（15min） |
| 6 | 511 | 实时负荷数据（5min） |
| 7 | 710 | 终端电源状态、电池状态、现场信号信息 |

b）专用变压器电能表任务主要见表 2-6-4 所示。

**表 2-6-4**
专用变压器电能表任务

| 序号 | 任务编号 | 采集数据项 |
|------|----------|------------|
| 1 | 600 | 日冻结示值 |
| 2 | 601 | 最大需量 |
| 3 | 610 | 负荷数据（15min） |
| 4 | 612 | 上一日正反向示值曲线 |
| 5 | 613 | 实时负荷数据（5min） |
| 6 | 623 | 负荷数据（1h） |
| 7 | 630 | 时间、状态字、停电事件 |
| 8 | 710 | 电源状态、电池状态、现场信号 |
| 9 | 606 | RS-485-2 日冻结数据 |
| 10 | 611 | 15min 高精度实时数据曲线 |
| 11 | 618 | 三相表当前分相正反向有功电能示值 |
| 12 | 631.632 | 专用变压器光伏实时监测 |

d. 负控调试：现场满足负控试跳条件后，主站侧进行负控试跳验证。

## 任务三 常见采集故障甄别和处置

📖 【任务目标】

（1）熟悉采集故障原因分类，明确采集故障现象甄别和处置基本原则。

（2）掌握常见采集故障的具体现象及故障分析处置方法。

（3）掌握采集故障作业现场处置存在的作业风险点及相应风险防控措施。

（4）通过典型采集故障案例分析，巩固异常分析处置方法。

### 【任务描述】

（1）本任务主要从用电信息采集各环节分析采集故障分类及现象，针对不同类型采集故障进行甄别并明确其处置方法。

（2）本任务学习常见采集故障案例实例，巩固开展采集故障消缺实务。

### 【知识准备】

## 一、概述

用电信息采集故障是指由主站、通信信道、采集终端、电能表失去或降低其规定功能造成数据采集异常的现象。用电信息采集系统是准实时系统，系统组成结构复杂、涉及链路环节众多、设备厂家产品质量参差不齐，采集故障呈现异常现象类型多异常多发的现象，给日常采集运维工作带来巨大的挑战。因此需对用电信息采集典型故障环节进行逐一梳理，全面覆盖采集系统各个关键环节，并通过典型故障案例分析，提高运维人员用电信息采集故障诊断处理能力，切实提高采集系统运维质量和效率。

### （一）采集故障原因分类

#### 1. 主站类故障

主站类故障主要包括主站远程通信设备异常影响与终端建立通信关系，以及由于主站的设备档案异常、参数异常导致主站档案、方案信息与现场不一致，影响正常的数据采集。

#### 2. 通信信道类故障

通信信道类故障主要分为远程通信信道故障和本地通信信道故障。远程通信故障主要是指采集终端通过无线公网、光纤等远程通信方式与采集系统主站通信时出现的故障，本地通信故障主要是指采集设备通过下行通信信道与被采集电能表进行通信时出现的故障——采集设备间或与电能表无法进行通信。

#### 3. 设备类故障

设备类故障主要分为终端设备故障、通信卡、集中器天线故障、电能表故障等故障。

### （二）采集故障处置原则

#### 1. 优先排查主站

发现故障现象时，优先从主站侧分析查找原因，提升主站排除故障能力，降低现场工作难度和工作量。

#### 2. 逐级分析定位

综合考虑用电信息采集各环节实际情况，从系统主站、远程信道、采集终端、智能电能表等维度分段分析、排查问题，实现故障快速、准确定位和处理。

**3. 批量优先处理**

遇到多起并发故障时，综合考虑各故障影响范围、恢复时间及抢修难度，优先处理影响用户多、修复难度小的故障。

**4. 一次处置到位**

对于同一区域／台区发现的不同故障，尽量一次派工同步进行排查、处理。根据可能的故障原因，提前备好物料，力争一次性做好故障处置。

视频：采集故障消缺选择及典型采集故障处置

**（三）采集故障消缺现场作业风险点分析**

采集故障消缺作业风险点见表2-6-5。

表2-6-5　　　　　　　　　　采集故障消缺作业风险点

| 作业项目 | 关键风险点 | | | 防控措施 |
|---|---|---|---|---|
| | 风险类别 | 工序环节 | 风险点描述 | |
| 低压计量装置、集中抄表（专用变压器）终端装拆及故障处理 | 触电 | （1）集中抄表（专用变压器）终端装拆。（2）终端采样、计量回路故障排查 | （1）箱（柜）体外壳带电。（2）误碰带电裸露导体。（3）误入带电间隔。（4）搭挂电源相间短路或相地短路。（5）带负荷装、拆接线造成电弧灼伤 | （1）低压作业统一按照低压带电作业工作要求，戴好手套，使用单端裸露的成套绝缘工器具。（2）接触设备外壳前要先验电，严禁擅自开启高压柜柜门。（3）严禁直接触碰裸露导体，作业前核对设备名称和编号，要保持与带电设备足够的安全距离（10kV：≥0.7m，20/35kV：≥1.0m）。（4）无联合接线盒电能表装拆应采取停电工作方式。（5）严禁带负荷装、拆接线。（6）带电装拆终端时拆除或断开的线头，应用绝缘胶布包扎、固定。（7）搭挂电源要做好绝缘遮蔽 |
| | 高处坠落 | 高处集中器（专用变压器终端）、高处计量装置故障排查 | 梯上坠落、高处坠落 | （1）高处作业应正确使用安全带，作业人员在转移作业位置时不准失去安全保护。（2）要使用两端装有防滑套的合格梯子；单梯工作时，梯与地面的斜角度约60°，由专人扶持 |
| | 物体打击 | 高处作业 | 高空落物伤人 | 高处作业上下传递材料、工器具等应使用绳索，严禁上下抛掷物品 |

## 二、故障原因分析与处置措施

### （一）主站类故障

主站通信设备异常主要包括通信前置机、采集前置机、认证服务器等用于终端通信服务的设备链路中断、设备故障等原因导致主站与终端建立通信连接，可能造成终端批量离线、终端无法上线等现象。

1．故障研判

（1）由采集主站检查通信前置、采集前置等前置通信集群设备设置是否正常。重点检查通信服务器服务是否启动，通信服务器网络设置、端口、Netty 服务组件等是否设置正常。检查通信前置至接入鉴权服务器的网络连接。

（2）查看接入鉴权服务器终端认证记录和通信服务器日志，如发现有较多的终端上报的鉴权认证记录、通信前置机登录记录，若有登录记录说明终端侧正在上线，终端无法上线原因可能是通信前置机断电、链路中断。

2．处置方法

由主站系统运维人员进行主站通信服务器设备故障排查处理。

### （二）通信信道类故障

1．远程通信故障

远程通信故障主要是指采集设备通过无线公网、光纤、北斗等远程通信方式与采集系统主站建立通信时出现的故障。目前采集设备的上行通信主要以无线公网网络为媒介，采集设备和主站之间通过无线公网进行数据交互，以下着重分析无线公网通信方面的故障。

（1）无公网信号或信号弱。现场采集设备正常运行，但由于采集设备获取到信号强度无法满足终端上线要求，导致主站与采集设备间无法实现通信或终端通信连接不稳定频繁上下线，用电信息采集系统主站显示终端离线或终端召测数据超时。

1）故障研判。

使用不同运营商通信卡的手机现场实测采集设备安装地点的公网信号，检查现场公网无线信号强度。若提示无信号，则说明此处尚未有公网信号覆盖。可查看终端液晶屏左上角的信号网格状态，信号强度状态见表 2-6-6。

表 2-6-6　　　　　　　　　　信号强度状态指示表

| 信号强度 | 弱 | 中 | 强 |
|---|---|---|---|
| 信号指示 | 1~2 格 | 3 格 | 4 格 |
| 信号情况 | 不稳定 | 一般 | 稳定 |

通过现场实测采集设备安装地点的公网信号，若信号强度小于 -85dBm，则表示信号强度较弱、通信不稳定；若信号强度为 -85～-65dBm，则表示信号强度一般、通信较稳定；若信号强度大于 -65dBm，则表示信号强度强、通信稳定。4G 采用 LTE-TDD，LTE-FDD 模式规定的远程通信模块接收灵敏度分别小于 -93dB 和小于 -91dB，则对应不同运营商网络制式低于此信号强度则会影响通信模块无法正常注册网络。

2）处置方法。

a. 整片区域、大型建筑地下室或无公网信号覆盖的场所范围较大，应联系属地通信运营商通过增加信号基站或安装室内分布系统，进行信号覆盖以扫除盲区。

b. 若公网信号未覆盖的地区仅限于采集设备安装位置周边，则通过加长天线、加长馈线、加装信号放大器或光纤接入等技术手段，将外围公网信号引至采集设备安装位置，并确保信号强度能满足正常通信。

c. 更换不同通信运营商通信卡，根据终端安装地点不同运营商卡实测信号强度择优选择不同运营商通信卡。

d. 改变采集设备的安装位置，将其移至公网信号强度较稳定的位置。

e. 对于无线公网信号问题无法解决的终端，可通过安装中压载波、远程载波中继等信号中继设备将终端信号传输至有无线公网信号的采集终端处。

（2）运营商业务功能异常。现场采集设备正常运行，且存在公网信号，但由于运营商侧网络鉴权失败、业务功能异常、IP 资源池容量限制等导致终端无法正常拨号上线或主站与终端间无法实现正常通信交互。

1）故障研判。

a. 通过用采主站通信卡卡号确定公网信号所属的运营商和卡号支持网络制式和网络通道。主站在接入鉴权服务器终端始终无拨号认证记录，现场检查采集设备能正常检测到安装地点附近存在公网信号但终端无法通过网络注册，需联系相应运营商排查定位故障，可能通信卡存在欠费停机、机卡分离停机、运营商鉴权设备故障等原因造成通信卡鉴权失败造成终端无法上线。

b. 主站在接入鉴权服务器查看终端拨号认证记录，若终端存在拨号认证记录说明现场通信信号正常，终端能正常发起拨号上线，需联系通信卡运营商排查定位故障，初步怀疑通信卡存在流量限制，运营商专用 IP 资源池资源不足等原因导致终端无法正常上线。

2）处置方法。主站查看接入鉴权服务器认证记录，结合现场终端拨号状态协同通信卡运营商进行异常排查定位，定位异常故障后对通信卡网络业务功能进行优化调整，确保通信卡网络数据传输功能的可靠使用。

（3）光纤故障。现场采集设备正常运行，但由于采集设备所接入的远程光纤通信系统中发生线路、设备故障导致主站与采集设备间无法实现通信，用电信息采集系统主站显示终端离线。

1）故障研判。现场核查终端远程通信模块（光纤）状态指示灯，LOS 灯红灯亮代表光路不通终端未接收到光信号，初步怀疑光纤通信网络中断，可能存在光纤线路断线、光纤网络节点设备故障等原因导致信号中断，需联系属地信通部门排查光纤通络节点通断情况。

2）处置方法。结合现场通信模块运行指示灯状态，协同属地信通部门进行光纤网络故障排查定位，定位异常故障后对光纤网络故障进行消缺处理，确保光纤网络数据传输功能的可靠使用。

2. 本地通信故障

本地通信故障主要是指采集设备通过下行通信信道与被采集电能表进行通信时出现的故障——采集设备间或与电能表无法进行通信。目前终端的下行通信主要以 HPLC、RS-485 为媒介，进行采集设备与电能表的通信数据交互，以下着重分析本地信道通信方面的问题。

（1）RS-485 通信故障。RS-485 通信故障是指采集设备和电能表之间通过 RS-485 通信线连接，当 RS-485 线发生断路、短路、反接、接触不良等异常情况，影响采集设备和电能表之间的数据通信和交互，导致全部或部分电能表采集失败。

1）故障研判。

a. 可检查终端侧 RS-485 线的接线可靠性，用手轻拉时是否松动，查看 485 端口接线螺栓是否拧紧，查看接点是否有氧化、压皮等问题，若有则 RS-485 存在接触不良的情况。

b. 可通过万用表分别测量 RS-485 总线黄、蓝两路通信线的通断。若万用表未发出蜂鸣声，则表示该段总线存在断路情况。

c. 通过万用表对 RS-485 通信线的短路情况进行判断，测量 RS-485 通信线黄、蓝回路间是否相通，若万用表发出蜂鸣声，则说明存在短路情况，可通过分段测量 RS-485 通信线的短路情况，不断缩小区间，直至定位到短路点。

d. 可检查终端侧 RS-485 通信线的接线准确性，确认黄线接在 RS-485A 口、蓝线接在 RS-485B 口。从采集失败的电能表开始排查 RS-485 黄、蓝线与终端对接是否一致，若不一致则 RS-485 分线极性反接。

e. 通过万用表对采集不稳定的电能表进行检测，分别测量其 RS-485 端口在连接 RS-485 总线前后的电压值，如发现差值较大，则说明存在 RS-485 总线阻抗不匹配的情况。

2）处置方法。现场通过万用表排查 RS-485 回路接线故障点，准确定位存在接触不良、断路、短路、极性反接、阻抗不匹配情况的 RS-485 通信线后进行更换。

（2）HPLC 通信故障。主站与终端间通信正常数据通信交互，载波通信故障是指连接集中器和采集器/电能表之间的电力线载波路径发生载波信号衰减、信号受干扰或临近台区串扰的情况，影响了集中器和采集器/电能表之间的数据通信和交换，导致部分电能表采集失败。

1）故障研判。

a. 台区下存在部分电能表无采集，电能表存在不入网或存在入网不稳定的情况，现场查看采集失败电能表，排除设备故障等其他异常原因后，如发现此台区存在供电半径较大、线路老化、线径过细、节点过多等情况，或采集失败的电能表集中在供电线路的末端，则可初步判定存在载波信号衰减现象。

b. 检查供电线路上是否存在载波信号干扰源，如基站等频率发生设备、变频设备、整流逆变设备等，如确实存在则可能存在载波信号受干扰。

c. 台区下存在部分电能表无采集，但现场核查电能表正常入网但集中器模块路由节点无此电能表，通过主站穿透临近台区集中器路由节点表计清单，核查采集失败表计是否存在于距离比较近的某台区集中器路由网络中，若是则存在台区间相互串扰，导致集中器抄收效果差。

2）处置方法。

a. 载波信号衰减可对集中器载波抄读频段进行优化，优化集中器模块抄读频段提升采集设备的载波抗干扰能力，目前较常用的为 2.4～5MHz。

b. 供电线路进行优化改造，增加供电电源点，扩大线径，减小供电半径等提升载波线路通信环境。

c. 增加载波中继设备，也可通过加装集中器，提升供电线路末端的载波信号强度。

d. 强化供电线路上的谐波治理力度，安装电能表时尽量避开干扰设备安装，通过更换为双模（HPLC+ 微功率无线）模块提升采集设备的载波抗干扰能力，或采取其他采集方案进行采集，如采用 RS-485 端口采集干扰表计。

参考资料：智能台区表箱智能总开采集失败案例

e. 存在台区串扰的表计通过主站穿透模块网络拓扑信息寻找存在错误串扰的台区，对于错误的串扰的台区集中器进行模块复位，解除错误网络拓扑关系，减少串扰台区源，建立正确的台区网络拓扑关系，确保网络拓扑关系（CCO—STA）与终端—电能表采集关系对应。

### （三）设备类故障

目前全省低压集中器主要采用 I 型集中器、专用变压器终端采用专用变压器采集终端Ⅲ型。设备类故障主要指采集设备、电能表本体模组、元器件由于外力破坏、软硬件设备运行故障等，出现硬件损坏或程序死机等设备故障的情况，无法正常工作，影响设备正常数据通信交互。

**1. 终端故障**

终端常见故障类型主要有终端本体故障、远程通信模块故障、本地通信模块故障、终端软件故障、通信卡坏或接触不良、通信天线坏等。

（1）终端本体故障。终端本体由于人为因素、外力破坏、内部元器件故障、软件运行错乱等因素，出现硬件烧毁、外观损坏、电能计量异常或程序死机的情况，终端运行在非正常工作状态。

1）故障研判。

a. 终端离线排除主站、远程通信信道异常后，现场检查终端运行状况，如发现有黑屏、白屏、花屏，按键不响应、电源指示灯异常，不闪烁、不亮或常亮，说明终端本体发生故障，无法正常工作。

b. 主站核查终端运行数据，发现终端存在断流、电压异常、走字异常等现象，现场核查终端外接电源是否正常，若是则终端电压、电流采样回路、计量芯片等可能存在异常，导致终端无法正常计量。

2）处置方法。

a. 现场检查终端的形式外观：如未发现明显的硬件损坏，可切断终端电源后进行重启，看是否能恢复正常工作；如发现有明显的硬件损坏或重启集中器后仍无法恢复正常工作的，可对终端进行更换，并协同终端厂家对更换的设备进行分析，查找故障原因，若为终端软件缺陷的，程序优化后对同终端版本设备进行全面升级。

b. 检查终端接入电源回路状态：对终端进线测量的电压、电流与终端显示的电压电流数据进行比对，若偏差较大或存在终端有电流但无走字，则为终端本体计量设备故障则进行终端更换。

（2）终端参数、软件故障。终端由于运行软件存在缺陷，其设置终端通信参数、抄表任务执行、等功能存在异常，终端无法正常上线，抄表成功率为0或采集成功率较低。

1）故障研判。

a. 通过现场核查集中器设置的通信参数，如主站 IP、APN、通信端口、终端通信地址、终端通信认证方式等是否正确，若存在错误参数或参数为空，导致终端与主站无法正常通信，则判定为终端参数错误。

b. 通过主站穿透电能表数据，若能正常抄读成功，但召测终端内未配置抄表任务或终端生成群组任务错误，则判断为终端参数错误。

c. 通过主站穿透电能表数据，若能正常抄读成功，召测终端内抄表任务、参数正确，但终端未执行抄表任务、抄表任务执行失败、抄读数据未正常上报，则判定为终端软件缺陷。

2）处置方法。

a. 现场重新设置终端主站 IP、APN、通信地址等参数，重启终端上线后召测设备通信成功，主站终端状态显示"在线"。

b. 召测终端任务配置情况，若为空则重新配置抄表任务（参数），召测终端任务数量若存在错误任务，则删除错误任务方案后重新下发。

c. 沟通终端厂家针对软件异常终端是否有终端软件可升级解决，若有则进行终端升级后观察终端任务执行情况，确保任务执行正常，数据采集成功。并针对同终端版本进行全面升级，避免同类问题出现。

d. 针对终端软件故障无优化版本可处理的可先进行终端更换处理，并协同终端设备厂家对存在软件缺陷的设备进行异常分析定位，查找故障原因，待厂家程序优化后对同终端版本设备进行全面升级。

（3）终端远程通信模块故障。主站与终端通信不正常，排除主站及远程通信信道异常后，现场终端通信模块硬件设备故障、软件运行功能异常，导致终端不能上线或连接主站不稳定。

1）故障研判。

a. 现场检查终端拨号上线状态，发现终端通信模块电源等不亮或 NET 灯不亮或长时间不闪烁，终端不能上线。

b. 通过使用不同运营商通信卡的手机现场实测采集设备安装地点的公网信号，若现场无线公网信号稳定，但终端显示信号强度较弱或出现模块反复拨号重启造成终端通信不稳定等异常，可能存在模块软件运行功能异常。

2）处置方法。通过更换终端通信模块，通信模块电源（NET）灯闪烁正常，重启集中器，正常识别通信卡信息后拨号成功，终端恢复上线。

（4）集中器载波通信模块故障。主站与集中器通信正常，但载波模块由于软件运行错乱、硬件故障等原因导致无法正常运行或抄表功能异常，导致集中器下所有或部分电能表采集失败。

1）故障研判。

a. 现场查看载波模块指示灯是否正常，如载波模块电源指示灯不亮，下发抄表命令后载波模块收发指示灯不闪烁，对应相位指示灯不闪烁。同时使用手持抄控器测试集中器载波模块，采集所属的任意电能表数据失败。

b. 主站召测终端抄表任务执行情况，若终端配置任务数量正常，但采集成功数为"0"或成功率较低，穿透模块网络拓扑情况或现场核查表计是否入网，若电能表已入网但抄表任务无法正常执行，则模块抄表功能存在异常。

c. 主站穿透载波模块版本信息，若召测多次均提示超时或提示失败，或主站召测穿透载波模块从节点信息，若为"0"或显著低于档案内采集对象数，说明集中器与载波模块信息交互存在异常，可能为载波模块故障。

2）处置方法。现场更换集中器载波模块，主站穿透模块版本信息，确保集中器与载波模块间交互正常，并重新启动抄表任务同步模块抄表任务，现场监测台区表计是否正常启动入网，表计入网完成后主站监测终端任务执行是否正常，检查集中器采集状态中应抄电能表数，确保其与系统建档表计数一致。全部电能表采集成功。

（5）终端 RS-485 通信接口故障。终端在线且抄表任务（参数）均正常，但终端由于内部 RS-485 电源异常、RS-485 芯片故障、内部电路虚焊、内部连接线脱落、过电压击穿等原因，导致终端 RS-485 回路损坏，导致采集设备无法与电能表建立数据通信交互连接，表现为终端下 RS-485 接口上所有电能表都采集失败。

1）故障研判。现场断开终端 RS-485 上所有电能表，直接测试 RS-485 的 AB 线之间的电压，发现 RS-485 总线电压低于 4V，可直接判别终端 RS-485 接口故障；现场断开终端 RS-485 上其他电能表，只保留一块电能表连接，通过手持抄控设备或远程主站对电表数据进行穿透抄底，分别测试两只电能表若均抄读数据失败，由此确认终端 RS-485 接口发生故障。

2）处置方法。通过更换终端整机，重新通过主站调试穿透电能表数据采集成功。

（6）通信卡故障。通信卡故障是指通信卡存在故障或有污点或松动，导致其与终端通信模块芯片不能有效接触或无法完成网络鉴权，使终端无法与主站正常通信。

1）故障研判。现场检查终端运行状况，发现无线通信模块电源灯正常，通信（NET）灯不亮，初步怀疑存在通信卡异常，查看通信卡的外观，发现其接触良好、安装正确且牢靠、流量及资费充足，可通过更换一张新的通信卡，若能联网成功则说明原通信卡坏导致故障；若查看通信卡的外观，发现通信卡有变形、污点或松动，则说明通信卡存在接触不良的情况；若通信卡外观良好无异常，但发现终端拨号状态始终无法通过网络注册，则可能通信卡内部芯片故障导致无法通过网络鉴权。

2）处置方法。对故障的通信卡进行更换，对于接触不良的通信卡重新安装，确保其安装牢靠、接触良好，终端可以正常登录主站、通信。

（7）终端天线故障。终端天线故障是指由于外力破坏、安装施工质量或人为因素，导致终端天线发生损伤，使终端无法与主站正常通信或终端通信质量差。

1）故障研判。现场检查终端运行状况，终端无法连接主站或终端显示通信信号显著较弱，检查发现无线通信模块电源灯正常，通信（NET）灯不亮，且通信卡一切正常，则初步怀疑终端天线存在故障，检查其外观确认天线有损伤。如通过外观检查发现天线无损伤，则应检查其连接是否牢靠、是否存在松动情况。

2）处置方法。对故障天线进行更换，对接触不良的终端天线加以紧固，令其连接可靠、接触良好，确保终端可以登录主站、通信。

（8）终端备用电池故障。终端备用电池故障是指由于终端备用电池因为电池电压低、电池接触不良等问题导致终端停电后异常事件无法正常上报。

1）故障研判。采集终端发生停电或复电时，在采集系统主站查看终端是否正常向主站上报停电和复电的事件记录，若未收到终端上报的事件记录，通过现场检查采集终端电池存在接触不良或电压的情况，可通过更换采集终端备用电池后进行终端模拟断电测试，若主站能收到事件记录上报报文，则判定为终端备用电池失效。

2）处置方法。更换终端备用电池，确保电池与终端接口牢固、不松动。

2. 电能表故障

影响电能表数据采集的常见故障类型主要有电能表本体故障、本地通信模块故障、RS-485接口故障、电能表时钟超差等。

（1）电能表本体故障。电能表由于外力损坏、过负荷运行、软件运行错乱等造成电能表出现硬件损坏或程序死机的情况，无法正常工作，使终端与电能表间无法实现通信或电能表存储数据异常导致数据采集失败。

1）故障研判。

a. 通过现场检查电能表运行状况，如发现有烧表、黑屏、花屏，按键不响应、电源指示灯异常，模块上电后不闪烁、不亮或常亮，说明电能表本体故障。

b. 通过主站穿透电能表冻结数据，若无数据或数据异常，通过现场抄表器抄读电能表冻结数据是否异常，若异常则表计可能内部存储芯片、控制单元等设备功能异常，判断为电能表本体故障。

2）处置方法。更换电能表，并重新下发抄表任务（参数），采集电能表冻结数据成功。

（2）电能表RS-485通信口坏。终端在线且抄表任务（参数）均正常，但电能表由于内部RS-485芯片故障、内部电路虚焊、内部连接线脱落、过电压击穿等原因，导致电能表RS-485接口损坏，导致采集设备无法与电能表建立数据通信交互连接，导致电能表采集失败。

1）故障研判。使用手持抄控设备抄读电能表RS-485口失败，或进一步用万用表测量电能表RS-485口，发现端口电压低于3V，则判断为电能表RS-485口故障。

2）处置方法。更换电能表，并重新下发抄表任务（参数），召测电能表数据成功。

（3）电能表载波通信模块故障。台区下部分电能表抄读失败，采集失败的电能表通信模块由于硬件设备故障、软件运行功能异常，导致电能表无法正常入网或模块无法正常抄读电能表数据。

1）故障研判。

a. 通过现场核查电能表载波通信模块运行状态，模块TXD红灯不停闪烁说明电能表无法入库或模块 RXD 黄灯不停闪烁代表模块无法读取表地址,初步怀疑为电能表载波通信模块故障,可采用通过更换载波模块后查看表计入网情况,若 TXD、RXD 均不亮说明电能表载波模块故障。

b. 通过现场插拔载波通信模块,观察载波模块外观,若模块针脚歪曲、模块运行发热有明显烧焦味等,可直接判断为载波模块故障。

2)处置方法。更换电能表载波通信模块后核查表计入网情况后,主站穿透电能表数据成功。

(4)电能表时钟超差。由于电能表内部时钟电池失效或电池欠电压,主站比对发现电能表时钟与标准时钟不一致,导致日冻结、曲线等数据项抄读失败。

1)故障研判。通过主站穿透、现场查看电能表的时钟数据,比对标准时钟偏差 5min 以上则判断为时钟误差,可能导致电能表日冻结或曲线数据抄读不准。

2)处置方法。对电能表时钟偏差 5min 以上的电能表优先进行主站远程校时,远程校时不成功的开展现场校时,若校时均失败可通过更换电能表后,召测电能表时钟正确。

**(四)档案类异常**

1. 采集对象关系错误

集中器、专用变压器终端、采集器、电能表正常,但主站侧采集终端—电能表的采集关系与现场不符,导致终端表计无法建立正确的采集关系,主站无法采集到部分电能表的用电信息。

(1)故障研判。

1)台区低压用户在营销业务应用系统核查"用户—供电电源"与"电能表—采集终端"对应关系是否一致,若不一致可判断为采集对象关系错误。

2)检查用电信息采集系统主站档案的"终端—电能表"采集关系是否与现场一致,专用变压器终端现场通过 RS-485 线路连接关系判断采集关系,低压集中器现场可通过判断台区同线路下临近可抄读表计判断采集关系。

3)对于台区低压用户无法准确判断户变关系的,还需通过台区拓扑关系识别仪辅助确定"变压器—用户"关系是否准确。

(2)处置方法。根据现场实际的"终端—电能表"采集关系维护营销业务应用系统、用电信息采集系统主站内的相关采集点采集对象信息,并重新下发正确表计资产任务方案(参数),采集数据成功。

2. 参数异常

集中器、专用变压器终端、采集器、电能表正常,但主站侧采集点下电能表档案参数与现场实际不符，导致终端按照错误的表计参数、方案无法采集到部分电能表的用电信息。

（1）故障研判。在用电信息采集系统主站上查询采集点下表计、交采测量点参数是否准确：

1）测量点号。专用变压器 1376.1 规约主站系统测量点档案异常，与终端内测量点对应电能表资产编号不一致。

2）电能表地址。系统档案中的电能表地址应与现场的电能表资产编号不一致。

3）端口号。专用变压器 1376.1 规约采集终端电能表测量点在用电信息采集系统标准中对应的终端采集端口号为"2 或 3"，交采测量点对应终端采集端口号为"1"。698.45 规约终端采用 RS-485 方案采集电能表时，对应的终端采集端口号为"f2010201"，采用载波方案采集电能表时，对应的终端采集端口号窄带为"f2090201"，交采测量点对应终端采集端口号为"f2e0201"。

4）通信速率。DL/T 645—2007《多功能电能表通信协议》规约智能电能表的波特率应选择 2400bit/s，DL/T 698.45—2017《电能信息采集与管理系统 第 4-5 部分：通信协议—面向对象的数据交换协议》智能电能表的波特率应选择 9600bit/s。

5）通信规约。系统档案中测量点电能表应选择 DL/T 645—2007《多功能电能表通信协议》、DL/T 698.45—2017《电能信息采集与管理系统 第 4-5 部分：通信协议—面向对象的数据交换协议》，与营销业务应用系统电能表资产档案中通信规约是否一致。

6）接线方式。电表测量点的接线方式与营销业务应用系统中电能表接线方式是否一致。

7）大小类号。测量点大小类号的具体分类见表 2-6-7。

表 2-6-7 测量点大小类号分类表

| 分类 | 名称 |
|---|---|
| 大类号 | 三相商业 |
| | 单相商业 |
| | 低压居民 |
| | 关口 |
| 小类号 | 智能电能表（单机） |
| | 分时表（单相） |
| | 智能电能表（三相） |
| | 分时电能表（三相） |
| | 单费率电能表（三相） |
| | 插卡电能表（三相） |

（2）处置方法。

1）若为营销业务应用系统终端、表计测量点参数错误，应在营销系统中发起流程或提交数据修改单修改相应终端、表计运行档案或资产档案后档案再次同步用电信息采集主站。

2）若为用电信息采集系统主站档案、参数生成错误，应在采集主站上重新生成测量点，相关测量点档案未正确关联或测量点采集参数选填错误，对错误的测量点参数进行修改。

采集主站修改正确后的交采、表计测量点，应重新下发正确测量点任务方案（档案参数），数据采集成功。

### 三、典型采集故障现象甄别与处置方法

#### （一）终端离线

1. 终端离线故障现象

终端离线指采集终端无法正常登录采集主站的现象，在采集主站表现为终端断线且采集成功率为0。

2. 终端离线常见原因

（1）主站侧原因可能是采集系统服务器等设备故障、主站侧设备故障将会导致终端批量掉线。

（2）远程通信信道侧可能原因是运营商网络、基站等故障，通信卡损坏、丢失、欠费等。其中运营商网络故障、通信卡欠费也会导致终端批量掉线。

（3）设备侧可能原因是线路停电、终端通信参数错误、终端本体故障、终端远程通信模块故障、远程通信模块天线损坏等。

3. 典型故障处置方式分析

（1）主站侧原因分析及处置方式。

1）排查是否主站问题导致终端批量离线。

故障判断方法：查询主站是否有无规律（厂家、运营商随机）终端批量离线，咨询主站运维人员主站服务器等是否正常。

故障处理方法：因主站问题导致终端批量离线的，需等待主站故障恢复后进行进一步排查。

2）检查是否因停电导致终端离线。

故障判断方法：查询终端所在线路是否有停电计划、故障停电抢修，并结合终端主动上报的停电事件，判断是否因停电引起终端离线。

故障处理方法：因线路停电引起终端离线，需要等线路恢复供电后进一步观察。

3）检查是否所属网络问题导致终端离线。

故障判断方法：当远程通信信道为无线公网通信时，需要核实终端通信卡所属运营商的

网络是否正常、所属基站是否正常，通信卡是否欠费，通信卡基本参数是否正确；当远程通信信道为光纤通信时，需要核实光纤网络是否正常，交换机是否故障或 IP 地址是否受限等。

故障处理方法：当远程通信信道发生故障时，需要联系相应运营商或信通公司进行处理。

（2）现场侧原因分析及处置方式。

1）检查终端外观及工作状态是否正常。

故障判断方法：首先检查终端电源是否正常，电压线是否虚接，联合接线盒处连片是否正确，其次检查终端外观是否出现黑屏、白屏、花屏、烧毁、死机或拨号异常等现象。

故障处理方法：终端电源异常应正确接入电源；终端出现黑屏、白屏、花屏、烧毁等现象，则需要更换终端；终端死机或拨号异常，则将终端重启上线。

2）检查终端通信参数是否正确。

故障判断方法：检查终端通信参数是否正确，包括但不限于主站 IP、端口号、APN、用户名、密码、终端地址等参数。

故障处理方法：若终端参数设置错误，则需要重新设置参数。

3）检查终端安装位置信号强度是否满足要求。

故障判断方法：检查终端天线是否正常，观察终端液晶屏显示的信号强度是否符合要求。

故障处理方法：终端天线问题的进行更换；信号强度不满足要求的，可使用延长天线、更换通信卡或者联系运营商加强信号。

4）检查无线通信模块及通信卡安装情况。

故障判断方法：可通过检查无线通信模块指示灯判断模块是否工作正常，无线模块针脚是否正常；检查终端通信卡是否丢失、接触不良或损坏。

故障处理方法：当模块电源指示灯指示异常时，需要重新安装或更换模块；当模块针脚发生弯曲，需要直接更换模块；若通信卡丢失、损坏或接触不良，重新安装或更换通信卡。

**（二）数据采集失败**

1. 数据采集失败故障现象

数据采集失败指主站无法获取终端或电能表数据的现象。

2. 数据采集失败常见原因

（1）主站、采集终端的参数或任务未配置或配置错误。

（2）终端、电能表硬件是否故障，终端模块、电能表模块是否故障，终端、模块软件版本是否符合要求。

（3）终端、电能表时钟是否故障。

（4）电能表 RS-485 端口是否正常、RS-485 线接线错误或未接。

（5）不同厂家载波芯片或采集设备不兼容、现场是否存在干扰源。

（6）模块是否接触良好、台区隶属关系是否正确、通信距离是否过长等。

3. 典型故障处置方式分析

（1）通用处置方式。

1）检查主站侧的终端任务是否正确下发。

故障判断方法：检查终端参数是否正确设置，包括表地址、波特率、通信规约、通信端口号等；检查终端任务是否正确配置，包括日冻结有功、无功示值任务，电压、电流、功率曲线任务等。

故障处理方法：若终端参数或任务未配置或配置错误，则重新设置并下发，必要时可进行参数初始化等操作。

2）检查主站侧终端、电能表时钟是否正确。

故障判断方法：可通过终端初始化页面，召测时钟数据与实际时钟进行比对；电能表时钟通过电能表穿透功能，穿透电能表时钟与实际时钟进行比对。

故障处理方法：主站有自动校时任务，自动校时失败的，可使用主站点对点对时功能或只用掌机进行现场对时；多次校时失败的，可更换终端、电能表。

3）现场检查终端、电能表硬件是否故障。

故障判断方法：检查终端、电能表是否出现黑屏、白屏、花屏、烧毁、死机或拨号异常等现象。

故障处理方法：终端、电能表死机需要重启，终端、电能表发生故障需要现场更换终端。

4）检查终端软件版本是否符合要求。

故障判断方法：召测终端软件版本号。

故障处理方法：若终端软件过低或不符合要求，则升级终端软件。

5）检查电能表是否无法冻结数据。

故障判断方法：可使用掌机确认电能表冻结数据是否正常。

故障处理方法：若电表未冻结数据则需要更换电能表。

（2）本地通信采用"载波"方式的处置方式。

1）检查终端电源线是否正常。

故障判断方法：现场检查终端电源线是否缺相、虚接或联合接线盒连片是否接好。

故障处理方法：若终端电源线存在缺相或虚接，则正确连接电源线。

2）检查终端载波模块是否符合要求。

故障判断方法：可通过主站载波模块分析等功能、分析载波模块版本等是否符合要求。

故障处理方法：载波模块版本不符合要求，则需要进行升级，载波模块故障，则进行更换。

3）检查是否组网成功。

故障判断方法：载波方式为 HPLC 的，需要检查是否组网成功，可通过主站网络拓扑信息判断电能表是否组网成功。

故障处理方法：可通过主站 683 方案更改 CCO 工作频段。

（3）本地通信采用"RS-485"方式的处置方式。

1）现场检查 RS-485 接线是否正常。

故障判断方法：现场检查 RS-485 接线是否正常（未接、错接、损坏等），通过万用表检测通信线是否损坏，检测 A、B 通信线是否短路、虚接等问题。

故障处理方法：若接线错误，则更正接线。若通信线损坏，则更换通信线。

2）现场检查终端和电能表 RS-485 端口是否损坏。

故障判断方法：断开通信线，分别测量终端和电能表的 RS-485 端口 A、B 间电压是否在正常范围，若超出范围则说明该端口可能存在故障。

故障处理方法：若 RS-485 端口故障，更换终端或电能表。

**（三）采集数据项异常**

1. 采集数据项异常故障现象

用电信息采集系统需要采集电能示值（有功、无功等）、交流模拟量（电压、电流、功率等）、事件记录（停电等）、工况数据等数据项。应采数据项不完整或采集数据错误，即为采集数据项异常。

2. 采集数据项不完整常见原因

（1）主站档案与现场实际情况不一致；主站、采集终端参数、任务未配置或配置错误。

（2）采集终端天线安装位置处无线信号强度较弱，无法与基站正常通信。

（3）因为台区供电半径过大，导致电能表与集中器通信距离过远，载波或微功率信号衰减严重。

（4）采集终端、电能表故障；采集终端软件版本存在缺陷；采集终端、电能表时钟错误。

3. 典型故障处置方式分析

（1）主站侧处置方式。

1）检查主站侧参数、任务是否正确配置。

故障判断方法：检查主站与现场电能表测量点档案是否一致，终端参数是否正确设置，包括表地址、波特率；检查终端任务是否正常配置并执行。

故障处理方法：若主站与现场电能表测量点档案不一致，则需修正档案。终端参数未配置或配置错误的，则需要正确配置。

2）主站侧检查终端软件是否符合要求。

故障判断方法：召测终端软件版本号。

故障处理方法：若终端软件过低或不符合要求，则升级终端软件。

（2）现场处置方式。

1）检查远程通信信号强度是否符合要求。

故障判断方法：检查终端天线是否正常，观察终端液晶屏显示的信号强度是否符合要求。

故障处理方法：终端天线问题的进行更换；信号强度不满足要求的，可使用延长天线、更换通信卡或者联系运营商加强信号。

2）检查本地通信信号强度是否符合要求。

故障判断方法：现场检查供电半径是否过长，是否存在干扰或载波信号衰减严重。

故障处理方法：可调整电能表安装位置；加装中继器、滤波器等。

3）现场检查终端、电能表是否故障。

故障判断方法：检查终端、电能表是否有黑屏、白屏、花屏、烧毁、死机等故障。

故障处理方法：终端发生故障时，需要现场升级或更换终端；电能表故障，则更换电能表，终端、电能表死机则需要重启。

# 任务四　用电信息采集仿真平台应用

## 【任务目标】

（1）掌握用电信息采集仿真平台使用方法。

（2）掌握用电信息采集仿真平台巡检模式。

（3）掌握用电信息采集仿真平台闭环模式。

（4）熟练使用用电信息采集仿真平台模拟低压现场巡视和采集消缺工作。

【任务描述】

（1）本任务主要掌握用电信息采集仿真平台使用方法及常规操作流程。

（2）本项目主要完成用电信息采集仿真平台巡检模式训练，掌握低压巡视方法和技巧。

（3）本项目主要完成用电信息采集仿真平台闭环模式训练，掌握低压消缺方法和技巧。

【知识准备】

## 一、用电信息采集仿真平台功能介绍

### （一）应用场景

用电信息采集仿真平台可模拟多种采集运维应用场景，包括采集故障运维、计量故障运维、低压巡视等。硬件装置可实现多种采集组网方式的仿真，包括全载波（宽带和窄带）、半全载波（宽带和窄带）、RS-485 和无线等，上行通信兼容 LAN 和 GPRS。硬件装置配合采集运维闭环管理系统能够实现模拟现场消缺和巡视等功能。通过模拟生成工单、工单下发、工单处理和反馈等，实现模拟用电信息采集故障消缺的功能，在提升员工技能水平方面作用显著。

### （二）功能简介

用电信息采集仿真平台可实现各种采集运维系统的故障模拟、故障排查、故障复归及采集运维闭环培训等功能，也可以通过安装于装置上的人机交互设备进行就地模拟控制，完成对于用电信息采集运维各个环节的人员的业务流程及业务技能的培训。

其主要功能是实现各种采集运维系统的故障模拟、工单自动生成、运维人员现场故障排查及采集运维工单闭环培训、模拟故障自动复归等功能。通过模拟仿真专用变压器采集终端、模拟仿真集中器、模拟仿真智能电表，实现用电信息采集系统运行过程中的故障现象模拟，故障类型包括采集异常和计量异常。

其中采集异常仿真涵盖终端与主站无通信、集中器下电能表全无数据、采集器下电能表全无数据、电能表持续多天无数据四大类采集故障。计量异常仿真涵盖电能表示值不平、电能表飞走、电能表停走、电压失压、电压断相、电流失流、电流过流、反向电量异常等计量异常。用电信息采集仿真平台可实现对公用变压器台区低压集抄运行环境进行模拟，同时对用电信息采集运行过程中的故障进行模拟，包括专用变压器及公用变压器终端故障、电能表故障、通信参数故障、跨台区故障、通信信道故障等。

### （三）硬件构成

低压集抄环境包括公用变压器终端（集中器）、台区总表、三相直通用户、三相互感器用户、单相用户等，涵盖低压用户不同计量方式的运行环境，终端与主站通过光纤或 GPRS 进行上行通信，终端与电能表之间的集抄方式包括 RS-485 线路、载波通信、HPLC 模块通

191

信等多种方式。

## 二、故障模拟

### （一）终端故障模拟

用电信息采集仿真平台可满足各种模拟故障的需求，包括终端死机、数据错误、上行通信模块故障及本地通信模块故障等。模拟电压回路异常、电流回路异常、相序异常、终端停/上电事件、电压/电流不平衡越限、消息认证错误记录、终端故障记录、电压越限、电流越限、RS-485抄表失败、对视事件记录等异常事件。

### （二）电能表故障模拟

电能表故障模拟可满足各种模拟故障的需求，包括电能表黑屏、白屏、花屏、电能表不上电、电能表死机、RS-485异常、载波模块故障等采集异常，也包括电能表飞走、电能表停走、相序异常、需量异常、电压故障、电流故障、电能参数变更、电能表时间超差、电表故障信息、电能表示度下降、电能量超差、电能表开记录、电能表运行状态字变位等计量异常。

### （三）错接线模拟

用电信息采集仿真平台支持三相三线电能表48种错接线、三相四线电能表96种错接线的错接线模拟，且配备足够的模拟信号源，可对每一台电能计量设备设置模拟负载，每台设备负载（电压、电流、相位角、功率因数等）均可以单独设置。

同时，仿真平台也支持单相电能表错接线模拟，包含单相电能表相线与中性线反接、相线断、中性线断、相线进出反接和中性线进出短接等错接线模拟，且配备足够的模拟信号源，可对每一台电能计量设备设置模拟负载，每台设备负载（电压、电流、相位角、功率因数等）均可以单独设置。

## 三、用电信息采集仿真平台应用范围

用电信息采集平台在营销作业中具有较大的应用范围，能够用于电能表和采集终端的安装、接线、测试，集中器的安装、接线、测试分析，终端采集数据的读取、分析等基础场景。同时也能够模拟终端、智能电能表典型接线故障的查找、测试与分析，用电信息采集组网方式，低压设备巡视、电能表校验等拓展场景。

### （一）操作指南

#### 1. 硬件操作指南

用电信息采集仿真平台在运行装置前应检查各表位挂接电能表是否正确，并检查通信线、电源线、装置接地线是否连接安全可靠。完成上述检查后，再打开计算机，并将实训装置下部安装的漏电保护开关闭合。

2. 软件操作指南

硬件上电后，通过仿真平台配备软件，使用电源控制功能，给台区中的终端、电能表通电。此时终端和电能表会按照所在位置逐一上电。确认终端、电能表可正常工作后，使用管理员身份登录模拟主站，进行故障设置。系统故障可设置闭环模式或巡检模式，设置采集故障与计量故障，将故障下发至仿真平台硬件装置。操作人员使用考生账号登录主站，在绑定仿真平台账号后，可接收工单并进行反馈。

### （二）危险点分析

（1）工作前应在有电设备上对验电笔（器）进行测试，确保良好，无法在有电设备上进行验电时可用工频高压发生器等确证验电器良好。

（2）核查前使用验电笔（器）验明计量柜（箱）、电能表等带电情况，防止人员触电。

（3）进入现场应保持与带电设备的安全距离。

（4）严禁工作人员未履行工作许可手续擅自开启电气设备柜门或操作电气设备。

（5）严禁在未采取任何监护措施和保护措施情况下现场作业。

（6）工作人员应正确使用合格的劳动防护用品和安全工器具。

（7）低压带电作业时，作业人员应穿绝缘鞋和全棉长袖工作服，并戴手套、安全帽和护目镜，站在干燥的绝缘物上进行。

（8）低压带电作业时应设专人监护。

（9）低压带电作业时禁止使用锉刀、金属尺和带有金属物的毛刷、毛掸等工具，做好防止相间短路产生弧光的措施。

（10）低压带电作业应使用有绝缘柄的工具，其外裸的导电部位应采取绝缘措施，防止操作时相间或相对地短路。

（11）低压带电作业时，人体不得同时接触两根线头。

（12）现场无试验接线盒装拆电能表应采取停电工作方式。

### （三）任务接受

（1）闭环模式下，作业人员在主站电脑端登录仿真平台主站账号，绑定仿真台体。闭环模式下，故障工单分为采集故障、计量故障两大类。其中采集故障分为终端与主站无通信、集中器下电能表全无数据以及电能表多天无数据，按照优先级顺序进行工单派发。采集故障处理完毕后计量故障触发，依次进行工单处理。闭环模式下，左右故障应优先从主站侧进行诊断，主站远程处理成功的工单，可自动归档；主站无法处理的工单，需要派发至掌机进行现场消缺。

（2）巡检模式下，作业人员登录仿真平台主站账号，绑定仿真台体，为现场巡视做好准备。

### （四）现场处理

（1）闭环模式下，作业人员使用掌机登录移动作业终端，接收工单后到达现场，核对工单中的资产编号是否与现场一致。并根据工单中提示的内容进行处理。需要注意的是，故障处理完毕后，需要拍照存证，其中集中器上行通信故障、载波模块、485线路、参数类故障须消缺验证。通信端口、电能表不上电、飞走、停走、倒走、示值不平、失电流、断相等电能表和终端故障须"转设备更换"，然后提交工单。

（2）巡检模式下，作业人员使用掌机登录移动作业终端，根据掌机中提示需要现场处理电能表，进行逐一核对排查，使用掌机反馈现场排查获得的信息，并提交工单。

### （五）工单归档

（1）闭环模式下，具备工单回复正确自动归档并修复故障，回复错误则自动再次触发工单至掌机，重新进行现场排查及反馈。

（2）巡检模式下，故障处理过程中不对工单回复的正确性进行校验，只考察工单回复一次性正确率。

### 四、故障排查与处理考核要求

（1）理论测验。完成用电信息采集仿真平台知识测验，主要考核知识准备有关内容。

（2）技能考核。用电信息采集系统仿真故障排查与处理。

（3）用电信息采集系统仿真故障排查与处理评分见表2-6-8。

表 2-6-8　　　　　　　　　用电信息采集系统仿真故障排查与处理

班级：＿＿＿＿＿　姓名：＿＿＿＿＿　得分：＿＿＿＿＿

| 考核项目：用电信息采集系统仿真故障排查与处理 | | | | | 考核时间：50min | |
|---|---|---|---|---|---|---|
| 序号 | 作业名称 | 质量要求 | 分值 | 扣分标准 | 扣分原因 | 扣分 |
| 1 | 准备工作 | | 8 | | | |
| 1.1 | 按照安规的要求做好准备工作 | （1）工作服、安全帽、低压防护手套、绝缘鞋等穿戴规范。（2）工器具、仪器仪表准备齐全合格，金属裸露部分应采取绝缘措施 | 3 | （1）着装不符合要求每项扣1分。（2）工器具使用前未检查，每件扣1分，工器具绝缘不符合要求，每件扣1分。（3）借用工器具每件扣1分，最多扣2分 | | |
| 1.2 | 填写低压工作票 | 填写低压工作票 | 5 | 每错、漏1处，扣1分，扣完为止 | | |
| 2 | 工作过程 | | 86 | | | |
| 2.1 | 验电 | 按照三步法进行验电 | 5 | （1）未验电或验电不规范，扣5分。（2）少验一个台区、验电位置不正确每处扣1分，扣完为止 | | |

续表

| 序号 | 作业名称 | 质量要求 | 分值 | 扣分标准 | 扣分原因 | 扣分 |
|---|---|---|---|---|---|---|
| 2.2 | 登录仿真系统 | 使用指定账号、密码登录仿真系统 | 3 | （1）未能正确使用指定账号、密码登录仿真系统，扣3分。<br>（2）登录后未按要求完成账号与考试柜体关联扣2分 | | |
| 2.3 | 主站初步分析处理故障工单 | 故障工单的初步分析与处理 | 10 | （1）未进行主站分析，直接派单或到装置进行操作的每单扣5分，扣完为止。<br>（2）召测、诊断、修复，每漏一项，扣3分，扣完为止 | | |
| 2.4 | 工单派发和接收 | 派发工单和移动作业终端接收工单 | 6 | （1）工单未派工给正确人员每单扣3分。<br>（2）未成功登录移动作业终端软件，扣3分。<br>（3）未接收工单，每单扣3分 | | |
| 2.5 | 现场故障排查 | （1）仪表、工器具的使用。<br>（2）现场故障排查 | 10 | （1）仪器、仪表使用不规范，每次扣3分（如仪器挡位使用错误、带电切换挡位等）。<br>（2）仪表掉落，每次扣5分。<br>（3）工器具、螺栓、模块、端钮盒盖等掉落，每次扣1分。<br>（4）带电作业时未戴低压防护手套扣3分。<br>（5）未进行台区、集中器和电能表资产编号等现场信息核对，扣2分。<br>（6）未进行现场铅封、报警等运行情况检查，扣2分。<br>（7）现场故障排查中出现其他不规范行为，每处2分 | | |
| 2.6 | 分析结论并工单归档 | 综合分析判断故障原因，完成工单反馈与归档 | 40 | 工单消缺完成率（已归档工单数/总工单数×100%）以系统统计为依据，按系统计算的百分比折算得分 | | |
| 2.7 | 工单处理质量 | 以系统记录为参考：<br>（1）死机、不上电、通信模块、485线路等故障须拍照。<br>（2）集中器上行通信故障、载波模块、485线路、参数类故障须消缺验证。<br>（3）通信端口、电能表不上电、飞走、停走、倒走、示值不平、失电流、断相等电能表和终端故障须"转设备更换" | 12 | （1）故障处理结束未拍照，每项扣2分。<br>（2）故障处理结束未远程消缺验证，每项扣2分。<br>（3）故障处理未选择"转设备更换"，每项扣2分。<br>（4）归档失败，每次扣2分 | | |

续表

| 序号 | 作业名称 | 质量要求 | 分值 | 扣分标准 | 扣分原因 | 扣分 |
|------|---------|---------|------|---------|---------|------|
| 3 | 工作终结 | | 6 | | | |
| 3.1 | 清理作业现场 | 所有现场工作结束后，清理现场 | 3 | （1）仪器、工器具位置未恢复，每处扣1分。<br>（2）柜体周围地面未清理干净，每处扣1分 | | |
| 3.2 | 工作终结 | 办理低压工作票终结，报告操作完毕 | 3 | 未办理低压工作票终结扣3分，未报告操作完毕扣1分 | | |
| 考试开始时间 | | | 考试结束时间 | | 扣分合计 | |
| 考试成绩 | | | 考评员 | | 考评组长 | |

# 模块七　用电信息采集系统业务应用

## 【模块描述】

本模块主要介绍用电信息采集系统主要业务应用，具体包括数据采集、异常监测、控制管理、时钟管理等。

核心知识点包括用电信息采集系统主要业务应用的基本原理。

关键技能项包括使用用电信息采集系统开展计量采集异常监测分析、费控管理、时钟管理等。

## 【模块目标】

通过本模块学习，应达到以下目标。

### （一）知识目标

熟悉用电信息采集系统相关业务功能，了解功能背后的技术原理、数据准备、设备要求。

### （二）技能目标

能够使用用电新信息采集系统开展数据采集监测、计量采集异常分析、电能表对时等。

### （三）素质目标

熟悉用电信息采集系统业务支持体系，充分发挥采集系统功能，提升业务效率。

## 任 务　业 务 应 用

### 【任务目标】

（1）了解并熟悉用电信息采集系统数据采集的种类、内容，掌握数据采集方式。

（2）了解并熟悉用电信息采集系统的采集异常监测和计量异常监测功能，掌握各环节、各设备出现的异常类型。

（3）了解并熟悉用电信息采集系统的控制管理功能，掌握负荷控制、费控控制、光伏控制的控制方式。

（4）了解并熟悉时钟管理要求及主站标准时钟源，掌握时钟常态化监测、校时及异常处理等运行管理。

### 【任务描述】

本任务主要是了解用电信息采集系统的基本应用，主要包括数据采集、异常监测、控制管理和时间管理等。

197

## 【知识准备】

### 一、用电信息采集系统的数据采集

#### （一）采集数据类型项

用电信息采集系统采集的主要数据项如下：

（1）电能量数据。电能量数据包括总电能示值、各费率电能示值、总电能量、各费率电能量、最大需量等。

（2）交流模拟量数据。交流模拟量包括电压、电流、有功功率、无功功率、功率因数等。

（3）工况数据。工况数据为采集终端及计量设备的工况信息，主要包括复位次数、月电控跳闸次数、购电控跳闸次数、功控跳闸次数、终端与主站通信流量、电池电压等数据。

（4）电能质量越限数据。电能质量越限数据类型包括负载率、电压、电流、功率因数，主要包括最大值、最小值、越上限累计时间、越下限累计时间、越上上限累计时间等。

（5）事件记录数据。事件记录数据包括终端和电能表记录的事件记录数据。

1）终端事件记录。终端事件记录数据分类包括 ER1 终端初始化及版本更新等、ERC2 参数丢失记录、ERC3 参数变更记录、对时记录事件等。

2）电能表事件记录。电能表事件等级可分为一至三级，一级事件包括断相、欠电压、过电压、失电流等事件；二级事件包括电能表清零、校时、失电压、全失压等；三级事件包括电压不平衡、需量清零、事件清零等。如可查询电能表一级事件中的电能表开盖事件，展示了开表盖的发生时间、采集时间、开表盖前正向有功总电能等数据。

（6）费控信息。费控信息包括工单来源、费控表计、电表型号等参数。

（7）参数信息。终端、电能表参数，包括运行状态字等。

（8）其他信息。其他信息包括相别、网络路由、信号强度等。

#### （二）数据采集方式

1. 定时自动采集

按采集任务设定的时间间隔自动采集终端数据，自动采集时间、间隔、内容、对象可设置。当定时自动数据采集失败时，主站应有自动及人工补采功能，保证数据的完整性。定时自动采集主要通过表计冻结、终端采集、主站召测等三个环节，实现表计数据采集至主站。

其中，主要关键环节如下：

（1）智能电能表冻结。智能电能表冻结数据包括瞬时冻结、分钟冻结、整点冻结、日冻结、月冻结、切换冻结、结算日冻结、阶梯结算冻结。

1）瞬时冻结。在非正常情况下，存储当前的日期、时间及相关数据项，应可存储最近

3 次的数据。

2）分钟冻结（负荷记录）。三相电能表分钟冻结应能记录正反向有功总电能、组合无功总电能、四象限无功总电能、当前有功需量、当前无功需量、分相电压、分相电流、中性线电流、三相电流矢量和、有功功率、无功功率、功率因数，在间隔时间为 15min 的情况下，存储空间应能保证记录不少于 365 天的数据量；单相电能表分钟冻结应能记录正反向有功总电能、电压、电流、中性线电流、有功功率、功率因数，在间隔时间为 15min 的情况下，存储空间应能保证记录不少于 365 天的数据量；分钟冻结间隔时间可以在 1～60min 范围内设置，默认间隔时间为 15min。

3）整点冻结。在整点时刻，存储当前的日期、时间及相关数据项，应可存储最近 254 次的数据。

4）日冻结。在每天零点时刻，存储当前的日期、时间及相关数据项，应可存储最近 365 天的数据量。停电时刻错过日冻结时刻，上电时补全日冻结数据，最多补冻最近 7 个日冻结数据。

5）月冻结。在每月 1 日零点时刻，存储当前的日期、时间及相关数据项，应可存储最近 24 次的数据。

6）切换冻结。在新老两套费率 / 时段转换、阶梯电价转换或认为有特殊需要时，存储当前的日期、时间及相关数据项，应可存储最近 2 次的数据。

7）结算日冻结。在结算日时刻，存储当前的日期、时间及相关数据项，应可存储最近 12 个结算日的数据；数据转存分界时刻为月末的 24 时（月初零时），或在每月的 1 日至 28 日内的整点时刻。其中需量保存的是月最大需量，每月第 1 结算日转存的同时，当月的最大需量值应自动复零，在其他结算日，需量数据不转存。停电时刻错过结算时刻，上电时应能补全上 12 个结算日电能量、需量数据。

8）阶梯结算冻结。在每个阶梯结算日时刻，存储当前的日期、时间及相关数据项，应可存储最近 4 次的数据。

（2）采集终端抄读。采集终端能按设定的终端抄表日或定时采集时间间隔对电能表数据进行采集、存储，并在主站召测时发送给主站。

（3）采集主站召测。采集主站每日启动抄表任务，抄读终端抄读数据，主站每日会补抄多次，对同一天的数据补抄会持续 7 天。

2. 人工召测

根据实际需要随时人工召测数据，例如出现事件告警时，人工召测与事件相关的重要数据，供事件分析使用。

**3. 主动上报**

在全双工通道和数据交换网络通道的数据传输中允许终端启动数据传输过程（简称为主动上报），将重要事件立即上报主站，以及按定时发送任务设置将数据定时上报主站，主站应支持主动上报数据的采集和处理。

## 二、计量采集异常监测

### （一）采集异常监测

**1. 终端与主站无通信**

异常判断规则：运行终端截至分析日 7 时超 24 小时与主站没有 GPRS/CDMA/SMS 通信；每个小时复判一轮剔除有效停电、停运终端。

恢复条件：最近 2h 内有 GPRS/CDMA/SMS 通信；分析当前终端拆除或转停运。

**2. 集中器全无数据**

异常判断规则：①截至 7 点，终端下所有电能表的正向有功电能示值均采集失败；②剔除已判定为终端与主站无通信的集中器；③排除分析当前终端拆除、终端停运的集中器。

恢复条件：只要成功采集到一块电能表的电能数据故障即恢复。

**3. 专变表计抄表失败**

异常判断规则：①持续 2 天以上无正向有功电能示值，或截至 12 时无数据，上 1 日结算数据采集失败清单；②排除采集电能表的终端已判为终端与主站无通信的情况；③排除表计拆除、终端停运等情况的电能表。

恢复条件：成功采集到抄表数据。

**4. 公用变压器采集失败**

异常判断规则：①持续 2 天以上无正向有功电能示值，或截至 12 时无数据上 1 日正向有功总示值采集失败清单（若含光伏用户需判断反向示值）；②排除采集电能表的终端已判为终端与主站无通信的情况；③排除终端拆除、更换等情况的电能表。

恢复条件：成功采集到抄表数据。

**5. 低压表计抄表失败**

异常判断规则：①持续 3 天以上无正向有功电能示值，关联营销结算参数表中，存在反向计量的电能表增加分析反向有功电能示值；②排除采集电能表的终端已判为终端与主站无通信的情况；③排除用户暂停、暂拆、暂换等情况的电能表。

恢复条件：成功采集到抄表数据。

**6. 负荷数据采集不完整**

异常判断规则：①持续 3 天负荷曲线数据或负荷曲线数据采集成功点数小于 90；专用

变压器分析正向有功电能示值曲线、功率曲线、电压电流曲线，光伏分析有功总功率曲线，低压表计分析正向有功电能示值曲线。②排除已判为终端与主站无通信故障的情况。

恢复条件：持续 2 天负荷数据采集成功点数超过 90。

### （二）计量异常监测

用电信息采集系统每日采集全量计量装置运行数据。根据异常数据类型，对照计量装置组成的部分（电能计量装置由计量用互感器、电能表及其二次回路组成），挖掘分析计量异常现象，依托采集系统数据对计量装置运行状态进行实时监控，并且分析计量异常现象固化异常诊断模型，每日生成计量异常分析报表。用电信息采集系统实现客户电能示数、电压电流曲线数据、时钟、电池等运行工况数据，结合算法研判可有效定位计量异常，为计量准确性提供重要支撑。

视频：典型计量故障及处置

**1. 按异常设备类型分类**

（1）专变表计异常类型，包括电压异常、电压断相、示值倒走、飞走、停走、存在反向电量、功率异常、时钟超差、电池欠压、表计断流、示数不平、电压不平衡、电量差动等。

（2）低压用户数据异常类型，包括电压异常、时钟超差、电池欠电压、示值倒走、飞走、示数不平、存在反向电量、超容用电等。

**2. 异常规则**

（1）电量类异常。

1）电能表示值不平。

a. 监测对象：专用变压器表计、专用变压器交采、公用变压器交采（集中器）。异常判断规则：采集日冻结正向有功电能示值数据块，剔除示值不平白名单、正向有功总电能示值为空情况，判断冻结数据中正向有功总电能示值与正向有功各费率示值之和的差值的绝对值大于 0.5，且同时满足 $|(|$ 有功总 $-\sum$ 尖峰平谷 $|\bmod 1000)-1000|>0.5$ 和 $|$ 有功总 $-\sum$ 尖峰平谷 $|\bmod 1000>0.5$，生成示值不平异常。

b. 监测对象：低压表计。异常判断规则：采集日冻结正向有功电能示值数据块，排除示值不平白名单，判断示值是否过周，过周规则：尖峰平谷任意数据大于有功总。示值不平判断规则如下：

a）若无过周，则判断 $|$ 有功总 $-\sum$ 尖峰平谷 $|\bmod 10^{index}>2$。

b）若过周，则判断 $||$ 有功总 $-\sum$ 尖峰平谷 $|-10^{index}|>2$。

其中，index 取表位数整数位，如果是交采表位数加 4。

2）电能表飞走。

监测对象：专用变压器表计、专用变压器交采、公用变压器交采（集中器）、低压表计。异常判断规则：采集日冻结正/反向有功电能示值数据块，排除示值翻转、倒走白名单等情况，且满足以下任一条件，则生成飞走异常。

a. 与上次正/反向有功总电能示值进行比对，算法如下：

本日走字电量×（本日示值−上次示值）＞天数×飞走阈值 $K$，如前一天电能示值缺失，则与 4 天内最后一次同块表电能示值进行比较。

飞走阈值 $K$= 电能表/终端/集中器最大电流 × 额定电压 ×24×2× 系数 /1000

其中：额定电压取自计量点档案，最大电流取自电能表/终端/集中器标定电流。系数：单相为 1，三相三线为 $\sqrt{3}$，三相四线为 3。天数：指数据日期与比对数据日期的间隔天数。

b. 与营销最近一次抄表示值比对。

本日走字电量×（本日示值−营销示值）＞天数×飞走阈值 $K$

飞走阈值 $K$= 电能表/终端/集中器最大电流 × 额定电压 ×24×2× 系数 /1000

其中：额定电压取自计量点档案，最大电流取自电能表/终端/集中器标定电流。系数：单相为 1，三相三线为 $\sqrt{3}$，三相四线为 3。天数：若营销示值取的是日冻结示值，则天数 = 营销示值数据日期 − 本次示值数据日期 −1。若营销示值为实时数据（含时分秒），天数 = 营销示值数据日期 − 本次示值数据日期。若符合飞走阈值 × 安装至数据日期间隔天数，则判断飞走。

c. 对于 $T-1$ 日存在换表记录的电能表，判断新装、拆除电能表的走字之和是否大于飞走阈值，规则如下：［（$T-1$）新装表计示值−新装表计初始示值］+［换表前底度−（$T-2$）示值］×1000＞天数 × 飞走阈值 $K$

d. 针对一表多终端情况，将电能表 $T-1$ 与电能表所有终端下的 $T-2$ 示值进行比对，若存在飞走情况，判定为飞走。

e. 针对专变表计且电表安装日期 12 天内，增加与 0 进行比对，若本日示值 $-0$＞天数 × 飞走阈值 $K$。其中天数是指数据日期与电能表安装日期的间隔天数。

特殊说明：反向有功总示值飞走只与 $T-2$ 比对判定发生飞走异常，阈值同正向有功总。

3）电能表倒走。

监测对象：专用变压器表计、专用变压器交采、公用变压器交采（集中器）、低压表计。异常判断规则：采集日冻结有功/无功电能示值数据块、正向（组合）无功总电能示值，排除电能表示值翻转、倒走白名单、终端更换、充电桩直流电表等情况，且满足以下任一条件，则生成倒走异常：

a. 与上次电能示值进行比对。日正/反向有功总电能示值与前一天示值的差值小于 -0.0002（负的万分之二）；或日正/反向（组合）无功总电能示值与前一天正向（组合）无功总电能示值的差值小于 -0.0002（负的万分之二）；如前一天电能示值缺失，则与 4 天内最后一次同块表电能示值进行比较。若示值为空情况不做处理。

b. 与营销最近一次抄表示值比对。日正/反向有功总电能示值或日正/反向（组合）无功总电能示值与营销最近一次抄表示值的差值小于阈值 $K$。

其中，专用变压器阈值 -0.0002（负的万分之二）；集抄若倍率大于 1 则阈值为 -0.0002（负的万分之二），若倍率为 1 则阈值 1，若综合倍率为空，不分析。

c. 专用变压器交采或者表计【采集数据存在高低精度】。

目前数据小数点 2 位和 4 位，如果 $T-2$ 是四位或者三位或者 RAP_FLAG 或者 PAP_FLAG=2，判断为高精度，RAP_FLAG 或者 PAP_FLAG=1 是低精度；

a）如果 $T-1$ 示值是低精度，$(T-1)-(T-2)<-0.01$，判定为倒走异常。

b）如果 $T-1$ 示值是高精度，$(T-1)-(T-2)<-0.0002$（负的万分之二），判定为倒走异常。

d. 针对一表多终端情况，将电能表 $T-1$ 与电能表所有终端下的 $T-2$ 示值进行比对，若存在任一示值的差值小于 -0.0002（负的万分之二）情况，判定为倒走。

e. 若专用变压器表计，增加判断与上 30/31/32 任意一天示值进行比对，若差值小于 -0.0002（负的万分之二），判断为倒走，剔除翻转和数据日期近 32 天内存在倒走工单已处理。

翻转规则：$T-2>$电能表最大值 $\times 0.99$ 且 $T-1<$电表最大值 $\times 0.01$

最大值根据档案字段 meter_digits 计算，例如为 6.2，则电能表最大值估算为 $(10^4)-(10^{-2})$。

4）电能表停走。

a. 监测对象：专用变压器表计、专用变压器交采、公用变压器交采（集中器）。采集日冻结正/反向有功总电能示值、三相电流日曲线，异常判断规则：2 天内日正/反向有功总电能示值的差值均等于 0，且电流曲线任意一相平均值（24 小时整点）不小于阈值（0.1A）的情况，生成电能表停走异常。剔除白名单用户、正/反向有功总电能示值为 0、直购电厂等。

b. 监测对象：低压表计。采集电能表日冻结正/反向有功总电能示值、电流曲线、实时电流，异常判断规则：7 天内最近 2 天正向有功总无走字，且电流曲线至少 4 个点的绝对值不小于 0.5（曲线采集成功至少 36 个点），若曲线无数据或少于 36 点，取穿透电流不同时刻至少 2 个点大于 0.5。剔除电流大于 200A 的值。

5）电能示值冻结异常。

监测对象：低压表计。采集日冻结正向有功电能示值数据块、正向有功电能示值曲线，异常判断规则：比对采集的日冻结示值与当日 96 点电能表示值曲线，若日冻结小于 96 点值中任意一点，则异常。

（2）时钟异常。

1）电能表时钟异常。

监测对象：专用变压器表计、低压表计。对无停电事件的电能表，采集终端日历时钟、终端采集的电能表时钟偏差、电能表日历时钟，异常判断规则：当电能表时间和 GPS 偏差超过 5min（市场化用户 1min，其他用户要求 5min）。

2）电能表时钟电池欠电压。

监测对象：专用变压器表计、低压表计。对无停电事件的电能表，采集电能表状态字 1，异常判断规则：电能表出现停电抄表电池欠压或时钟电池欠压异常，剔除白名单。

3）终端时钟异常。

监测对象：专用变压器终端、公用变压器终端（集中器）。对无停电事件的终端，采集终端日历时钟，异常判断规则：标准时间（GPS 时间）与终端日历时钟差值的绝对值超过 5min（300s），生成终端时钟偏差异常。

（3）接线异常。

1）存在反向电量。

a. 监测对象：专用变压器表计、专用变压器交采、公用变压器交采（集中器）。对无停电事件的用户，采集日冻结反向有功总电能示值，异常判断规则：判断上 1 次反向电能有功总示值 − 上 7 次反向有功总＞0.1，生成反向电量异常，剔除：

a）终端厂家为西门子的终端（调度虚拟终端）；

b）终端类型为关口电能量终端；

c）关联电能表示值类型表，存在反向计量电能表；

d）用电用户号可在 FC_CONS_GC_RELA 关联到相应记录（剔除光伏关联用电户）；

e）电能表对应计量点主用途非售电侧结算或计量点性质非结算；

f）白名单用户；

g）同采集点下电能表的示值类型存在反向有功总计量的终端；

h）剔除台区下存在 1102 上网关口或台区下存在反向计量电能表的台区。

b. 监测对象：低压表计。透抄（上 1 次）日冻结反向有功电能数据~透抄（上 7 次）日冻结反向有功电能数据。异常判断规则：筛选采集点类型为低压集抄且测量点属性为表计，剔除白名单、存在反向计量、存在计量点主用途为 1102 上网关口的电能表，满足以下任一条件生成反向电量异常。

a）上 1 次反向电能有功总示值大于 10，且上 1 次反向电能有功总示值－上 7 次反向有功总＞2；

b）昨日电能表反向电量大于 0.3kWh；

c）对于昨日电能表反向电量为空情况，将本日反向示值同上 $N$ 日示值进行比对，存在（本日反向示值－上 $N$ 日反向示值）× 倍率＞0.3×$N$，$N$ 最多取 31 天。

2）分相反向走字。

a. 监测对象：专变表计。对无停电事件的电能表，采集日冻结测量点分相正向有功电能示值，日冻结测量点分相反向有功电能示值，异常判断规则：采集点类型为专用变压器，且测量点属性为表计，满足 A、B、C 相反向有功电量任意一相大于 10，且反向有功电量大于正向有功电量的 20%，剔除光伏用户（规则：主用途为发电关口、上网关口和线路考核计量点以及用电用户号可在 FC_CONS_GC_RELA 关联到相应记录），生成分相反向走字异常。

b. 监测对象：公用变压器交采（集中器）。异常判断规则：若 A、B、C 相反向有功电能电量任意一相大于 2，且反向有功电能电量大于同一相位正向向有功电能电量 20%，则判断为接线错误，剔除光伏台区。

c. 监测对象：低压表计（只监测三相四线电能表）。对无停电事件的电能表，采集00150000 当前 A 相正向有功电能示值，00290000 当前 B 相正向有功电能示值，003D0000当前 C 相正向有功电能示值，00160000 当前 A 相反向有功电能，002A0000 当前 B 相正向有功电能，003E0000 当前 C 相正向有功电能。异常判断规则：A、B、C 相反向有功电量任意一相大于 2，且反向有功电量大于同一相位正向有功电量，剔除光伏用户、存在反向计量电表、白名单、存在反向电量异常用户，生成分相反向走字异常。

3）三相用户接线错误。

监测对象：低压表计。采集日冻结正 / 反向有功电能示值数据块，异常判断规则：同一相电压与电流（如 A 相电压与 A 相电流）的相位角在小于 −20° 或大于 60° 时，且最近 5天内出现次数达 3 次及以上，同时所属台区线损率不在［0，7%］区间内。

## 三、控制管理

### （一）负荷控制

为全力确保电力供应平稳有序，坚持"需求响应优先、有序用电保底、节约用电助力"，打造公司级的新型电力负荷管理系统，支持各类负荷资源的全接入、全监测、全管理和全方位服务，逐步实现常态化的需求侧管理。

**1. 控制对象与控制原则**

负荷管理的控制对象为基于有序用电方案的客户中选择 10kV 及以上高压大客户。控制原则为综合考虑安全性和经济性，优先控制客户末端低压负荷 380V 出线开关，对同类负荷控制 10kV 及以上高压开关。

根据客户的实际情况，开展控制回路建设，针对客户的分路负荷，将客户的低压开关或高压开关的二次，与专用变压器采集终端进行连接，实现控制回路贯通。按重要程度由低到高、可控负荷从大到小依次接入的原则，实现客户负荷分轮次接入。对新装客户，同步接入控制回路。

**2. 负荷控制的方式**

用电信息采集系统通过对终端设置功率定值、电量定值、电费定值以及控制相关参数的配置和下达控制命令，实现系统功率定值控制、电量定值控制和费率定值控制功能。

（1）功率定值控制。采集系统根据业务需要提供面向采集点对象的控制方式选择，管理并设置终端负荷定值参数、开关控制轮次、控制开始时间、控制结束时间等控制参数，并通过向终端下发控制投入和控制解除命令，集中管理终端执行功率控制。控制参数及控制命令下发、开关动作均有操作记录。

功率控制方式包括时段控、厂休控、营业报停控、当前功率下浮控等。

1）时段控。主站以半小时为最小单位将一天 24h 进行时段划分，最多可分成 8 个控制时段，每个时段均有相应的功率定值。主站可以输入、存储功控时段、功率定值和功率定值浮动系数等参数，并下发给终端。

时段控可以根据预先设置的控制时段、功率定值、控制轮次等参数制定成若干方案，操作员按照调荷需要选择方案号，实施功率控制。

2）厂休控。根据客户的厂休日将一周中的某 1 天或若干天选定为厂休日，并规定厂休日限电的开始时间、持续时间段以及需要控制的定值参数。主站可以对上述参数进行输入和存储，并下发给终端。

3）营业报停控。根据客户申请营业报停起、止时间，确定报停期间的功率定值。主站可以输入并存储营业报停起、止时间和功率定值，并下发给终端。

4）当前功率定值下浮控。主站可以输入并存储当前功率控制下浮系数、当前功率下浮控定值滑差时间等参数，并下发给终端。

（2）电量定值控制。电量定值控制方式主要为月电量定值闭环控制。系统根据业务需要提供面向采集点对象的控制方式选择，管理并设置终端月电量定值参数、开关控制轮次等控制参数，并通过向终端下发控制投入和控制解除命令，集中管理终端执行电量控制。控制参数及控制命令下发、开关动作应有操作记录。

（3）费率定值控制。采集系统可向终端设置电能量费率时段和费率控制参数，包括购电单号、预付电费值、报警和跳闸门限值，向终端下发费率定值控制投入或解除命令，终端根据报警和跳闸门限值分别执行告警和跳闸。控制参数及控制命令下发、开关动作应有操作记录。

### （二）费控管理

用电信息采集系统是远程费控业务的执行主体。智能电能表是费控命令远程执行的关键，分为"继电器内置"和"继电器外置"两种表型。

目前电能表合闸方式有"允许合闸"和"直接合闸"两种。"直接合闸"方式是用电信息采集系统主站下发直接合闸命令，不需用户参与，电能表自动完成合闸操作。"允许合闸"方式是指用电信息采集系统主站向电能表下发允许合闸命令，由电能表与用户共同完成合闸操作。

#### 1. 跳闸执行

营销2.0费控模块每日根据用户用电和缴费情况进行分析判断，产生跳闸用户列表，通过接口通知用电信息采集系统进行跳闸。用电信息采集系统向电能表发送跳闸命令，现场为继电器内置电能表的，则用电信息采集系统根据表内继电器输出端电压判断继电器跳合闸状态，现场为继电器外置电能表的，用电信息采集系统根据表外置继电器反馈电压和功率的双条件判别法准确判断继电器跳合闸状态。如电能表跳闸失败或继电器故障则转人工处理，并将跳闸控制结果反馈给营销2.0。

#### 2. 合闸执行

电能表合闸方式有"允许合闸"和"直接合闸"两种。"直接合闸"方式是用电信息采集系统主站下发直接合闸命令，不需用户参与，电能表自动完成合闸操作。"允许合闸"方式是指用电信息采集系统主站向电能表下发允许合闸命令，由电能表与用户共同完成合闸操作。

营销2.0费控模块每日根据用户缴费情况产生合闸用户列表，通过接口通知用电信息采集系统进行合闸。用电信息采集系统根据预置的合闸方式选择"直接合闸"或"允许合闸"，然后进行合闸操作，现场为继电器内置电能表的，则用电信息采集系统根据表内继电器输出端电压判断继电器跳合闸状态，现场为继电器外置电能表的，用电信息采集系统根据表外置继电器反馈电压和功率的双条件判别法准确判断继电器跳合闸状态，反馈执行结果。

### （三）光伏控制

用电信息采集系统通过低压分布式光伏可观可测数据，制定不同控制策略，实现并离网远程即时控制，也可通过光伏逆变器的延伸采集控制，具备光伏发电功率柔性调节能力，支撑灵活的电费结算方式，促进光伏消纳能力与供电服务质量提升，保障低压分布式光伏健康、持续、有序发展。

1. 光伏控制设备

低压分布式光伏计量采集涉及的主要设备包括采集终端、智能电能表（简称"电能表"）、电流互感器、智能断路器、防 / 反孤岛保护装置等，主要功能如下：

（1）采集终端。安装在台区变压器低压侧，执行采集主站下达的命令，采集台区下用户用能信息，主动上报异常信息。

（2）电能表。安装在计量箱内，具备电能计量、电压监测等功能，当配置电能质量监测模组时，可具备谐波监测、闪变监测功能。电能表接入方向应以实际用电性质为准，用电（下网）为正，发电（上网）为负。

（3）电流互感器。安装在计量箱内，与电能表配套使用。准确度等级应为 0.5S 级及以上，存在直流分量的发电计量点，应配置抗直流分量的互感器。

（4）智能断路器。安装在计量箱内，具备远程 / 就地控制重合闸、过欠电压保护功能。

（5）防 / 反孤岛保护装置。具备快速监测孤岛并立即断开与分布式光伏电源连接的能力，防孤岛保护动作时间不大于 2s。

2. 光伏控制方案

（1）即时控制。

1）电能表 / 智能断路器控制，由电能表或智能断路器进行监测，当分布式光伏发电系统不满足并网条件时，电能表控制智能断路器跳闸，极端情况下由智能断路器直接跳闸。当分布式光伏发电系统达到并网条件时，电能表控制智能断路器或智能断路器自行合闸。

2）采集终端控制，由采集终端进行监测，智能断路器接收并执行终端发出的跳合闸命令。

3）采集主站控制，智能断路器接收并执行采集主站远程下发的跳合闸命令。

（2）柔性控制。

1）直接控制，采集主站通过并网点电能表的 RS-485/CAN/M-BUS 等通道向数据采集器下发控制命令，由数据采集器控制逆变器的有功功率、无功功率、功率因数、电压等输出大小。采集主站通过并网点电能表监测调控结果是否满足要求，如果不满足，通过智能断路器实施光伏离网控制。

2）间接控制，采集主站与光伏厂商主站通过"云云对接"方式，实现逆变器控制。采集主站向光伏厂商主站发送控制命令，由光伏厂商主站控制逆变器的有功功率、无功功率、功率因数、电压等输出大小。逆变器宜对光伏组件数据进行监测。采集主站通过电能表、智能断路器监测控制结果是否满足要求。如果不满足，通过智能断路器实施光伏离网控制。

### （四）专用变压器用户分路控制

专用变压器用户负荷控制回路涉及的主要设备包括专用变压器采集终端、智能快速感知模块、导轨式电能表、智能量测开关、普通控制开关、RS-485 转载波通信装置、RS-485 转无线通信装置、RS-485 转载波通信装置等。

1. 负荷控制设备

（1）专用变压器采集终端（简称终端）是对专用变压器客户用电信息进行采集的设备，可以实现电能表数据的采集、电能计量设备工况和供电电能质量监测，以及客户用电负荷和电能量的监控，并对采集数据进行管理和双向传输。

（2）智能快速感知模块是与专用变压器采集终端连接，实现遥控输出、遥信输入能力扩展的设备。该模块既可单独工作，也可通过多个模块的级联进一步扩展终端的遥控、遥信能力。

（3）导轨式电能表是由基表和外置卡扣式互感器（或罗氏线圈）组成，具有整体计量精度高、尺寸小、安装方便等优点，适用于配电箱等传统壁挂式电能表不便安装的场合，可支撑分支电量监测、拓扑识别、线损分析等业务场景。

（4）智能量测开关是由高精度电流传感器和量测单元组成的低压开关电器，具备电能计量、HPLC/RS-485 通信功能、线路电压 / 电流监测、过负荷保护、短路保护、远程控制分合闸等功能，适用于工作电压不超过 440V、工作电流不大于 800A 的配电线路。

（5）普通控制开关是指能够接收指令实现远程关合和开断回路中的电流，能够在线路发生严重过负荷、短路或欠电压等故障时能自动切断电路的设备。普通电控开关按电压等级范围分为高压开关与低压开关。

（6）RS-485 转载波通信装置是可将 RS-485 通信方式转换为电力载波通信方式的设备。

（7）RS-485 转无线通信装置是可将 RS-485 通信方式转换为无线通信（包括微功率无线、蓝牙等）方式的设备。

（8）RS-485 转载波通信装置是可将无线通信（包括微功率无线、蓝牙等）方式转换为RS-485 通信方式的设备。为保证通信安全，该通信装置应安装有 ESAM 模块。

2. 分路负荷监测与控制方案

根据专用变压器终端、被控开关的控制能力及现场环境，以下介绍实现分路负荷监测与控制的五种方案，可按照实际情况选择任意一种方案。

（1）方案一："专用变压器终端＋导轨式电能表＋普通控制开关"方案，适用于专用变压器终端的控制轮次足够但负控开关不具备监测能力的场景。设备接线见接线示意如图 2-7-1 所示。

1）遥控、遥信回路接线。

a. 如果开关跳闸方式是加压跳闸，则将终端控制轮次的公共端口、常开端口分别与被控开关跳闸回路的公共触点、动合触点连接。

b. 如果开关跳闸方式是失压跳闸，则将终端控制轮次的公共端口、常闭端口分别与被控开关跳闸回路的公共触点、动断触点连接。

2）在客户负荷开关柜内安装导轨式电能表，导轨式电能表接在分路负荷开关之前，实现分路负荷在线监测，导轨式电能表通过 RS-485、脉冲端口与专用变压器终端通信。

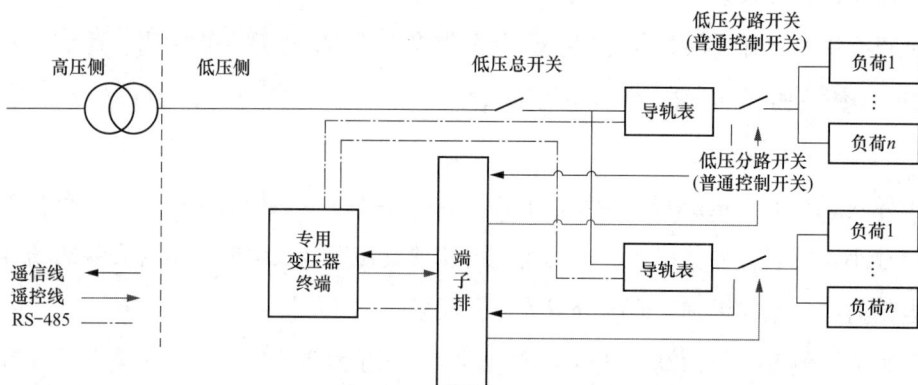

图 2-7-1　方案一："专用变压器终端＋导轨式电能表＋普通控制开关"
方案接线示意图

（2）方案二："专用变压器终端＋智能快速感知模块＋导轨式电能表＋普通控制开关"方案，适用于专用变压器终端的控制轮次不足且负控开关不具备监测能力的场景。设备接线见接线示意如图 2-7-2 所示。

1）遥控、遥信回路接线。

a. 如果开关跳闸方式是加压跳闸，将终端 RS-485 接口的端口 A 与端口 B，分别经由扩展模块的遥控常开端口与公共端口，与被控开关跳闸回路的动合触点、公共触点连接。

b. 如果开关跳闸方式是失电压跳闸，将终端 RS-485 接口的端口 A 与端口 B，分别经由扩展模块的遥控常闭端口与公共端口，与被控开关跳闸回路的动断触点、公共触点连接。

2）在客户负荷开关柜内安装导轨式电能表，导轨式电能表接在分路负荷开关之前，实现分路负荷在线监测，导轨式电能表通过 RS-485 与专用变压器终端通信。

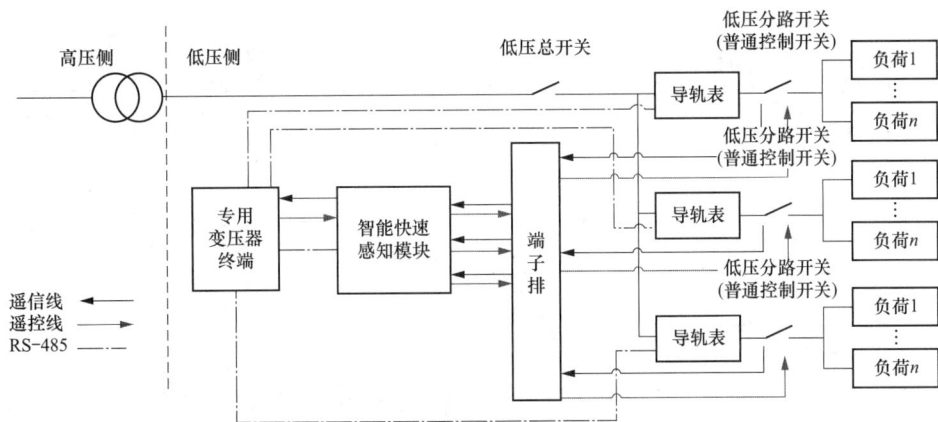

图 2-7-2　方案二："专用变压器终端＋智能快速感知模块＋导轨式电能表＋普通控制开关"
方案接线示意图

（3）方案三："专用变压器终端＋智能量测开关"方案，
适用于分路负荷开关为智能量测开关且其安装位置距离专用变
压器终端较近的场景。因为智能量测开关具备负荷监测能力，
无须额外安装导轨式电能表。设备接线见接线示意如图 2-7-3
所示。终端与开关间通过 RS-485 线实现遥控命令下发与遥信
信号监测，RS-485 线的一端接在终端 RS-485 端口，另一端
接到智能量测开关的 RS-485 触点上。

视频：专变负
荷控制安装与
调试（上）

视频：专变负
荷控制安装与
调试（下）

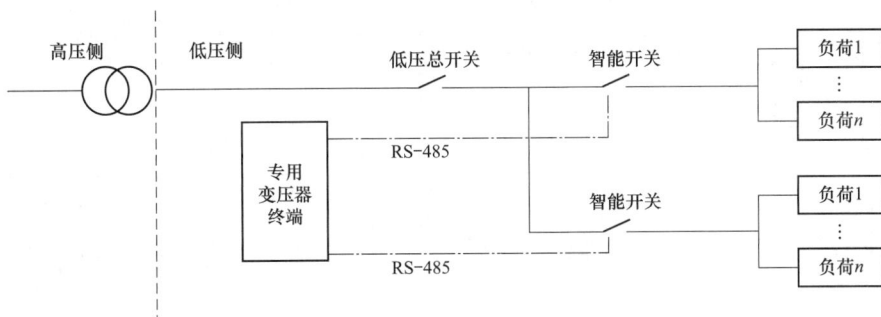

图 2-7-3　方案三："专用变压器终端＋智能量测开关"方案接线示意图

（4）方案四："专用变压器终端 +RS-485 转载波通信装置＋智能量测开关"方案，适
用于分路负荷开关为智能量测开关且其安装位置距离专用变压器终端较近远的场景。因
为智能量测开关具备负荷监测能力，无须额外安装导轨式电能表。设备接线见接线示意
如图 2-7-4 所示。终端与 RS-485 转载波通信装置之间通过 RS-485 连接，RS-485 转载
波通信装置接通单相 220V 电压工作，另一端经由端子排接到智能量测开关的 RS-485 触
点上。

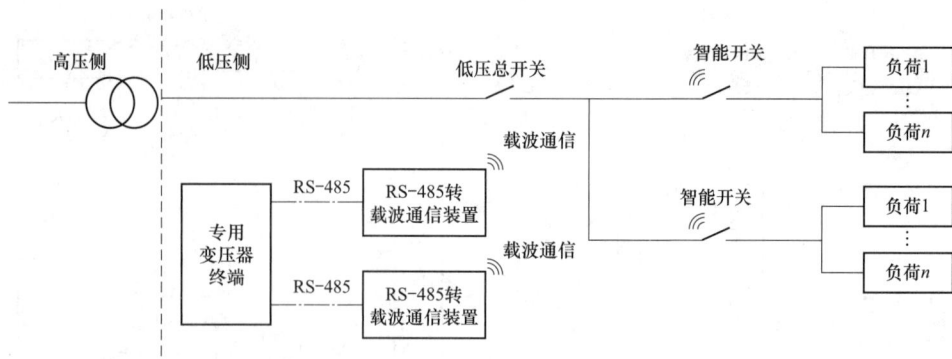

图 2-7-4　方案四："专用变压器终端 +RS-485 转载波通信装置 + 智能量测开关"方案接线示意图

（5）方案五："专用变压器终端 +RS-485 转无线通信装置 + 无线转 RS-485 通信装置 + 智能快速感知模块 + 导轨式电能表 + 普通控制开关"或者"专用变压器终端 +RS-485 转无线通信装置 + 无线转 RS-485 通信装置 + 智能量测开关"方案。适用于专用变压器终端安装在变压器高压侧，且与用户负荷开关距离较远的场合。设备接线示意如图 2-7-5 和图 2-7-6 所示。以下仅对专用变压器终端、RS-485 转无线通信装置、无线转 RS-485 通信装置的接线进行说明，其他设备接线参照方案二或方案三。

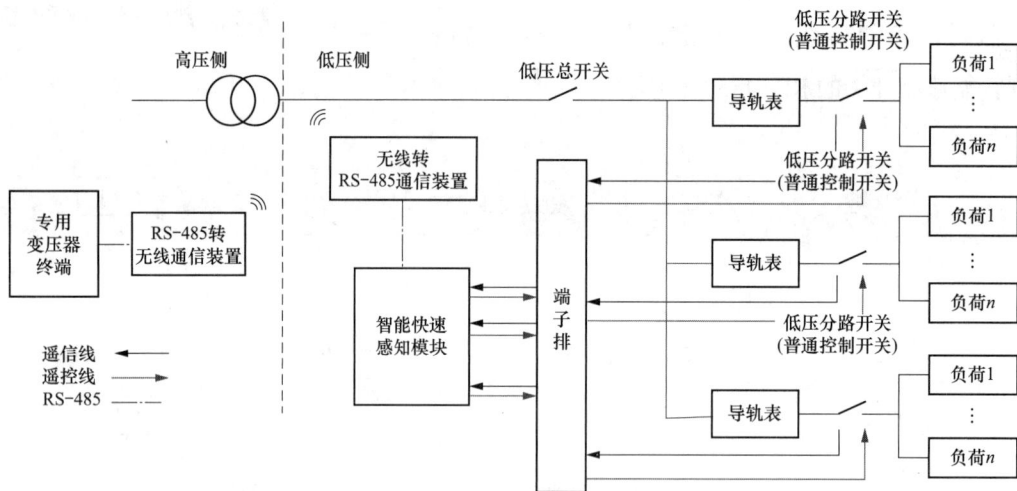

图 2-7-5　"专用变压器终端 +RS-485 转无线通信装置 + 无线转 RS-485 通信装置 +
智能快速感知模块 + 导轨式电能表 + 普通控制开关"接线示意图

1）终端与 RS-485 转无线通信装置之间通过 RS-485 连接，RS-485 转无线通信装置接通单相 220V 电压工作。

2）无线转 RS-485 通信装置与智能快速感知模块或智能量测开关之间通过 RS-485 连接，无线转 RS-485 通信装置接通单相 220V 电压工作。

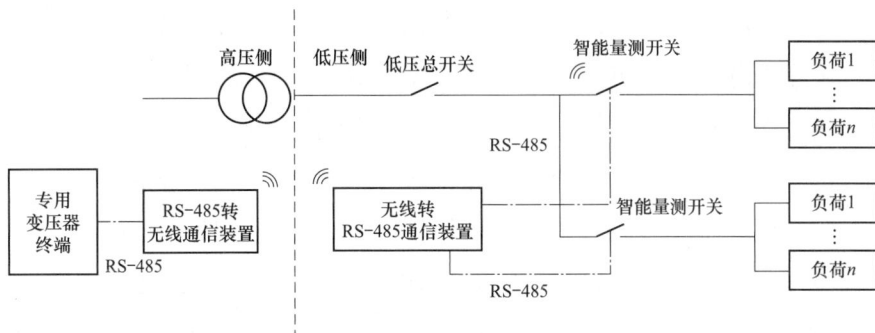

图 2-7-6　"专用变压器终端 +RS-485 转无线通信装置 + 无线转 RS-485 通信装置 + 智能量测开关"接线示意图

## 四、时钟管理

根据《国网营销部关于印发用电信息采集系统时钟优化提升方案的通知》提出的时钟管理要求，用电信息采集系统规范了主站对时钟监测、主站对终端设备时钟管理、终端设备对电能表时钟管理、主站对电能表时钟管理。

### （一）时钟管理的要求

（1）市场化交易用户的采集终端、电能表时钟偏差分别控制在 10s 和 1min 以内，其他采集终端、电能表时钟偏差分别控制在 1min 和 5min 以内。同时，针对特殊使用场景（如失准监测、阻抗计算等），对终端、电能表、模块时钟偏差与一致性有更加严苛的要求。

（2）实现分层校时，充分应用采集终端（专用变压器终端、集中器及能源控制器）校时能力。采集终端周期性自动监测电能表时钟并上报主站，周期性自动向电能表广播校时。

（3）实现分层管理，国网计量中心对各省公司时钟管理能力建设及运行情况提供技术支持，省公司实现电能表时钟自动监测并自动远程校时，地市公司负责所辖用户电能表时钟监测和定期分析，对远程校时失败的电能表进行现场处理。

### （二）主站标准时钟源

省级统一配置北斗 /GPS（北斗可独立运行）共视接收机（内置铷原子钟），频率准确度 $\pm 1 \times 10^{-12}$，具备每 16min 更新时标的功能。接收机支持网络时间协议（network time protocol，NTP）输出、NTP 测量和秒脉冲输出，提供标准 NTP 时间信号，建立与国网计量中心之间的标准时间校时链路。

### （三）运行管理

1. 主站时钟监测

（1）常态化监测。主站同时接收营销服务中心（计量中心）标准时钟源和灾备中心标准时钟源时间信号，形成互备机制，两个标准时钟源时间偏差超过 100ms 时，增加监测频次及监测时长；偏差超过 1s 时，进行故障排查，故障排除后恢复接收标准时钟源信号。省公司定期监测主站时钟准确度，监测周期不大于 1 周，每次监测时长不小于 15min。

国网计量中心定期远程读取各单位主站时钟，分析各省主站时钟运行情况。

（2）定期时钟同步。主站与标准时钟源的时钟同步周期不大于 30min。

2. 主站对终端设备时钟管理

（1）定期监测。主站通过心跳报文解析 13 版和面向对象协议终端时钟，以日为周期自动批量巡测其他终端时钟。主站自动判断时钟偏差，将时钟超差终端列入校时清单。

（2）自动校时。一是主站自动对校时清单内的终端进行校时，当日完成校时。二是面向对象协议终端通过精准校时方式自动校准时钟，将终端与主站的时钟偏差值保持在 10s 以内，建议每周期使用心跳个数不少于 24 个、校时周期不大于 12h。三是当 13 版和面向对象协议终端发生停复电后，主动向主站发送停、上电事件，主站召测终端时钟判断是否超差，并执行自动校时。

（3）异常情况处理。主站完成终端校时后，需确认校时是否成功，校时失败则重复校时。将连续 3 次校时失败、连续两天需要校时的终端判定为异常终端，自动生成工单并进行现场处理。

3. 终端设备对电能表时钟管理

（1）定期监测。面向对象协议终端设置电能表时钟误差阈值（默认为 5min），以 3 天为周期（HPLC 台区周期为 1 天），自动采集台区下所有用户电能表时钟，偏差大于阈值的电能表，由终端生成电能表时钟超差事件，主动上报至主站。

（2）自动校时。采集终端以 15 天为周期，主动发起对台区下所有电能表的广播校时。面向对象协议终端发生停电后，在完成精准校时前不对电能表校时。

4. 主站对电能表时钟管理

（1）定期监测。主站批量巡测所有在运电能表时钟及运行状态字，计算电能表时钟偏差，并标记"时钟电池欠压"状态的电能表。专用变压器和市场化交易用户的电能表巡测周期为 1 天，其他用户电能表巡测周期为 15 天。

（2）自动校时。主站根据电能表版本、时钟偏差、终端上报的电能表时钟超差事件和电能表生成的时钟故障事件（2020 年版电能表），生成校时清单，按照校时策略对电能表自动校时。校时时刻应尽量避免在每日零点、整点时刻附近，避免影响电能表数据冻结。

对发生停上电的电能表，主站立即自动校时。发生停上电的判断依据为台区终端上报的停上电事件、电压回路异常（断相）事件、HPLC 等通信单元上报的停电事件和电能表掉电记录等。

（3）异常情况处理。主站对电能表校时失败则重复校时，对一个时钟巡测周期内 3 次校时失败的电能表，自动生成工单并启动现场校时，现场校时任务在工单下发后 7 日内完成。对时钟电池欠电压的电能表，若支持更换时钟电池则自动生成工单并于 7 日内完成电池更换。

# 模块八　基于采集系统的大数据应用

## 【模块描述】

本模块主要介绍用电信息采集系统大数据应用的主要特点和 4 个典型应用，包括计量失准在线监测、低压台区拓扑辨识、线路故障隐患识别、低压串户智能甄别。

核心知识点包括用电信息采集系统大数据应用的主要特点和 4 个典型应用的基本原理、适用条件、数据需求。

关键技能项包括使用用电信息采集系统大数据分析结果开展工作，必要时开展设备消缺、任务配置等以满足数据应用条件。

## 【模块目标】

通过本模块学习，应达到以下目标。

### （一）知识目标

了解用电信息采集系统大数据应用的主要特点和 4 个典型应用的基本原理、适用条件、数据需求。

### （二）技能目标

能够使用用电信息采集系统大数据分析结果开展工作，必要时开展设备消缺、任务配置等以满足数据应用条件。

### （三）素质目标

理解用电信息采集系统大数据典型应用的基本原理，以便在工作中更好地应用大数据分析结果。

# 任务一　基　本　介　绍

## 【任务目标】

了解用电信息采集系统大数据应用的主要特点。

## 【任务描述】

了解用电信息采集系统大数据应用的主要特点。

## 【知识准备】

### 一、量测大数据应用的特点

早期用电信息采集系统主要基于事件类、规则阈值类开展简单应用，判别对象主要是单一测量点单一时刻数据，无法发挥采集系统海量数据优势。近年来，以计量失准监测为代表的大数据应用逐渐成熟，用电信息采集系统发挥出前所未有的应用价值。用电信息采集系统主要以量测数据为主，其量测大数据应用方法，一般是以物理电气规律为基础，结合统计学算法，同时对多测量点、多类型、多时刻数据开展分析计算，深度挖掘数据之间存在的内在联系，实现数据资产价值的最大化利用。物理电气规律包括能量守恒、电路原理等。统计学算法包括相关性分析、回归分析、聚类分析、数学规划等。算法模型的输入对象可以是一条线路、一个台区或台区的一个局部等。模型的输入数据包括电量、电压、电流、功率、相位等，时间颗粒度可至 15min，分析范围可至数年。

## 二、量测大数据应用的特别采集要求

### 1. 时钟同步性

电能表电压、电流、功率等测量值均为瞬时有效值。电网电压、用户负载均时刻变化。电路原理类算法需要全网一致地同步采样，一般需要将全台区时钟同步至秒级才能满足电路方程的求解。电能表的电能示值为累计值，能量守恒类算法同样要求全网一致的电能示值冻结，但较电路原理类算法要求要低一些。

### 2. 电能示值小数位数

能量守恒类算法需要每个冻结周期所走的电量，若周期电量太小且小数位数不足将造成很大的量化误差，以至无法计算出有效结果。相较于直通式电能表，经互感器式电能表走字慢，乘上倍率后量化误差被放大，低压台区 15min 的电量计算，一般需要 4 位小数电能示值才可满足。

### 3. 相角信息

变压器等值电路算法需要准确的电压相角和电流相角。2002 年 DL/T 645《多功能电表通信协议》规约电能表不支持电压相角采集，可用专用变压器终端交采的电压相角代替。DL/T 698 规约电能表支持电压相角采集。

### 4. 数据采集完整性

所有量测类算法均要求在同一冻结时刻下的数据完整性，一个冻结时刻哪怕存在一个数据缺失，该冻结时刻的所有数据都只能丢弃不用。

## 任务二 典型应用介绍

📖 【任务目标】

了解基于用电信息采集系统大数据的典型应用场景，主要包括支撑配电网管理、支撑反窃电管理、支撑台区线损精益管理、支撑客户优质服务、支撑政府决策管理、支撑经营风险防控等。

### 【任务描述】

了解基于用电信息采集系统大数据的典型应用场景的基本原理。

### 【知识准备】

## 一、支撑配电网精益管理

1. 业务简介

随着社会的发展与人民生活水平的提升，家庭电气化水平逐年提升，越来越多的低压用户开始关注电能质量问题。随用电信息采集系统实现全覆盖建设，低压配电网电能质量监测覆盖面由高压侧延伸至低压、从配电变压器延伸至用户。

电能质量是指导致用电设备故障或不能正常工作的电压、电流或频率的偏差，内容包括频率偏差、电压偏差、电压波动与闪变、电压暂降、暂时或瞬态过电压、波形畸变等。

依托用电信息采集系统遍布配电变压器、用户侧的集中器、电能表等量测设备，可实现电压、电流的高频度准实时采集监测，有力支撑配电网规划、电能质量治理等业务应用场景。

2. 配电网电能质量监测类型

目前，用电信息采集系统已实现如下电能质量问题的自动监测与结果展示，利用如下自动监测结果可支撑配电网电能质量的精准治理。监测类型见表 2-8-1。

表 2-8-1　　　　　　　　　　　　　配电网电能质量监测类型

| 序号 | 异常名称 | 统计方法 |
|---|---|---|
| 1 | 公用配电变压器重载 | 终端总加组的功率曲线，连续 2h 处于台区合同容量的 80% 至 100% 之间，即为重载。终端如有超载，不统计入重载 |
| 2 | 公用配电变压器超载 | 终端总加组的功率曲线，连续 2h 超过台区合同容量的 100%，即为超载 |
| 3 | 公用配电变压器严重超载（电流） | 终端连续二个采集时点单相电流超过 10A |
| 4 | 公用配电变压器电压异常 | 在统计周期内，终端连续五个采集时点的出口电压小于额定电压 90% 且大于 80% |
| 5 | 公用配电变压器严重低电压 | 在统计周期内，终端连续十二个采集时点的出口电压小于额定电压 20% |
| 6 | 台区供电能力监测－重载 | 终端总加组的功率曲线，任意时刻处于台区合同容量的 80% 至 100% 之间，即为重载 |
| 7 | 台区供电能力监测－超载 | 终端总加组的功率曲线，任意时刻处于台区合同容量的 100% 以上，即为超载 |

| 序号 | 异常名称 | 统计方法 |
|---|---|---|
| 8 | 公用配电变压器三相不平衡 | 分析求三相电流的平均值,得出最大相与最小相,需要满足以下 2 个条件,否则不予计算:<br>1)最大相电流曲线每个点都必须大于 1.5A。<br>2)最大相电流曲线的每个点电流都必须大于最小相的电流。满足以上条件后在电流曲线的每个时点上计算三相电流不平衡度 =(最大单相电流 – 最小单相电流)/ 最大单相电流 ×100%,连续十二个采集时点的三相电流不平衡度大于 60%,且在一个月内有 10 天出现这种情况即为三相不平衡 |
| 9 | 公用配电变压器低功率因数 | 功率因数小于等于 0.8 大于等于 0,其中:功率因数 = 正向有功电量 / $\sqrt{($ 正向有功电量平方 + 正向无功电量平方 $)}$,正向有(无)功电量 = 月末正向有(无)功底度 – 月初正向有(无)功底度,同时月电量大于:额定容量 ×24×30×0.2 |
| 10 | 用户低电压 | (1)HPLC 用户。<br>根据 A 相电压曲线:<br>1)任意 2 个点在 153~198V 则判断为疑似低电压用户。<br>2)连续 1h,即 4 个点在 153~198V 则异常升级为低电压用户。<br>3)连续 1h,即 4 个点在 153~190V 则异常升级为严重低电压用户。<br>根据 B 相电压曲线(规则同 A 相)。<br>根据 C 相电压判断(规则同 A 相)。<br>取 A 相、B 相、C 相中低电压最优先的一相作为明细(优先级:严重低电压 > 低电压 > 疑似低电压)。<br>(2)非 HPLC 用户。<br>对 A 相电压判断:<br>1)一天中存在任意 1 点在 153~198V 则判断为疑似低电压用户。<br>2)一天中存在 2 个点在 153~198V 且连续两天则异常升级为低电压用户。<br>3)一天中存在 2 个点在 153~190V 则异常升级为严重低电压用户。<br>对 B 相电压判断(规则同 A 相)。<br>对 C 相电压判断(规则同 A 相)。<br>取 A 相、B 相、C 相中低电压最优先的一相作为明细(优先级:严重低电压 > 低电压 > 疑似低电压) |

## 二、支撑反窃电管理

### (一)业务简介

随着社会的发展与经济建设的快速增长,电能在工作与生活中所占的比重越来越大,已经成为人们工作生活不可或缺的一部分。电能给人们带来便利的同时,也给很多不法之徒带来了可乘之机。部分不法人员为了减少经济支出,实施窃电或违约用电行为,严重扰乱正常供用电秩序。窃电直接影响电力系统的应得利润,严重损害了电力企业的合法权益,扰乱了供用电秩序,同时使得配电线损长期居高不下,而且给安全用电带来严重威胁。

因为电力无形无影,对反窃电及查处违约用电行为查处带来极大困难。用电信息采集系统作为深入到用户内部实时监测用户用电状况的技术手段,利用主站系统采集的大量异常数据和事件分析监测功能,建立反窃电与违约用电分析模型,定位嫌疑用户,将提高作业效率

视频：用电信息采集系统的大数据应用之供电质量监测

与精准度，从而遏制异常用电行为发生，降低配电线损率，保障电网安全，提高公司效益。

窃电是指采取一定手段故障使电能计量装置不计量或者少计量的行为，窃电行为包括：

（1）在供电企业的供电设施上，擅自接线用电；

（2）绕越供电企业用电计量装置用电；

（3）伪造或者开启供电企业加封的用电计量装置封印用电；

（4）故意损坏供电企业用电计量装置；

（5）故意使供电企业用电计量装置不准或者失效；

（6）采用其他方法窃电。

**（二）基于采集系统的反窃电方法**

当前，主要通过两个渠道定位疑似窃电用户：一是反窃电工作经验，具体有窃电常犯用户属性、高线损的线路及台区的巡查定位；二是通过数学分析建模，模型包括电量异动法、电压异动法、电流异动法、低压零火线电流异常分析法等，实现窃电嫌疑用户的全方位预警分析，可有效地支撑用检人员进行反窃电分析工作。基于采集系统的采集系统反窃电分析方法如图 2-8-1 所示。

1. 电量异动法

（1）"开盖－电量异动"关联分析法。通过对历史窃电案例分析，发现高、低压用户存在私自开启电表盖，通过表内短接、加装电阻、分流等方式实施窃电的行为，因此"开表盖事件"是研判窃电行为的关键性指标。基于"用户用电量突变＋开盖事件"可以分析用户是否有窃电嫌疑，模型具体内容如下。

算法原理：根据时间序列突变点算法，得到用户日用电量的突变区间，同时分析在用户日用电量下降的时间区间内，是否发生电能表开盖事件。如果发生电能表开盖事件前后 7 天的用电量均值下降比例超过 50%，那么认为该用户有窃电嫌疑。

电能开盖事件有效性验证：为避免无效的电能表开盖事件对模型研判的干扰，需要进行电能表开盖事件有效性验证，条件如下所示。

1）排除电能表开盖时间小于 1min、一天开盖次数大于 3 次。

2）排除开盖时间逻辑错误的情况，例如时钟异常值。

（2）"交采－电表"电量比对分析法。

针对高压用户通过改造电能表、计量用互感器以及绕越计量装置等方式实施窃电情况，可根据专变采集终端"交采"与结算电能表分别有独立的计量回路且二者录得电量相等的原理实

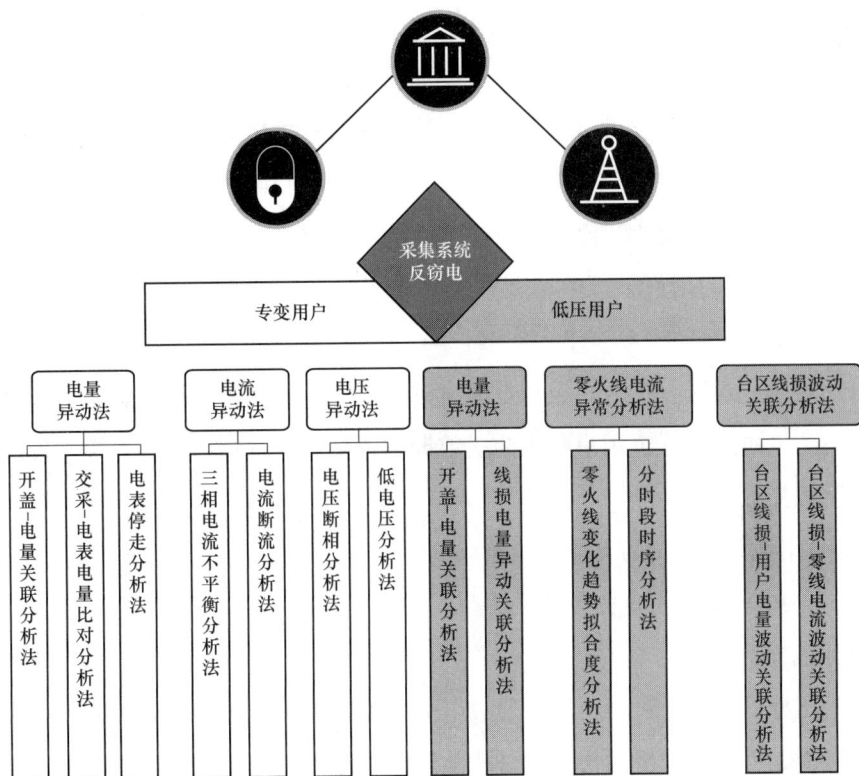

图 2-8-1 基于采集系统的采集系统反窃电分析方法

现窃电监测。若交采与电能表的电量存在显著差异，则认为用户存在窃电嫌疑，算法原理如下。

"交采"与电能表的日电量比对值超阈值（30%），且排除设备故障及接线异常等情况，则为疑似窃电用户。

（3）电能表停走分析法。

针对高压用户通过强磁干扰、高频干扰等方式攻击电能表导致电能表停走，从而实现窃电的行为，可根据电能表的电能示值无变化但有电流值的原理确定窃电嫌疑用户。算法原理如下：电能表 2 天内日正向有功总电能示值的差值等于 0，且有任意一相的电压最大值大于50% 额定电压、任意一相电流平均值不小于阈值（0.1A）的情况。

2. 电流异动法

（1）三相电流不平衡分析法。针对使用三相三线计量方式的专用变压器用户，可根据在负载对称、电压对称的情况下 A、C 相电流值应该相等的原理，实现用户窃电行为在线监测，即当用户存在三相不平衡时，则用户有窃电嫌疑。算法原理如下：当三相三线用户的 96点电流曲线三相不平衡率大于 20%，同时满足 A 相电流值大于 1A 或者 C 相电流值大于 1A，每日异常持续时间在 3h 以上，每月累计异常天数大于 10 天。

（2）电流断流分析法。针对高压用户通过短接端子排、电流线断线、互感器接线开路、故意使接线接触不良等方式实施窃电的行为，可通过分析用户电流曲线数据是否存在断流的原理，来确定用户是否存在窃电行为。算法原理如下：

若用户的电流曲线全部满足以下条件，则认为该用户存在窃电嫌疑。

1）任意一相96点电流值全部在［-0.05，0.05］区间范围内或为空情况。

2）任意一相96点电流曲线值中有12个点以上大于0.2A。

3）剔除交采断流的用户。

3. 电压异动法

（1）电压断相分析法。针对高压用户通过电压断相、故意使接线接触不良或氧化等方式实施窃电的行为，可通过分析用户电压曲线数据是否存在任意相为空或者零来确定窃电嫌疑用户。算法原理如下：

1）任意一相电压曲线全为0或全为空。

2）任意一相电压曲线不全为0或全为空。

3）电流正常、不为零。

（2）低电压分析法。针对高压用户通过电能表接线端子或电压采样回路进行分压的方式实施窃电的行为，可通过分析用户任意一相电压曲线是否存在小于额定电压来确定窃电嫌疑用户。算法原理如下：连续3h（十二个采集点）的出口电压小于额定电压80%。

4. 低压零火线电流异常分析

针对低压用户通过"电流端子短接分流""电流采样回路短接分流""绕越电表窃电"等手段实施窃电的行为，可根据该窃电方式会导致单相表零火线电流不一致的原理实施窃电行为监测。

为实现低压零火线电流异常监测，模型通过零火线电流拟合度分析、稳健线性回归与线损－电量相关性分析等综合方法，实现窃电用户的精准识别。具体内容如下：

（1）零火线电流拟合度分析。对于符合标准接线方式的单相电能表（即未共零接线），窃电期间零火线电流的波动趋势是一致的，由此排除共零接线方式对模型研判的干扰，模型规定零火线电流拟合度应大于0.8。

（2）零火线电流线性回归分析。通过最小二乘法求出零火线电流的拟合方程，即 $y = bx + a$ 的直线方程（其中 $y$ 表示火线电流，$x$ 表示零线电流），排除零火线电流采集不同步造成的干扰。正常情况下，零火线电流应该相等，即拟合方程的斜率 $b$ 应该等于1。

斜率 $b$ 的拟合方程如下：

$$b = \frac{\sum\limits_{i=1}^{n}(x_i - \overline{x})(y_i - \overline{y})}{\sum\limits_{i=1}^{n}(x_i - \overline{x})} = \frac{\sum\limits_{i=1}^{n}x_i y_i - n\overline{xy}}{\sum\limits_{i=1}^{n}x_i^2 - n\overline{x}^2} = \frac{\sum\limits_{i=1}^{n}(x_i y_i - \overline{xy})}{\sum\limits_{i=1}^{n}(x_i^2 - \overline{x}^2)}$$

通过样本训练获取到回归系数 $b$ 值，取 $b$ 值在 0.05 与 0.7 之间的用户。零火线电流线性回归示意如图 2-8-2 所示。

（3）用户日用电量与台区日线损的相关性分析。根据当用户发生窃电时，电表计量得到的用电量减小，导致台区线损率增加这一原理，对筛选出的嫌疑用户开展相关性分析。具体原理示意如图 2-8-3 所示。

依据皮尔逊相关系数法对嫌疑用户的日用电量与台区线损进行相关性分析，取相关系数大于 0.9 的用户，相关性计算公式为

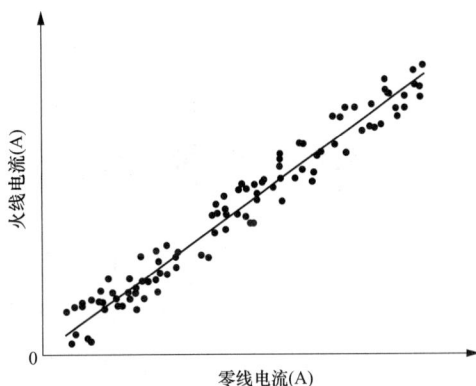

图 2-8-2 零火线电流线性回归

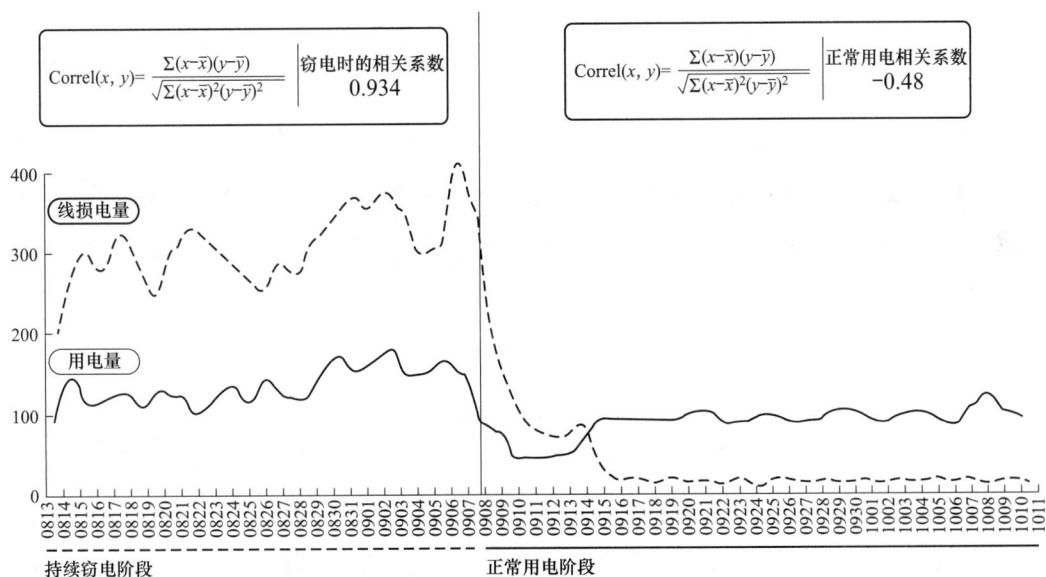

图 2-8-3 用户日用电量与台区线损相关性分析

$$\gamma = \frac{\sum\limits_{i=1}^{n}(X_i - \overline{X})(Y_i - \overline{Y})}{\sqrt{\sum\limits_{i=1}^{n}(X_i - \overline{X})^2}\sqrt{\sum\limits_{i=1}^{n}(Y_i - \overline{Y})^2}}$$

视频：用电信息采
集系统的大数据应
用之反窃电预警

综上所述，经过上述模型的复合分析后，就能得到疑似窃电用户。

**5. 台区线损波动关联分析**

当出现台区供售电量稳定时，台区线损数据是稳定的。若台区内存在用电窃电，则台区供电量增加，但是台区售电量少计，台区线损出现异常波动。此时，可分析台区下是否存在用户日用电量的突变情况，且电量突变时间节点与台区线损突变时间相吻合，那么认为该用户有窃电嫌疑。

## 三、支撑台区线损精益管理

### （一）业务简介

电力网电能损耗（简称线损或网损）是指电能从发电厂传输到电力用户的一系列过程中，在输电、变电、配电等各环节以热能形式散发的功率损失。

线损是供电企业一项重要的经营质效指标，也是表征电力系统规划设计、生产技术和运营管理水平的一项综合性技术经济指标。线损管理工作成效直接关系到供电企业的经济效益和国家节能政策的贯彻落实。供电企业的主要任务就是要安全输送与合理地分配电能，并力求尽量减少电能损失，以取得良好的社会效益与经济效益，加强线损管理对保护供用电双方的合法权益和树立供电企业的良好形象有着十分重要的意义。总之，做好线损工作和加强线损管理具有重要的现实意义。

**1. 线损定义**

发电机发出来的电能输送到用户，经过输、变、配电设备，由于这些设备存在着电阻，因此电能通过时就会产生损耗，以热能的形式散失在周围的介质中；另外再加上一部分客观存在的管理损耗，这两部分电能损耗就构成了电网的所有线损电量，简称为电网线损。

为实现对线损管理水平的考核，供电企业按照"分区""分压""分线""分台区"四个维度（即"四分"线损）统计线损率指标。其中，台区配电网在输送和分配电能的过程中，由于配电线路及配电设备存在阻抗，在电流流过时就会产生一定数量的有功功率损耗，在给定的时间段（日、月、季、年）内，所消耗的全部电量称为台区线损电量，简称台区线损。

台区线损率是指台区线损电量（台区供电量－台区售电量）占台区总供电量的百分比。

（1）台区总供电量 = 台区公用变压器正向电量 +∑ 台区上网关口计量点的电量。

（2）台区总售电量 =∑ 台区集中器下用电客户电能表电量 + 台区公用变压器反向电量。

**2. 线损分类**

（1）按损耗特点分类。从损耗特点来分，整个电力网线损电量可分为固定损耗、可变损耗、其他损耗三部分，其中固定损耗与可变损耗之和为技术损耗。

1）固定损耗。主要包括变压器的铁损及表计电压线圈损失。

固定损耗功率一般不随负荷变化而变化，只要设备带有电压，就有电能损耗。但实际上固定损耗功率也不是固定不变的，因为它与电压及电网频率有关，而电网电压及电网频率变动又不大，所以才认为它是固定不变的。

固定损耗主要包括：

a. 发电厂、变电站变压器及配电变压器的铁损。

b. 电晕损耗。

c. 调相机、调压器、电抗器、互感器、消弧线圈等设备的铁损及绝缘子的损耗。

d. 电容器和电缆的介质损耗。

e. 电能表电压线圈损耗。

2）可变损耗。可变损耗主要包括导线损耗、变压器铜损。

可变损耗功率是随着负荷的变化而变化的，它与电流的平方成正比，电流越大则损耗功率越大。

可变损耗主要包括：

a. 发电厂、变电站变压器及配电变压器的铜损，即电流流经线圈的损耗。

b. 输、配电线路的铜损，即电流通过导线的损耗。

c. 调相机、调压器、电抗器、互感器、消弧线圈等设备的铜损。

d. 接户线的铜损。

e. 电能表电流线圈的铜损。

3）管理损耗。管理损耗是指由于管理工作不善，以及其他不明因素在供用电过程中造成的各种损失。因此它也称为其他损耗或不明损耗。

管理损耗主要包括：

a. 用户窃电及违章用电。

b. 计量装置误差、错误接线、故障等。

c. 营业和运行工作中的漏抄、漏计、错算及倍率差错等。

d. 带电设备绝缘不良引起的泄漏电流等。

e. 变电站的直流充电、控制及保护、信号、通风冷却等设备消耗的电量，以及调相机辅机的耗电量。

f. 供、售电量抄表时间不一致。

g. 统计线损与理论线损计算的统计口径不一致，以及理论计算的误差等。

（2）按损耗性质分类。统计线损又称实际线损，它是根据电能表的读数计算出来，其值等于供电量与售电量的差值。它反映了电力网实际上总的损耗量。

按损耗性质来分，统计线损由理论线损（技术损耗）和管理线损两部分组成。

1）理论线损（技术线损）。理论线损又称技术线损，它是根据供电设备的参数和电力网当时的运行方式，依据理论公式计算得出的线损。由于理论线损是计算出来的，所以它的准确程度取决于供电设备参数的准确度、运行参数的合理性以及理论计算的方法及工具。

根据《电力网电能损耗计算导则》（DL/T 686—2018）的规定，理论线损电量是以下各项损耗电量之和：

a. 变压器的损耗电能。

b. 架空及电缆线路的导线损耗的电能。

c. 电容器、电抗器、调相机中的有功损耗电能、调相机辅机的损耗电能。

d. 电流互感器、电压互感器、电能表、电测仪表、保护及远动装置的损耗电能。

e. 电晕损耗的电能。

f. 绝缘子泄漏损耗电能。

g. 变电站的所用电能。

h. 电导损耗。

2）管理线损。管理线损指电网总损耗除去理论线损外的其他损耗，即统计线损与理论线损的差值。管理线损可以通过加强管理降到很低。管理线损包括：

a. 电能计量装置误差。

b. 营销抄表工作中电表示数漏抄、错抄、估抄，以及电量错算、倍率错误等。

c. 用户违章用电及窃电。

（3）几种线损组成之间的关系。几种线损组成及关系示意如图 2-8-4 所示。

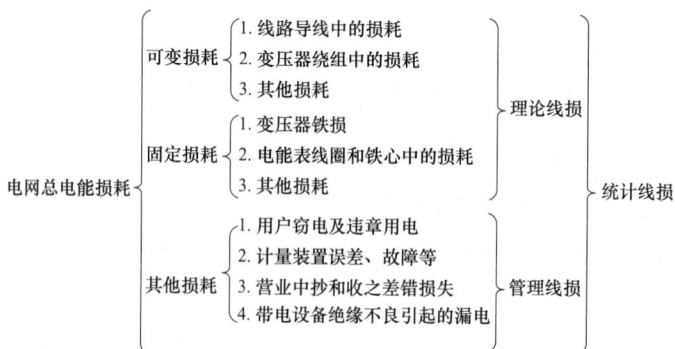

图 2-8-4　各种线损分类及相互关系图

3. 台区线损管理理念

台区线损是反映台区管理水平与台区运行健康度的"晴雨表""风向标"，涉及配电、计量、采集、营业、用检等多个专业，集中反映各专业的基础业务管理水平。台区线损管理历经统计线损、同期线损、"一台区一指标""三精"管理等四大阶段。其中：

（1）"统计线损"阶段（2016年以前）。用电信息采集系统未上线及上线运行初期，此时智能电能表全覆盖建设未完成，台区供售电量数据均靠人工抄读，存在估抄、漏抄、错抄以及抄表不同期的问题。特别是"抄表不同期"导致统计线损波动较大，不满足精益线损管理的需求。

（2）"同期线损"阶段（2016～2019年）。此时用电信息采集建设全部完成，智能电能表实现全覆盖建设，日冻结电能示值采集成功率达99.9%以上，台区供售电量数据实现每日远程自动采集，电量数据同期性好，有力支撑按日、按月开展台区线损治理。此时，台区线损管理处于"一刀切"的阶段，即台区线损合格目标为固定值（国网合格目标是［0%，10%］，福建公司合格目标是［0%，7%］）。

（3）"一台区一指标"阶段（2020～2022年）。由于每个台区网架结构、供电半径等技术线损因素不同，其理论线损是不同的。若是采用"一刀切"的管理方式，则不能充分挖掘台区降损潜力，且无法及时预警台区运行异常（例如窃电、计量异常等），从而不能真正发挥"晴雨表""风向标"的作用。因此，国家电网公司于2020年正式提出"一台区一指标"的台区线损管理理念，通过理论线损计算为每个台区赋予一个合格目标值，实行差异化的线损管理。其中，理论线损计算方法主要分为传统电气法与大数据法两大类。传统电气法包括电压损失率法、等值电阻法、基于前推回代法的潮流算法等；大数据法则是依据台区聚类分析的原理计算。

（4）"三精"管理阶段（2023年至今）。随着新一代用电信息采集系统上线以及数据高频采集能力的提升，国家电网公司提出构建台区线损"三精"管理模式的理念，即台区线损"精细分析""精确诊断""精准治理"。主要是发挥HPLC电能表、新型智能量测开关以及大数据的作用，实现台区分时段线损、分相线损、分箱线损的统计分析，缩小范围、提高精度，使用线损异常智能诊断结果，快速定位线损异常原因，提高作业效率。

**（二）台区线损影响因素**

台区线损影响因素主要包括档案因素、统计因素、计量因素、采集因素、窃电因素、技术因素。

1. 档案因素

档案因素主要包括：台区总表电流互感器档案倍率与现场不一致、台区内经互感器接入用户的系统档案中倍率错误、用户计量点档案与现场不一致、台区档案不完整、台户关系不一致、流程归档不同步。

（1）台区总表电流互感器档案倍率与现场不一致。

主要原因：由于营销系统与采集系统未实现档案数据实时同步；现场业务变更后业务人员数据录入不及时或不准确，造成营销系统、采集系统间数据不一致。

问题处理：组织开展现场参数核查，并依据现场参数对营销系统档案数据进行比对，对错误数据进行修改。同时，完善营销系统与营配调贯通数据同步机制，实现数据同源管理。

（2）台区内经互感器接入用户的系统档案中倍率错误。

主要原因：由于现场业务变更后业务人员数据录入不及时或不准确，造成营销系统数据与现场不一致。

问题处理：组织开展现场参数核查，并依据现场参数对营销系统档案数据进行比对，对错误数据进行修改。同时，开展计量装置定期巡检，确保三相电能表互感器档案数据及时、准确录入营销系统。

（3）用户计量点档案与现场不一致。

主要原因：计量点变更时，营销系统中未及时完成业务流程流转，无法及时更正用户计量点状态，造成对用户的数据采集失败。

问题处理：计量点变更时，督促相关人员及时发起变更流程；对在途销户流程，督促相关人员按时完成流程流转。

（4）台区档案不完整。

主要原因：公用配电变压器改造完成后，未及时完成关口表安装及低压用户档案调整。

问题处理：由基层单位对未建模台区进行原因分析，对无总表的台区完成总表的安装，对未挂接低电压用户的台区在 GIS 系统中完成台区用户的挂接，对不具备安装总表、挂接低电压用户的台区进行停运处理，并在 PMS 系统中完成该台区的停运处理。

（5）台户关系不一致。

主要原因：现场台户关系变更而系统未同步变更，档案信息更新滞后于现场变动、营销系统或采集系统台区下档案信息与现场不一致，营销系统档案用户数量与现场实际用户数量不相符，GIS 系统采集挂接表箱错误、营配调异动接口未启用。

问题处理：利用台区识别仪等设备进行现场排查，依据排查结果完成 GIS 系统中的图形修正，并启用营配调异动接口，使正确的台户关系由营配调贯通推送至营销系统，同步实现营销系统、采集系统台户关系的更新。

（6）流程归档不同步。

主要原因：新建台区营销系统归档时间过早，而现场用户未及时投运或投运后未建立采集关系，造成不可计算线损。营销系统户务档案信息变更后，采集系统调试工单未按时归档，造成供电量计入总表，但用电量未统计。

问题处理：严格规范业务流程时限管理，在台区新建（变更）或台区下用户变更时，营销系统内业务流程要与现场工作同步进行，及时将变动信息完整归档。

2. 统计因素

统计因素主要包括分布式电源上网电量未统计、电能表示值未冻结、总表与分表电量不同期、无表用电电量未统计。

（1）分布式电源上网电量未统计。

主要原因：营销系统光伏发电用户档案设置错误，业务流程中将计量点类型（考核、结算）选错，线损计算时供、用电量统计错误。

问题处理：在营销系统中将上网表计计量点类型改为"上网关口"，并同步营销系统档案到采集系统。强化业务流程管控，确保选择正确计量点类型。同时，在营销系统中增加相关稽核规则，防止此类问题重复发生。

（2）电能表示值未冻结。

主要原因：电能表日期紊乱，数据不能冻结。采集系统采集入库数据不是冻结数据。

问题处理：加强采集运维管理，对日期错误的电能表进行现场或远程对时，对无法冻结数据的电能表进行更换。

（3）总表与分表电量不同期。

主要原因：主站对集中器对时不成功，造成台区总表与台区下用户电能表对时不及时，或仅总表对时成功、用户电能表未成功对时。电能表电池欠电压或自身故障造成总表与分表时钟不同步。

问题处理：加强采集运维管理，每周进行一次台区总表与分表时钟采集比对，对时钟超差电能表进行现场或远程对时，并对故障电能表进行更换，确保台区总表与分表时钟保持一致。

（4）无表用电电量未统计。

主要原因：监控摄像头、广电信号放大器等设备就近取电，设备安装地点分散、负荷小，装表计量难度大。红白喜事等临时用电时间短，未装表计量。

问题处理：加强台区日常巡视管理，将台区下小电量进行建档管理。与交通部门、广电部门、运营商等签订协议，规范小电量设备安装流程，创造条件装表计量。对于确实无法装表计量的临时用电，应定期核查用户用电负荷，防止用户私自增加用电负荷。

3. 计量因素

计量因素主要包括电能表电流线接反、电能表与集中器电流回路并接、电能表与集中器电流回路并接、电能表故障、电流互感器二次回路进出线接反、电流互感器故障、电流互感器二次回路过负荷、电流互感器实际倍率与标称铭牌不符、电流互感器倍率过大、二次回路中存在异常缺陷、电压回路中性线断开或中性线电阻过大、分布式电源计量接线错误、台区内用户受电点在总表之前。

主要原因：装表人员业务不熟悉，工作不认真，验收把关不严，造成计量接线错误或接入点不正确。

问题处理：

（1）下发营销计量装置故障流程，对现场错误接线进行更正。

（2）利用采集系统开展用户投运前的线上诊断验收，杜绝此类异常发生。

（3）开展计量装置在线监测，及时发现此类故障并发起异常工单处置。

（4）加强日常计量现场巡视，解决存量异常。

（5）加强采集工程竣工验收管理，杜绝此类问题发生。

4. 采集因素

采集因素主要包括采集信号异常、集中器参数设置错误、集中器连接异常、同一台区采集模块混装、集中器冻结数据失败或错误、台区跨零点停电。

（1）采集信号异常。

主要原因：

1）集中器远程升级失败或更新版本程序异常，造成通信不稳定。

2）不良天气、其他信号干扰、运营商基站故障等因素，造成集中器的采集信号不稳定。

3）集中器内通信卡烧坏、氧化或者欠费。

4）集中器与天线连接不牢或天线脱落、损坏。

5）集中器上行通信制式与通信卡不匹配。

问题处理：

1）确认集中器天线是否接好，移动天线位置或是加装信号放大器，直到信号强度增加。

2）使用北斗通信、中压载波等新型通信方式。

3）更换通信卡。

4）督促运营商快速处理基站异常。

（2）集中器参数设置错误。

主要原因：

1）调试人员下发参数错误。

2）集中器内部程序紊乱造成参数丢失。

问题处理：

1）通过采集系统重新下发参数。

2）现场重启集中器并重新设置参数。

（3）集中器连接异常。

主要原因：

1）安装集中器时未将 RS-485 端口线拧紧或者忘记连接线，集中器参数设置端口与终端、电能表实际连接端口不一致，表号设置错误。

2）集中器三相电压缺相接入或中性线未接入，导致无电压。

3）集中器存在质量问题。

问题处理：

1）重新更换 RS-485 端口线并确认接线良好。

2）重新检查端口设置和台区总表采集设置。

3）更换集中器。

（4）同一台区采集模块混装。

主要原因：在安装电能表模块时未确认该台区使用的模块规格型号，造成该台区部分电能表采集失败。

问题处理：对于使用载波模块的台区，在同一个台区集中器、采集器、电能表需使用同一品牌规格的通信模块。

（5）集中器冻结数据失败或错误。

主要原因：

1）集中器与电能表下行通信通道信号不良。

2）集中器参数下发错误。

问题处理：

1）调整集中器抄表时间或调整集中器抄表路由。对于户数较多（大于 1000 户）的台区，考虑增加集中器、中继器。

2）通过采集系统重新下发参数。

（6）台区跨零点停电。

主要原因：

1）该台区或台区所在线路检修停电时间在凌晨零点左右，与电能表冻结时间、集中器抄表时间重合。

2）该台区供电设施在凌晨零点左右故障。

问题处理：

1）统筹计划检修，避开零点整停电。

2）加强设备运维，减少故障停电。

3）调整采集主站抄表计划，或在台区复电后及时安排数据补抄。

5. 窃电因素

主要原因：用户实施窃电，窃电基本类型可分为欠电压窃电、欠电流窃电、移相窃电、扩差窃电和无表窃电。

主要窃电手法包括：遥控器窃电、利用高电压放电窃电、利用强磁铁窃电、利用干簧管窃电、改动接线、损坏保险管窃电、注入谐波窃电、谐振窃电、二次回路剥口窃电、断开表前中性线窃电、表前中性线与相线反接窃电、回路中是否加装电子元件窃电、短接电能表采样回路窃电、改变单相电能表采样线位置窃电、电能表中性线上加其他电压窃电、表前接线窃电、更换互感器倍率窃电、强磁干扰互感器窃电、互感器内加装电子元件窃电、接线盒内加装电子元件窃电、断开/短路连接片窃电、改变接线窃电、短路电流互感器端子窃电、短路电流互感器端子窃电、短路电流二次回路窃电、更换电能表窃电、改变电能表参数窃电。

问题处理：对于发现疑似窃电行为，应做好现场保护，及时联系用电检查人员到场检查。

6. 技术因素

技术因素主要包括台区供电半径过大、低压线路导线线径过细、三相负荷不平衡、台区功率因数低、台区供电设施老旧。

（1）台区供电半径过大。

主要原因：个别台区用户过于分散，以及村队用电持续延伸，造成台区供电范围半径过大。

问题处理：改造台区低压供电线路，比照 D 类供电区域，供电半径不应大于 500m。

（2）低压线路导线线径过细。

主要原因：台区设计建设标准低、投运时间长、线路老化改造进度慢，跟不上台区用户负荷增长需要。

问题处理：调换线径过细的低压导线。市区、经济发达城镇地区的低压架空线路主干线导线截面积不宜小于 $120\text{mm}^2$，其他地区应大于 $70\text{mm}^2$，分支线截面积不宜小于 $35\text{mm}^2$。

（3）三相负荷不平衡。

主要原因：台区三相负荷分配不均匀，进而导致台区三相电流不平衡。

问题处理：

1）将不对称负荷分散接在不同的供电点，以减少接入点过于集中造成的不平衡。

2）使用交叉换相等办法使不对称负荷合理分配到各相，不平衡率小于15%。

（4）台区功率因数低。

主要原因：台区内无功补偿不足、设备老化或大马拉小车引起功率因数低。

问题处理：配置低压电容器进行无功补偿，电容器容量应根据配电变压器容量和负荷性质，通过计算确定。一般按配电变压器容量的10%～30%配置电容器。补偿到变压器最大负荷时其高压侧功率因数不低于0.95。

（5）台区供电设施老旧。

主要原因：台区设施使用多年未升级改造，绝缘能力减弱。线下有种树、修房等违规行为。

问题处理：

1）将老旧台区纳入技改储备，实施升级改造，应用绝缘导线和耐老化材料，提高设备技术水平。

2）及时对影响线路运行的超高树木进行砍伐。

3）加强台区巡视，及时制止线下修房等违规行为。

### （三）台区线损异常治理分析流程

台区线损异常治理分析流程如图2-8-5所示。

台区同期线损异常分析处理的基本方法主要包括系统诊断、人工研判、现场排查、采集排查、窃电及违约用电排查和常态运行监控六种。其中，利用用电信息采集系统、营销系统、一体化电量与线损管理系统等，开展高、负损台区诊断分析，实现线损异常原因精准定位，为台区同期线损监测人员提供必要的监测手段，为台区责任人现场开展综合整治提供参考依据，提升线损异常处理效率。

目前，用电信息采集系统已经部署如下异常监测主题，可实现常见线损异常原因的定位，供电所作业人员可依据监测结果，派工开展异常治理，见表2-8-2。

### 四、支撑客户优质服务

#### （一）业务简介

客户优质服务一个重要方面是高可靠供电，即不停电、少停电、快复电。这些都依赖于实时准确地监测用户停电事件、停电时长。

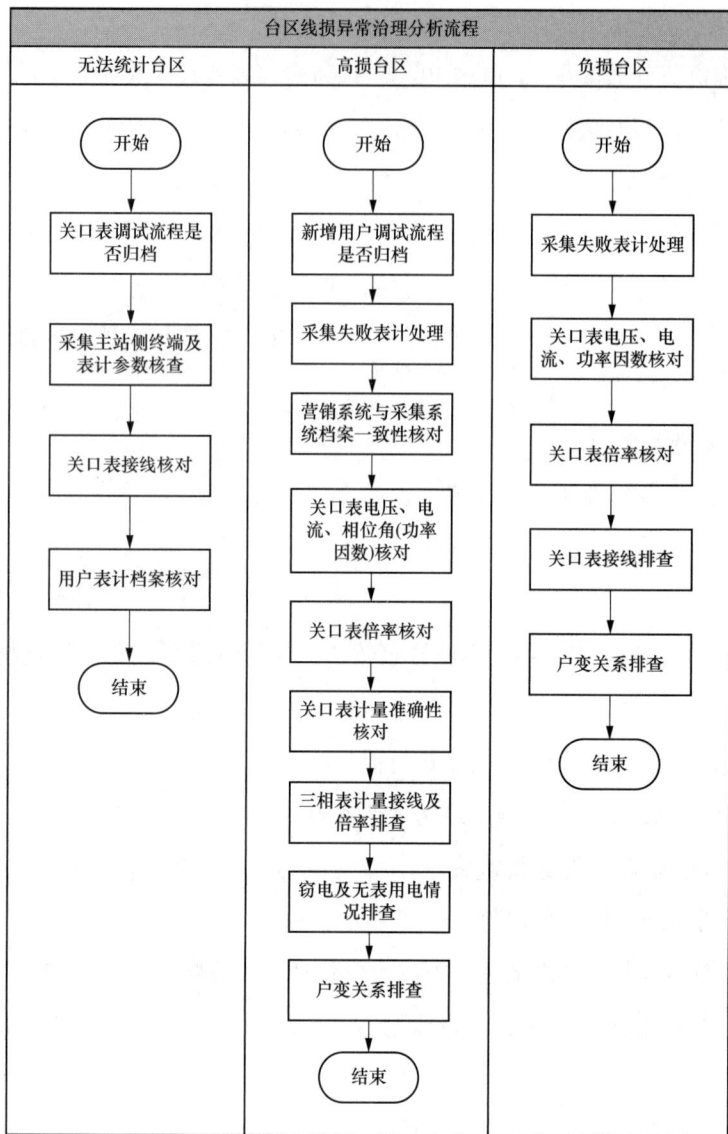

图 2-8-5 台区线损异常治理分析流程

表 2-8-2                                                   采集系统异常监测主题

| 异常类别 | 一级异常 | 二级异常 | 研判规则 |
|---|---|---|---|
| 采集异常 | 长期抄表失败 | — | 连续 3 天及以上抄表失败，估算失败用户电量对线损的影响程度 |
| | 抄表时间滞后 | — | 电能表抄表时间超过 15 点 |
| | 入库时间滞后 | — | 数据采集入库时间晚电能表抄表时间 2h |
| | 电能表载波方案不一致 | — | 在 HPLC 台区中存在满足以下任意条件的电能表：<br>（1）电能表采用窄带载波。<br>（2）电能表宽带载波方案与集中器的载波方案不一致 |

| 异常类别 | 一级异常 | 二级异常 | 研判规则 |
|---|---|---|---|
| 计量异常 | 光伏用户电量异常 | 上网电量异常 | 日上网电量大于日发电量 |
| | | 发电量异常 | 日发电量大于（报装容量 × 12h） |
| | | 低压光伏用户等效发电时长异常 | 若某光伏用户的等效发电时长（月发电量 / 用户合同发电容量）大于同一地区（供电所）所有光伏发电用户的等效发电时长（该供电所所有光伏发电用户的发电量之和除以所有光伏发电用户合同发电容量之和）×120% |
| | | 低压光伏用户夜间发电 | （1）HPLC 台区的光伏用户。光伏用户的发电表每个月在夜间（每日 20 点至次日 5 点）时段的发电量不小于30kWh。<br>（2）非 HPLC 台区的光伏用户。某光伏用户发电表月度谷时段（22 点至次日 8 点）的发电量大于该用户月度发电量的 15% |
| | 电量异常 | 倒走 | 当日正向日冻结电能示值小于上一日正向日冻结电能示值 |
| | | 飞走 | 异常计算说明：走字电量（通过零点冻结电能示值计算电量）×1000 大于额定电压 × 最大电流 ×24×2× 系数，三相三线为根号 3，三相四线为 3，单相为 1 |
| | | 突降 | 用户最近 5 日的日用电量均值大于 50kWh，且最近一日的日电量只有前 5 日日用电量均值的 20% 及以下 |
| | | 突增 | 日用电量大于前 5 天日用电量的 3 倍且日用电量大于100kWh |
| | | 非光伏用户反向走字 | 满足以下任一条件生成反向电量异常：<br>（1）上 1 次反向电能有功总示值大于 10，且上 1 次反向电能有功总示值 - 上 7 次反向有功总 >2。<br>（2）昨日电能表反向电量大于 0.3kWh。<br>（3）若昨日电能表反向电量为空情况，将本日反向示值同上 N 日示值进行比对，如果存在（本日反向示值 - 上 N 日反向示值）× 倍率 > 0.3×N，N 最多取 31 天 |
| | | 停走 | 7 天内最近 2 天正向有功总都无走字，且电流曲线至少 4 个点的绝对值不小于 0.5（曲线采集成功至少 36 个点），若曲线无数据或少于 36 点，取穿透电流不同时刻至少 2 个点大于 0.5 |
| | | 电能表示值不平 | 电表总示数不等于各费率之和（设置阈值：电能表总示数与各费率之和的差值在正负 2 之内不判断为异常） |
| | | 电能示值冻结异常 | 比对采集的日冻结示值与当日 96 点电能表示值曲线，若日冻结小于 96 点值中任意一点，则异常 |

续表

| 异常类别 | 一级异常 | 二级异常 | 研判规则 |
|---|---|---|---|
| 计量异常 | 计量装置异常 | 分相反向走字 | 示值差 = 电能示值（数据日期）－电能示值（数据日期 −1）电量 = 示值差倍率。<br>　计算 A、B、C 相正向有功电能电量，A、B、C 相反向有功电能电量。<br>　集抄：若 A、B、C 相反向有功电能电量任意一相大于 2，且反向有功电能电量大于同一相位正向向有功电能电量，则判断为分相反向走字 |
| | | 电能表（含交采）失电压 | （1）若电能表（含交采）的电压、电流曲线采集成功：至少存在一相的电流曲线中某点的电流值大于 0.2A（乘以 TA 变比），且对应相的电压点值低于 78% 额定电压（220V），满足该条件的点数大于 8 个。<br>　（2）若电能表（含交采）仅电压曲线采集成功：至少存在一相的电压低于 78% 额定电压（220V）的点数占比超过该相非零值电压总数的 25% 且至少有一个点电压值超过 50% 额定电压 |
| | | 电能表电压断相 | 三相四线：某相电压曲线为空，但至少存在一相的电压曲线不为空 |
| | | 时钟电池欠电压 | 电能表运行状态字 1 |
| | | 时钟异常 | （1）时钟偏差。<br>（2）对时是否成功。<br>（3）对时失败提示 |
| | | 电能表（含交采）失流 | 三相四线电能表（含交采）：某相电流曲线的所有点电流值小于 0.03A（包括为空），但另外至少一相电流曲线中存在电流值大于 20% 额定电流的点数占比超该相非零值电流点数的 20% |
| | 接线错误 | 总表（交采或者台区总表）接线错误 | 若 A、B、C 相反向有功电能电量任意一相大于 2，且反向有功电能电量大于同一相位正向向有功电能电量 20%，则判断为接线错误，剔除光伏台区 |
| | | 三相用户接线错误 | 满足以下任意一个条件，则认为接线错误：<br>　（1）若 A、B、C 相反向有功电能电量任意一相大于 2，且反向有功电能电量大于同一相位正向向有功电能电量 20%，则判断为接线错误，剔除光伏用户。<br>　（2）同一相电压与电流（如 A 相电压与 A 相电流）的相位角在小于 −20° 或大于 60° 时，且最近 5 天内出现次数达 3 次及以上，同时所属台区线损率不在 0～7% 区间 |
| | | 光伏用户上网电量接线不规范 | 光伏发电用户的上网电能表，满足以下任一条件则认为异常：<br>　（1）消纳方式为"全量上网"。上网关口计量点的计量方向是反向。<br>　（2）消纳方式"余量上网"或"全量自用"。上网关口计量点的计量方向是正向 |

| 异常类别 | 一级异常 | 二级异常 | 研判规则 |
|---|---|---|---|
| 档案异常（档案均取自营销管理库） | 计量点倍率异常 | 综合倍率异常 | TA×TV 不等于综合倍率 |
| | | 关口计量点 PT 倍率异常 | 计量点主用途为"台区供电考核"的关口计量点的 PT 倍率≠1 |
| | | 三相用户 TA 倍率异常 | A、B、C 三相的 TA 倍率不相等 |
| | 台区状态异常 | 停运台区用户数不为零 | 台区状态停电，但用户数不为零 |
| | | 台区无总表 | 满足下列条件之一的：<br>（1）台区状态"运行"但关口计量点状态不是"在运"。<br>（2）台区总表计量点主用途不是"台区供电考核" |
| | | 停运台区有售电量 | 台区状态为停运，但该台区连续 2 天及以上售电量不为零 |
| | | 台区有供无售 | 在运台区连续 2 个月及以上存在月供电量不为零但月售电量为零 |
| | | 台区无供有售 | 在运台区连续 2 个月及以上存在月供电量为零但月售电量不为零 |
| | | 在运台区无用户电表 | 在运台区连续 3 天及以上无用户电能表 |
| | | 在运台区无供电单位 | 台区状态属于"运行"的台区，无对应的供电单位 |
| | | 在运台区无关口表 | 在运台区连续 3 天及以上无计量点主用途为"台区供电考核"的电能表或终端 |
| | 营采档案不一致 | 用户档案不一致 | 数量（取营销管理库的数据，与采集档案比对），剔除流程在途 |
| | | 终端交采 TA 倍率不一致 | 用采系统终端交采的倍率与营销系统的终端 TA 倍率不一致 |
| | | 台区编号不一致 | 同一个台区的台区编号在用采与营销系统中不一致 |
| | | 实抄用户长期不接入用采系统 | 186 系统中档案状态"运行"且抄表方式"实抄"的用户，其对应的电能表持续 5 天及以上未接入采集系统，剔除用户处于"暂拆"流程 |
| | | 计量点档案不一致 | 计量点 TV、TA 倍率（用户及关口表） |
| | 光伏用户档案异常 | — | 光伏发电用户满足以下条件之一：<br>（1）无计量点主用途为"上网关口"的计量点。<br>（2）同一电能表的"上网关口""售电侧结算"计量点的电能表计量方向一致。<br>（3）同一电能表上同时存在"发电关口""上网关口""售电侧结算"三个计量点 |
| | 户变关系异常 | — | 采用电量平衡法、用电地址匹配 |

| 异常类别 | 一级异常 | 二级异常 | 研判规则 |
|---|---|---|---|
| 档案异常（档案均取自营销管理库） | 在途流程分析 | — | 关联台区下全量用户营销在途流程（轮换、新装、增容、改类、计量装置故障、销户），对未及时归档流程进行系统提示 |
| | 负荷切割监测 | — | 通过台区供电量、采集成功率以及相邻台区的线损率等情况，预警疑似存在负荷窃电的台区及其对应的用户 |
| 用电异常 | 疑似窃电 | 单相用户零火线电流异常 | 比对用户同一时刻零火线电流，若不一致则认为存在问题（排除共零情况） |
| | | 表计开盖 | 近3个月存在开盖持续时间在1min以上、开盖次数（不是总开盖次数）在2~10次，且满足以下条件的用户：开盖前后各3天日均用电量下降超20%的用户 |
| | | 计量失准 | 直接取"电能表运行误差在线监测结果" |
| | 计量过负荷 | — | 用户日电量>（$K×$电能表额定最大电流$×220×$综合倍率$×24×1.2/1000$），三相表$K=3$，单相表$K=1$ |
| | 流变饱和 | — | 分析对象：台区考核总表（交采）。<br>分析规则：任意一相电流连续2个点超过5.5A |
| 技术线损 | 配电变压器运行状态异常 | 配电变压器出口低电压 | 三相96点电压曲线中至少有一相存在电压值小于198V的点数大于等于12个点 |
| | | 配电变压器出口低功率因数 | 台区关口表日功率因数曲线存在20个点低于0.5 |
| | | 配电变压器超重载 | 交采有功总功率曲线（要乘以综合倍率）中一天内存在8个及以上的点超过变压器的额定容量 |
| | | 配电变压器轻载 | 台区日供电量/（配电变压器容量$×24h$）≤30% |
| | | 配电变压器三相负载不平衡 | 同时满足以下条件，则认为因子异常：<br>（1）三相不平衡率大于15%且持续一小时（4个点）及以上。<br>（2）三相不平衡率大于15%的时刻，配电变压器A、B、C三相任意一相单相瞬时负载大于等于20%。其中：任意一相负载率=该相某时刻的有功功率值/（该相同一时刻的功率因数值×配电变压器容量） |
| | 供电半径过长 | — | 台区供电半径超500m |
| | 末端用户大电量 | — | 该台区中距离变压器最远的10%表箱内用户用电量占台区售电量的比例大于40% |
| | 用户电能质量异常 | 线路电压降高 | 每天取台区用户10时至14时的5个点电压值，各自与关口集中器电压进行比较，大于等于3个点差超过5% |
| | | 用户低电压 | 用户电压曲线中一天内存在8个及以上的点电压低于198V（三相表任意一相满足要求） |
| | | 低功率因数 | 三相用户：表日功率因数曲线存在20个点低于0.5 |
| | 光伏用户电压越限 | 光伏用户电压越上限 | 电能表96点电压曲线，ABC相三相电压中任一相电压有连续4个时间点出现电压值大于额定电压的120% |

| 异常类别 | 一级异常 | 二级异常 | 研判规则 |
|---|---|---|---|
| 技术线损 | 光伏用户电压越限 | 光伏用户电压越下限 | 分析 $T-1$ 日 96 点电压曲线，ABC 相三相电压中任一相电压有连续 4 个时间点出现电压值小于额定电压的 80% |

供电可靠性是指供电系统持续供电的能力，是考核供电系统电能质量的重要指标，关系到用户正常生产生活活动。供电可靠性衡量指标主要是用户平均停电时间、用户平均停电次数、系统停电等效小时数；我国供电可靠率一般城市地区达到了 3 个 9（即 99.9%）以上，用户年平均停电时间不大于 8.76h；重要城市中心地区达到了 4 个 9（即 99.99%）以上，用户年平均停电时间不大于 53min。

视频：用电信息采集系统的大数据应用之线损分析

目前，用电信息采集系统依托采集终端、电能表、载波通信模块构建面向变压器、用户级别的停电监测网络，实现停上电时间实时感知，支撑主动复电抢修，将停电故障治理到用户感知之前，提升客户优质服务水平。

**（二）停上电故障精准研判**

采集终端、电能表、载波通信模块具备遇到停上电情况时自动生成停上电事件记录的功能，并通过主动上报或者主站定时抄读的方式通知用户。

**1. 采集终端停上电事件**

当采集终端（专变采集终端与集中器）的工作电压满足表 2-8-3 中条件时，会自动生成停上电事件记录，并主动上报给采集系统主站。由于采集终端一般安装在变压器的低压侧，故可实现变压器及以上供电线路的供电情况的主动监测预警。

表 2-8-3　　　　　　　　采集终端停上电事件记录生成规则

| 序号 | 事件名称 | 事件定义 | 设定值范围 | 推荐设定值 | 上报方式 |
|---|---|---|---|---|---|
| 1 | 终端停/上电 | 当供电电压低于终端正常工作临界电压（60% 参比电压），产生停电事件；当供电电压高于终端正常工作临界电压（80% 参比电压），产生上电事件 | （1）停电阈值：60%～80% 参比电压。（2）上电阈值：停电阈值为 90% 参比电压 | （1）停电阈值：60% 参比电压。（2）上电阈值：80% 参比电压 | 主动上报 |

**2. 电能表停上电记录**

智能电能表工作电压满足表 2-8-4 中条件时，会自动生成停上电事件记录。采集系统主站通过配置采集任务定时抄读电能表上的停上电事件记录，可实现用户级别的停电监测预警。

目前，用电信息采集系统通过采集终端定时采集电能表停电记录并上报。终端每天 02:00 开始采集上 1.2、3 次电能表停电事件，采集失败的每隔 1h 进行补采，直至当日 16 点。每日 20:00 至 24:00 采集上 1.2、3 次电能表停电事件，采集失败的每小时进行补采。

表 2-8-4　　　　　　　　　　智能电能表停上电事件记录生成规则

| 序号 | 设备 | 事件名称 | 设定值范围 | 推荐设定值 | 上报方式 |
|------|------|----------|-----------|-----------|----------|
| 1 | 三相电能表 | 掉电 | 三相电能表供电电压均低于临界电压（60%参比电压），且三相负荷电流均不大于掉电事件电流触发下限，且持续时间大于掉电事件判定延时时间，此种工况称为掉电 | （1）电流触发下限：5%额定（基本）电流。（2）判定延时时间：60s | 定时采集 |
| 2 | 单相电能表 | 掉电 | 单相电能表供电电压低于电能表临界电压（60%参比电压），此种工况称为掉电 | — | 定时采集 |

由于电能表上停上电事件记录非实时获取，故该数据主要用于供电可靠性的事后评估。

3. 载波通信模块停上电记录

智能电能表的载波通信模块（简称"STA"）具备停上电事件主动上报功能。当 STA 检测到电能表发生停上电时，会自动生成停上电事件，并主动上报给集中器的载波通信模块（简称"CCO"）。CCO 定期汇集本台区内 STA 上报的停上电信息，经由集中器主动上报给采集系统主站，从而实现用户级别的停上电事件的实时主动监测。

载波通信模块停上电记录与电能表停上电记录的相同点均是对用户级别的停上电事件进行监测，区别在于载波通信模块能够实现实时主动上报。

（1）停电事件产生机制。

1）STA 停电信息产生。当载波模块信号接口无过零信号且 12V 电源下降到 9.5V 耗时超过 500ms 时产生停电信息。

2）STA 停电信息过滤。停电信息产生后，应等待停电信息有效时长（默认 5s，有效范围为 1～15s）后才生成停电事件记录并存储停电事件发生标志（该标志只有在上电事件确认上报成功后才能清除），停电总次数增加 1。

3）STA 停电事件上报。停电事件以广播位图方式进行上报，开始上报事件达到 60s 应停止上报。

4）未停电 STA 模块对其他 STA 停电事件处理。未停电 STA 收到其他 STA 位图停电信息（含非本节点代理的节点）后，等待 10s 后，汇聚停电 STA 位图，单播位图 CSMA 方式上报 CCO，上报次数为 6 次（即若失败应重试 5 次）。位图信息有变化时应再次进行上报。

5）CCO 汇集处置。

a. CCO 应能支持广播位图停电信息和单播位图停电信息两种方式的停电信息处理。

b. 收到 STA 停电信息后，CCO 每隔 10s 收集停电事件上报集中器。

c. CCO 应记录每个有上报停电事件的 STA 上报时刻，120s 内该 STA 停电事件不重复上报。

d. 集中器若未确认应重报 2 次（即总共最多 3 次）重试间隔 3s。

e. 上报给集中器的停电信息应进行打包处理。

f. 若同一只表同时存在停电事件和上电事件需要上报时,应分别上报,不应过滤处理。若停上电信息均未上报时,先报停电事件后报上电事件。

(2)上电事件产生机制。

1)STA 上电信息产生。模块上电后载波信号接口有过零信号连续达到 5s 以上才算有效上电信息。

2)上电后应先记录模块停上电事件记录(数据标识:EB0403XX),再开始组网上报上电事件。

3)只要 STA 有上报过停电事件,STA 上电后应确保后续有一条对应的上电事件上报 CCO(即 STA 若有发送停电事件,应存储一个事件标志,该标志信息只在上电上报成功后清除)。

4)上电信息上报载波层采用单播地址 CSMA 方式,上报次数为 6 次(即若失败应重试 5 次)。

5)CCO 处理。

a. CCO 应能支持单播地址、单播位图上电信息两种方式的上电信息处理。对 STA 以 2002 年 DL/T 645《多功能电表通信协议》扩展协议上报的应能按普通事件直接转发集中器处理。

b. CCO 每隔 10s 后开始打包收到的上电信息上报集中器。

c. 集中器若未确认应重报 2 次(即总共最多 3 次)重试间隔 3s。

**(三)全量停电归集应用**

依托采集终端、智能电能表、载波通信的停电监测功能,构建停电研判模型,实现用户停电高效准确感知,同时贯通营销系统与 95598 客户服务支持系统、"网上国网"、福建电力微信公众号等线上渠道,实现停电信息精准触达,抢修流程可视化展示,提升客户互动体验。

1. 提升停电数据质量

为更好地开展停电信息分析和应用,需要通过用电信息采集系统快速、准确地采集到现场停电信息,因此开展现场设备质量管控、创新面向对象的用电信息采集新架构,提升停电数据质量。

(1)开展用电信息采集系统通信质量诊断与优化。以电量数据、停电记录等数据的采集成功率为抓手,开展现场设备采集成功率提升行动,基于通信报文分析通信质量,从采集主站、远程信道、采集终端、本地信道和智能电能表等各个环节入手提升停电数据的采集成功率。

（2）开展电能表质量管控和现场消缺。健全设备运维管控，常态化监控设备电池状态、终端迟报异常等信息，强化异常闭环管控机制，确保设备缺陷得到及时有效处置；改善台区通信质量，针对通信质量较差台区，对内通过加装信号中继设备改善盲区设备通信质量，对外积极通信运营商强化信号覆盖。

（3）提升主站数据采集性能。创新提出"柔性扩展"用电信息采集技术，充分发挥基于面向对象架构的采集系统高效灵活采集的优势，提升系统数据采集的灵活性和可扩展性，实现"全设备、全数据、全时段"的目标，支撑数据的高效采集。

2. 优化停电研判模型

为提高停电数据的准确性，在模型构建之前进行数据预处理，研判停电数据的有效性、完整性、准确性和可用性，减少停电误报和多报、停上电时间不完整、灾害过程引起停电漏报、户变关系错误等问题。数据预处理规则如下。

（1）停电数据有效性分析规则。对于采集终端形成的停电事件，进行停电数据有效性分析，具体规则如下。

1）剔除内容不符合通信格式的停电事件。其包括数据乱码和应填数据为空的情况。

2）剔除短时停电事件。主站收到终端的停电事件后，若3min内有收到终端的上电事件，则剔除该条停电事件。

3）剔除频繁上报的停电事件。3 min内（含3 min）出现5次及5次以上的同一停电事件。

4）停电事件有效性验证。停电发生后，立即召测停电终端的A相电压，如终端电压召测无返回或终端电压为0，判定停电事件有效。

5）若为双电源客户，需判断该客户下所有终端是否全部停电，如果是则判断该客户停电。

（2）停电数据完整性分析规则。在日常故障研判中，由于设备的原因（终端电池失效、无线公网信号问题、终端软件问题），存在终端停上电事件上报不完整的情况，需按停电数据完整性分析规则进行停上电时间选取，规则见表2-8-5。

表2-8-5　　　　　　　　停电数据完整性分析（日常故障研判）

| 停电事件 | 上电事件 | 停上电时间选取规则 |
| --- | --- | --- |
| 有 | 无 | （1）若连续收到终端的停电事件时，前一次停电事件的上电时间＝后一相邻停电事件的停电时间。<br>（2）若未收到终端的上电事件前，收到终端的上下线记录时，上电时间＝最近的终端上线时间 |
| 无 | 有 | 若上电事件的停电时间和上电时间在同一天时，停电时间＝上电事件的停电时间 |

在台风等灾害天气过程中，可能出现供电线路大规模停电，导致无线公网通信中断，从而使终端停电事件无法上报。该种情况下，需应用终端上下线记录进行线路停电的辅助判断：

1）过滤短时上下线记录。收到终端下线记录后，若15min内没有收到新的上线记录，则该记录列入因停电导致终端下线的疑似清单。

2）利用停电疑似清单关联终端信息辅助判断线路停电情况。终端所在线路上的同时掉线终端占比大于一定值时，则认为该线路停电。

**3. 建立全量停电信息共享机制**

通过搭建全量停电信息共享机制，归集中压配电网、低压配电网、表箱或表计作业等计划停电和故障停电信息。一是计划停电信息流程化报送。生产类、营销类检修作业计划、临时停电信息由施工单位发起，配电专业确定检修所需安全措施（停电设备范围），调度专业审核安全措施、梳理运行方式，运用"线－变"关系，将安全措施编译为停电配电变压器或高压用户，营销专业运用"变－户"关系，将停电配电变压器编译为停电地址范围及用户清单，系统化、流程化报送至停电信息归集平台。二是营销类停电信息全量接入。违约、窃电、欠费等营销类停电信息及表箱（计）轮换信息，以营销业务应用系统停电标记的形式提前录入，并同步至停电信息归集平台。三是保障用采终端停电信息及时准确。针对性解决用采终端电池失效、参数设置不准确、通信异常等缺陷引起的停电上报异常问题，建议以中压停电事件上报成功率为抓手，强化采集终端消缺工作，确保用采终端停上电事件全量实时上送。四是各类停电信息自动全量归集、精准分类。省地市通过系统全量归集生产类、营销类停电数据，精准分类计划、临时、故障停电信息；转变停电信息人工录入方式，实现业务电子化，平时减轻人工业务量，战时确保停电信息及时准确报送。中压故障信息归集汇总路径如图2-8-6所示，低压故障信息归集汇总路径如图2-8-7所示。

## 五、支撑政府决策管理

### （一）业务简介

电力数据是反映经济运行的"晴雨表"和"风向标"，全社会用电量是生产生活状态的直接反馈。通过统计不同产业不同行业的用电量增长情况，可直观显示出全社会的经济发展情况。

用电信息采集系统汇集全行业各类用户的用电量数据，支撑不同行业用电量统计，可为政府决策提供辅助数据。例如，在2020年年初防抗新冠疫情期间，国网福建电力构建企业复工达产电力指数，实现对全省企业复工达产情况的综合分析和科学研判。

## 图 2-8-6

**展示** — 闽电应急ECS停复电信息
- 公专变停送电
- 重要电力客户停送电
- 大中型小区停送电
- 用户停送电

信息归集

**停电信息共享** — 95598业务支持系统
- 计划停电答复
- 故障报修研判

国网客户服务中心

**停电信息通知** — 95598互动网站 网上国网通知 / 国网客户服务中心

**省级**

停电原因研判 — 配电自动化DMS系统
- 计划停电判断
- 中压故障原因自动研判
调控中心

停电信息编译 — 配网PMS2.0系统
- 中压停电自动编译（公专变停电、停电部范围）
设备部

停电用户解析 — 营销SG186系统
- 低压用户解析
- 定位停电小区
- 重要电力用户停电
营销部

营销SG86系统
- 大中型小区停电监测
- 重要用户停电监测
- 频繁停电管控
营销服务中心

微信公众号通知 / 营销服务中心

**市县级**

停电主数据 辅助数据

配电自动化DMS系统
- 10kV开关类故障
- 10kV母线类故障
- 10kV馈线故障
调控部门
10kV及以上实时停电信息

配网PMS2.0系统
- 中压计划停电批复
调部控门
计划停电信息

用电信息采集系统
- 台区终端停电信息
营销部门
客户侧停电实时停电信息

抢修指挥 — 配网PMS2.0系统
- 中压主动抢修工单
配网指中心班

故障抢修 — 抢修APP
- 故障抢修
设备抢修部班

供电服务指挥平台
- 停电公告通知
- 故障抢修指挥
- 小区停电监测
- 频繁停电分析
服务指调中度心班

短信通知 / 供指中心

网格PDA
- 停电咨询答复
- 客户停电安抚
网格经理

社区/物业通知 / 网格经理

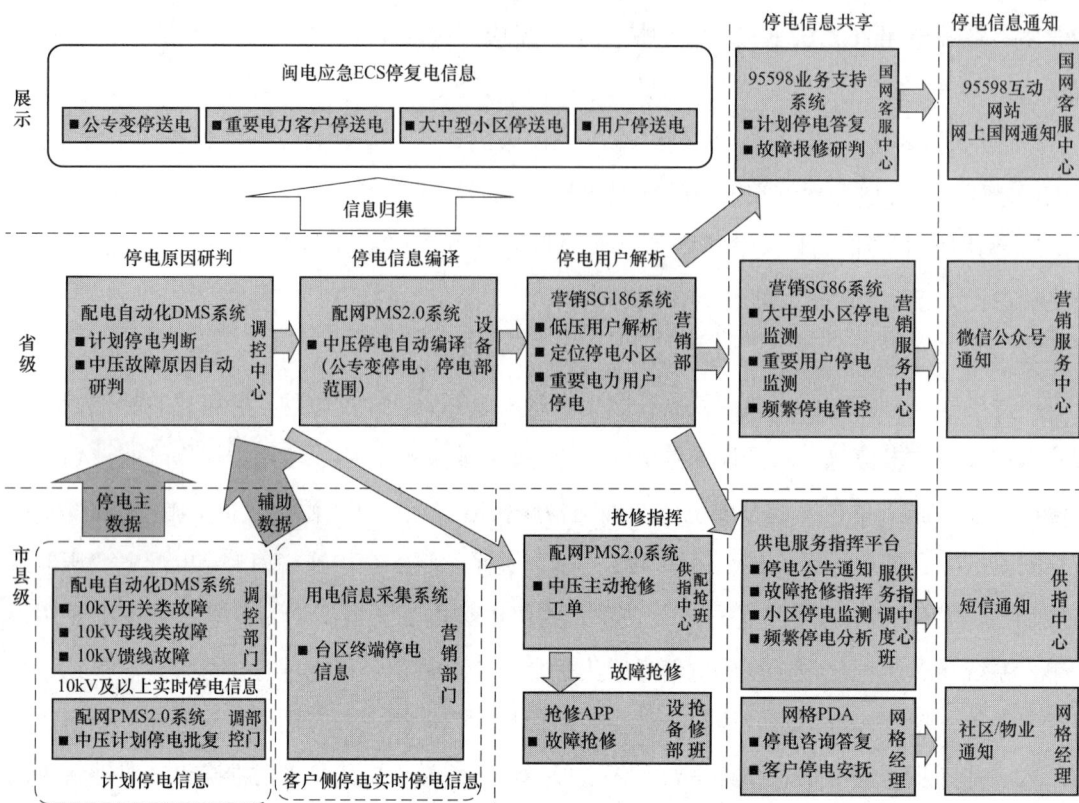

图 2-8-6　中压故障信息归集汇总路径图

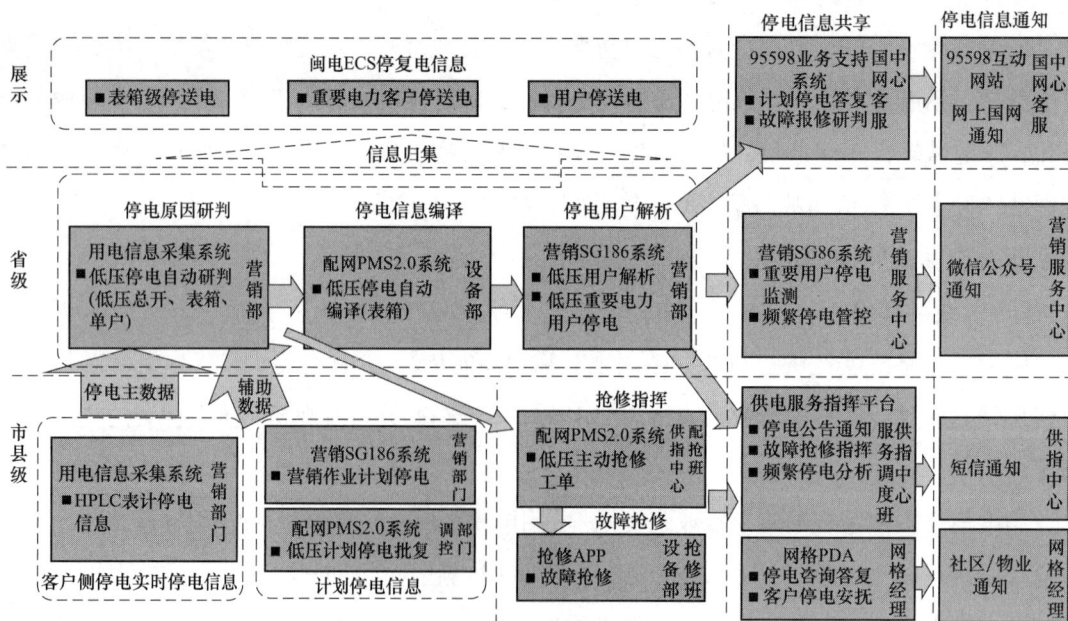

## 图 2-8-7

**展示** — 闽电ECS停复电信息
- 表箱级停送电
- 重要电力客户停送电
- 用户停送电

信息归集

**停电信息共享** — 95598业务支持系统
- 计划停电答复服
- 故障报修研判服
国中网心客服

**停电信息通知** — 95598互动网站 网上国网通知 / 国中网心客服

**省级**

停电原因研判 — 用电信息采集系统
- 低压停电自动研判（低压总开、表箱、单户）
营销部

停电信息编译 — 配网PMS2.0系统
- 低压停电自动编译（表箱）
设备部

停电用户解析 — 营销SG186系统
- 低压用户解析
- 低压重要电力用户停电
营销部

营销SG86系统
- 重要用户停电监测
- 频繁停电管控
营销服务中心

微信公众号通知 / 营销服务中心

**市县级**

停电主数据 辅助数据

用电信息采集系统
- HPLC表计停电信息
营销部门
客户侧停电实时停电信息

营销SG186系统
- 营销作业计划停电
营销部门

配网PMS2.0系统
- 低压计划停电批复
调部控门
计划停电信息

抢修指挥 — 配网PMS2.0系统
- 低压主动抢修工单
供配指抢中心班

故障抢修 — 抢修APP
- 故障抢修
设备抢修部班

供电服务指挥平台
- 停电公告通知
- 故障抢修指挥
- 频繁停电分析
服供指务调中度心班

短信通知 / 供指中心

网格PDA
- 停电咨询答复
- 客户停电安抚
网格经理

社区/物业通知 / 网格经理

图 2-8-7　低压故障信息归集汇总路径图

## （二）复工电力指数和达产电力指数说明

### 1. 复工电力指数（REI）

复工电力指数（REI）用于评估企业复工水平。REI＝（50%×复工用户比例+50%×复产电量比例）×100，其中：

（1）复工用户比例＝统计范围内复工用户数/统计范围内总用户数。复工标准为企业当日用电量恢复至正常日用电量（2022年12月日均用电量）的30%以上。

（2）复产电量比例＝统计范围内用户当日用电量总和/统计范围内用户正常日用电量（2022年12月日均用电量）的总和。

### 2. 达产电力指数（AEI）

达产电力指数（AEI）用于评估复产企业达到正常生产用能水平的情况。AEI＝（50%×达产用户比例+50%×达产电量比例）×100，其中：

（1）达产用户比例＝统计范围内达产用户数/统计范围内总用户数。达产标准为企业当日用电量恢复至正常日用电量（2022年12月日均用电量）的70%以上。

（2）达产电量比例＝统计范围内用户当日用电量总和/统计范围内用户正常日用电量（2022年12月日均用电量）的总和。

## （三）电量统计分析

用电信息采集系统汇集全省各行业的用电量数据，通过统计全社会用电量的变化情况，直观展现各行业经济景气指数，辅助政府采取宏观政策。

### 1. 日电量计算规则

（1）专用变压器用户售电量统计规则。专用变压器用户档案取营销系统档案，根据用户ID和电能表ID档案取采集系统日电量数据，若取不到数据则用拟合数据进行修复补全。

1）统计范围。取营销同步档案，用户档案获取规则如下：

a. 根据用户电压等级抽出6kV及以上的在运用户。

b. 剔除用电类别为趸售的用户（有6户趸售特殊处理参与计算、计量点主用途非售电侧结算的计量电量）。

c. 剔除计量点性质为考核的计量点。

d. 根据计费关系表剔除主分、相减、参考计量点。

e. 取营销电价信息（剔除考核表电价、自备电厂电价、分布式电源上网电价、余电分布式光伏发电补电价、县网互供电价等）。

f. 取营销示值结算方向（仅计算正/反向有功总）。

2）电量计算。

a. 获取采集系统抄见电量：根据采集档案实时入库计算电能表的抄见电量 =（今日冻结示值 − 上一日冻结示值）× 综合倍率。

b. 通过营销电能表 ID 关联采集系统抄见电量。

c. 根据营销结算方向关联正 / 反向有功总电量。

d. 当天未抄表电能表则通过拟合电量进行修复。

e. 过滤突变电量（即日电量超过表计电量理论值）。

f. 剔除倒走、飞走、示值不平、停走等异常。

3）特殊用户电量计算规则。个别存在转供电关系及双电源的大用户由各单位提供算法单独处理计算。

4）异常判别与修复。当存在倒走、飞走、示值不平、停走等异常数据及空值取同期或相似日负荷曲线电量补全。

（2）公用变压器台区日电量统计。

1）统计范围。全省所有公用变压器台区总表。

2）统计规则。取同期线损计算的公用变压器档案为基础关联 $t-1$ 的抄见电量，若无法计算 $T-1$ 的日电量取同期线损拟合计算的供电量（含上网电量）补全。

（3）低压用户日电量统计。

1）统计范围。全部低压表计，并关联营销电价信息，取能关联电价信息的电能表参与计算，若是考核电价不参与计算。

2）统计规则。取采集正向有功总抄见电量，当天未抄表电能表则通过拟合电量（国网规则拟合）进行修复，过滤突变电量（日电量超过理论值的电能表）。

（4）电量异常研判规则。

1）飞走。

分析对象：正 / 反向有功总电能示值。

分析时间：准实时分析，每半小时一次。

分析规则：采集系统走字电量（通过零点冻结电能示值计算电量）×1000> 额定电压 × 最大电流 ×24×2× 系数（系数：三相三线为根号 3，三相四线为 3，单相为 1）。

2）倒走。

分析对象：正 / 反向有功总、尖、峰、平、谷电能示值。

分析时间：准实时分析，每半小时一次。

分析规则：采集系统数据发生零点冻结本次电量 < 上日电量示值。

3）示值不平。

分析对象：正向有功总电能示值（其中专用变压器用户合同容量低于100kVA不纳入统计）。

分析规则：电能表冻结数据中正/反向有功电能示值同正/反向有功各费率示值之和的差值的绝对值小于大于0.5，或同1000取余后同1000的差值绝对值大于0.5。

2. 日电量拟合修复规则

（1）总体拟合思路。基于用户停电信息、用户当前（历史）档案信息、负荷曲线、历史电量、营销结算电量、时间属性（工作日、双休日、节假日等）等信息，分别构建高压用户、低压用户的拟合模型，确保数据完整性，如图2-8-8所示。

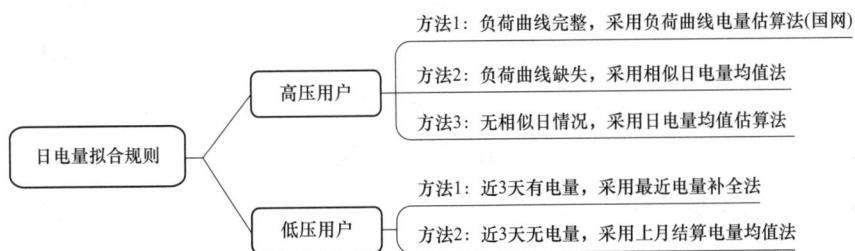

图2-8-8　日电量拟合模型

（2）具体拟合规则。

1）高压用户侧日电量拟合规则。截至D+1日4时，用电信息采集系统仍无法采集到用户的日电量数据，则由用电信息采集系统对缺失数据进行拟合。高压用户拟合规则约定如下：

a. 负荷曲线电量估算法。若缺失日24点负荷曲线的异常与缺失点数合计不超过当日总采集点数（不含停电点数）1/12的情况，采用负荷曲线电量估算法。

b. 相似日电量均值估算法。若缺失日24点负荷曲线的异常与缺失点数合计超过当日总采集点数（不含停电点数）1/12的情况，采用相似日电量均值估算法。先判断缺失日时间属性：

若缺失日为工作日，取对应最近5个工作日的电量平均值拟合。

若缺失日为双休日，取对应最近5个双休日的电量平均值拟合。

若缺失日为国家法定小长假（元旦、五一、清明等），取对应最近5个法定小长假时间的电量平均值拟合。

若缺失日为国家法定大长假（春节、国庆），取对于最近5个大长假电量平均值拟合。

c. 日电量均值估算法。

若无相似日数据，采用日电量均值估算法，取最近5日的电量平均值拟合。

2）低压用户侧日电量数据拟合规则。若近 3 天内有电量数据，采用最近电量补全法，取距缺失点最近一天的电量作为电量拟合值直接补全，若在 3 天内均无电量，则采用上月结算电量均值法估算。

## 六、支撑经营风险防控

### （一）计量失准在线监测

#### 1. 概述

在智能电能表应用的早期，采集主站可以通过单台设备的异常事件、冻结数据分析，发现停走、断相、失流等特征明显的计量异常，但无法识别无明显特征的计量超差。2019 年起，基于能量守恒法的计量失准在线监测技术得到推广应用，无明显特征的计量超差也能够有效识别，并促成计量监管模式重大变革。随着近几年 HPLC 电能表的全面推广应用，高频数据采集能力进一步丰富了计量失准在线监测手段，大幅缩短了计量超差的识别周期，计量超差判别灵敏度进一步提升。计量失准在线监测技术体系如图 2-8-9 所示。

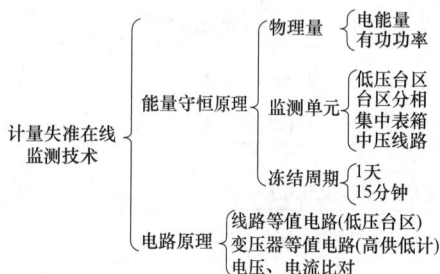

图 2-8-9　计量失准在线监测技术体系

#### 2. 技术原理

（1）能量守恒法。基于能量守恒法的计量失准在线监测，原理是依据一个线损考核单元内的总表和分表的电能量平衡关系，建立线性方程组，以总表计量值作为标准，求解各分表的计量误差。

以低压台区为例，拓扑结构如图 2-8-10 所示。

基于能量守恒定律，"台区总表电能量" = "所有分表用电量之和" + "线路损耗" + "台区固定损耗"，可得

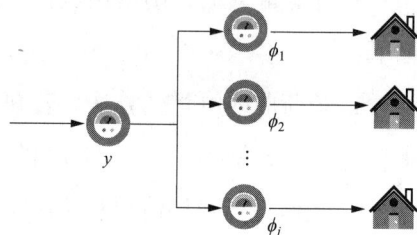

图 2-8-10　台区拓扑结构

$$y(i) = \sum_{j=1}^{P} \phi_j(i)(1 - \varepsilon_j) + \varepsilon_y y(i) + \varepsilon_0$$

式中　$P$——台区分表总数，只；

$y(i)$——计量周期 $i$ 供电总表电能量，kWh；

$\phi_j(i)$——计量周期 $i$ 分表 $j$ 电能量，kWh；

$\varepsilon_j$——分表 $j$ 的估计相对误差，%，因电能表相对误差 $\varepsilon_j' = \dfrac{\varepsilon_j}{1 - \varepsilon_j}$，当 $\varepsilon_j \ll 1$，用 $\varepsilon_j$ 近似 $\varepsilon_j'$；

$\varepsilon_y$——台区线损率，%；

$\varepsilon_0$——台区固定损耗，kWh。

以台区总表作为标准器校准台区各分表，以台区总表的电能量近似台区总电能量，可得

$$y'(i) = \sum_{j=1}^{P} \phi_j(i)(1-\varepsilon_j) + \varepsilon_y y'(i) + \varepsilon_0$$

以台区 $n$ 个周期的数据，可由上式得到方程组：

$$\begin{bmatrix} y'(1) \\ y'(2) \\ \vdots \\ y'(n) \end{bmatrix} = \begin{bmatrix} \phi_1(1) & \phi_2(1) & \phi_3(1) & \cdots & \phi_p(1) & y'(1) & 1 \\ \phi_1(2) & \phi_2(2) & \phi_3(2) & \cdots & \phi_p(2) & y'(2) & 1 \\ \vdots \\ \phi_1(n) & \phi_2(n) & \phi_3(n) & \cdots & \phi_p(n) & y'(n) & 1 \end{bmatrix} \begin{bmatrix} 1-\varepsilon_1 \\ 1-\varepsilon_2 \\ 1-\varepsilon_3 \\ \vdots \\ 1-\varepsilon_p \\ \varepsilon_y \\ \varepsilon_0 \end{bmatrix}$$

以上方程组中，和为已知量，当 $n \geq P+2$ 时，可求解出未知量 $\varepsilon_j (j=1,2,\cdots,P)$，$\varepsilon_y$ 和 $\varepsilon_0$，从而得到台区各电能表的运行误差。

在不同的应用场景和数据条件下，能量守恒法可以有不同的应用形式。总分表平衡可以存在于一个低压台区、一条中压线路、一个带量测总开的多表位表箱或低压台区的一个相别等。能量守恒既可以体现为冻结周期电量的平衡，也可以体现为有功功率瞬时值的平衡。电量冻结周期可以是一天，也可以是 1h 或 15min 等。

（2）电压、电流比对法。电压、电流比对法又称分元器件比对法。国网单相电能表内部包含一路电压采样通道和火线、零线电流两路电流采样通道。若电压采样通道异常，则影响电压测量值；若电流采样通道异常，则火线、零线电流测量值将不一致；若计量芯片基准电压出现故障，则同时影响电压、电流测量值。

电压测量值异常可以通过比对台区下同相别且相邻的两块电能表实现，正常情况下它们的电压应趋于一致。

将其中一只电能表作为参考标准，给出电压比对误差模型如下

$$y_u = \beta_u x_u$$

$x_u$ 为参考电能表的电压测量值，$y_u$ 为被测电能表的电压测量值。将 $y_u$ 作为因变量，$x_u$ 作为自变量，当累计足够多样本时，通过线性回归求解 $\beta_u$ 参数估计值，则被测电能表电压测量误差为

$$\varepsilon_u = \frac{1-\beta_u}{\beta_u} \times 100\%$$

电流测量值异常可以通过比对单相电能表自身火线与 零线电流一致性实现。规范接线且电能表工作正常的情况下，单相电能表火线与零线电流测量值应十分接近。

将单相表的零线电流作为参考标准，给出电流比对误差模型如下

$$y_i = \beta_i x_i$$

$x_i$ 为零线电流测量值，$y_i$ 为火线电流测量值。将 $y_i$ 作为因变量，$x_i$ 作为自变量，当累计足够多样本时，通过线性回归求解 $\beta_i$ 参数估计值，则电流测量误差为

$$\varepsilon_i = \frac{1 - \beta_i}{\beta_i} \times 100\%$$

若 $\varepsilon_u$、$\varepsilon_i$ 均在一定误差范围内，则一般可以判断电能表计量采样部分工作正常。若 $\varepsilon_u$ 异常且 $\varepsilon_i$ 正常，则可能电压采样通道异常或电压基准异常。若 $\varepsilon_u$ 正常且 $\varepsilon_i$ 异常，则可能某一路电流采样通道异常或两路电流采样通道均异常。

（3）线路等值电路法。

线路等值电路法是通过建立低压台区线路等值电路模型，利用电路模型存在的量测冗余，选择相邻的两块电能表分别作为被测电能表和参考电能表，分别推导台区下某一段线路的阻抗，通过比对同一段线路的阻抗计算值差异，得出被测电能表相对于参考电能表的误差。

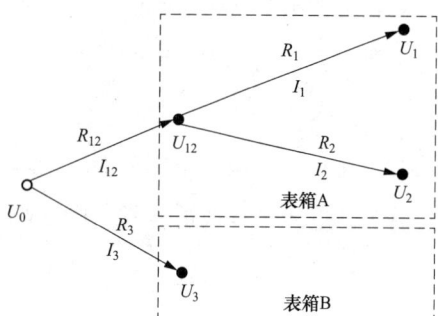

图 2-8-11　台区局部线路等值电路

图 2-8-11 为某台区的局部线路等值电路，表箱 A 和表箱 B 为相邻的两个表箱，电能表 1 和电能表 2 在表箱 A 内，电能表 3 在表箱 B 内，3 块电能表均为单相，并处于同一相别，3 块电能表的电压、电流分别为 $U_1$、$I_1$、$U_2$、$I_2$、$U_3$、$I_3$。电能表 1 和电能表 2 的相线公共节点一般在表箱总开下端，中性线公共节点一般在中性线排，设表箱 A 公共节点电压为 $U_{12}$，公共节点至电能表 1、电能表 2 的线路阻抗分别为 $R_1$、$R_2$。表箱 A 和表箱 B 的公共节点一般在分支箱处，设分支箱公共节点电压为 $U_0$，分支公共节点至表箱 A、表箱 B 的线路阻抗分别为 $R_{12}$、$R_3$，电流为 $I_{12}$、$I_3$。

根据电路原理，电能表节点 1 和 2 的电压电流满足下式：

$$U_{12} = U_1 + R_1 I_1 = U_2 + R_2 I_2$$

表箱 A 和 B 的电压电流满足下式：

$$U_0 = U_{12} + R_{12} I_{12} = U_3 + R_3 I_3$$

由上式可以推导得到：

$$U_3 = U_{12} + R_{12} I_{12} - R_3 I_3$$

将 $U_{12}$ 表达式分别代入可得

$$U_3 = U_1+R_1I_1+R_{12}I_{12}-R_3I_3$$
$$U_3 = U_2+R_2I_2+R_{12}I_{12}-R_3I_3$$

表箱 A 电流满足如下关系

$$I_{12} = I_1+I_2$$

代入可得到

$$U_3 = U_1+(R_1+R_{12})I_1+R_{12}I_2-R_3I_3$$
$$U_3=U_2+R_{12}I_1+(R_2+R_{12})I_2-R_3I_3$$

假设电能表 1 为失准电能表，电能表示数为 $I_1'$，该电流实际值为 $kI_1'$，$k$ 为修正误差，则可化为

$$U_3 = U_1+(R_1+R_{12})kI_1'+R_{12}I_2-R_3I_3$$
$$U_3=U_2+kR_{12}I_1'+(R_2+R_{12})I_2-R_3I_3$$

因此，通过一天 96 点电压、电流曲线分别进行线性回归。构建多元线性回归方程如下

$$U_{3,i} = \beta_1U_{1,i}+\beta_2I_{1,i}'+\beta_3I_{2,i}-\beta_4I_{3,i}$$
$$U_{3,i} = \beta_5U_{2,i}+\beta_6I_{1,i}'+\beta_7I_{2,i}-\beta_8I_{3,i}$$

式中，$i$ 为时间序号 1、2、3、…、96，选取一天 96 点曲线数据样本。在多元线性拟合回归方程中，$U_{3,i}$ 为回归方程的因变量样本，$U_{1,i}$、$U_{2,i}$、$I_{1,i}'$、$I_{2,i}$、$I_{3,i}$ 为回归方程自变量样本，$\beta$ 为对应拟合系数。

结合 $U_3$ 和 $U_{3,i}$，电流 $I_{1,i}'$ 和 $I_{2,i}$ 回归系数 $\beta_6$ 和 $\beta_3$ 有如下关系，由此得到电能表 1 的修正误差 $k$。

$$\frac{\beta_6}{\beta_3}=\frac{kR_{12}}{R_{12}}=k$$

电能表 1 的计算运行误差如下式所示：

$$\varepsilon=\frac{1-k}{k}\times100\%$$

当计算结果 $\varepsilon$ 为正数时，则电能表存在正误差，电能表多计量；当计算结果 $\varepsilon$ 为负数时，则电能表存在负误差，电能表少计量。如果计算运行误差 $\varepsilon$ 超过规定的运行误差，则研判为失准电能表。

### （二）低压台区拓扑辨识

1. 概述

台区拓扑指低压台区"变 - 分 - 箱 - 表"的对应关系，是实现营配调贯通的关键信息，

是打通能源互联网最后一公里的关键环节。"变－分路－箱－表"台区拓扑辨识综合解决方案充分发挥 HPLC 通信技术优势，深挖智能电能表数据价值，整合多种算法，配合现场高效复核工具及核查闭环管理机制，实现台区拓扑的综合治理。新建台区采用"停电校核法"，在运台区采用"不停电校核法"，利用电量、电压、电流、相位等多元数据，综合采用电量平衡法、电压相关法及线路阻抗法等多种算法，实现户变、分路－箱、箱表分层级校核。台区拓扑辨识技术如图 2-8-12 所示。

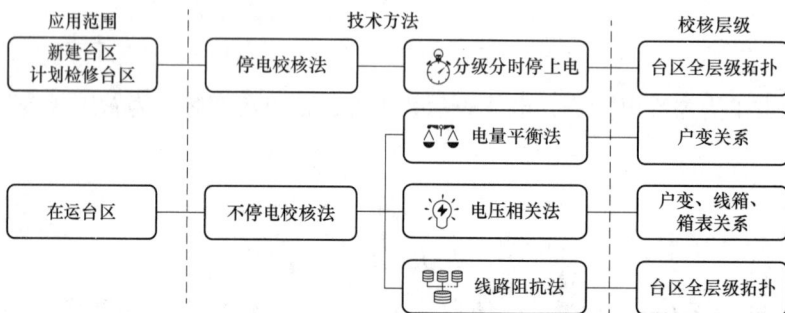

图 2-8-12　台区拓扑辨识技术

### 2. 技术原理

新建台区和在运台区，应用不同的技术手段开展校核。

（1）新建台区："停电校核法"。

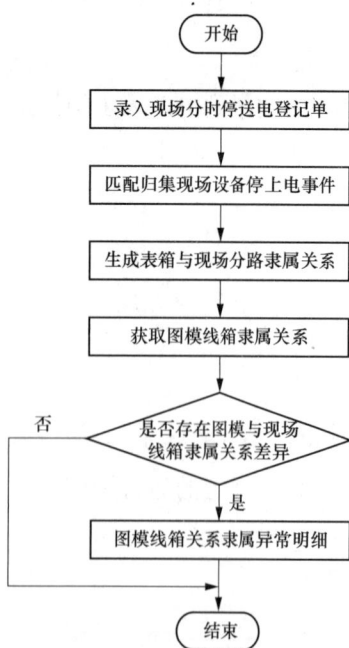

图 2-8-13　分时分路操作流程

新建台区没有负荷，不适用基于电量数据分析的方法以及 HPLC 硬件识别法。因此只能通过停电法实现台区全拓扑辨识，即通过对各个变压器、支路、计量箱逐层级分时停电或者送电，抄读电能表的停上电记录，比对停上电时间和时长，精确定位"变－分路－箱－表"关系。具体业务流程如图 2-8-13 所示。

具体实现过程如下：

1）录入现场分时停送电登记单。配网检修人员按照分时分路操作规则进行开关分合闸操作，记录相关信息，形成分时分路停送电登记单录入至用电信息采集系统开展线箱隶属关系校核。

2）匹配归集现场设备停上电事件。

a. 根据台区信息和分时停上电作业时间，获取电能表设备停电信息，并对停（上）电时间进行时钟偏差矫正。

b. 对校正后的停（上）电时间结合现场记录进行分组，生成电能表与分路的隶属关系。

c. 根据营销档案箱表关系，生成表箱与分路隶属关系。

3）获取图模线箱隶属关系。通过接口获取 PMS 低压图模文件，解析生成台区图模线箱隶属关系。

4）存在图模与现场线箱隶属关系差异。比对现场实际与图模解析生成的线箱隶属关系，输出异常结果明细（如无异常则输出线箱关系正确）。

（2）在运台区："不停电校核法"。对于在运台区，可利用电量、电压、电流、相位等多元数据，综合采用电量平衡法、电压相关法及线路阻抗法等多种算法，HPLC 识别作为补充，实现不停电分层级校核。

1）电量平衡法如图 2-8-14 所示。

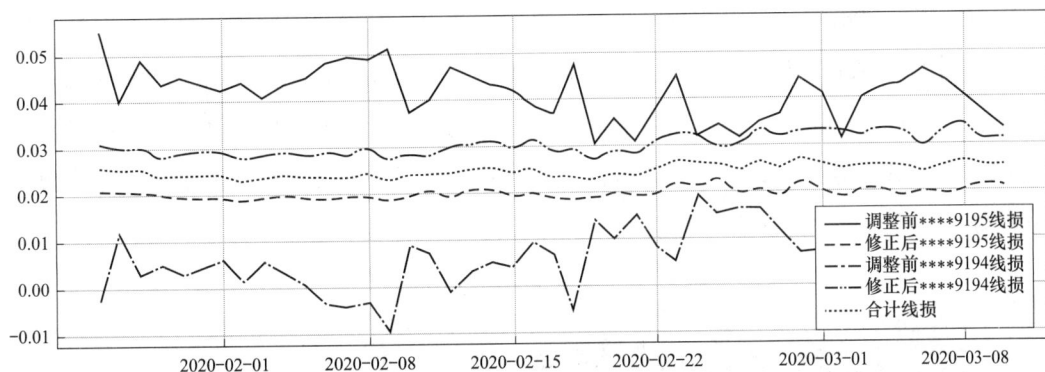

图 2-8-14 电量平衡原理图

两个存在户变关系问题的台区，一般会在线损上体现出来，一个台区线损增大的时候，另一个台区线损就减小，呈现一个比较剧烈的负相关波动。而如果把两个台区的线损进行捆绑计算，则它们的合计线损就比较稳定。因此考虑把户变关系作为数学问题来求解，也就是求解如何调整户变关系，可以使得两个台区各自的线损都比较稳定。

电量平衡法利用台区总表与户表电量的平衡关系，取台区总表的总电量和同一时刻各户表电量进行回归分析。多元线性回归分析方法，回归方程为

$$y = \beta_0 + \beta_1 x_1 + \beta_2 x_2 + \cdots + \beta_p x_p$$

式中：$y$ 为台区总表电量；$x_1, x_2, \cdots, x_p$ 为各户表电量；$\beta_0, \beta_1, \beta_2, \cdots, \beta_p$ 为回归系数。

具体算法上用的是多元线性回归，将两个台区所有户表的电量都作为回归方程的自变量，将两个台区总表的电量分别作为因变量各做一次线性回归。如果这块户表的电量隶属于某个总表，则它对应的回归系数就会接近于 1，它的统计量就会比较大。如果这块户表的电量不属于某个总表，则它对应的回归系数就会接近于 0，它的 $t$ 统计量也会比较小。

2）电压相关法。两个节点电气距离越近，电压降越小，不同节点间电压曲线的吻合程度反映了节点间的电气距离。两条曲线的吻合程度可以通过作图来直观对比，也可通过数学方法来定量对比。相关性分析最常用的是 Pearson 相关系数。公式如下：

$$\rho_{X,Y} = \frac{cov(X,Y)}{\sigma_X \sigma_Y} = \frac{\sum\limits_{i=1}^{n}(X_i - \bar{X})(Y_i - \bar{Y})}{\sqrt{\sum\limits_{i=1}^{n}(X_i - \bar{X})^2}\sqrt{\sum\limits_{i=1}^{n}(Y_i - \bar{Y})^2}}$$

系数越接近 1 的相关性越高，系数越接近 0 的相关性越低。电压相关分析法就是通过计算和分析每两块电能表间的电压曲线的相关系数来识别或校验箱表关系、相位关系、户变关系。

### （三）线路故障隐患识别

通过对属于营销运维职责的线路报修工单进行分析，发现故障原因主要包括回路接点接触不良、铜铝过渡接头未处理、开关质量缺陷等。多数情况下，供电回路中的薄弱点，在持续加载较大的负载电流下，会造成接触点氧化，阻抗增大，从而造成压降增大，压降增大又会导致接触点发热增加、氧化加剧和机械变形，并最终引发回路断线和停电故障。典型的供电回路断线停电故障产生过程如图 2-8-15 所示。

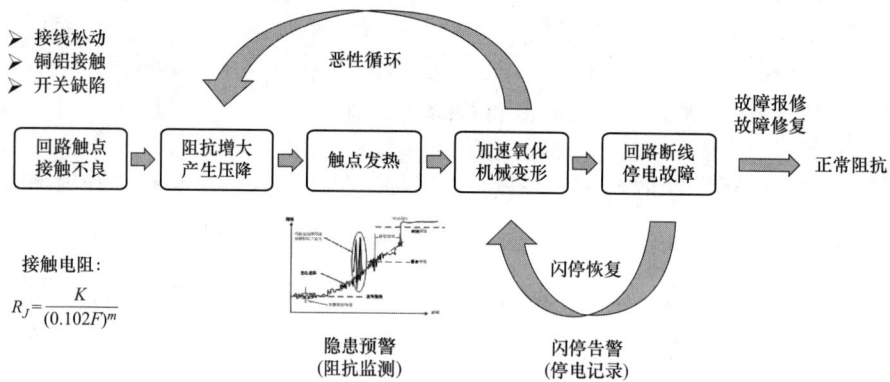

图 2-8-15　阻抗法原理

通过持续监测阻抗变化情况，实现供电回路故障隐患、短时停电的提前预警。

### （四）低压串户智能甄别

供电公司在开展业务扩展新装以及电能表故障更换时，为了便于集中管理，通常是开展批量装表操作。因工作疏忽大意，偶有电能表串户的情况，即用户 A 的电能表实际计量的是用户 B 的电量，用户 B 的电能表实际计量的是用户 A 的电费，因此及时发现电能表串户，对于维护电力营销市场秩序、保护用户公平合法利益、减少用电纠纷具有重要的有意义。

基于采集系统数据可以实现低压串户智能甄别，该甄别方法不再依赖于某种特殊的硬件装置，能实现对大规模用户进行快速、准确的串户检测。

通过用电信息采集系统获取用户换表日前 $n$ 天及换表日后 $n$ 天的日用电量时间序列（$n$ 可取 10～15 天），对用户换表日前 $n$ 天及换表日后 $n$ 天的日用电量时间序列进行电量时序跃迁型突变度计算，当某户的电量时序跃迁型突变度大于设定阈值时，判断该用户发生电量突变，该用户为电量突变的用户。

# 模块九 用电信息采集系统信息安全

### 【模块描述】

本模块主要介绍营销专业网络与信息安全的基本知识、用电信息采集系统安全防护相关技术要求、网络与信息安全防护的管理要求和技术措施。

### 【模块目标】

通过本模块学习，应达到以下目标。

#### （一）知识目标

了解营销网络与信息安全的基本概念，掌握用电信息采集系统网络安全架构。

#### （二）技能目标

掌握营销网络与信息安全的防护技术和措施，熟悉用电信息采集系统的网络安全防护技术。

#### （三）素质目标

树立基本营销专业网络与信息安全防护意识，了解用电信息采集系统防护要求。

## 任务一 网络信息安全基本介绍

### 【任务目标】

了解网络信息安全的基本概念和管理要求。

### 【任务描述】

本任务主要介绍网络信息安全定义、网络信息安全态势、公司网络安全总体目标、公司网络安全技防架构、营销网络安全管理要求、计量采集系统安全管理要点等内容。

### 【知识准备】

#### 一、网络信息安全定义

网络信息安全是一门交叉科学，涉及计算机科学、网络技术、通信技术、密码技术、信息安全技术、应用数学、数论、信息论等多种学科的综合性学科。它主要是指网络系统的硬件、软件及其系统中的数据受到保护，不受偶然的或者恶意的原因而遭到破坏、更改、泄露，系统连续可靠正常地运行，网络服务不中断。

电力网络信息涉及电网企业、供电企业、发电企业内部基于网络技术和计算机的业务系统，数据网络和电力通信等方面。

## 二、网络信息安全态势

近年来网络空间安全事件频发，国家级、集团式网络安全威胁层出不穷，电力等重要基础设施领域成为"网络战"重点攻击目标之一，网络与信息安全形势异常严峻，网络空间安全引发了世界各国政府的高度关注。

我国网络和信息安全态势总体向好，依法治网逐步推行，发展与安全双轮同驱，稳步推进网络强国目标的实现。十二届全国人大常委会第二十四次会议 2016 年 11 月 7 日上午经表决，通过了《中华人民共和国网络安全法》，通过立法的方式，在网络安全法治化的道路上迈出了重要一步，这是我国网络领域的基础性法律，是为保障网络安全，维护网络空间主权和国家安全、社会公共利益，保护公民、法人和其他组织的合法权益，促进经济社会信息化健康发展。该法自 2017 年 6 月 1 日起施行。

为规范国家电网有限公司网络安全管理工作，防范网络安全事件，保障国家关键信息基础设施安全，国家电网公司根据《中华人民共和国网络安全法》《中华人民共和国密码法》等法律、行政法规和国家电网公司有关制度，先后制定了《国家电网有限公司网络与信息系统安全管理办法》《国家电网有限公司营销专业网络安全管理工作细则》等管理制度。

## 三、国家电网公司网络安全总体目标

落实国家网络安全相关要求，健全国家电网公司网络安全防护体系，全面提高网络安全综合防御能力，防范针对管理信息系统与电力监控系统的恶意网络攻击，防范企业重要数据及客户敏感信息泄露，防止由网络安全引起的大面积停电事件。

## 四、公司网络安全技防架构

遵照国家发展改革委 2014 年第 14 号令以及国家电网公司网络安全相关要求，国家电网公司网络从内到外划分为生产控制大区、管理信息大区和互联网大区。

1. 生产控制大区

生产控制大区按照实时监控原则，划分为控制区（安全区Ⅰ）、非控制区（安全区Ⅱ）。其中控制区中的业务系统或其功能模块直接对电力一次系统进行实时监控，包括调度、配电类相关系统及营销生产控制域，是安全防护的重点与核心。营销生产控制域主要承载国家电网公司营销涉控类业务，包括高压用户费控业务模块、高压用户负控业务模块等。非控制区中的业务系统或其功能模块需在线运行但不具备控制功能。

生产控制大区电力监控系统遵循"安全分区、网络专用、横向隔离、纵向认证"的防护原则，并严格按照国家发展改革委 2014 年第 14 号令以及国家能源局 2015 年 36 号文相关要求，重点强化物理基础设施安全、体系结构安全、系统本体安全及可信安全免疫等防护能力，并采用调度数字证书系统、数据备份与容灾、恶意代码防范、安全 WEB 服务、安全审计、安全免疫、安全监测等防护措施，构建栅格状安全防护体系，保障电力监控系统及重要数据的安全。

2. 管理信息大区

管理信息大区严格遵循"双网双机、分区分域、安全接入、动态感知"的总体防护策略，进一步划分为信息内网和信息外网，其中信息内网承载国家电网公司员工内部办公以及核心经营管理类业务，信息外网承载对外客户服务以及互动化业务。信息内网根据等级保护及国家电网公司业务情况，划分为二级域、三级域、调度管理域、内网全业务数据中心域以及内网办公域等五类安全域。信息外网划分为公众服务域、特定用户域、企业员工域、国际业务域、外网办公域及外网全业务数据中心域等六类安全域。

3. 互联网大区

互联网大区主要承载与国家电网公司传统业务相独立的"互联网＋"业务，包括网上国网、国网电子商城系统等，以提供稳定、可靠、安全的互联网服务为目标。互联网区仅与国家电网公司信息外网存在交互，且配有独立的互联网出口。

互联网大区安全防护参照管理信息大区防护要求，在内部划分相应的安全区域，并重点采用访问控制、安全隔离、重要数据加密、数据脱敏、安全审计等措施，保障重要系统及重要数据安全。

**五、营销专业网络安全管理要求**

国家电网公司已将网络安全纳入国家电网公司安全生产管理体系，网络安全专业管理部门负责国家电网公司基础网络安全管理，营销部等各业务部门主要负责本专业业务应用安全、数据安全及终端安全的管理。

国家电网公司营销专业网络安全管理工作实行统一领导、分级管理，按照"谁主管谁负责，谁运行谁负责，谁使用谁负责，管业务必须管安全"的原则，严格落实网络安全管理责任，充分利用先进技术手段，切实提高"技防"水平。同时，以"安全性服务于便捷性、便捷性服从于安全性"为理念，把握好安全与便捷间的平衡关系。

营销专业相关采集控制类系统和管理信息系统（简称"营销相关系统"）的网络安全防护应遵循"三同步"（同步规划、同步建设、同步使用）原则，与系统同步规划、同步建设、同步投入运行。

**六、计量采集系统安全管理要点**

根据国家电网公司关于涉控业务安全相关要求，落实新一代用电信息采集系统安全防护方案，部署相应的安全防护装置，落实安全防护要求，确保控制指令或控制策略文件完备；强化用电信息密钥管理系统的使用和管理要求，采用密码算法以及严格的访问控制规则对具有控制功能的手持设备进行认证；在采集终端、现场作业终端等终端设备接入主站的纵向域边界设置安全接入区，并部署专用加密隔离网关，智能电能表、采集终端和现场作业终端必须安装内嵌安全芯片；通过重要数据分类分级与识别标记、水印溯源、脱敏等方式进行数据安全处理；建立容灾中心及灾备管理功能，实现终端不间断接入、业务不间断访问和数据不间断共享。

# 任务二　采集系统信息安全防护技术

## 【任务目标】

了解采集系统安全防护相关技术要求。

## 【任务描述】

本任务主要介绍采集系统安全分区及采集系统物理环境、通信网络、区域边界、计算环境等安全技术要求。

## 【知识准备】

### 一、采集系统主站安全分区要求

采集系统主站安全分区要求如下：

（1）应在管理信息大区设立营销生产域，对采集系统核心功能进行重点防护。

（2）应在管理信息大区设立营销安全接入区，作为终端接入采集系统的缓冲区。

（3）采集系统应分模块置于管理信息大区营销生产域、三级域和营销安全接入区，将基座、业务微应用、采集前置等置于管理信息大区营销生产域，将微前端、交互共享平台置于管理信息大区三级域，将通信前置置于管理信息大区营销安全接入区。

### 二、采集系统安全防护技术要求

#### （一）物理环境安全

物理环境应满足以下要求：

（1）应在管理信息大区为营销生产域建设独立机房或在机房中设置独立机柜。

（2）机房场地应选择在具有防震、防风和防雨等能力的建筑内，避免设在建筑物顶层或地下室。

（3）应在机房出入口配置电子门禁系统控制、鉴别和记录进入的人员，宜采用密码技术保证电子门禁系统进出记录数据的存储完整性。

（4）应为机房配置防盗报警系统或设置有专人值守的视频监控系统，宜采用密码技术保证视频监控音像记录数据的存储完整性。

## （二）通信网络安全

采集终端、计量现场作业终端等终端主要通过光纤专网、无线专网、无线公网（运营商无线 APN/VPN 专网）网络通道接入管理信息大区，网络通道安全防护应符合表 2-9-1 的要求。

表 2-9-1　　　　　　　　网络通道的安全防护实现方式及措施

| 网络通道 | 安全防护实现方式及措施 |
|---|---|
| 光纤专网 / 无线专网 | 应通过营销安全接入区接入管理信息大区 |
| | 应在营销安全接入区部署电力物联安全接入网关，实现传输层终端接入认证和数据加密保护 |
| | 应在主站部署密码机，利用终端设备证书和密码算法，实现终端身份鉴别和访问控制 |
| | 传输参数设置指令、控制指令等重要数据时，应对数据进行应用层加密保护 |
| 无线公网（运营商无线 APN/VPN 专网） | 应通过营销安全接入区接入管理信息大区 |
| | 应在营销安全接入区部署电力物联安全接入网关，实现传输层终端接入认证和数据加密保护 |
| | 应部署 3A 认证服务器对通过运营商无线 APN/VPN 专网接入主站的终端 SIM 卡进行白名单控制，阻止非法终端接入 |
| | 应在主站部署密码机，利用终端设备证书和密码算法，实现终端身份鉴别和访问控制 |
| | 传输参数设置指令、控制指令等重要数据时，应对数据进行应用层加密保护 |

## （三）区域边界安全

### 1. 边界描述

采集系统边界可划分成营销安全接入区与远程通信网络边界、营销生产域与营销安全接入区边界、营销生产域与三级域边界、采集系统与其他业务系统边界、纵向上下级单位边界五类。采集系统边界描述见表 2-9-2。

表 2-9-2　　　　　　　　采 集 系 统 边 界 描 述

| 边界类型 | 边界描述 |
|---|---|
| 营销安全接入区与远程通信网络边界 $I_1$ | 纵向营销安全接入区与远程通信网络边界 |
| 营销生产域与营销安全接入区边界 $I_2$ | 纵向营销生产域与营销安全接入区边界 |
| 营销生产域与三级域边界 $I_3$ | 管理信息大区营销生产域与三级域间边界 |
| 采集系统与其他业务系统边界 $I_4$ | 采集系统与管理信息大区内其他业务系统边界 |
| 管理信息大区纵向上下级单位边界 $I_5$ | 管理信息大区纵向公司总部、网省公司之间的边界 |

### 2. 边界安全防护要求

边界安全防护措施应包括但不限于以下要求：

（1）营销安全接入区与远程通信网络边界 $I_1$ 应部署防火墙、入侵检测 / 防御系统。

（2）营销生产域与营销安全接入区边界 $I_2$ 应部署电力专用网络安全隔离装置（正向/反向）。

（3）营销生产域与三级域边界 $I_3$ 应部署电力专用网络安全隔离装置（正向/反向）。

（4）采集系统与其他业务系统边界 $I_4$ 应部署防火墙、入侵检测/防御系统。

（5）管理信息大区纵向上下级单位边界 $I_5$ 应部署防火墙。

**（四）计算环境安全**

1. 终端安全

（1）采集终端。采集终端应满足以下要求：

1）外壳应具备防尘、防水功能。

2）应采用铅封进行防护，并安装于计量箱中。

3）应加装硬件安全模块，实现与主站、智能电能表、计量现场作业终端之间的身份识别、安全认证、关键信息和敏感信息安全传输。

4）SIM 卡应与设备绑定，实现 SIM 卡间通信网络隔离。

5）应采用安全加固的操作系统，及时修复在运行过程中发现的漏洞。

6）应基于可信根对系统引导程序、系统程序、重要配置参数和应用程序等进行可信验证，并在检测到其可信性受到破坏后生成事件上报主站。

7）应支持在线安全监测功能，当端口开放、口令变更、关键目录变更、会话流量及带宽异常、用户登录异常、USB 异常接入等安全事件发生时，生成事件上报主站；应在主站侧部署采集终端在线安全监测模块，通过安全事件被动感知、关键信息主动监测等方式，感知采集终端安全状态。

注：采集终端包括专用变压器终端、集中器、能源控制器等。

（2）采集器。采集器应满足以下要求：

1）外壳应具备防尘、防水功能。

2）应采用铅封进行防护，并安装于计量箱中。

（3）智能电能表。智能电能表应满足以下要求：

1）外壳应具备防尘、防水功能。

2）应采用铅封进行防护，并安装于计量箱中。

3）智能电能表内嵌入安全模块（ESAM）用于信息交换安全认证，实现安全存储、数据加/解密、双向身份认证、存取权限控制、线路加密传输等安全控制功能。

4）扩展模组应加装硬件安全模块或密码软模块实现与管理芯之间身份识别、安全认证、关键信息和敏感信息安全传输。

5）智能电能表安装运行前须进行密钥下装，将电能表从公钥状态更新为私钥，智能表的数据读取、设置参数等操作均应通过 ESAM 认证，同时配合 USBKEY、密码机实现数据交换。

（4）手机背夹。手机背夹安全方面应满足如下要求：

1）安装支持国密 SM1、SM2、SM3、SM4、SM7、SM9 算法的计量通信认证模块和支持国密 SM4 算法的安全软算法库，计量通信认证模块的尺寸和引脚定义应符合附录 C 的要求。

2）计量通信认证模块所使用的加密芯片需要通过国家密码管理局的检测，并取得商用密码产品型号证书。

3）计量通信认证模块对称密码算法所用的密钥需要纳入国家电网有限公司用电信息密码基础设施管理。

4）计量通信认证非对称密码算法所用的数字证书为数字证书管理系统（CA）发放的设备证书，数字证书管理系统通过国家密码管理局的安全性审查，且数字证书管理系统的根证书由国家根证书签发。

5）具有防止手机背夹内信息泄露的功能。

6）具有防止借助手机背夹攻击管理系统的功能。

2. 主机安全

（1）身份鉴别。身份鉴别应满足以下要求：

1）应对登录用户进行身份标识和鉴别，身份标识具有唯一性，身份鉴别信息满足复杂度要求并定期更换。

2）应具有登录失败处理功能，应配置并启用结束会话、限制非法登录次数和当登录连接超时自动退出等相关措施。

3）当进行远程管理时，应采用密码技术建立安全的信息传输通道。

4）应采用口令、密码技术、生物技术等两种或两种以上组合的鉴别技术对用户进行身份鉴别，且其中一种鉴别技术至少应使用密码技术来实现。

（2）访问控制。访问控制应满足以下要求：

1）应对登录的用户分配账户和权限。

2）应重命名或删除默认账户，修改默认账户的默认口令。

3）应及时删除或停用多余的、过期的账户，避免共享账户的存在。

4）应授予管理用户所需的最小权限，实现管理用户的权限分离。

5）应由授权主体配置访问控制策略，访问控制策略规定主体对客体的访问规则。

6）访问控制的粒度应达到主体为用户级或进程级，客体为文件、数据库表级。

7）应对重要主体和客体设置安全标记，并控制主体对有安全标记信息资源的访问。

（3）安全审计。安全审计应满足以下要求：

1）应启用安全审计功能，审计覆盖到每个用户，对重要的用户行为和重要安全事件进行审计。

2）审计记录应包括事件的日期和时间、用户、事件类型、事件是否成功及其他与审计相关的信息。

3）应对审计记录进行保护，定期备份，避免受到未预期的删除、修改或覆盖等。

4）应对审计进程进行保护，防止未经授权的中断。

（4）入侵防范。入侵防范应满足以下要求：

1）应遵循最小安装的原则，仅安装需要的组件。

2）应关闭不需要的系统服务、默认共享和高危端口。

3）应通过设定终端接入方式或网络地址范围对通过网络进行管理的管理终端进行限制。

4）应提供数据有效性检验功能，保证通过人机接口输入或通过通信接口输入的内容符合系统设定要求。

5）应能发现可能存在的已知漏洞，并在经过充分测试评估后，及时修补漏洞。

6）应部署入侵检测/防御系统，检测对重要节点进行入侵的行为并在发生严重入侵事件时告警。

（5）恶意代码防范。应采用免受恶意代码攻击的技术措施或主动免疫可信验证机制及时识别入侵和病毒行为，并将其有效阻断。

3. 应用安全

应用安全应满足以下要求：

（1）应基于公司统一权限平台实现身份鉴别和访问控制。

（2）当通过采集主站或应用移动作业终端对表计进行参数设置（费率时段调整、结算日调整等）时应控制权限范围，并从源头控制参数模板的合理和规范性，防止因人为原因或系统原因导致参数设置异常，进而影响电量计量。

（3）采集主站或移动作业终端禁止对表计进行清零操作，防止电量电费异常。

（4）当开展费控业务时，应从营销系统发起费控工单，禁止从采集系统直接开展费控业务，采集主站相关的费控权限也应进行控制。

（5）应仅采集和保存业务必需的用户个人信息，禁止未授权访问和非法使用用户个人信息。

（6）上线前应通过代码安全检测、安全功能检测和渗透测试。

4. 数据安全

（1）数据传输安全。数据传输应满足以下要求：

1）应通过在主站部署密码机和电力物联安全接入网关、采集终端（计量现场作业终端）和智能电能表内嵌硬件安全模块来实现传输数据的加密保护。

2）在主站与采集终端间传输数据时，应利用电力物联安全接入网关、采集终端安全模块，基于密码技术从传输层对数据进行加密保护；如传输参数设置指令、控制指令等重要数据时，应同时利用主站密码机、采集终端安全模块，基于密码技术从应用层对数据进行加密保护。

3）在主站与计量现场作业终端间传输数据时，应利用电力物联安全接入网关、计量现场作业终端安全模块，基于密码技术从传输层对数据进行加密保护。

4）在主站与智能电能表间传输数据时，应借助主站与采集终端（计量现场作业终端）建立的通道进行，利用电力物联安全接入网关、采集终端（计量现场作业终端）安全模块，基于密码技术从传输层对数据进行加密保护；如传输参数设置指令、控制指令、对时等重要数据时，应同时利用主站密码机、智能电能表安全模块，基于密码技术从应用层对数据进行加密保护。

（2）数据存储安全。数据存储应满足以下要求：

1）应实现数据备份与恢复功能，已有数据备份可完全恢复至备份执行时状态。

2）应采用校验技术或密码技术保证重要数据在存储过程中的完整性，包括但不限于鉴别数据、配置类数据、采集终端参数、智能电能表参数、量测数据等。

3）应采用密码技术保证重要数据在存储过程中的机密性，包括但不限于鉴别数据、配置类数据、客户敏感信息等。

（3）数据使用安全。数据使用应满足以下要求：

1）通过 PC 客户端、移动设备等在线访问业务数据时，应对访问人员建立最小授权的访问控制策略，使其只能访问职责所需的最小必要的个人信息及最小数据操作权限；涉及个人信息时，应根据访问人员角色和权限，采用公司自主可控技术对个人信息进行差异化脱敏，并添加对应的页面数字水印，避免批量查询个人信息。

2）数据发布前，应严格对待发布数据进行审查，如涉及个人信息，应采用公司自主可控技术进行数据脱敏、添加水印等措施保护数据安全。

3）对外共享数据前，应采用公司自主可控技术对个人信息进行数据脱敏、去标识化等处理，且保证经过处理无法识别特定个人且不能复原，个人信息主体主动公开、GB/T

35273—2020《信息安全技术—个人信息安全规范》所规定的"共享、转让、公开披露个人信息时事先征求授权同意的例外"的各类情形除外。

5. 密码应用安全

密码应用应满足以下要求：

（1）应采用经国家密码管理主管部门批准的商用密码算法（SM1/SM2/SM3/SM4/SM7/SM9 等）。

（2）采用的密码产品及密码模块应达到 GB/T 37092—2018《信息安全技术密码模块安全要求》二级及以上安全要求，并通过国家及公司认可的检测认证。

（3）在使用服务端产生和分发密钥的场景下，应由公司统一密码服务平台产生和分发密钥。

（4）应采用由公司统一密码服务平台签发的数字证书。

**（五）安全管理中心**

采集系统管理、审计管理、安全管理、集中管控应满足以下要求：

（1）应依托公司统一权限平台实现对系统管理员、审计管理员、安全管理员的审计及权限管控。

（2）应依托公司信息通信一体化调度运行支撑平台（I6000）实现运行监测。

（3）应依托公司网络与信息安全风险监测预警平台（S6000）实现集中管控。

# 任务三　营销专业网络信息安全防护措施

## 【任务目标】

了解营销专业网络与信息安全防护的措施和具体要求。

## 【任务描述】

本任务主要介绍营销专业网络与信息安全防护的具体措施，包括账号与口令安全、数据安全管理、客户信息保护、场所安全管理、人员安全管理、供应链安全管理等要求。

## 【知识准备】

### 一、账号与口令安全

所有口令长度应大于等于 8 位，且包含字母、数字和特殊字符；所有信息系统应具备自动检测弱口令并强制用户设置强口令的功能，不符合该项的禁止上线；所有信息系统、基础平台、设备（终端）上线前必须按照公司口令要求修改默认口令后方可投运；系统上线试运行前，信息系统建设单位应向运维单位（部门）移交所掌握的账号与权限。

## 二、数据安全管理

通过权限管控、数据加密、数字签名、数据脱敏、敏感信息阻断、数据库审计等措施，强化数据全生命周期的技术保护。其中商密数据按照国家和公司安全保密要求进行重点防护；重要数据应采用敏感信息阻断、数据脱敏、数据销毁等安全措施，确保数据安全。

公司营销专业数据，原则上依托两级数据中台向内外部部门和单位共享。对于需要实时交互的数据，可通过系统接口等实时交互方式共享，相关安全防护方案应报国网营销部网络安全主管处室审批。营销专业对外提供数据，应严格履行审批手续。

（1）公司各级单位营销业务部门对外提供数据，应履行内部申请手续。

（2）如果接收数据的单位为系统外单位，还应按《国家电网公司保密工作管理办法》〔国网（办/2）101-2013〕的要求履行公司相关审批手续、签订保密协议；若所提供数据包含个人信息，除公检法机关出示办案手续并备案后可提供外，均应按《网络安全法》的要求获得用户授权或对数据进行无法识别特定个人且不能复原的处理，否则要获得《网络安全法》执法机关免责声明。

（3）最终，将审批材料、保密协议、办案手续、用户授权书、免责声明等扫描件逐级上报至国网营销部备案。

## 三、客户信息保护

各单位应按照《国家电网公司用电客户个人信息保护管理办法》（国家电网企管〔2021〕189号）的要求，遵循相关制度法规要求处理用电客户个人信息，落实用电客户个人信息在各阶段的保护管理要求。

（1）管理机制。各单位应指定个人信息保护负责人，负责对个人信息处理活动及采取的保护措施进行监督，定期发布个人信息保护情况报告；确保个人信息查阅、复制、更正、转移和申诉渠道的畅通，对于客户申诉应在30天内处理完毕。

（2）信息收集。各单位收集个人信息应当取得客户同意，禁止采集超出约定范围的数据，数据使用过程中应建立最小授权的访问控制策略。间接获取个人信息时应确保数据来源合法合规性，禁止通过非法渠道获取个人信息。

（3）信息处理使用。各单位利用用电客户个人信息进行自动化决策，应保证决策透明和结果公平，不得对用户通过"大数据杀熟"等技术手段对交易行为进行差别化待遇。各单位应按未成年人及其监护人一致意愿原则，处理未成年用户相关个人信息。处理、共享或公开个人信息等业务涉及处理敏感个人信息、利用个人信息进行自动化决策、第三方委托处理、向境外提供个人信息以及其他对个人权益有重大影响的个人信息处理活动，各单位应当在业务上线前完成影响评估并报国网营销部备案，评估报告和处理情况记录应当至少保存三年。

（4）信息销毁。各单位应及时响应个人信息主体的信息删除诉求，如需人工处理的，应告知用户并在 15 日内完成。公司客户个人信息的保存期限届满或营销业务系统下线前，应删除客户个人信息或对信息做匿名化处理。

## 四、场所安全管理

各单位应严格落实营业厅、供电所、充电场站等场所（简称"场所"）的设备安全管理与外来访客管理等要求。

（1）场所设备安全管理。各单位应指定专人负责场所安全防范设施的维护，每月一次巡检，每季度一次检修保养，同步建立检查登记制度，发现问题及时报告和处理。非操作人员不得随意移动或拆卸安全防范设施。

1）营业厅接入安全要求。按照"安全隔离、双机双网"要求，严禁内外网混接，严禁安装与工作无关、来源不明的软件。外网计算机（含个人使用）不得存放涉及国家核心数据、商密数据及与公司相关的任何文件信息；接入内网的设备应符合公司相关管理规定中的防护要求，严禁违规连接智能手机、音响、无线键盘、无线鼠标。

2）规范营业厅内所有相关终端设备（包括各类智能终端、交费终端、展示 LED 屏幕）、个人用设备（电脑等），应满足技术信息安全、设备管理安全、运维管理、视频监控安全要求。自助终端设备应配备国家电网公司统一研发的安全缴费通信模块，其中有线终端应支持上线认证与本地加密存储，无线终端应支持国家电网公司统一的身份认证系统。

3）视频监控系统的接入应遵从公司印发的《国家电网有限公司关于印发统一视频接入安全防护方案的通知》的相关要求，实现公司各类视频终端的统一、安全、规范接入。

4）营业厅网络通道安全。在不违反公司统一出口的原则下，场所内可建设仅供客户使用的互联网通道，相关通道应经本单位互联网部备案并与公司网络物理隔离，严格限制用户的访问权限，仅可访问国网面向互联网的业务。

5）营业厅业务安全要求。场所内办理业务应依据身份证、用电营业执照、电卡或户主（授权人）有效证明等材料。非现场办理业务的，各单位应认真核实其户名、户号、表号、用电地址、身份证号、户主联系电话、用户缴费记录等信息中至少 3 项，再受理其业务，不得提供与业务无关的或其他客户的信息。

（2）场所外来访客管理。各单位应落实外来访客出入登记制度，做到"谁接待谁负责"，接待人员应全程陪同直至外来人员离开。对于需要接触公司内部网络以及办公计算机、自助服务终端、充电桩等设备的人员，各单位应核查外来人员工作联系单、身份及工作证明，并向相关部门、人员确认工作安排的真实性。

（3）社工攻击防范。发现疑似社会工程学攻击时，应按照《国家电网有限公司营销专业网络安全防御社会工程学攻击工作规范》的要求执行，第一时间阻断攻击行为，尽快向上级主管部门报告，尽可能多留存证据。

### 五、人员安全管理

各单位应严格执行公司网络信息安全及保密要求，加强营销从业人员岗前、在岗、离岗阶段的安全管理，规范各岗位不同工作阶段的安全管理措施，严控网络安全风险。

（1）岗前管理。各单位应在新员工到岗时，及时宣贯公司网络安全相关规章、制度，做好入职安全意识教育培训，遵循最小权限原则开通系统访问权限。

（2）在岗管理。各单位应为在岗人员配备实名工作卡并实行持证上岗；应加强在岗人员日常行为管理，每年至少开展一次营销专业网络安全培训及考试，宣贯公司网络安全相关规章、制度，提升网络安全技能和网络安全意识。

（3）离岗管理。规范离职安全管理，按要求签署保密协议，回收各类访问权限，注销相关系统账号。

（4）外包服务补充要求。各单位应与系统开发、系统运维等外包服务人员（简称"服务人员"）所在单位签订合同与保密协议。岗前应收集服务人员姓名、照片、能力证明、身份证及联系方式等信息，形成服务人员台账；根据实名工作卡，限定工作区域和系统操作权限；离岗时服务人员原则上应在退出前一个月提交书面申请，经各单位同意并办好工作交接、收回实名卡和更新人员台账后方可离场。

（5）涉密安全管理。各单位应严格要求从业人员落实公司保密管理、网络与信息安全管理制度，强化涉密资料存储管理。严禁通过互联网或其他公用网络相连的计算机、平板电脑、手机等终端设备存储、处理、传输公司的涉密数据，严禁在微信、微博等社交媒体发布、传播公司及客户的数据和文件。

### 六、供应链安全管理

应按照国家和公司有关法律法规，定期完善供应链规章制度要求，建立网络安全产品和服务采购审查机制。采购网络安全规划建设、安全运维、咨询服务等服务前，应对其资质、背景和网络安全从业情况进行核查。

网络安全产品招标采购过程中，网络安全评标专家人数应不少于2人。

应通过签订合同、协议等方式，明确要求承建单位、服务厂商提供安全维护，确保合同期内网络产品和服务的安全可靠；明确承建单位漏洞责任，要求其主动定期提供的产品补丁并配合开展修复。

应与各类合作单位、技术支持单位和供应商（包括公司内相关单位）签订合同（含保密条款）、保密协议或保密承诺书，明确相关方的保密责任，符合公司保密管理相关规定。

# 模块十　用电信息采集系统展望

**【模块描述】**

本模块主要描述未来在用电信息采集系统会应用到的新通信技术、量测技术、大数据技术等，用电信息采集系统在新型电力系统、家庭智慧用能中的应用展望。

**【模块目标】**

通过本模块学习，应达到以下目标。

**（一）知识目标**

（1）了解用电信息采集系统未来通信技术、量测技术、大数据技术等发展和应用。

（2）了解新型电力系统中用电信息采集系统可发挥作用的领域。

**（二）技能目标**

了解用电信息采集系统未来发展趋势。

**（三）素质目标**

了解用电信息采集系统未来发展趋势及发挥的作用。

## 任务一　用电信息采集系统技术展望

**【任务目标】**

了解用电信息采集系统未来通信技术、量测技术、大数据技术等发展和应用。

**【任务描述】**

本任务主要描述未来在用电信息采集系统会应用到的新通信技术、量测技术、大数据技术等。

**【知识准备】**

### 一、通信技术

1. 远程通信技术

用电信息采集系统主要在使用 4G 远程通信技术，来实现采集终端与主站的数据交互。但随着新型电力系统建设，对数据采集监测、控制的实时性的要求会越来越高。因此，未来 5G 通信技术的也将在用电信息采集系统领域逐步开展应用。

第五代移动通信技术（5th generation mobile communication technology，5G）是具有高速率、低时延和大连接特点的新一代宽带移动通信技术。随着 1G、2G、3G、4G 的发展，使

269

用的电波频率是越来越高的。因为频率越高，能使用的频率资源越丰富。频率资源越丰富，能实现的传输速率就越高。频率资源就像车厢，越高的频率，车厢越多，相同时间内能装载的信息就越多。因此，在未来用电信息采集系统主站与采集终端的一次交互能够装载更多的数据量，通信效率更高，同时在新型电力系统中，如光伏、储能等新能源需要快速实时控制的领域，将会有更多的应用。

2. 本地通信技术

在用电信息采集系统成熟应用的本地通信技术主要为低压窄带电力线载波、HPLC、RS-485、微功率无线、蓝牙通信、M-BUS 通信等，其中低压窄带电力线载波逐渐退出历史舞台，现阶段国家电网公司在主推"HPLC+HRF"双模通信技术，双模通信技术相比于 HPLC 单模通信，多了 HRF 信道，可以互相中继，使网络系统通信性能最优，可适用于更多的场景。

现阶段的本地通信技术主要还是以天然部署的电力线为基础进行设计，但随着无线技术的发展、商业使用成本降低等条件越来越成熟，也将可能使用譬如 Wi-SUN（wireless utility networks）、NB-IoT、HPLC+ 蓝牙、HRF、Lora 等技术，来实现采集终端与采集设备之间的数据交互。

## 二、测量技术

计量在经济社会各领域的地位和作用日益凸显，是全方位推进高质量发展的重要保障。因此，国家发布《计量发展规划（2021—2035 年）》（国发〔2021〕37 号）和《关于加强国家现代先进测量体系建设的指导意见》（国市监计量发〔2021〕86 号）的通知文件，加快构建现代先进测量体系，提升计量科技创新能力，优化计量服务供给，完善计量监督管理，加快计量协同融合，形成全社会共建、共治、共享的计量发展新格局。

构建适应新型电力系统的量传溯源体系，开展相位及小电流电能溯源技术研究，研制相位计量校准系统，建成公司时频计量体系，开展基于物理常数的电学量值量子化基础理论研究，构建更加完整的公司量传溯源体系。构建技术先进的测量装备体系，研制高精度、高稳定性、自主知识产权的全国产化高端智能电能表，研制新一代柔性自动化检定流水线，推动计量设备检定由自动化向智能化转变。由此，不断巩固提升电学测量基准、标准量传能力，创新测量技术装备，建立测量可持续发展生态，推动测量管理体系变革，全力实施计量体系数字化转型，全面构建公司现代先进测量体系，支撑新型电力系统建设和电力市场化交易，助力新型能源体系构建，服务国家"双碳"战略目标。

## 三、大数据技术

用电信息采集系统是一个庞大的物联网系统，接入了电能表、开关、各类传感器等设备，采集监测的数据量、数据种类是复杂而庞大的，其蕴含的价值是极大的。

大数据技术主要是涵盖采集、存储、查询、计算等四个方面的内容。按照国家电网公司的发展路线，全面建成全球规模最大、功能最多、技术领先的采集 2.0 系统，形成以采集 2.0、新型采集终端、双模通信、智能物联电能表为主体的广域实时监控体系。系统运行效能、数据共享能力实现跨越式发展，业务管控能力全面覆盖，系统安全保障实现"可感、可防、可控、可溯"。深入开展采集数据在计量运行监测、故障智能诊断、接线异常定位、末端精细化用能监测、电网运行状态感知、"源网荷储"协同控制等业务场景的应用，全面提高采集数据对营销卓越服务、电网安全运行、多元化负荷柔性调控的支撑能力。拓展采集数据应用领域、应用场景和应用频次，深度挖掘碳计量、低压分布式光伏、储能、高耗能和煤改电监测等场景数据价值。

## 任务二　用电信息采集系统展望

### 【任务目标】

（1）了解新型电力系统中用电信息采集系统可发挥作用的领域。

（2）了解在新型电力系统建设中，如何发挥采集系统在家庭智慧用能中的作用。

### 【任务描述】

本任务主要描述用电信息采集系统在新型电力系统、家庭智慧用能中的应用展望。

### 【知识准备】

#### 一、用电信息采集系统与新型电力系统

2021 年 3 月 15 日，习近平总书记在中央财经委员会第九次会议上提出构建新型电力系统，为新时代能源电力发展指明了科学方向，也为全球电力可持续发展提供了中国方案。新型电力系统是以确保能源电力安全为基本前提，以满足经济社会高质量发展的电力需求为首要目标，以高比例新能源供给消纳体系建设为主线任务，以源网荷储多向协同、灵活互动为坚强支撑，以坚强、智能、柔性电网为枢纽平台，以技术创新和体制机制创新为基础保障的新时代电力系统，是新型能源体系的重要组成和实现"双碳"目标的关键载体。新型电力系统具备安全高效、清洁低碳、柔性灵活、智慧融合四大重要特征，其中安全高效是基本前提，清洁低碳是核心目标，柔性灵活是重要支撑，智慧融合是基础保障。

我国电力系统发电装机总容量、非化石能源发电装机容量、远距离输电能力、电网规模等指标均稳居世界第一，电力装备制造、规划设计及施工建设、科研与标准化、系统调控运行等方面均建立了较为完备的业态体系，为服务国民经济快速发展和促进人民生活水平不断

提高提供了有力支撑，为全社会清洁低碳发展奠定了坚实基础。

在全面贯彻新发展理念，加快构建新发展格局，全面助力推进能源革命、构建新型能源体系、推动能源高质量发展的过程中，依然面临着严峻的挑战。一是在极端天气、全球能源局势多重因素叠加，部分地区电力供应紧张，保障电力供应安全面临突出挑战。新能源装机比重持续增加，但电力支撑能力与常规电源相比存在较大差距，未能形成可靠替代能力。二是新能源快速发展，系统调节能力和支撑能力提升面临诸多掣肘，新能源消纳形势依然严峻。新能源大规模高比例发展要求系统调节能力快速提升，但调节性资源建设面临诸多约束，区域性新能源高效消纳风险增大，制约新能源高效利用。三是电力系统可控对象从以源为主扩展到源网荷储各环节，控制规模呈指数级增长，调控技术手段和网络安全防护亟待升级。随着数量众多的新能源、分布式电源、新型储能、电动汽车等接入，电力系统信息感知能力不足，现有调控技术手段无法做到全面可观、可测、可控，调控系统管理体系不足以适应新形势发展要求。

用电信息采集系统属于物联网范畴，是一个计量、控制、感知的系统，是一个融合先进传感量测、信息通信、分析决策、自动控制、云计算等多种技术的自动化系统。以共享共用理念，构建多元化信息采集共享平台，实现横向无边、纵向无底的信息感知，在配网侧实现对厂站内、台区及台区下计量箱、智能开关、断路器、智能锁封等设备的信息采集，在用户侧实现对水气热表、分布式光伏、充电桩、智能家电等设备的信息采集。

特别是在分布式新能源可观、可测、可控方面，通过在系统侧结合气象条件，部署新能源功率预测算法模型，现场侧加大 HPLC 双模通信技术、新型控制设备等改造，逐渐增强实时状态采集、感知和处理能力，提高新能源发电事先可感知、事中可调节的能力，可以满足调度层级多元化的发展需求，助力调度模式由源荷单向调度向适应源网荷储多元互动的智能调控转变，提高新能源就地消纳能力。

## 二、用电信息采集系统与家庭智慧用能

在国家政策的大力推动下，分布式光伏发电连年保持快速增长态势。但由于光伏发电功率与台区负荷特性不匹配，分布式光伏大量并网后无法在本台区内完全消纳，出现变压器反向重载、过载运行及功率因数失调等现象，引起台区用户电压升高甚至越限等问题，尤其在配电变压器负荷率低的农村地区，光伏台区负荷倒送现象更为普遍。因此，基于智能家电、随器计量、通信网络、融合终端等硬件基础，研究将采集系统作为负荷调控与策略优化的中枢，构建与家电厂商云平台、车联网等可调资源信息平台的数据共享与指令调节通道，以实现规模化居民家电、家用充电桩的状态采集和实时调节，进一步探索智能家电、电动汽车参与台区负荷调节的技术实现路径。

台区可调负荷设备主要包括智能家电、电动汽车充电桩、户用分布式储能等，这部分设备具备功率可调节特性或者使用时段可调节特性，可为台区提供较大的负荷调节资源，以促进低压台区分布式光伏就地消纳为目标的台区用电负荷分析，主要考虑在光伏出力较多、功率倒送时段，通过多种方式增加台区用电负荷（或储能），提升分布式光伏消纳能力。家庭智慧用能有两种网络路径：一是基于 HPLC 的信息内网通道；二是基于家电厂商云的外网通道。其总体架构示意如图 2-10-1 所示。

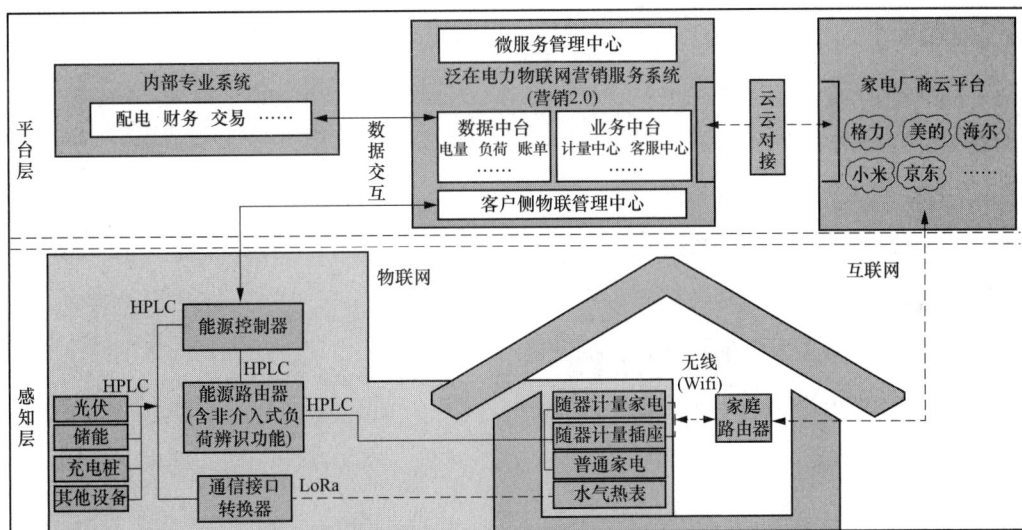

图 2-10-1　家庭智慧用能系统架构示意图

基于用电信息采集系统开展家庭智慧用能系统建设，聚合电热水器、电动汽车负荷等构建可调负荷资源池，通过负荷转移可促进光伏就地消纳。在电气化水平较高的城市地区，可综合调节热水器、电动汽车、储能等可调设备，促进光伏消纳；在广大农村地区，台区光伏发电装机容量更大，但家庭电气化程度不足，可通过与智能大棚、智能养殖等智慧农业进行协调管理，促进光伏消纳。

随着双碳目标的不断推进，电能逐步成为终端能源消费的主体，同时随着分布式电源、多元负荷和储能的广泛应用，大量用户侧主体兼具发电和用电双重属性，终端负荷特性由传统的刚性、纯消费型向柔性、生产与消费兼具型转变。在用电信息采集系统不断的演变下，能够不断构建源网荷储灵活互动和需求侧响应能力，支撑新型电力系统安全稳定运行。

# 附　　录

**【模块描述】**

（1）了解常见采集消缺设备的功能，掌握设备的使用方法。

（2）掌握常见采集业务的标准化作业流程。

**【模块目标】**

通过本模块学习，应达到以下目标。

**（一）知识目标**

（1）了解常见采集消缺设备的功能。

（2）了解常见采集业务的标准化作业流程。

**（二）技能目标**

（1）熟练应用常见采集消缺设备，提升异常消缺效率。

（2）熟悉常见采集业务作业流程。

**（三）素质目标**

强化采集故障消缺能力，提升异常消缺效率。

## 附录 A　常见采集消缺设备功能与操作介绍

**【任务目标】**

了解常见采集消缺设备的功能，掌握设备的使用方法。

**【任务描述】**

掌握台区拓扑辨识仪、电能表抄控器的使用方法。

**【知识准备】**

**一、台区拓扑辨识仪**

**（一）适用场合及功能介绍**

根据低压台区拓扑异常处理业务需要，低压台区拓扑识别仪适用于营销、配电专业运维作业中台区户变、分路－箱等关系的梳理与核实。

在低压拓扑关系治理中，利用大数据算法定位出现场拓扑关系异常点，贯通用采系统、PMS、DMS、运维闭环管理系统、移动作业终端、拓扑识别仪，实现业务流转线上化，将户变关系、线箱关系异常工单派发至现场作业人员移动作业终端，移动作业终端以蓝牙方式与拓扑识别仪交互，校核结果自动传输，减少人工干预，为低压存量台区、新增异动台区的拓扑异常点提供有效的、可靠的现场校核技术手段。

台区拓扑识别仪分为主从机，主机（带鳄鱼夹）接在电能表侧，发送特征电流信号，从机（带卡扣式互感器）接在集中器侧或分路开关侧，检测特征电流信号。当从机可以检测到特征电流信号时，说明该电能表隶属于该配电变压器或该分路。拓扑识别仪外观如图 A1 所示，户变关系识别示意如图 A2 所示，分路－箱关系识别仪示意如图 A3 所示。

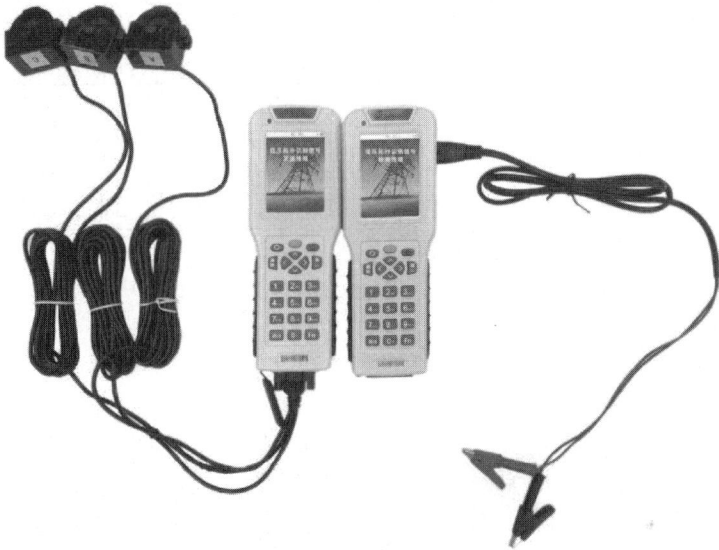

图 A1　拓扑识别仪外观

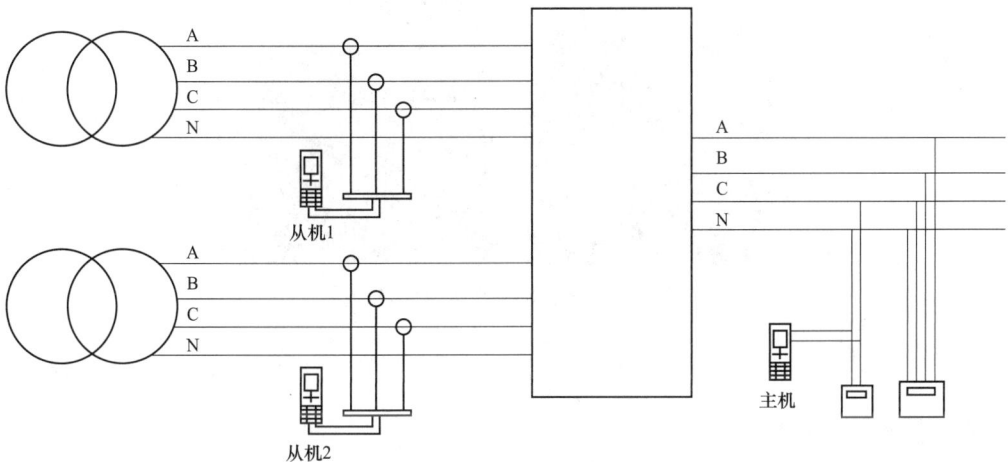

图 A2　户变关系识别示意图

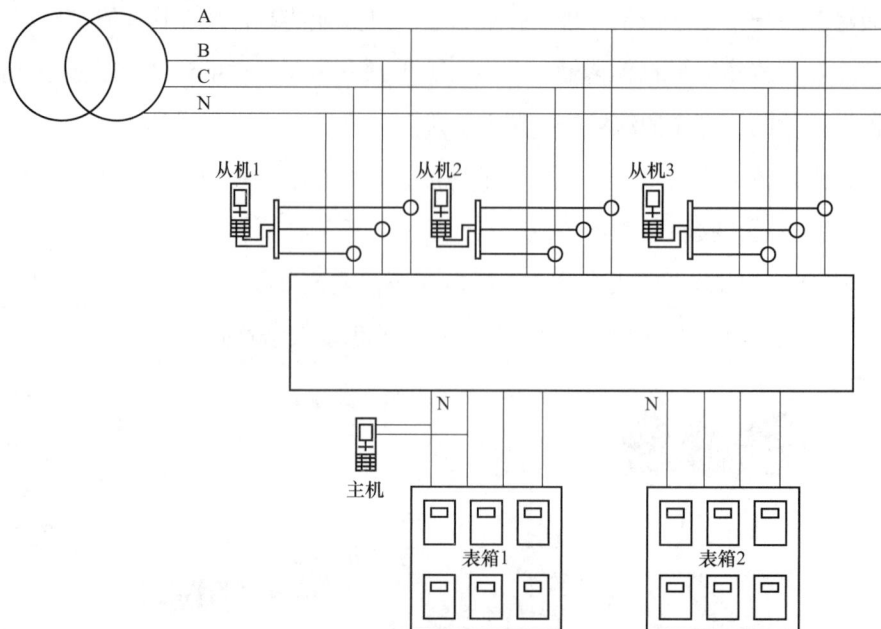

图 A3 分路 – 箱关系识别仪示意图

## （二）使用方法

1. 操作及界面介绍

（1）主机主界面及操作。主机开机，单击确认按键，进入菜单界面进行后续操作，界面如图 A4 所示。

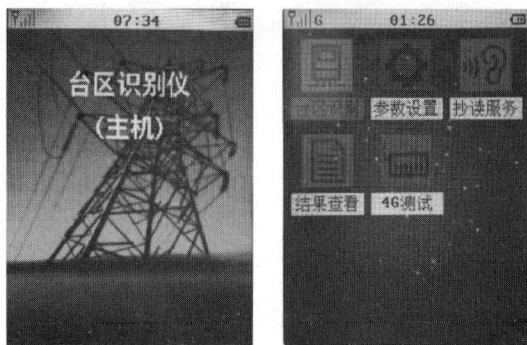

图 A4 台区识别仪主机界面及操作

1）台区识别。进行台区识别工作时，单击开始测量按钮进入工作状态，界面操作及显示如图 A5 所示。

a. 通信状态显示。有信号发送中、结果接收中两种状态。

b. 识别结果。此区域显示由从机返回的检测结果。

c. 测试进度。显示当前检测的进度，接收结果失败时显示"请重新检测"。

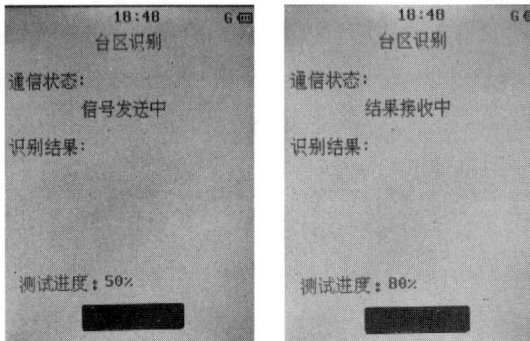

图 A5　台区识别仪工作界面

d. 开始测量。单击开始发送信号。

2）参数设置。参数设置界面如图 A6 所示。

主机编号：显示 8 位编号，用于与从机配对使用。

时间设置：设置设备时间。

通信设置：用于抄表使用，设置规约类型（默认 DL/T 645—2007《多功能电能表通信协议》）、串口速率、红外速率、485 速率、协议切换。

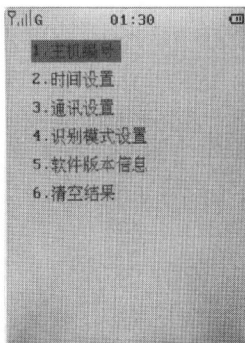

图 A6　参数设置界面

识别模式设置：可选择通用模式、闭环模式，默认通用模式。

软件版本信息：查看设备软件版本。

清空结果：清空主机保存的识别结果。

3）抄读服务。抄读服务界面如图 A7 所示。

a. 单相红外抄读。用于采用红外方式抄读单相表。

b. 单相 485 抄读。用于采用 485 方式抄读单相表。

c. 三相红外抄读。用于采用红外方式抄读三相表。

d. 三相 485 抄读。用于采用 485 方式抄读三相表。

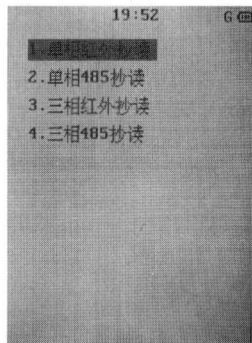

图 A7　抄读服务界面

4）结果查看。此模块可查看主机接收到的识别结果，一页显示 8 条结果，共计可查看 100 条结果，界面显示如图 A8 所示。

同步：该功能可实现主从机之间的结果同步，当主机没有收到识别结果时，可使用此功能，主动把从机结果回传给主机。

5）4G 测试。该模块功能可以验证主从机之间的 4G 通信情况，界面操作及显示如图 A9 所示。

进入 4G 通道测试，单击接收，主机进入监听中。

从机端单击发送，在 4G 信号良好的情况下，2s 内主机即可显示 4G 通信成功。

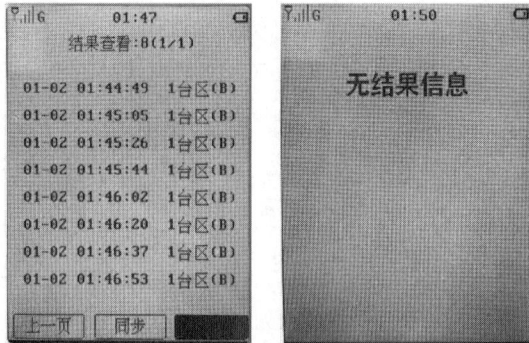

图 A8 台区识别结果界面

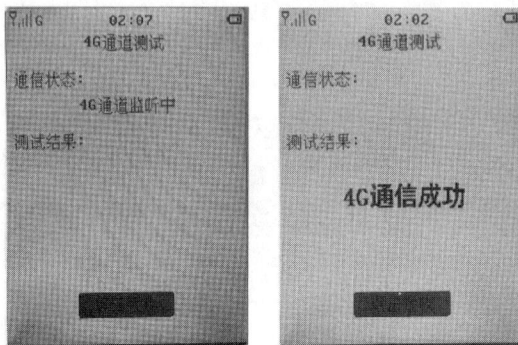

图 A9 模块 4G 通信测试界面

（2）从机主界面及操作。从机开机界面如图 A10 所示，单击确认按键，进入菜单界面进行后续操作。

图 A10 台区识别仪（从机）开机界面

1）台区识别。

a. 通用模式：进入台区识别工作时，单击下一步按钮进入通用模式工作状态，界面操作及显示如图 A11 所示。

a）台区 X。显示台区编号，具体编号由操作者在参数设置中设置完成。

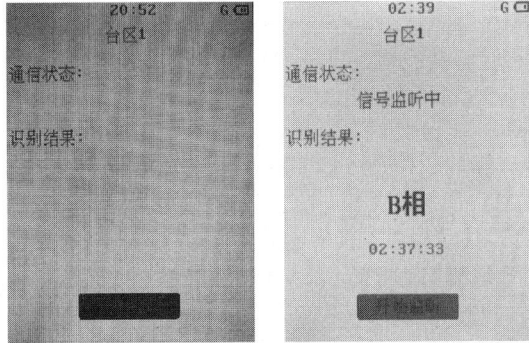

图 A11　通用模式界面

b）开始监听。单击开始监听，从机进入工作状态。

c）通信状态。进入工作状态后，显示信号监听中，设备进入持续监听状态。

d）识别结果。此区域显示识别到的结果，同时显示识别到结果的精确时间。

b. 闭环模式。进入台区识别后，单击读取，可通过红外读取集中器编号，单击下一步或手动输入集中器编号，单击保存然后单击下一步，后续检测流程与通用模式一致，操作界面显示如图 A12 所示。

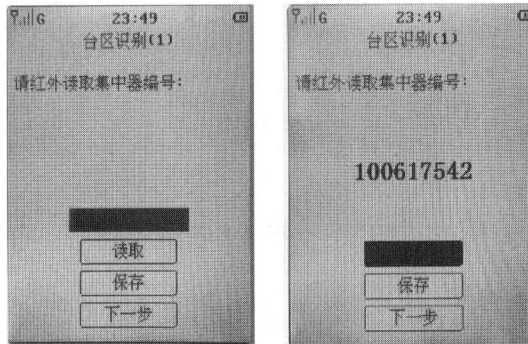

图 A12　台区识别仪红外读取集中器编号

2）参数设置。参数设置界面如图 A13 所示。

a. 从机编号。显示本设备 8 位编号。

b. 时间设置。设置设备时间。

c. 配对主机设置。实现主从机配对，在此设置里面输入主机 8 位数编号保存，即可完成主从机配对。

d. 台区编号设置。对从机进行人为编号，可编辑数字 1～9，用于区分多从机。

e. 接收增益设置。可设置从机接收信号的增益倍数，有 1、2、

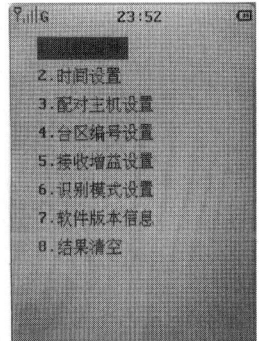

图 A13　参数设置界面

4、8、16、32 倍增益，默认 32 即可。

f. 识别模式设置。可选择快速模式或者稳定模式，默认快速模式，在出现需要测试多次的场景下可选择稳定模式。

g. 软件版本信息。显示设备软件版本。

h. 结果清空。清空从机存储的结果。

3）信号质量。信号质量界面如图 A14 所示，单击开始测试，实时显示 A、B、C 三相信号强度。

4）结果查看。结果查看界面如图 A15 所示，显示带有时间的测试结果，其中一页显示 8 条数据，共可保存 100 条数据。

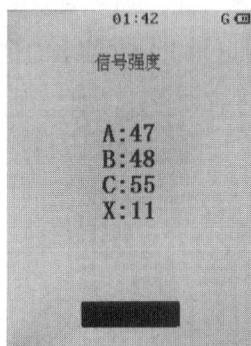

图 A14 信号质量界面 　　　图 A15 结果查看界面

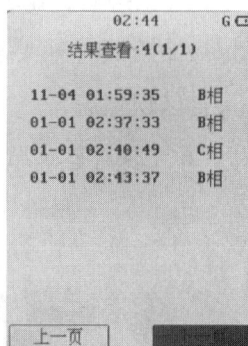

2. 机耦合钳与手柄

（1）耦合钳。从机耦合钳夹持在电流互感器二次侧电流线上，进行电流信号的接收，配合从机进行信号的采集，外观如图 A16 所示。

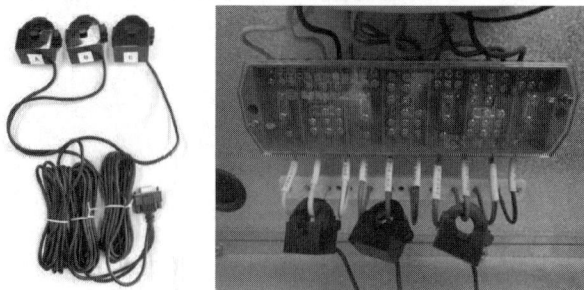

图 A16 耦合钳

（2）手柄及使用。通过包装中配备的手柄开启耦合钳，如图 A17 所示。

将手柄如图 A17 所示位置放置，按照箭头方向轻轻一推，互感器上半卡扣轻松开启。

### 二、电能表抄控器

#### （一）适用场合及功能介绍

根据用电信息采集 HPLC 电力载波故障消缺业务需要，电能表抄控器主要适用于采用 HPLC 载波方案的台区采集运维消缺作业中电能表 HPLC 载波故障诊断与分析。

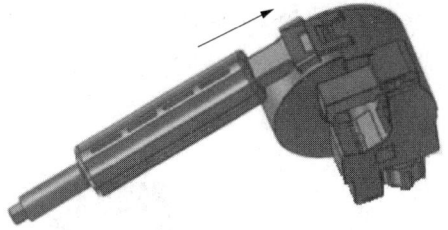

图 A17　耦合钳手柄

电能表抄控器可对集中器、单相电能表和三相电能表载波通信单元进行功能或性能检测，运用载波设备功能分段检测用于现场开展电能表载波抄表失败的异常定位。主要功能包括红外读取表地址、电能表载波模块检测、读取 HPLC 模块信息、电能表通信模块接口的检测等。

图 A18　电能表抄控器外观

电能表抄控器通过鳄鱼夹接在电能表侧，作为电力载波通信的媒介，获取电能表载波通信信号，不具备供电和充电功能。电能表抄控器外观如图 A18 所示。

#### （二）使用方法

操作及界面介绍如下：

（1）开机与主界面。关机状态下，长按电源键 ◉ 3s 完成开机，直接进入功能选择页面，根据功能需求进行后续操作，界面如图 A19 所示。

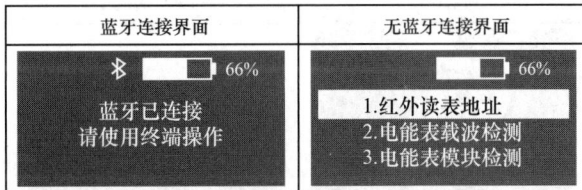

| 蓝牙连接界面 | 无蓝牙连接界面 |
| --- | --- |
| ✳ ▭ 66%　蓝牙已连接　请使用终端操作 | ▭ 66%　1.红外读表地址　2.电能表载波检测　3.电能表模块检测 |

图 A19　电能表抄控器蓝牙连接界面

（2）红外读表地址。光标指示在"1.红外读表地址"，在该界面按下确定键执行红外读表地址操作（红外通信接口必须对准电能表的红外窗口），等待读表完成，如图 A20 所示。

图 A20　红外读表地址界面

当超过 5s 读表超时，显示通信失败；读表成功显示表号（表地址）。电能表读取表地址成功是执行电能表载波检测的前提，如图 A21 所示。

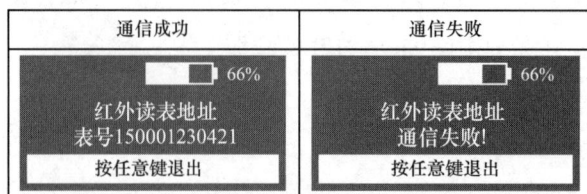

图 A21　红外读表地址结果显示界面

（3）电能表载波检测。在进行该项检测前，确认 C8 电源线接好观察屏幕左上角出现"⚡"（同时红色接入指示灯亮），光标指示在"2.电能表载波检测"然后按下确定键执行电能表载波检测，等待检测结果，如图 A22 所示。

图 A22　电能表载波检测

当超过 45s 后检测超时显示"通信失败！"。检测成功界面则在"通信成功！"与读到的"电量 xxxxxx.xxkWh"显示帧切换，如图 A23 所示。

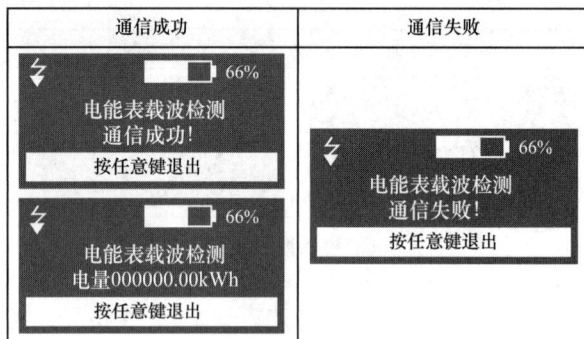

图 A23　电能表载波检测结果

（4）电能表模块检测。三相 HPLC 模块插入位置如图 A24 所示，单相 HPLC 模块插入位置如图 A25 所示。

在该项功能检测前，将被检测的电能表 HPLC 模块插入本机对应的接口上，光标指示在"3.电能表模块检测"按下确定键后执行电能表 HPLC 模块检测，等待检测完成，如图 A26 所示。

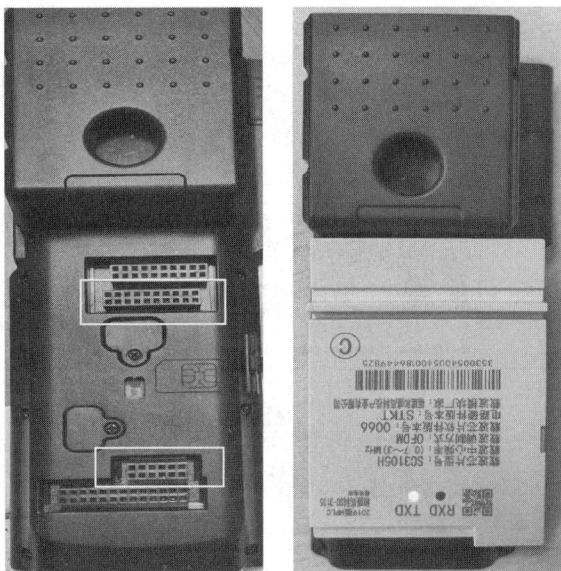

图 A24　三相 HPLC 模块插入位置

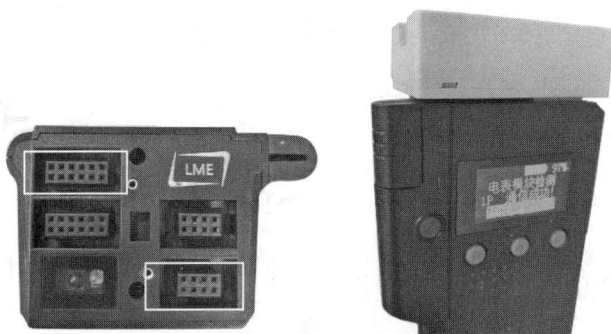

图 A25　单相 HPLC 模块插入位置

图 A26　电能表模块检测

当超过 260s 后检测超时，显示通信失败（载波或接口中的任意一项不合格），通信成功则显示"通信成功！"与"厂家 ××，版本 ××××"显示切换，如图 A27 所示。

备注：显示"1P"表示检测到的是单相电能表 HPLC 模块，显示"3P"表示检测到的是三相电能表 HPLC 模块。

| 检测项 | 通信失败 | 通信成功 |
|---|---|---|
| 载波正常，接口异常 | 66%<br>电能表模块检测<br>载波 V 1P 接口 X<br>按任意键退出 | 66%<br>电能表模块检测<br>1P 通信成功！<br>按任意键退出 |
| 载波正常，接口正常 | 66%<br>电能表模块检测<br>载波 X 1P 接口 V<br>按任意键退出 | 66%<br>电能表模块检测<br>厂家ZC，版本0104<br>按任意键退出 |
| 模块未插入或检测到载波和接口异常 | 66%<br>电能表模块检测<br>模块未插入！<br>按任意键退出 | |

图 A27　电能表模块检测结果界面

# 附录 B　其他采集业务作业方法介绍

**【任务目标】**

掌握常见其他采集计量业务的处置方法。

**【任务描述】**

掌握低压串户、电能表失准、计量箱内闪停故障等业务的排查处置方法。

**【知识准备】**

## 一、低压串户排查方法

### （一）业务介绍

低压串户是营销计量作业中常见施工质量问题之一，计量人员要结合现场业务工作实际，落实电能表装接防串户工作要求，全面整治新装及换表业务施工中存在的质量问题，制定相应防串户、串户排查及串户投诉防控措施，在低压业扩、换表过程中，加强施工质量管控，充分利用对线、停电、电量比对等方法开展串户排查。利用用电信息采集系统中的"低压用户串户监测"功能，开展低压串户常态化监控及治理，切实提升用户感知及满意度，力争实现计量串户问题"零发生"和客户"零投诉"。

### （二）排查方法

1. 作业风险点分析

（1）作业风险点。低压串户排查过程中存在的安全风险点主要有人身伤害（触电、高坠、电弧灼伤等）、设备安全及信息安全风险等。

（2）风险点预控措施。低压串户现场排查工作中，应将现场电气设备视为带电设备，并与设备保持安全距离。进入现场工作，至少由两人进行，工作人员应正确使用合格的安全工器具和个人劳动防护用品，进入现场应保持与带电设备的安全距离，严禁工作人员未履行工作许可手续擅自开启电气设备柜门或操作电气设备；严禁在未采取任何监护措施和保护措施情况下现场作业。

针对电弧灼伤，工作人员应穿绝缘鞋和全棉长袖工作服，并戴手套、安全帽和护目镜；装拆电能表应把联合接线盒内的电流连接片短接，电压熔丝或连接片断开；装拆互感器应停电作业，确认电源进、出线方向，断开电源进、出线开关，且能观察到电气的明显断开点，并用验电笔（器）进行验电和装设接地线。

针对低压带电作业无绝缘防护措施、未采取措施接触两相或不具备低压带电作业条件，应注意低压带电作业时，作业人员应穿绝缘鞋和全棉长袖工作服，并戴手套、安全帽和护目镜，站在干燥的绝缘物上进行；低压带电作业时应设专人监护；低压带电作业时禁止使用锉刀、金属尺和带有金属物的毛刷、毛掸等工具，做好防止相间短路产生弧光的措施；低压带电作业应使用有绝缘柄的工具，其金属裸露部分应采取绝缘措施，防止操作时相间或相对地短路；低压带电作业时，人体不准同时接触两根线头；现场无联合接线盒装拆电能表应采取停电工作方式。

针对短路或接地风险、工作中使用的工具，其金属裸露部分应采取绝缘措施，防止操作时相间或相对地短路；带电装拆电能表时，带电的导线部分应做好绝缘措施。

针对电容器放电风险，对有电容器补偿装置的用户，应先断开补偿装置开关，并逐相充分放电。

针对信息安全及数据泄露，要采集系统主站、移动作业终端、i国网等账号及密码管理，不得随意授予他人。

2. 排查步骤

低压串户排查要注意区分用户是否新装或者换表，结合对线、停电、电量比对等方式进行排查，具体如下：

（1）万用表电阻法（或对线灯法）。

1）适用范围。已装表未送电（或具备装表条件）新楼盘或小区。

2）操作方法。首先需要核对营销系统中户表档案是否正确，然后联合开发商（或小区物业）采用"万用表电阻法"（对线灯法），逐户检查电能表、表后开关、入户线和客户是否一一对应。需要注意的是，该方法一般在安装电能表时同步进行。

（2）断合表下出线开关法。

1）适用范围。新装电能表已送电、批量换表和表箱改造的楼盘或小区。

2）操作方法。针对未交房的用户，首先需要核对营销系统中户表档案是否正确，然后联合开发商（或小区物业）采用"断合表下出线开关法"（注意同步查看电能表脉冲指示灯闪烁是否停止 / 恢复，户内电灯是否熄灭 / 恢复）逐户检查核对电能表、表后开关、入户线和客户是否一一对应。

针对已交房 1～2 年的，首先需要核对营销系统中户表档案是否正确。由于此时入住率较低，可通过查询电能表首次有抄见电量时间与小区物业登记的每户开始装修时间是否匹配进行间接排查，或者通过监测零电量客户，当同一表箱中某只电能表开始有电量时，安排人员现场查看水表示数是否同步变化或通过"断合表下出线开关法"入户排查，核实户表对应关系。

针对已交房 2 年及以上的，首先需要核对营销系统中户表档案是否正确。此时入住率较高，可联合小区物业，采用"断合表下出线开关法"入户进行排查。无法入户检查的张贴"户表核对告知书"并留下联系方式。

针对批量换表和表箱改造的楼盘或小区，应结合批量换表和表箱改造的工作，采用"断合表下出线开关法"逐户检查核对电能表、表后开关、入户线和客户是否一一对应，对于户内无照明灯具的用户，可自带插座式指示灯。

（3）前后电量比对法。

1）适用范围。批量换表和表箱改造的楼盘或小区。

2）操作方法。通过营销系统检索换箱或换表记录，采集换箱或换表日期前后 15 天的电量数据，通过用电信息采集系统筛选出疑似串户的用户，有针对性安排人员现场进行串户重点排查。

（4）"集中装表，分户接电"法。

1）适用范围。未交房，但已装表送电的新楼盘或小区。

2）操作方法。完成采集安装调试后，对开发商或物业进行停电告知。之后，在营销系统集抄设备调试流程的"终端归档"环节结束后自动触发远程停电流程，并停留在"无欠费停电审批"环节。在用户交房时，引导客户通过"网上国网"办理手续，将之前通过用电信息采集系统远程断开电能表内置开关，逐户送电，查看用户家里是否有电的方式进行串户排查。现场排查人员对送电失败和家里无电的用户进行户表关系核对。

（5）远程停复电法。

1）适用范围。与物业沟通同意的有申请停电计划的小区。

2）操作方法。通过小区停电查看用户家里是否停电的方法进行筛选，现场排查人员重点对家里停电失败的用户进行户表关系的核对。该方法应做好复电保障工作，若小区使用外置开关，送电时应有工作人员在现场复核，若发现接线影响远程送电应当场整改表下线（控制线接火或每户表下）。

## 二、电能表失准排查方法

### （一）业务介绍

电能表运行误差监测模块是基于用电信息采集系统、营销业务应用系统和计量生成调度平台（MDS）基础数据，通过大数据分析方法，在不停电的情况下计算出电能表运行误差值，实现电能表运行误差在线远程诊断，对电能表实时运行监测，及时评估电能表的运行状态，对异常电能表精准定位并指导基层供电所整改失准计量装置。

### （二）排查方法

1. 作业风险点分析

作业风险点分析见表 B1。

表 **B1** 作业风险点分析

| 序号 | 防范类型 | 危险点 | 预防控制措施 |
|---|---|---|---|
| 1 | 人身伤害或触电 | 人员与高压设备安全距离不够致使设备放电 | （1）工作负责人对工作班成员应进行安全教育，作业前对工作班成员进行危险点告知，交代安全措施和技术措施。<br>（2）作业现场应装设遮栏或围栏，与高压部分应有足够的安全距离，向外悬挂"止步，高压危险！"的标示牌。<br>（3）工作班成员应集中精力，随时警戒异常现象发生，工作班成员之间应加强监护 |
| | | 二次回路带电作业未采取措施接触两相 | （1）二次回路带电作业中使用的工具，其外裸的导电部位应采取绝缘措施，防止操作时相间或相对地短路。<br>（2）二次回路带电作业时，作业人员应穿绝缘鞋和全棉长袖工作服，并戴手套、安全帽和护目镜，站在干燥的绝缘物上进行。<br>（3）二次回路带电作业时禁止使用锉刀、金属尺和带有金属物的毛刷、毛掸等工具，做好防止相间短路产生弧光的措施 |
| | | 二次回路带电作业无绝缘防护措施 | （1）二次回路带电作业应使用有绝缘柄的工具，其外裸的导电部位应采取绝缘措施，防止操作时相间或相对地短路。<br>（2）工作时，应穿绝缘鞋，并戴手套，站在干燥的绝缘物上进行。<br>（3）二次回路带电作业时应设专人监护。配置、穿用合格的个人绝缘防护用品。杜绝无个人绝缘防护或绝缘防护失效仍冒险作业的现象。<br>（4）二次回路带电作业时，人体不得同时接触两根线头 |
| | | 电容器放电 | 对有电容器补偿装置用户，应先断开补偿装置开关，并逐相充分放电 |

续表

| 序号 | 防范类型 | 危险点 | 预防控制措施 |
|---|---|---|---|
| 1 | 人身伤害或触电 | 对于因平行或邻近带电设备导致检修设备可能产生感应电压时，产生触电 | （1）停电作业必须严格执行停电、验电、装设接地线等保证安全的技术措施。<br>（2）工作班成员在停电设备上开始工作前，必须再次确认各方面可能来电侧应有明显断开点并验电。<br>（3）对于因平行或邻近带电设备导致检修设备可能产生感应电压时，应采取防感应电措施，穿绝缘鞋、戴绝缘手套，必要时应穿屏蔽服，加挂接地线，使用个人保安线 |
| 2 | 信息安全风险 | 账号密码泄露 | 采集系统主站用户应妥善保管账号及密码，不得随意授予他人 |
| | | 涉密数据泄露 | （1）采集系统主站客户端禁止在管理信息内、外网之间交叉使用。<br>（2）采集系统主站客户端计算机应安装防病毒、桌面管理等安全防护软件。<br>（3）采集系统主站客户端及外围设备交由外部单位维修处理应经信息运维单位（部门）批准 |

2. 排查步骤

现场工作要严格遵循电力安全规程和营销电力安全作业规范要求进行，做好相应危险点分析及预防控制措施。运行误差监测模块计算出电能表运行误差值，通过闭环系统进行工单转化、派发、处理、反馈及归档全流程处理（工单派发 3 个工作日内完成，现场处理及反馈 6 个工作日内完成）。实现智能电能表异常工单的处理进度、处理质量进行量化评价，异常电能表故障原因的精确锁定。

（1）核查准备。

1）核查清单准备。供电所根据采集运维闭环管理业务流程，接受派工，做好核查前的工作准备：打印工作任务单、工作预约、填写并签发工作票。

2）工器具准备。根据电能表计量失准异常用户清单，完成核查统计、核查工器具准备、合理安排核查计划，以确保顺利、高效地展开核查工作准备现场检验设备、准备工器具、仪器仪表。进行电能表现场核查前，确认现场校验仪器仍在有效期内。电能表现场核查需要准备的校验仪器和设备详见表 B2。

表 B2　　　　　　　　　　　电能表现场核查需要的设备一览表

| 序号 | 名称 | 规格 | 单位 | 数量 | 备注 |
|---|---|---|---|---|---|
| 1 | 单相电能表检验仪 | 准确度：0.1、0.2 级。<br>钳形电流互感器：5A～100A | 台 | 1 | （1）常用工具金属裸露部分应采取绝缘措施，并经检验合格。螺钉旋具除刀口以外的金属裸露部分应用绝缘胶布包裹。<br>（2）安全工器具应检验合格，并在有效期内。 |

| 序号 | 名称 | 规格 | 单位 | 数量 | 备注 |
|---|---|---|---|---|---|
| 2 | 三相电能表检验仪 | 准确度：0.1、0.2 级。<br>钳形电流互感器：5～100A | 台 | 1 | |
| 3 | 组合工具盒 | 含螺钉旋具、电工刀、斜口钳、尖嘴钳等 | 套 | 1 | |
| 4 | 封印钳 | | 把 | 1 | |
| 5 | 低压验电笔 | | 只 | 1 | |
| 6 | 高压验电器 | | 只 | 1 | （3）仪器仪表应经检定合格，并贴有有效期内合格标签 |
| 7 | 安全帽 | | 顶 / 人 | 1 | |
| 8 | 绝缘鞋 | | 双 / 人 | 1 | |
| 9 | 棉纱防护手套 | | 副 / 人 | 1 | |
| 10 | 护目镜 | | 副 / 人 | 1 | |
| 11 | 纯棉长袖工作服 | | 套 / 人 | 1 | |
| 12 | 绝缘垫 | | 块 | 1 | |
| 13 | 手电筒 | | 只 | 1 | |

3）人员准备。应严格按照现场作业安全规范要求，做好必要的人身防护和安全措施。穿工作服、戴安全帽、穿绝缘鞋，且电能表计量失准现场核查人数不得少于两人。

（2）单相电能表计量失准现场核查。

1）表计封印检查。

a. 现场应首先检查表计箱封、表封有无异常（箱封、表封缺失、虚挂或非供电公司使用的箱封表封）。

b. 拆封前应进行拍照留存或对拆封过程进行录像记录。

2）表计外观检查。

a. 检查表计接线端子有无短接情况。

b. 表计侧面合格证明是否有脱落、撕毁情况。

c. 表计封印有无破坏痕迹，对比旁边同厂家、同批次表计检查封印样式是否一致。

d. 表计背面、侧面、接线端子下方有无短接情况或破坏痕迹。

e. 拆下 HPLC 模块检查 HPLC 模块安装位置有无改动或破坏痕迹。

3）表计运行参数测量。

a. 查看表计显示电压、电流情况，表计显示零火线电流是否一致。

b. 钳形电流表 / 校验仪测量现场实际零火线电流与表计显示对比是否一致。

c. 电流异常排查。检查实测零火电流与表计显示一致且零火不一致，在表计外观检查无异常时应进行表计接线检查，接线检查无异常进行表计校验。若现场实测零火线电流与表计显示不一致且实际测量零火一致，可判断为表计中性线电流示值异常，但应对表计进行校验验证。

d. 电压异常排查。查看表计显示电压并与邻近同相表计对比电压是否一致。钳形电流表/校验仪测量现场实际电压与表计显示电压对比是否一致。

e. 零火线串户排查。看该户与和该户疑似串火或串零用户零火电流是否一致，且是否 A 户相线电流与 B 户中性线电流一致或 A 户中性线电流与 B 户相线电流一致；若表计不显示相线电流，可用钳形电流表进行实际测量对比；在经过用户允许情况下，可断开该户或与该户疑似串火或串零用户任意一户出线开关，查看另一户相线电流或中性线电流是否变为零，进行进一步验证。

4）表计接线检查。

a. 待核查表计在集中表箱的接线检查应从表计进线开关侧至出线开关侧线路，拆除扎带、线槽，检查相线进出线有无破坏绝缘搭接情况或使用短接线短接相线进出线窃电。

b. 待核查表计在单独表箱的接线检查应从表计进线接点处至表计出线开关，检查有无表前接线、表前搭接窃电或从进线开关短接接线至出线开关。

5）表计校验。

a. 校验仪接入后应检查校验仪显示电流或有功功率（有负电流或有功功率为负及时调整校验仪电流钳朝向）判断校验仪使用是否正确。

b. 校验负荷应满足如下要求：满足单相智能电能表现场核查时，电流应大于 0.5A；若现场负荷小于 0.5A 时，建议与用户商量开一些电器增加负荷后或使用校验仪的虚拟负荷校验；如负荷较低、用户无人在家的情况，按无效核查处理。

c. 校验误差绝对值大于 30%，但检查表计外观、接线未发现异常，表计封印检查未发现异常或有破坏痕迹，应结合用电信息采集系统对该表计进行事件透抄，查看有无开大盖记录（总次数应小于 10 次，若较为频繁不参考），进而判断是否存在表内改动窃电嫌疑。

（3）三相电能表计量失准现场核查。

1）表计封印检查。

a. 现场应首先检查表计箱封、表封有无异常（箱封、表封缺失、虚挂或非供电公司使用的箱封表封）。

b. 拆封前应进行拍照留存或对拆封过程进行录像记录。

2）表计外观检查。

a. 检查表计接线端子有无烧坏、短接情况。

b. 表计侧面合格证明是否有脱落、撕毁情况。

c. 表计封印有无破坏痕迹。

d. 表计背面、侧面、接线端子下方有无短接情况或破坏痕迹。

e. 拆下 HPLC 模块检查安装 HPLC 模块位置有无改动或破坏痕迹。

f. 检查接线盒背面、侧面、上下方有无短接情况，接线盒电流连接片有无烧毁、短接或开路情况。

g. 检查表计计量 TA 铭牌上 TA 变比与档案是否一致，TA 匝数是否出现少穿心现象。

3）表计运行参数测量。

a. 查看表计显示电压、电流、功率因数情况，是否存在异常。

b. 电流异常排查：查看钳形电流表 / 校验仪测量现场实际三相二次线路电流与表计显示对比是否一致。根据现场实际情况测量表计一次电流，结合 TA 变比计算二次电流与表计显示对比是否相符。

c. 电压异常排查：查看表计显示电压、电流、功率因数情况，是否存在异常；钳形电流表 / 校验仪测量现场实际三相电压与表计显示对比是否一致。

d. 错接线排查：查看表计显示电压、电流、功率因数情况，是否存在负电流、电压偏高或偏低、功率因数偏低等异常；钳形电流表 / 校验仪测量现场实际三相二次线路电流与表计显示电流对比是否一致。

4）表计接线检查。

a. 电流异常排查。检查表计接线盒至表计接线：①电流线有无破坏绝缘搭接或利用短接线短接情况；②检查电流与电压相序是否对应；③检查三相电流线有无混接情况；④检查电流线与电压线有无混接情况。

检查表计 TA 至接线盒接线：①检查表计 TA S1、S2 端有无短接情况；②检查电流与电压相序是否对应；③检查三相电流线有无混接情况；④检查电流线与电压线有无混接情况。

检查是否有未经计量 TA 接线用电。

b. 电压异常排查。检查表计接线盒至表计及取电压点至接线盒电压接线有无松脱、虚接情况。

c. 错接线排查。检查表计接线盒至表计及表计 TA 至接线盒接线：①检查电流与电压相序是否对应；②检查三相电流线有无混接情况；③检查电流线与电压线有无混接情况。

5）表计校验。

a. 若检查表计外观、表计接线、表计 TA 未发现异常应进行表计计量校验。

b. 校验仪接入后应检查校验仪显示电压（是否缺相、偏高或偏低）、电流（有负电流及时调整校验仪电流钳朝向）、功率因数（是否异常偏低）、矢量图（是否异常）判断校验仪使用是否正确。

c. 校验时在校验仪电流钳夹二次线路侧校验表计计量误差后，若现场条件允许，更换校验仪大量程电流钳夹一次线路侧校验表计计量 TA 误差（校验仪需设置对应 TA 变比）。

d. 校验负荷应满足如下要求：满足三相经互感器接入式电能表现场核查时，平均电流应大于 0.25A；若现场负荷小于 0.25A 及用户在家时可与用户商量开一些电器增加负荷。

e. 校验误差绝对值大于 30%，但表计外观检查、接线检查未发现异常，表计封印检查未发现异常或有破坏痕迹，应结合用电信息采集系统对该表计进行事件透抄，查看有无开盖记录（总次数应小于 10 次，若较为频繁不参考），进而判断是否存在表内改动窃电嫌疑。

### 三、计量箱内闪停故障排查方法

#### （一）业务介绍

为提前干预治理由接触不良、过负荷等原因引发的故障隐患，通过深入分析停电记录、电流、电压、功率等多维数据，建立故障隐患定位模型，实现闪停故障隐患治理。一是多维数据分析，闪停故障告警、闪停隐患预警"两手抓"。针对电能表已发生 5s 至 3min 之间不定期多次停电的闪停现象，关联电能表用电负荷、时间段等进行分析，定位现场接线松动老化、过负荷用电等问题，实现闪停故障告警（"治已病"）；深入剖析闪停、低压故障与阻抗变化的关联关系，构建供电回路阻抗计算模型，以阻抗变化表征线路健康状态，实现闪停隐患预警（"治未病"）。二是形成一套现场核查方法，强化核查效率和可靠性。以"看、查、测、改"为简单易懂的"口袋书"式的核查方法，制定了工作程序与作业规范、现场核查作业票卡，规范低压闪停隐患及故障排查和消缺的标准化。三是建立全流程应用管控机制，强化闭环治理。打造"系统异常定位＋现场核查反馈＋系统反向校核"全流程闭环管控机制，形成省－市－县三级联动应用治理体系。

#### （二）排查方法

1. 作业风险点分析

作业风险点分析见表 B3。

表 B3　　　　　　　　　　　　　作业风险点分析

| 序号 | 防范类型 | 危险点 | 预防控制措施 |
|------|----------|--------|--------------|
| 1 | 人身伤害或触电 | 人员与高压设备安全距离不够致使设备放电 | （1）工作负责人对工作班成员应进行安全教育，作业前对工作班成员进行危险点告知，交代安全措施和技术措施。<br>（2）作业现场应装设遮栏或围栏，与高压部分应有足够的安全距离，向外悬挂"止步，高压危险！"的标示牌。<br>（3）工作班成员应集中精力，随时警戒异常现象发生，工作班成员之间应加强监护 |

续表

| 序号 | 防范类型 | 危险点 | 预防控制措施 |
|---|---|---|---|
| 1 | 人身伤害或触电 | 二次回路带电作业未采取措施接触两相 | （1）二次回路带电作业中使用的工具，其外裸的导电部位应采取绝缘措施，防止操作时相间或相对地短路。<br>（2）二次回路带电作业时，作业人员应穿绝缘鞋和全棉长袖工作服，并戴手套、安全帽和护目镜，站在干燥的绝缘物上进行。<br>（3）二次回路带电作业时禁止使用锉刀、金属尺和带有金属物的毛刷、毛掸等工具，做好防止相间短路产生弧光的措施 |
| | | 二次回路带电作业无绝缘防护措施 | （1）二次回路带电作业应使用有绝缘柄的工具，其外裸的导电部位应采取绝缘措施，防止操作时相间或相对地短路。<br>（2）工作时，应穿绝缘鞋，并戴手套，站在干燥的绝缘物上进行。<br>（3）二次回路带电作业时应设专人监护；配置、穿用合格的个人绝缘防护用品；杜绝无个人绝缘防护或绝缘防护失效仍冒险作业的现象。<br>（4）二次回路带电作业时，人体不得同时接触两根线头 |
| | | 电容器放电 | 对有电容器补偿装置用户，应先断开补偿装置开关，并逐相充分放电 |
| | | 对于因平行或邻近带电设备导致检修设备可能产生感应电压时产生触电 | （1）停电作业必须严格执行停电、验电、装设接地线等保证安全的技术措施。<br>（2）工作班成员在停电设备上开始工作前，必须再次确认各方面可能来电侧应有明显断开点并验电。<br>（3）对于因平行或邻近带电设备导致检修设备可能产生感应电压时，应采取防感应电措施，穿绝缘鞋，戴绝缘手套，必要时应穿屏蔽服，加挂接地线，使用个人保安线 |
| 2 | 信息安全风险 | 账号密码泄露 | 采集系统主站用户应妥善保管账号及密码，不得随意授予他人 |
| | | 涉密数据泄露 | （1）采集系统主站客户端禁止在管理信息内、外网之间交叉使用。<br>（2）采集系统主站客户端计算机应安装防病毒、桌面管理等安全防护软件。<br>（3）采集系统主站客户端及外围设备交由外部单位维修处理应经信息运维单位（部门）批准 |

**2. 排查步骤**

现场工作要严格遵循电力安全规程和营销电力安全作业规范要求进行，做好相应危险点分析及预防控制措施。闪停隐患及工作排查治理工作，要按照"看、查、测、改"步骤开展工作。

（1）看。看箱表关系，核对电能表的箱表关系准确性，并记录。

看箱内设备，核查计量箱进线开关、分户开关、电能表进线端等位置的外观、上下端螺钉是否存在烧灼痕迹、脱落迹象，同时查看表箱进线开关进出线、分户开关进出线、电能表进线端所用线缆为单芯或多芯，材质为铝线或铜线，并记录。

看施工质量，并查看进线开关接线、分户开关是否采用铜铝过渡压接工艺，并记录。

（2）查。温度检查，用便携式热成像仪对表箱进线开关、分户开关、电能表进线等接线端子处分别检测，并保持 2s 以上，读取测量温度，查看是否存在温度异常点，并记录。

接线紧固检查，使用绝缘螺钉旋具对表箱进线开关、分户开关的上下端接线端子以及电能表的进线端子处的紧固性进行检查，判断是否有松动现象，并记录松动圈数。

（3）测。在电能表出线端子外接负荷，利用万用表在不同位置测量排查，定位故障位置，并记录测量值。

测电能表进线端子电压值，同电能表液晶显示电压值对比，若不一致（相差 1V 以上），则电能表故障。

测表箱总开关进线侧、出线侧电压值，若有电压差，则可能存在总开关质量、进出线接线松动、进出线接线处氧化严重等问题。

测分户开关进线侧、出线侧电压值，若有电压差，则可能存在分户开关质量、进出线接线松动、进出线接线处氧化严重、螺钉压接导线绝缘皮等问题。

测分户开关出线侧、电能表进线侧电压值，若有电压差，则可能存在分户开关质量、进出线接线松动、进出线接线处氧化严重、螺钉压接导线绝缘皮等问题。

（4）改。根据现场看、查、测的情况，进行相应的整改工作。

若箱表关系异常，应完成现场隶属关系调整、主站完成箱表档案维护等工作。

若箱内设备（包括导线、螺钉）存在烧毁、脱落、松动等迹象，应完成相应设备的更换、紧固工作。

若箱内接线未采用铜铝过渡压接工艺，应完成相应铜铝过渡工艺改造。

若测量电能表进线侧、表箱总开关进出线侧、分户开关进出线侧、分户开关出线和电能表进线侧位置的电压差异常，应完成相应故障设备、导线更换或紧固处理。

## 四、台区拓扑异常排查方法

### （一）业务介绍

随着电力系统营销管理精细化工作深入开展，营配档案中正确的台区拓扑信息，对低压配电网中的线损治理、异常监测、故障抢修等应用具有重要意义。因为台区基础档案记录不全、台区负荷切割、现场检修档案未更新等问题造成台区拓扑档案关系错误。而传统的低压配电网拓扑异常主要依赖人工排查，由于低压配电网网状结构复杂，依靠人工核查的方式，无法实时、准确地获取低压台区拓扑信息。因此，提出低压台区拓扑辨识，利用大数据手段和硬件识别方法，梳理户变、箱表、线箱三个层级的拓扑关系，建立精准可靠的拓扑信息，为线损精益管理、异常监测、故障抢修提供支撑，提升营配调贯通水平。

### （二）排查方法

1. 作业风险点分析

作业风险点分析见表 B4。

表 B4　　　　　　　　　　　　　作业风险点分析

| 序号 | 防范类型 | 危险点 | 预防控制措施 |
|---|---|---|---|
| 1 | 人身伤害或触电 | 人员与高压设备安全距离不够致使设备放电 | （1）工作负责人对工作班成员应进行安全教育，作业前对工作班成员进行危险点告知，交代安全措施和技术措施。<br>（2）作业现场应装设遮栏或围栏，与高压部分应有足够的安全距离，向外悬挂"止步，高压危险！"的标示牌。<br>（3）工作班成员应集中精力，随时警戒异常现象发生，工作班成员之间应加强监护 |
| | | 二次回路带电作业未采取措施接触两相 | （1）二次回路带电作业中使用的工具，其外裸的导电部位应采取绝缘措施，防止操作时相间或相对地短路。<br>（2）二次回路带电作业时，作业人员应穿绝缘鞋和全棉长袖工作服，并戴手套、安全帽和护目镜，站在干燥的绝缘物上进行。<br>（3）二次回路带电作业时禁止使用锉刀、金属尺和带有金属物的毛刷、毛掸等工具，做好防止相间短路产生弧光的措施 |
| | | 二次回路带电作业无绝缘防护措施 | （1）二次回路带电作业应使用有绝缘柄的工具，其外裸的导电部位应采取绝缘措施，防止操作时相间或相对地短路。<br>（2）工作时，应穿绝缘鞋，并戴手套，站在干燥的绝缘物上进行。<br>（3）二次回路带电作业时应设专人监护；配置、穿用合格的个人绝缘防护用品；杜绝无个人绝缘防护或绝缘防护失效仍冒险作业的现象。<br>（4）二次回路带电作业时，人体不得同时接触两根线头 |
| | | 电容器放电 | 对有电容器补偿装置用户，应先断开补偿装置开关，并逐相充分放电 |
| | | 对于因平行或邻近带电设备导致检修设备可能产生感应电压时产生触电 | （1）停电作业必须严格执行停电、验电、装设接地线等保证安全的技术措施。<br>（2）工作班成员在停电设备上开始工作前，必须再次确认各方面可能来电侧应有明显断开点并验电。<br>（3）对于因平行或邻近带电设备导致检修设备可能产生感应电压时，应采取防感应电措施，穿绝缘鞋、戴绝缘手套，必要时应穿屏蔽服，加挂接地线，使用个人保安线 |
| 2 | 信息安全风险 | 账号密码泄露 | 采集系统主站用户应妥善保管账号及密码，不得随意授予他人 |
| | | 涉密数据泄露 | （1）采集系统主站客户端禁止在管理信息内、外网之间交叉使用。<br>（2）采集系统主站客户端计算机应安装防病毒、桌面管理等安全防护软件。<br>（3）采集系统主站客户端及外围设备交由外部单位维修处理应经信息运维单位（部门）批准 |

2. 排查步骤

依据算法分析结果，生成户用变压器、箱表、线箱异常数据，推送至运维闭环管理系统，通过移动作业终端开展线下校核异常数据。户用变压器、箱表异常校核结果为正确时，由运维闭环管理系统推送至营销业务应用系统，进行户用变压器、箱表档案更新；线箱异常校核结果为正确时，由用电信息采集系统推送至 PMS 系统，进行线箱档案更新。

在前往现场核查前，先在运维闭环管理系统派发待核查的拓扑异常清单至移动作业终端，然后在前往现场开展核查工作。

（1）主从机配对。一主配 $N$ 从，$N$ 个从机须在自身参数设置"配对主机编号"菜单中输入主机编号进行绑定，从而进行下一步工作。

（2）设置从机编号。当使用一主多从时，需对各个从机进行编号以进行区分，在参数设置，台区编号设置内完成，例如使用三台从机，则可按照顺序，分别设置1、2、3。

（3）主从机安装。从机 A/B/C 三相耦合钳分别接在台区配电变压器终端 TA 二次侧或集中器电流输入端（互感器 A/B/C 和相线必须准确对应），建议夹持在终端接线盒的输入端。

单主机鳄鱼钳线夹夹取被测设备所在零火线即可。

（4）台区区分。$N$ 台从机操作界面分别单击"台区识别"，单击"开始监听"按钮，进入信号监听状态。

主机单击"开始测量"，某个从机识别到主机信号，则在相应从机界面显示结果，同时从机将结果通过 4G 发送至本主机，测试完成。

［1］徐金亮，程必宏．用电信息采集系统技术与应用［M］．北京：中国电力出版社，2012．

［2］葛得辉．用电信息采集系统主站建设技术及应用［M］．北京：中国电力出版社，2021．

［3］谢希仁．计算机网络［M］．北京：电子工业出版社，2008．

［4］王凤祥．用电信息采集设备安装、运行与维护［J］．维普中文科技期刊数据库，2018．

［5］国网宁夏电力有限公司培训中心．用电信息采集系统故障处理及案例分析［M］．北京：电子工业出版社，2019．

［6］国网江苏省电力公司电力科学研究院．用电信息采集系统运维故障解析：低压采集分册［M］．北京：中国电力出版社，2017．

［7］赖国书．数据驱动的电能表运行状态在线监测方法［J］．电测与仪表，2023，60（04）：193-200．

［8］国网福建省电力有限公司营销服务中心，国网福建省电力有限公司．一种在线识别失准电能表的方法［P］．中国：2021107675578，20211001．

［9］国家电网公司，福建省电力有限公司，福建省电力有限公司电力科学研究院．变压器和电能表关系的梳理方法［P］．中国：201310136555.4,20130419．

［10］林华，王雅平．基于用采系统的台区拓扑研判方法［J］．电网技术，2019，43（02）：93-97．